Emilia Roig
why we matter

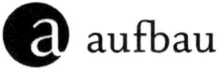 aufbau

EMILIA ROIG

why we matter

DAS ENDE
DER UNTERDRÜCKUNG

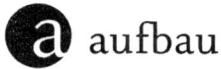 aufbau

ISBN 978-3-351-03847-2

Aufbau ist eine Marke der Aufbau Verlag GmbH & Co. KG

1. Auflage 2021
© Aufbau Verlag GmbH & Co. KG, Berlin 2021
Einbandgestaltung zero-media.net, München
Satz LVD GmbH, Berlin
Druck und Binden CPI books GmbH, Leck, Germany
Printed in Germany

www.aufbau-verlag.de

INHALT

1. Prolog – Nina 11

2. Unterdrückung sichtbar machen 13

3. Zu Hause 27
   »Ich, als Schwarze Frau …« – Rassismus in der Familie 29
      Wenn Hautfarbe keine Rolle spielt 30
      Wie menschliche Differenzen zu »Rassen«
      gemacht werden 34
      »Ab heute spreche ich nur noch Kreolisch« 39
      »Ach, sind die süß …« – Fetisch Hautfarbe 41
   Das Nest des Patriarchats 45
      Was ist das Patriarchat eigentlich? 46
      Ist Gleichberechtigung in der Ehe möglich? 51
      Der Sturz des Patriarchats 59
   (Mein) Queer Awakening 64
      Über internalisierte Schuld und Scham 66
      Zwangsheterosexualität und unsichtbares Begehren 70

4. In der Schule und an der Universität 75
   Wie strukturelle Diskriminierung funktioniert 78
      Jede*r bekommt, was er*sie verdient? 81
      Warum es »umgekehrten Rassismus« nicht gibt . . . 91
      »Willst du Putzfrau werden?« 99

Was ist Wissen? 105
    Die Auslöschung und Aneignung von Wissen 107
    Erinnerungspolitik 117
    Neutralität gibt es nicht 124
    Vielfältiges Wissen – ein neues Paradigma 133

5. In den Medien 139
    Die Empathielücke 142
    Wie über Unterdrückung berichtet wird 150
        Individualität ist ein weißes Privileg ... 161
    Überlegenheit auf dem Bildschirm 164
    Schönheit ist politisch 170

6. Im Gerichtssaal 187
    Was ist »kriminell«? 188
    Die Neutralität der Justiz 199
    Könnten wir Polizei und Gefängnisse abschaffen? ... 207
        Eine kurze Geschichte des Gefängnisses ... 209
        Eine Zukunft ohne Gefängnisse 218

7. Bei der Arbeit 225
    Über die »Arbeit der Liebe« 230
    Sexarbeit 235
        Stigma Sexarbeiterin 241
        Die Frage der freien Wahl 254
    Das Ende der Arbeit – eine Utopie? 258

8. Im Krankenhaus 267
    Die Norm »Gesund« 267
    Wie Unterdrückung krank macht 277
    Die Folgen fehlender Empathie 285

9. Auf der Strasse 293
    Immer auf der Hut! 294

»Wer hat Angst vorm Schwarzen Mann?« 295
Feminismus ohne Rassismus 303

10. Im Körper der Frauen 307
    Wessen Leben ist schützenswert? 310
    Die Angst vor dem Aussterben 314
    Von Rechten für einige zur Gerechtigkeit für alle 317

11. Das Ende der Unterdrückung 319
    Wie Hierarchien aufgebrochen werden 324
    Vergiss alles, was du weißt 327
    Veränderung erlauben – Tod akzeptieren 331
    Ist eine Einheit der Menschen möglich? 334
    Mit Schuld umgehen lernen 340
    Der Weg der Heilung 350
        Befreit 366

Epilog 371
Dank 373
Nachweise und Anmerkungen 377

Für Lena.

Do not lose heart. We were made for these times.
Clarissa Pinkola Estes[1]

1. PROLOG – NINA

An einem kühlen herbstlichen Tag saß ich eingewickelt in eine Tagesdecke an meinem Schreibtisch, als eine dicke, blau glänzende Fliege um mich herum flog und ab und zu auf meinem Bildschirm pausierte. Ich war genervt und auch ein bisschen angeekelt von ihr, dachte mir aber, dass sie wohl die allerletzte Fliege des Jahres in meiner Wohnung sein, und dass ihr kurzes Fliegenleben bei solchen Temperaturen bald enden würde. Ich entschied mich also, sie zu akzeptieren. Nach einem Tag störte sie mich gar nicht mehr. Nach zwei Tagen bekam sie einen Namen: Nina – wie ein kleines Haustier. Am dritten Tag war ich leicht besorgt, als sie eine Weile verschwand – war sie schon tot? Insgesamt lebte sie fast drei Wochen bei mir. Ab dem Moment, in dem ich entschied, sie zu akzeptieren, schaltete mein Bewusstsein sozusagen um: Von einer nervigen, ekligen, unbedeutenden Fliege, deren Tod und Leben absolut unwichtig waren, wurde sie zu einem Lebewesen, zu dem ich eine Verbindung herstellen konnte. Der neue Blick auf diese Fliege erlaubte mir, sie als lebenswert zu sehen – genauso wertvoll wie ich. In diesem Augenblick gab es keine Hierarchie mehr zwischen ihr und mir, kein Konzept von Tier und Mensch, von »überlegen« und »unterlegen«, von »lebenswert« und »wertlos« – die Dichotomien, die Menschen seit Jahrhunderten trennen und kategorisieren. Alles ist eine Frage der Perspektive. Ein kollektiver Bewusstseinswandel ist möglich, hin zu mehr Verbindung, mehr Einheit, mehr Empathie und schließlich mehr Liebe.

2. UNTERDRÜCKUNG SICHTBAR MACHEN

»To choose to write is to reject silence.«
Chimamanda Ngozi Adichie[1]

Nicht gesehen zu werden, nicht gehört zu werden, ist unerträglich. Weil es unsere Menschlichkeit infrage stellt. Menschen, die weder gesehen noch gehört werden, denen nicht geglaubt wird, sind vielen Formen von Gewalt ausgesetzt – bis hin zum Mord. Sie sind Opfer einer Unterdrückung, die die Mehrheit der Menschen auf dieser Erde über Jahrhunderte hinweg entmenschlicht, sie unsichtbar, stimmlos und entbehrlich macht. Diese Unterdrückung geschieht, kurz gesagt, erstens, indem »naturgegebene« Differenzen konstruiert und behauptet werden; zweitens, indem diese Differenzen dann in eine Hierarchie eingeordnet werden, die den Wert des Lebens definiert, den Zugang zu Rechten einräumt und das Niveau der Empathie beeinflusst; und drittens durch das machtvolle Narrativ, dass wir alle unseren Platz in dieser Hierarchie verdienen. Je niedriger die Stufe in der Hierarchie, desto weniger Sichtbarkeit, Gehör und Empathie werden gewährt. Das Ende der Unterdrückung, so utopisch es klingen mag, ist nichts anderes als ein Bewusstseinswandel: hin dazu, dass wir *alle* gesehen, gehört und geachtet werden – nicht nur einige wenige.

Unterdrückungssysteme beruhen auf sozialen Kategorien, die die Menschheit in verschiedene Gruppen unterteilen – und zwar entlang rigider, jedoch oft unsichtbarer Hierarchien. Fast alle diese Kategorien wurden in der Moderne als biologische Kategorien konstruiert und behandelt, als intrinsisch und unveränderlich. Aussagen, die Konsens waren und es heute häufig noch sind, lauten zum Beispiel: Männer und Frauen* werden als solche geboren, die Unterschiede zwischen beiden Geschlechtern sind genetisch vorprogrammiert; Schwarze** Menschen weisen eine Vielzahl an Eigenschaften auf, die in ihren Genen verwurzelt sind; behinderte Menschen sind *nicht gesund* und *weniger fähig* als nicht-behinderte Menschen. Diese scheinbar biologischen, naturgegebenen Merkmale sind jedoch in Wahrheit zum Großteil konstruiert. Sie wurden definiert, organisiert und verhandelt – und zwar so, dass sie Ungleichheiten in unseren Gesellschaften rechtfertigen.

Seit meiner Kindheit haben mich Armut und soziale Ungleichheit beschäftigt. Ich war als Kind – bis zur Trennung meiner Eltern mit 14 – ziemlich privilegiert: Wir lebten in einem Haus mit Garten in einem Pariser Vorort, ich lernte Cellospielen und Skifahren. Die Kindheit meiner Mutter in Martinique hatte anders ausgesehen. Im frühkindlichen Alter litten sie und ihre Geschwister unter Nahrungsmittelmangel und Krankheiten wie Rachitis und Wachstumsverzögerung. Bei der Ankunft in Frankreich erlebte die gesamte Familie extrem viel Rassismus, sei es durch Mitschüler*innen oder Lehrer*innen, auf der Straße, beim Arzt bzw. bei der Ärztin oder in Geschäften. Verglichen damit war der Rassismus, der mir widerfuhr, kaum erwähnenswert. Als ich die

* Frau und Mann werden in diesem Buch nicht als biologische, objektive Kategorien betrachtet, sondern als soziale, historische, und politische Konstrukte. Ich erkenne eine grenzenlose Bandbreite geschlechtlicher Identitäten und Ausdrucksformen an und schließe diejenigen von uns ein, die jenseits, gegen und außerhalb der binären Geschlechtsordnung leben. Was ich mit »Frau« und »Mann« meine, hat sowohl mit einer Sozialisation als auch mit einer Selbstidentifikation und nicht mit dem biologischen Geschlecht zu tun.

** Schwarz wird großgeschrieben und weiß klein. Schwarz ist kein neutrales Adjektiv für die Hautfarbe, sondern beschreibt eine historische, politische und soziale Identität, die als unterlegen konstruiert wurde, als eine Kategorie, die von der weißen Norm abweicht. Genau wie Schwarz ist auch weiß kein neutrales Merkmal, sondern eine als überlegen konstruierte Norm. Die Schreibweise soll diese Hierarchie dekonstruieren, sichtbar machen und infrage stellen.

Erzählungen meiner Mutter hörte, empfand ich tiefe Schuldgefühle. Aus welchem Grund ging es mir im gleichen Alter so grundlegend anders? Warum hatte ich so viel Glück im Vergleich zu ihr? Diese Frage begleitet mich bis heute. Ich wollte verstehen, woran es lag, dass manche von uns mehr haben als andere. Mir war bewusst, dass es nicht die eine Antwort gab, sondern dass soziale Ungleichheiten sich durch eine Vielzahl von Faktoren erklären lassen. Die individuellen Faktoren kennen wir gut: Motivation, Willen, Kompetenzen, Intelligenz, Veranlagung. Diese Erklärung überzeugte mich nicht. Ich suchte also die fehlenden Puzzleteile.

Durch meine Eltern, deren Eltern und ihre so unterschiedlichen Lebenswege und Erfahrungen wurde mir früh klar, dass das Leben vollkommen anders aussieht, je nachdem, aus welcher Perspektive es betrachtet wird: z. B. aus der einer Schwarzen Krankenschwester oder eines weißen Arztes. Sehr früh lernte ich, dass das, was uns über unsere komplexe Persönlichkeit hinaus ausmacht, zu großen Teilen durch Zuschreibungen von außen geprägt ist. Ich merkte zum Beispiel, dass Menschen mit hellerer Haut generell besser angesehen werden. Das galt auch für mich gegenüber meinen Verwandten und Freund*innen, die eine dunklere Hautfarbe hatten als ich. Ich merkte zudem, dass mein Vater ernster genommen und mehr geachtet wurde als meine Mutter: aufgrund seines Geschlechts, seiner Hautfarbe und seines sozialen Status. Ich lernte, dass der Wert der Menschen von vielen willkürlichen Faktoren bestimmt wird: Hautfarbe, Herkunft, Geschlecht, Aussehen, Vermögen, Bildungsstand.

Die Zeiten ändern sich. Wir sind bereit, Dinge zu sehen, die wir vor einiger Zeit noch nicht sehen wollten. Doch die Ungerechtigkeit wirkt manchmal überwältigend. Es gibt so viele Systeme der Unterdrückung. Wie sollen sie alle zugleich bekämpft werden? Sollten wir soziale Ungerechtigkeit nicht lieber Schritt für Schritt oder nach Priorität angehen? Erst der Klimawandel, dann Gewalt gegen Frauen, dann Rassismus, dann Ausgrenzung von behinderten Menschen?* Bisher war dieser Ansatz nicht sonderlich erfolgreich. Warum? Weil sich alle Formen von Diskiminierung und Ungleichheit gegenseitig verstärken. Das heißt, dass neben Sexismus auch Rassismus, Homo-, Trans- und Behindertendiskriminierung bekämpft werden müssen – gleichermaßen und gegenseitig. Dieser Ansatz hat einen Namen: Intersektionalität. Er bedeutet im Grunde: Diskriminierung innerhalb von Diskriminierung bekämpfen, Ungleichheiten innerhalb von Ungleichheiten sichtbar machen, und Minderheiten innerhalb von Minderheiten *empowern*. In anderen Worten: *Leave no one behind*.

Strukturelle Ungleichheiten nehmen zu, Rechte und Existenzen von Minderheiten und indigenen Völkern stehen weltweit unter Druck, die globale wirtschaftliche Lage ist wackelig, es wird auf der Erde immer heißer, und noch dazu müssen wir eine globale Pandemie bekämpfen. Es darf wohl gesagt werden, dass die Lage der Welt chaotisch ist. Chaos jedoch geht häufig einem Paradigmenwechsel voraus, einer großen, globalen Veränderung. Und vielleicht sogar zum Positiven, auch wenn das angesichts der jetzigen Lage kontraintuitiv erscheint. Ich will zwar die historische Gegenwart nicht als positiv bewerten – anders als etwa Steven Pinker in »Gewalt. Eine neue Geschichte der Menschheit« –, aber ich lese die Konfrontation zwischen denjenigen, die sich aus der Unterdrückung befreien möchten – etwa im Rahmen der Black-Lives-Matter-Bewegung –, und denjenigen, die Angst vor dieser Befreiung haben, als ein Zeichen für eine Transformation. Die reaktionären Bewegungen, die sich überall auf der Welt gegen soziale Fortschritte stemmen, sind Ausdruck eines angstgetriebenen Widerstands. AfD, Fidesz, Le Pen, Erdogan, Bolsonaro, Duterte und Trump sind in dieser Lesart Zeichen dafür, dass die

* Das ist eine willkürliche Reihenfolge, die allerdings die soziale Hierarchie widerspiegelt.

Welt vor einer Veränderung hin zu mehr Gerechtigkeit, Gleichheit und Frieden steht – und dass sich manche dagen wehren. Den gesamten Prozess dieser Veränderung werden wir wahrscheinlich nicht miterleben können, aber das transformative Potenzial des gegenwärtigen Chaos können wir jetzt schon ausschöpfen und konstruktiv nutzen.

Wandel existiert. Die Welt sah 1950 anders aus als heute, und heute sieht sie anders aus, als sie 2080 aussehen wird. Die Grenzen der Normalität werden kontinuierlich neu verhandelt und neu definiert. Allerdings bleibt das Fundament der Unterdrückung bisher unverändert. Die Macht verschiebt sich lediglich. Vor dreißig Jahren wäre es undenkbar gewesen, in Berlin ein Plakat zu sehen mit einem schwulen Pärchen, das sich leidenschaftlich auf den Mund küsst (ich rede nicht vom Bruderkuss). Heute haben solche Bilder es geschafft, Teil der Normalität zu werden. Vor 200 Jahren war die Sklaverei in den meisten Teilen der Welt normal, heute nicht mehr. Heute sind *biracial kids* (Kinder mit zum Beispiel einem weißen und einem Schwarzen Elternteil) keine Kuriosität mehr, ihre Eltern dürfen heiraten und zusammenleben. Im letzten Jahrhundert war dies in vielen Ländern, inklusive Deutschland, keine Selbstverständlichkeit. Auch schwule und lesbische Paare können in immer mehr Ländern heiraten, was vor zwanzig Jahren noch völlig ausgeschlossen war.

Solche Veränderungen sind keine organischen Entwicklungen, die sich einfach mit der Zeit ergeben haben. Sie sind das Ergebnis von langwierigen sozialen Kämpfen. Häufig erscheint in der Geschichtsschreibung sozialer Wandel als Resultat von Entscheidungen mächtiger Männer und Institutionen: »Schoelcher hat die Sklaverei in den französischen Antillen abgeschafft«; »Der Bundestag verabschiedete am 1. Oktober 2017 das Gesetz zur gleichgeschlechtlichen Ehe«; »Frauen wurde das Wahlrecht 1919 eingeräumt«; »2006 wurde das Recht auf gleichberechtigte Bildung von

Menschen mit Behinderung durch die UN-Behindertenrechtskonvention eingeräumt«; »Ab 2019 wird Transgeschlechtlichkeit von der Weltgesundheitsorganisation (WHO) nicht mehr als psychische Störung klassifiziert«: Die Bewegungen, die hinter solchen Fortschritten und Gewinnen stehen, werden regelmäßig ausgeblendet. Über die Konfrontation und die Repression wird seltener erzählt. Kaum erinnern wir uns an die Stonewall Riots von 1969 in den USA und die eklatante Polizeigewalt, die gegen die LGBTQI+-Demonstrant*innen angewandt wurde. Kaum bekannt sind die Namen von Marscha P. Johnson und Sylvia Rivera, zwei Trans-Frauen, die in diesen Riots eine bedeutende Rolle gespielt haben. Heutige Schwule und Lesben, die heiraten können, haben dies zumindest teilweise ihnen zu verdanken – nicht dem Bundestag.

Judith Heumann, Kitty Cone und Mary Jane Owen haben eine wichtige Rolle in der Bewegung für die Rechte von behinderten Menschen gespielt, doch wer kennt ihre Namen? Während der sogenannten »504-Proteste« haben behinderte Menschen und Allies, ihre Unterstützer*innen, aus den ganzen USA. Sit-ins und Hungerstreiks durchgeführt, damit die Regierung endlich ihre Rechte gesetzlich anerkennt und die Segregation in Schulen, Arbeit, Politik, Kultur, Ehe und Familie, Gesundheitswesen und anderen gesellschaftlichen Feldern beendet. Diese Aktionen haben sich weit außerhalb der USA ausgewirkt. In Deutschland und Frankreich spielt die Arbeit von Behindertenrechte-Aktivist*innen wie Ed Greve, Laura Gehlhaar, Ninia La Grande, Raul Krauthausen, Elisa Rojas, Marina Ramos und Elena Chamorro eine bedeutende Rolle. Aufzüge, Geländerampen und Integrationsschulen tauchten nicht magisch auf, Menschen mussten darum kämpfen. Häufig wird der Eindruck erweckt, behinderte Menschen müssten dankbar dafür sein, dass ihnen Rechte eingeräumt wurden. Die Behindertenrechte-Aktivistin Judith Heumann sagt zu Recht:

»Ich möchte nicht dankbar sein müssen für barrierefreie Toiletten. Wenn ich dankbar dafür sein muss, wann werden wir dann endlich gleichgestellt sein?«[1]

Gerne werden auch die Äußerungen charismatischer Anführer*innen von Befreiungsbewegungen abgemildert, damit sie nicht mehr an die brutale Unterdrückung erinnern, gegen die sie sich auflehnten. Zum Beispiel wird die Botschaft Martin Luther Kings meist auf Liebe und Frieden reduziert und manchmal sogar herbeizitiert, um heutige antirassistische Bewegungen wie Black Lives Matter zu diskreditieren, der man vorwirft, zu konfrontativ zu sein. Nelson Mandelas Zitate sind dem gleichen Schicksal ausgesetzt. Es wird dabei vergessen, dass beide Männer in ihrer Zeit vom Staat gehasst wurden, bis hin zu jahrelanger Verhaftung und Mord. Es wird vergessen, dass sie sich nicht einfach so für Liebe und Frieden eingesetzt, sondern gegen die brutale Unterdrückung von Schwarzen Menschen durch die weiße Vorherrschaft gekämpft haben. Gandhi, Nelson Mandela, Rosa Parks und Martin Luther King werden vor allem für die Methoden ihres Kampfs für Gerechtigkeit erinnert: die gewaltfreie Rebellion. Dass der Widerstand *friedlich* war, wird heute gefeiert. Doch es war eine Rebellion gegen unsägliche staatliche, rassistische Gewalt.

Hinter den Phänomenen Rassismus, Sexismus, Behinderten-, Homo- und Transdiskriminierung und anderen Formen der Unterdrückung stehen Mechanismen und Muster, in die wir alle eingebettet sind und die unsere Wahrnehmung der Realität stark beeinflussen. Diese Begriffe sind negativ konnotiert und lösen meistens Unbehagen und Widerstand aus. Mit diesem Buch möchte ich dieses Unbehagen in transformative Kraft umwandeln. Doch bevor diese Transformation stattfinden kann, müssen wir erst mal verstehen, was unsere Wahrnehmung von der Welt beeinflusst. Das Leben ist vielseitig. Je nachdem, aus welchem Blickwinkel wir es anschauen, nimmt die Realität eine andere

Form an. Doch wir verharren meist in ein und derselben Perspektive, aus der heraus wir die »Normalität« sehen. Dieses Buch ist eine Einladung, die Tür zur Vielseitigkeit unserer Existenz zu öffnen.

Doch was gilt als »normal«? Manche Standpunkte und Sichtweisen werden als neutral, objektiv und universell betrachtet, und andere als subjektiv, partikular und spezifisch. Obwohl alle Standpunkte nebeneinander existieren, gewinnen einige die Deutungshoheit über andere. In diesem Buch möchte ich vermeintlich universelle Normen, die allgegenwärtige »Normalität«, dekonstruieren: Wie wurde diese Normalität erzeugt? Anhand welcher Hierarchien? Warum gelten die Erfahrungen und Lebensrealitäten von manchen Menschen als spezifisch und andere als universell? Wie sieht die Realität aus der Perspektive einer Person aus, die dieser Norm nur teilweise entspricht?

Gehört man zur Mehrheit, zur Norm, zur dominanten Gruppe, unterdrückt man zwangsweise andere – auch wenn dies meist unbewusst und unbeabsichtigt geschieht. Negative Botschaften über andere Gruppen sind dermaßen verinnerlicht, dass man ein subtiles Überlegenheitsgefühl für ganz normal hält. Ob Männer im öffentlichen Nahverkehr die Beine spreizen und sich in die persönliche Sphäre von Frauen drängen, weiße Menschen einfach mal die Haare von Schwarzen Frauen anfassen, oder nichtbehinderte Menschen den Rollstuhl beiseiteschieben, um Platz zu machen, ohne vorher zu fragen – sie sind sich nicht bewusst, dass sie nicht nur die Privatsphäre verletzen und Grenzen überschreiten, sondern auch noch Teil eines Systems der Unterdrückung sind.

Die vermeintliche Normalität blendet eine Vielzahl an Lebenserfahrungen aus, schafft dadurch eine eindimensionale Realität, die als objektiv und universell gilt. Es ist die Realität, die in den Medien, in Schulbüchern, in der gängigen Literatur im Mittelpunkt steht und vorrangig dargestellt wird. Auch wenn diese eindimensionale Realität unterschiedliche Schattierungen beinhaltet, ist sie von einer gewissen Homogenität gekennzeichnet. Sie entspricht den dominanten medialen, politischen, kulturellen und religiösen Überzeugungen: dass eine Familie aus einem Vater, einer Mutter und leiblichen Kindern besteht, oder dass »Schönheit« hauptsächlich mit heller Hautfarbe, schlanker Figur, glatten Haaren, Jugend, und Geschlechterkonformität* verbunden ist.

Wir sind uns der Normalität selten bewusst. Sie ist einfach da für die meisten von uns, wie Wasser für Fische. Sie ist unbemerkbar, wird deshalb nicht infrage gestellt und damit reproduziert. Zum Beispiel wird die Unterdrückung der Frauen im Patriarchat auch von Frauen geschützt. Die gnadenlose Beurteilung von Frauen unter sich – sei es des Aussehens oder der Mutterrolle – zeigt, dass wir gleichzeitig Opfer patriarchaler Strukturen und Verfestigerin sein können.

Diese Ambivalenz lässt sich gut am Neid veranschaulichen, den wir gegenüber Menschen empfinden, die gegen die impliziten Regeln der Gesellschaft immun zu sein scheinen: Eine dicke Frau, die sich wohl und wunderschön fühlt, Selbstbewusstsein und Glück ausstrahlt, wird bestraft. Sie wird hören, sie solle sich lieber schämen, unglücklich sein und sich hässlich fühlen. Menschen, die die Normen und Grenzen schwächen, die wir sonst für unveränderlich und unverletzlich halten, machen Angst, weil sie Teile unserer Seele öffnen könnten, die verschlossen wurden. Die eindimensionale Realität blendet die Vielfalt an Lebensentwürfen aus, die jenseits der mächtigen Normen und Regeln bereits existieren – und entstehen können. Was wäre, wenn wir diese Regeln ignorieren und unser Leben selbst bestimmen würden?

Die »objektive« Realität infrage zu stellen, fordert die Bereitschaft zur Selbstreflexion und die Offenheit, neue Perspektiven zu

---

* Z. B. typische weibliche und männliche Kleidung, lange Haare für Frauen, kurze Haare für Männer usw.

entdecken, auch wenn diese Schuldgefühle, Scham, Wut, Selbstmitleid und Fragilität auslösen können. Wenn Sie dieses Buch in der Hand halten, nehmen Sie vermutlich die eindimensionale Repräsentation der Realität nicht ganz an oder sind zumindest dazu bereit, sie infrage zu stellen. Diejenigen von uns, deren Lebenserfahrung der eindimensionalen Realität – oder Teilen davon – weithin entspricht, sind oft skeptisch, ob diese Infragestellung überhaupt notwendig ist. Für uns alle geht die Infragestellung der Realität mit einer Infragestellung von Teilen von uns selbst und der eigenen Geschichte einher. Der Weg zur neuen, nuancierten und vielschichtigen Sicht auf die Welt ist kein einfacher. Er lohnt sich aber, denn für uns alle kann dadurch ein Prozess der Befreiung von den bedrückenden sozialen Hierarchien beginnen: für Menschen, die in der sozialen Hierarchie höher positioniert sind, wie auch für diejenigen, die sich weiter unten befinden. Wir alle können davon profitieren. Zum einen, weil Unterdrückung ganze Teile unserer Menschlichkeit hemmt, zum anderen, weil unser Selbstwertgefühl von der Unterdrückung anderer abhängt. Die soziale Hierarchie lässt uns auf die Über- oder Unterlegenheit anderer angewiesen sein, um uns wertvoll oder wertlos zu fühlen. Wie wäre es, wenn wir uns kollektiv davon befreien würden, und jeder Mensch den eigenen Wert erkennen würde, ohne sich auf den Vergleich mit anderen verlassen zu müssen?

Wie können die Prozesse, Regeln und Prinzipien der Unterdrückung sichtbar werden, die der Normalität unterliegen? Wie die bisher unsichtbaren Grenzen, gegen die manche von uns immer wieder stoßen, sich auflösen und porös werden? Der Prozess des politischen Erwachens ist ein langwieriger, der auch viel Wut mit sich bringt. Je privilegierter wir sind, desto schwieriger ist es, Privilegien und Ungleichheit zu erkennen und zu akzeptieren. Vielen Menschen, die nicht privilegiert sind, fällt dies ebenfalls schwer, weil es ihre Wahrnehmung der Welt auf den Kopf stellt.

Die resultierende Unbequemlichkeit ist manchmal kaum auszuhalten. Der Psychoanalytiker, Politiker und Theoretiker Frantz Fanon schreibt in *Black Skin, White Masks* über das unangenehme Gefühl der kognitiven Dissonanz, das ausgelöst wird, wenn ein Kerngedanke, der sehr stark ist, widerlegt wird. Wenn Beweise vorgelegt werden, die gegen diese Überzeugung sprechen, können die Beweise nicht akzeptiert werden. Weil es so wichtig ist, die Kernüberzeugung zu schützen, wird alles, was nicht zur Kernüberzeugung passt, rationalisiert, ignoriert und sogar geleugnet.

Mein familiärer Background, meine Lebenserfahrungen und meine Arbeit haben mich dazu gebracht, das engmaschige Gefüge des kapitalistischen, patriarchalen, auf der weißen Vorherrschaft basierenden Systems zu dekonstruieren; sie haben mir die Kapazität verschafft, ein anderes Narrativ zu artikulieren, das meine Existenz und Sichtweise reflektiert; die Fähigkeit, bestehende Bezugssysteme zu überdenken und neue zu schaffen; und schließlich einer globalen Gemeinschaft von Aktivist*innen, Denker*innen, Künstler*innen und Anhänger*innen anzugehören, die sich für eine Welt einsetzen, die frei von systemischer Unterdrückung ist.

Während meines Promotionsstudiums trat ich in eine Community ein, die wie eine kleine Oase in der Wüste war, in der ich eine Pause vom ständigen Widerstand einlegen konnte, gegen das Gefühl, falsch zu liegen. Es war einer der seltenen Orte, an denen ich Zugehörigkeit empfand. Ein Ort der Solidarität und der impliziten Verständigung. In diesem Prozess wurde mir klar, dass viele meiner persönlichen Erfahrungen Teil eines größeren kollektiven Phänomens waren. Mir fielen viele kleine Steine vom Herzen, als ich Begriffe wie »Mikroaggression«, »internalisierter Rassismus«, »Zwangsheterosexualität« und »Mansplaining« entdeckte. Endlich gab es Worte, um meine Erfahrung zu beschreiben und zu benennen. Und noch wichtiger: Ich war nicht allein. Ohne diese Worte hatten die Erfahrungen keine Wirklichkeit, denn, was nicht genannt werden kann, existiert nicht. Kübra Gümüsay beschreibt in ihrem Buch *Sprache und Sein* die Effekte einer sprachlichen Leere: »Die Ohnmacht, die eine solche linguistische Lücke hinterlässt, ist immens: Weder sind Betroffene in der Lage, das Geschehene zu problematisieren, noch sind sich die Täter*innen einer Schuld bewusst. So bleiben Menschen sprach- und machtlos angesichts einer Ungerechtigkeit, die noch nicht in Worte gefasst ist, die ausreichend viele Menschen verstehen und begreifen. Und ihre Realität bleibt unsichtbar für die Anderen.«[4] Aus diesem Grund war #MeToo so machtvoll. Millionen von Frauen – und Menschen jenseits der binären Geschlechtsordnung – sind aus der Unsichtbarkeit gekommen und haben den kollektiven Aspekt ihrer Erfahrung erkennen können. Sie waren nicht mehr allein.

In den letzten Jahren habe ich zu verstehen versucht, wie Unterdrückung in allen Bereichen des Lebens erlebt wird, und wie die gesellschaftlichen Systeme, in die unsere Erfahrungen eingebettet sind, funktionieren. Dabei stieß ich auf unschätzbare Texte, Bücher, Artikel und Filme, die im Rahmen der klassischen eurozentrischen Universität nicht leicht zugänglich sind, wie etwa die Werke von Audre Lorde, bell hooks, Gayatri Chakravorty Spivak, Angela Davis, Frantz Fanon, Aimé Césaire, Dipesh Chakrabarty, Achille Mbembe, Edward Said, Kimberlé Crenshaw, Chandra Talpade Mohanty, Maya Angelou, Nirmala Erevelles, May Ayim, Katharina Oguntoye, Fatima El-Tayeb, Peggy Piesche, Jin Haritaworn, Grada Kilomba, Françoise Vergès, Elsa Dorlin, Nacira Guénif-Souilamas, Dean Spade und viele mehr – auf die kritische Rassismusforschung, die Intersektionalitätstheorie, den Queer-Feminismus, den Schwarzen Feminismus, auf Disability Studies und Postkoloniale Theorien. Diese Theorien der Befreiung, wie ich sie gerne nenne, halfen mir dabei, die Mechanismen von Unterdrückung Schicht für Schicht freizulegen – um damit den entscheidenden ersten Schritt auf dem Weg zu ihrer Überwindung zu gehen. Ohne diese zahlreichen Lektüren mit ihren ungewohnten Perspektiven auf globale Ungleichheiten hätte sich mein politischer Aufbruch in Grenzen gehalten. Ich wäre wahrscheinlich nicht über Bauchgefühle und Annahmen hinausgekommen. Die Community war auch ein sicherer Ort für die Wut und die große Verzweiflung, die dieser Prozess auslöste. Es gibt nichts Schlimmeres für die Seele als unverarbeitete Wut. Ich habe oft bereut, mich auf diesen Weg begeben zu haben. Manchmal war ich sogar neidisch auf Freund*innen, die diese Reise nicht unternehmen. Bei mir war die innere Unruhe jedoch zu stark. Seit der Kindheit spürte ich, dass irgendwas mit der Welt, die mir vorgezeigt wird, nicht stimmt. Ich konnte auf dem großen Bild einen Riss sehen, der andere Realitäten durchscheinen lässt.

»Ich habe tausend Sklaven befreit, ich hätte tausend weitere befreien können, wenn sie nur gewusst hätten, dass sie Sklaven waren.« Diese Worte werden Harriet Tubman zugeschrieben, der bekannten afroamerikanischen Fluchthelferin, die bis zum Ende des Sezessionskriegs entlaufenen Sklav*innen half, aus den Südstaaten zu fliehen. Aus unserer jetzigen Perspektive ist es kaum denkbar, dass versklavte Menschen sich damals nicht als solche wahrgenommen haben. »Wer sich nicht bewegt, spürt die Fesseln nicht«, soll Rosa Luxemburg gesagt haben. Aktivist*innen sehen Ketten, die für viele unsichtbar sind, und neigen dazu, alle befreien zu wollen. Viele möchten aber nicht befreit werden und reagieren auf solche Versuche bestenfalls skeptisch, schlimmstenfalls mit Wut und Empörung. Anfangs unterstellte ich anderen Menschen, die von Unterdrückung betroffen sind, einen Befreiungsdrang; das würde ich heute nicht mehr tun, denn jeder Prozess ist einzigartig und sehr persönlich: Meine kleine Schwester, die in einem renommierten Krankenhaus in Paris als Kardiologin arbeitet, war beispielsweise irgendwann vom Feldzug genervt, den ich in meiner Familie führte. Sie sagte mir: »Ich kann mir diese Sichtweise über unsere Gesellschaft nicht leisten, wenn ich in dieser Welt weiter funktionieren muss, ohne verbittert und zynisch zu werden.« Wir hatten einen Streit, als ich meinte, sie solle sich von ihrem Chef nicht mehr »meine Kleine« nennen lassen, weil es sexistisch und paternalistisch sei. Sie rastete aus und sagte, es würde sie mehr kosten, sich dagegen zu wehren, als diese Behandlung einfach zu akzeptieren, denn im Gegensatz zu mir sei sie nun mal keine Aktivistin und könne ihre Zeit und Energie solchen Kämpfen nicht widmen. Das kann ich inzwischen gut nachvollziehen. Auch für meine andere Schwester, die als Podologin arbeitet, sind Alltagsrassismus und -sexismus Teil ihres Jobs: »In meinem Job sind Alltagssexismus und -rassismus unvermeidbar, und wenn ich anfange, mich darüber aufzuregen, habe ich schon verloren.« Auf ihre Weise sehen sie die Systeme der Unterdrückung. Sie sind ihren eigenen Weg gegangen, nicht mit meinem vergleichbar, aber auch nicht weniger stichhaltig.

Wenn man dann sozusagen aus dem bestehenden System heraustritt, sich den gesellschaftlichen Normen so weit wie möglich entzieht, ist es, als würde man von einem grellen Licht geblendet. Die meisten Menschen können das Licht nicht ertragen und wollen zurück in die bequeme Dunkelheit. In seiner Allegorie der Höhle drückte es Plato sehr gut aus: Die meisten Gefangenen wollen nicht befreit werden, und denjenigen, die die Welt aus einer anderen Perspektive betrachten könnten, wird weder geglaubt noch werden sie verstanden, sondern sie werden verbannt und verfolgt.

Lasses Sie uns mutig sein, und die bequeme Höhle verlassen.

3. ZU HAUSE

»Du hast erst dann eine Heimat, wenn du sie verläßt, und hast du sie einmal verlassen, so kannst du nie mehr zurückkehren.«
James Baldwin[1]

Ich bin ein Produkt des französischen Kolonialismus. Meine Mutter ist in Martinique geboren, einer der letzten und ewigen französischen Kolonien in der Karibik, politisch korrekt als Übersee-Département bezeichnet. Ihre afrikanischen Wurzeln vermischen sich vermutlich mit einer indischen Abstammung aus Tamil, so genau weiß es niemand, denn ihre Familiengeschichte ist von Ungewissheit, Verdrängung und Schweigen geprägt. Ganze Teile der Genealogie fehlen oder sind nur eingeschränkt nachvollziehbar. Das hängt mit der Geschichte der Sklaverei zusammen: Nach der Zwangsentführung vom afrikanischen Kontinent wurden Herkunft, Name, Geburtsdatum und Abstammung der Menschen ausradiert. Meine Mutter trägt noch den Nachnamen des Sklavenhalters ihrer Vorfahren, Griffit. 1957, als sie drei Jahre alt war, verließen sie und ihre drei Geschwister mit meiner Großmutter Martinique. Sie landeten nach einer langen Reise mit Boot und Flugzeug in Madagaskar, wo ihr Vater in der französischen Armee diente. Drei Jahren später brachte diese die mittlerweile siebenköpfige Familie mit einem Schiff an die Küste der Normandie. Später lebte meine Mutter mit ihrer Familie in den französischen Kleinstädten Caen und Limoges.

Mein Vater wiederum ist der Sohn einer jüdischen Mutter mit sephardischen und aschkenasischen Eltern; sein Vater ist ein katalanischer Pied-noir, Algerienspanier, der aber in Algerien geboren wurde, wo auch mein Vater zur Welt kam. Nach dem Unabhängigkeitskrieg 1962 musste die Familie, wie alle Pied-noirs, Algerien verlassen; sie gingen nach Marseille. In der Metropole fühlte sich mein Großvater unwohl, befand er sich doch plötzlich in der Position des »Flüchtlings« und konfrontiert mit der Feindseligkeit der einheimischen Bevölkerung. Nach wenigen Monaten wanderte die Familie in die Zentralafrikanische Republik und später in die Elfenbeinküste aus, wo sie den kolonialen Lebensstil wiederherstellen konnte. 1972 verließ mein Vater Afrika, um in Marseille Medizin zu studieren. Im gleichen Jahr wurde seine erste Tochter, meine Halbschwester Victorine, in einem kleinen Dorf in der Nähe von Abidjan von einer sehr jungen Mutter geboren. Mein Vater lebte die folgenden sieben Jahre in La Réunion und später in Französisch-Guyana. Meine Mutter machte in dieser Zeit ihre Ausbildung zur Krankenschwester in Paris und ging im Anschluss nach Brasilien und später nach Französisch-Guyana, wo sich meine Eltern 1977 kennenlernten. Sie blieben noch drei Jahre in Cacao, einem kleinen Ort mitten in Amazonien, dann ließen sie sich in der Nähe von Paris nieder. Dorthin kam auch Victorine, die mit sechs Jahren von ihrer Mutter und ihrem bisherigen Leben in der Elfenbeinküste getrennt wurde. 1983 bin ich geboren, ein Jahr nach meiner Schwester Anaïs und vier Jahre vor meiner Schwester Clémence.

Zu Hause, in der Familie, werden Liebe, Zuneigung, Wertschätzung, Selbstwert und Sicherheit, aber auch Hierarchien und Macht erlernt. Zu Hause wird unsere Identität geformt und ausgehandelt. Alle unsere Beziehungen sind in Machtdynamiken eingebettet. Die Macht wird aber nicht unbedingt von der scheinbar mächtigsten Person ausgeübt. Wer regelmäßig Zeit mit Kindern und Jugendlichen verbringt, weiß das. Gesellschaftliche Machtstrukturen schleichen sich bis in unsere intimsten Beziehungen ein, zumeist völlig unbewusst. Paare, die sich für progressiv und egalitär halten, verfallen etwa dennoch häufig in patriarchische

Muster, in denen die Frau die Mehrheit der Hausarbeit und Kindererziehung übernimmt. Beziehungen zwischen Eltern und Kindern und zwischen Geschwistern sind definitiv nicht frei von Rassismus, Homodiskriminierung oder Sexismus.

Doch was ist mit sogenannten *transracial*-Familien wie der meinigen, mit mehr als einer Ethnizität oder Hautfarbe? Sind sie nicht der Beweis dafür, dass Rassismus überwunden werden kann? Sind sie kein Symbol für Toleranz, Offenheit und sozialen Fortschritt? Nein, leider sind gerade diese Familien für Rassismus besonders anfällig.

»Ich, als Schwarze Frau ...« – Rassismus in der Familie

Sehr früh musste ich lernen, dass Hautfarbe kein neutrales Merkmal ist. Meine Mutter ist Schwarz und mein Vater ist weiß, ich bin eine *métisse*, wie der französischsprachige Begriff für *biracial* lautet. Ein Wort, das meine Identität als Kind und im späteren Leben sehr prägte. *Métisse* wird mit Schönheit, exotischen Inseln und Weiblichkeit verbunden. Obwohl ich heute weiß, dass solche Konnotationen, auch wenn sie positiv zu sein scheinen, sowohl rassistische als auch sexistische Untertöne haben, nahm ich die Zuschreibung eher positiv wahr. Wenn mir Kinder in der Schule sagten: »Du bist Schwarz!« antwortete ich: »Nein! Ich bin *métisse*!«. Dass *métisse* besser ist als *Schwarz*, schien für mich eine Selbstverständlichkeit zu sein. Und das war tatsächlich so: Gesehen durch die Augen einer Vierjährigen – und der gesamten Gesellschaft – war *métisse* besser als *Schwarz*, und weiß besser als *métisse*. Als eine Erzieherin hörte, wie ein Kind einem anderen »Du bist Schwarz« zurief, entgegnete sie: »So was sagt man nicht, es ist nicht nett.« Ihre Absicht war gut, doch durch ihre Aussage gab sie beiden Kindern zu verstehen, dass »Schwarz« ein Schimpfwort ist, und dementsprechend an sich eine negative Eigenschaft. Beide Kinder sehen doch, dass sie eine unterschiedliche Hautfarbe haben. Die Erzieherin hätte einfach sagen können: »Ja, er ist schwarz, und du bist weiß. Ihr seid verschieden, und beide schön.« Das wäre ihr aber nicht in den Sinn gekommen, weil in ihrem – und dem kollektiven – Unterbewusstsein »Schwarz« negativ konnotiert ist. Ob in Büchern, Liedern, Filmen, in der Werbung oder bei Spielzeug: Unserem kollektiven Unterbewusstsein wurden und werden permanent Bilder von unterlegenen Schwarzen geliefert. Existierende Unterschiede zwischen Menschen sind nicht das Problem, sondern die Wertung, die damit verbunden ist. Ersetzen wir in der oben erzählten Interaktion »Schwarz« mit »dick« oder »behindert«, haben wir das gleiche Ergebnis: eine negative Bewertung von Identitäten, die eigentlich neutral bewertet werden sollten. Den meisten von uns wird es schwerfallen, »Er ist dick/behindert«, zu sagen, ohne dabei das Gefühl zu haben, dass wir den Menschen irgendwie beleidigen.

Wenn Hautfarbe keine Rolle spielt

In *transracial*-Familien werden Unterschiede oft geleugnet. Weil es einfach bequemer ist, sich nicht mit Differenz und Hierarchie zu beschäftigen. Weiße Eltern von Schwarzen, asiatischen und *biracial* Kindern tendieren dazu, die Hautfarbe ihrer Kinder auszublenden. Das wäre eine gute Sache, wenn ihre Realität und die Erfahrungen, die sie aufgrund ihrer Hautbarbe machen, nicht ebenfalls ausgeblendet würden. Eltern wollen sich in ihren Kindern wiederfinden und suchen Ähnlichkeiten und Gemeinsamkeiten. Die Hautfarbe ist zwar nur eines der Identitätsmerkmale, wie Augen- und Haarfarbe, Sommersprossen, Figur und Charaktereigenschaften, sie ist aber nicht neutral und enthält eine besondere Erfahrung, die von weißen Menschen nicht geteilt werden kann. Weiße Menschen werden nie wissen, wie es sich anfühlt, die Welt als Person of Color innerhalb einer weißen Mehrheit zu erleben. Eltern wollen ihre Kinder nicht nur beschützen, sondern auch verstehen und sich in ihre Haut hineinversetzen. Die Erkenntnis, dass die eigenen Kinder die Welt anders erfahren und unter etwas leiden können, gegen das man selbst abgeschirmt ist, kann deshalb schmerzhaft und frustrierend sein. Empathie jedoch verlangt nicht unbedingt, dass man über die dieselben Erfahrungen verfügt.

Ich bin in einer rassistischen Familie groß geworden. Mein Großvater väterlicherseits war sein ganzes Leben ein Anhänger von Le Pen und sehr aktiv im Front National – der rechtsextremistischen Partei Frankreichs. In Zeiten von Wahlkampagnen waren in Nordfrankreich auf sämtlichen Straßen Plakate mit seinem Bild zu sehen. Er hat mich sogar mit ins Hauptquartier des Front National in der Nähe von Paris genommen, als ich sechs Jahre alt war. Ich kann mich erinnern, dass jemand meinen Kopf streichelte und mich anlächelte. Vielleicht war es sogar Le Pen in Person. Meine ganze Kindheit über habe ich aus seinem Mund Beleidigungen über Schwarze, Araber*innen, Muslim*innen und ab und zu Juden*Jüdinnen gehört. Gleichzeitig war er ein sehr lieber Opa und hat mich und meine Schwestern wie seine anderen Enkelkinder behandelt, die weiß sind. Meine Großmutter väterlicherseits verbirgt ihre jüdische Identität seit dem Zweiten Weltkrieg, in dem viele ihrer Familienmitglieder ermordet wurden. Sie ließ sogar ihre vier Söhne taufen, damit sie bei Bedarf das Zertifikat zeigen können. Nach meinem Großvater hat sie zwei weitere Männer geheiratet, die ebenfalls offenkundig rassistisch und antisemitisch waren. Vielleicht war es für sie ein Schutzmechanismus, dem Feinde nah zu sein. Wie dem auch sei, wir Kinder mussten uns auch ihre rassistischen Aussagen über Schwarze und arabische Menschen anhören. Beide Großeltern väterlicherseits sagten vor uns, ihren *métisse*-Enkelkindern und ihrer Schwarzen Schwiegertochter, herabwürdigende Dinge über Schwarze Menschen an sich, ohne sich dabei schlecht zu fühlen – und ohne, dass mein Vater jemals dagegen aufbegehrte. Wie kann es sein, dass sie eine solch klare Trennung vollziehen konnten, zwischen uns und den anderen Schwarzen? Und warum hat uns mein Vater nicht verteidigt? Sie konnten das, weil sie uns nicht *gesehen* haben. Sie haben unsere Hautfarbe ausgeblendet, damit sie uns akzeptieren und lieben können, ohne dass es bei ihnen innere Konflikte auslöst. Menschen, die gegenüber bestimmten minorisierten Gruppen negative Vorurteile haben, können trotzdem enge Beziehungen mit Mitgliedern dieser Gruppen entwickeln. Als sie schwanger mit ihrem ersten *métisse*-Kind war, sagte mir eine weiße Bekannte: »Ich hoffe, dass sie nicht zu krasse afrikanische Gesichtszüge haben wird. Und hoffentlich auch keine krausen Haare. Hoffentlich wird sie wie du aussehen.« Es klang wie eine Bedingung für die Liebe, die sie ihrem Kind geben würde. Wie würde sie mit ihrer Tochter umgehen, falls sie ihr *zu* Schwarz sein würde? Als ich mit meiner Anwort: »Ich als Schwarze Frau ...« einsetzte, unterbrach mich eine andere Freundin: »Emilia, für mich bist du aber nicht Schwarz. Ich sehe dich nicht als Schwarz«. Ich musste damals kurz überlegen: Sieht sie mich wirklich als weiß? Würde sie einer braunäugigen Freundin sagen: »Für mich hast du keine braunen Augen«? Hatte es mit der Tatsache zu tun, dass ich *métisse* bin? Doch auch meiner Schwarzen Mutter wurde dieser Satz sehr oft von ihren weißen Freundinnen oder Bekannten gesagt. Außerdem kam die Freundin aus den USA, wo ich eindeutig als Schwarz gelte. Ihre Aussage war Ausdruck der kognitiven Dissonanz, die bei so vielen Menschen ausgelöst wird: »Schwarz ist negativ. Ich mag diese Person. Deshalb ist sie nicht Schwarz.«

Genauso wie die Spitzenkandidatin der AfD Alice Weidel mit

einer Frau aus Sri Lanka verheiratet sein kann, kann mein Großvater sowohl rassistisch als auch liebevoll gegenüber seinen Schwarzen Enkeln sein. Das wurde mir noch einmal eindrucksvoll bestätigt, als ich im Rahmen einer Arte-Dokumentation über das Thema Gerechtigkeit meinen Großvater väterlicherseits interviewt habe. Er freute sich sehr, mich zu sehen, umarmte und küsste mich. Nach dem Kamera- und Soundcheck stellte ich meine erste Frage: »Opa, was ist für dich das größte Problem, mit dem unsere Gesellschaft konfrontiert ist?« Mir stand nach seiner Antwort ein paar Sekunden vor Staunen der Mund offen: »Die Rassenmischung ist das größte Problem unserer Zeit.« Trotz meines Erstaunens wusste ich, dass er sich der Absurdität der Situation nicht bewusst war. Daran, dass eine solche Aussage mich zutiefst verletzen könnte, hatte er offensichtlich nicht gedacht. Meine Schwester erlebte eine ähnliche Situation: Unsere Großmutter sagte ihr, dass unser Vater aufhören solle, Beziehungen zu Schwarzen und »exotischen« Frauen zu haben, weil sie geldgierig und betrügerisch seien – ohne zu »bemerken«, dass ihre Enkelinnen genau *solche* Frauen sind. In beiden Interaktionen haben unsere Großeltern unsere Hautfarbe – einen Teil unserer Identität – ausgeblendet. Das ist ein Zeichen von fehlender Empathie, aber auch von ungleich verteilter Macht: Unsere Gefühle und Verletzlichkeit sind weniger wichtig als die Freiheit meiner Großeltern, ihre Meinung auszudrücken.

Diese Machtausübung wurde von meinem Vater verstärkt, indem er solche Aussagen nicht als rassistisch verurteilte. Ganz im Gegenteil wurden beide Großeltern als »überhaupt nicht rassistisch« und »liebevoll« bezeichnet und geschützt. Mein Vater saß beim Interview für die Arte-Dokumentation im Hintergrund und konnte alles hören. Am Ende des Drehs, der mehrere Stunden dauerte, war ich emotional erschöpft und gleichzeitig erleichtert, dass der Rassismus meines Großvaters nicht mehr verleugnet werden konnte: Ich habe alles nicht geträumt, er hat es tatsächlich vor der Kamera gesagt. Auf dem Rückweg im Auto nahm mein Vater eine vorwurfsvolle Haltung mir gegenüber ein, pochte darauf, dass mein Opa nicht rassistisch sei. Er brachte mich in die Position, mich vor ihm für die Dokumentation rechtfertigen zu müssen. Was ich von ihm gebraucht hätte, wäre Empathie gewesen, und eine Entschuldigung dafür, dass er uns nie verteidigt hatte.

Die Beweislast fällt immer denen zu, die Rassismus erfahren. Weiße Menschen genießen eine unantastbare Unschuldsvermutung. Solange eine Tat nicht erwiesen rassistisch ist, ist sie es sicher nicht. Und bei diesem Prozess sind selbst klarste Beweise nicht gut genug. Menschen, die behaupten, keine Hautfarbe zu sehen, sehen auch keinen Rassismus, fragen vielmehr beständig, woher man wisse, dass die Aussagen wirklich rassistisch gemeint waren. Sie verstehen nicht, dass es bei rassistischen Aussagen nicht darumgeht, wie es gemeint war, sondern, wie es ankommt. Schwarze Menschen und People of Color werden daher oft in eine Position gebracht, sich fragen zu müssen, ob die unhöfliche Person im Laden nicht vielleicht nur schlecht gelaunt war – und ihre Agressionen gar nichts mit ihrer Hautfarbe, ihrem Hijab oder ihrem Akzent zu tun hatten. Sich diese Frage immer wieder stellen zu müssen, ist eine große psychische Belastung. Man hat sich permanent in die Köpfe anderer hineinzuversetzen – und zweifelt zunehmend an seiner Intuition. Das Gleiche passiert im Übrigen, wenn Frauen sich fragen, ob ein Mann nicht eigentlich nur nett ist und aufmerksam, wenn er aufdringlich ist und sie in eine unsichere Situation bringt.

Wie menschliche Differenzen zu »Rassen« gemacht werden

Doch existieren menschliche »Rassen« überhaupt? Im biologischen Sinne nicht, wie sich heute fast alle einig sind. Beim Begriff

»Rasse« handelt es sich vielmehr um ein historisches, soziales und politisches Konstrukt. Auch wenn es phänotypische Unterschiede zwischen Menschen gibt, wie verschiedene Hautfarben, Haartexturen, Nasen- und Augenformen, wurden die vermeintlichen Rassen anhand willkürlicher Kriterien und Merkmale definiert. Es wäre zum Beispiel durchaus möglich gewesen, dies auch anhand der Augenfarbe, der Körpergröße oder der Fußlänge zu tun. Mehrere wissenschaftliche Studien belegen, dass es größere genetische Unterschiede innerhalb einer vermeintlichen Rasse gibt, also zwischen z. B. einer weißen Person aus Russland und einer weißen Person aus Brasilien, als zwischen zwei verschiedenen vermeintlichen Rassen, also etwa einer Schwarzen und einer weißen Person, die beide aus Kanada stammen. Im Jahr 2003 schlossen US-Amerikanische Wissenschaftler*innen das Human Genome Project ab, das es deutlich vereinfachte, die menschliche Abstammung mithilfe der Genetik zu untersuchen. Die Begeisterung für die Humangenetik steckte die breite Öffentlichkeit an: Abstammungs-Testkits, die eine genetische Analyse der ethnischen Abstammung liefern, wurden von Online-Unternehmen angeboten. Reality Shows entstanden in den USA, die sich um die Abstammungs-Tests von Celebrities drehten.

2018 war ich Teil eines Projekts namens WE:DEUTSCHLAND, das mithilfe von Porträts, persönlichen Geschichten und DNA-Analysen einen kleinen Teil der vielfältigen Bevölkerung Deutschlands vorstellen wollte. Ich musste mit einem mir per Post zugeschickten Stäbchen einen Mundhöhlenabstrich machen und ihn zurückschicken. Einige Wochen später fiel das Urteil: Die Ergebnisse stimmten überhaupt nicht mit meiner tatsächlichen Abstammung überein! Ich war an das Projekt bereits skeptisch herangegangen, weil ich nur allzu gut weiß, dass Rassen als biologische Kategorien nicht existieren. Und anders als die teils enthusiasmierte Öffentlichkeit stehen auch Wissenschaftler*innen Abstammungstests eher kritisch gegenüber, weil die Grenzen zwischen den Rassen viel unschärfer sind, als die DNA-Test-Unternehmen uns glauben machen wollen. Auch wenn Rassen nicht existieren, allein der Glaube daran hat in der Menschheitsgeschichte eine riesige Wirkung erzielt. Und auch auf der Ebene des Individuums spielt die Vorstellung von Rassen nach wie vor eine Rolle. Obwohl die Kategorie Schwarz keine biologische Basis hat, wird die Erfahrung einer Person, die als Schwarz betrachtet wird, wesentlich von diesem Aspekt ihrer Identität beeinflusst. Deswegen ist es kontraproduktiv, zu behaupten, der Begriff »Rasse« gehöre der Vergangenheit an und solle aus juristischen Texten gestrichen werden, und aus dem Sprachgebrauch verschwinden. Eine solche Forderung zeigt, dass Rasse in Deutschland und Europa weiterhin als biologische Kategorie und nicht als ein soziopolitisches Konstrukt verstanden wird. Wie die französische Theoretikerin Colette Guillaumin sinngemäß sagte: Rasse existiert nicht, aber sie tötet Menschen.[2]

Rassismus ist für die große Mehrheit der Deutschen etwas, mit dem man sich nicht identifizieren will – nicht mal Menschen, die klare und explizit rassistische Meinungen vertreten, wie etwa einige der AfD-Politiker*innen und deren Wähler*innen, wollen das. Das Wort »Rassismus« ist aufgrund der NS-Vergangenheit Deutschlands untrennbar mit der Brutalität des Genozids verbunden. Deswegen wird im medialen Diskurs eine klare Linie gezogen zwischen dem, was in der NS-Zeit passiert ist, und der Art von Diskriminierung, die sich heute beobachten lässt, die nicht dermaßen brutal sein muss, sondern subtiler ist und strukturell angelegt. Deswegen präferierten die Medien bis vor Kurzem weniger negativ besetzte Begriffe wie »Ausländerfeindlichkeit« oder »Fremdenfeindlichkeit«. Die Unbequemlichkeit der Wörter »Rasse« und »Rassismus« beeinflusst den nationalen Diskurs über

Unterdrückung enorm. Wir scheuen uns in Deutschland, über Rassismus zu sprechen, weil das kollektive Bedürfnis, sich von der Vergangenheit zu distanzieren, stärker ist, als die Bereitschaft zu akzeptieren, dass Rassismus den Zweiten Weltkrieg überlebt hat, vor diesem existierte und bis heute wirkt, wenn auch in anderen Erscheinungsformen.

Ramón Grosfoguel beschreibt Rassismus, angelehnt an die Theorie von Frantz Fanon, als eine globale Hierarchie von Über- und Unterlegenheit entlang der »Linie der Menschlichkeit«. Diese wurde in den letzten fünfhundert Jahren politisch, wirtschaftlich und kulturell durch die weiße Vorherrschaft, das kapitalistische System, den europäischen Kolonialismus und das Patriarchat produziert und aufrechterhalten. Die Menschen oberhalb dieser Linie befinden sich in der, wie Fanon sie nennt, Zone des Seins, wo ihre Menschlichkeit gesellschaftlich, rechtlich und politisch anerkannt und geschützt wird. Diejenigen, die sich unterhalb der Linie befinden, leben in der Zone des Nicht-Seins und werden als untermenschlich angesehen. Die Zonen des Seins und des Nicht-Seins sind flexibel und überall auf der Welt zu finden. Sie sind weder einer bestimmten Geografie noch politischen Systemen zuzuordnen. In Berlin gibt es beispielsweise sowohl Zonen des Seins als auch Zonen des Nicht-Seins, die sich auch mal überlappen und nicht klar abgegrenzt sind. Geflüchtete Menschen in Heimen, die keinen Zugang zum Arbeitsmarkt haben und rechter Gewalt ausgesetzt sind, befinden sich in der Zone des Nicht-Seins, und am gleichen Ort befinden sich Menschen mit deutscher Staatsangehörigkeit, gut bezahlten Jobs, einem sicheren Zuhause und genießen rechtlichen Schutz. Die sogenannten *Global Care Chains,* in denen sich Frauen mit den unterschiedlichsten Hintergründen begegnen, sind ein Paradebeispiel dafür: Innerhalb eines Haushalts liegen die Zonen dicht beieinander.

Fanons Darstellung finde ich besonders hilfreich, um die systemische Dimension von Rassismus besser begreiflich zu machen und Rassismus als Hierarchie zu verstehen. Über- und Unterlegenheit entlang der »Linie der Menschlichkeit«, so Fanon,[3] kann entlang unterschiedlicher Merkmale konstruiert werden. Eine solche Rassifizierung geschieht, indem bestimmten Gruppen zugeschrieben wird, sie seien unterlegen, sie werden als »anders« konstruiert. Zum Beispiel konnte Großbritannien eine Überlegenheit über Irland durch das Merkmal Religion konstruieren, nicht über Hautfarbe, indem die Ir*innen aufgrund ihres Katholizismus als »anders« betrachtet und damit als unterlegene Rasse konstruiert wurden. So wurde den Ir*innen für lange Zeit die machtvolle Position des Weißweins abgesprochen. In Deutschland werden muslimische Menschen nicht nur aufgrund ihrer Religion, sondern auch aufgrund ihrer ethnischen Herkunft, der Klassenzugehörigkeit und des Migrationshintergrunds als »anders« und unterlegen konstruiert. Diese Hierarchie ist zum Beispiel im deutschen Schul- und Bildungssystem ersichtlich, wo Mehrsprachigkeit nur dann wertgeschätzt wird, wenn sie neben Deutsch eine andere europäische Sprache wie Französisch, Englisch oder Italienisch umfasst. Die Mehrsprachigkeit von Kindern, die neben Deutsch Türkisch, Arabisch, Urdu, Romanes, Akan oder Hindu sprechen, wird im Gegenteil als Nachteil und Hindernis für die einwandfreie Beherrschung der deutschen Sprache betrachtet. Das ändert sich langsam, hat aber das deutsche Schulsystem in den letzten Jahrzehnten sehr geprägt. Die Kategorien »Migrant*in« und »Flüchtling« wurden durch das europäische Grenzregime als unterlegen konstruiert und damit ebenfalls rassifiziert. Die sogenannte Integrationspolitik Europas beruht auf einer konstruierten Überlegenheit der europäischen, christlichen Kultur gegenüber *anderen* Kulturen, die an koloniale Assimilationspolitiken erinnert. Laut dem Integrationsnarrativ müssen sich Menschen, die Kulturen angehören, die als unterlegen wahrgenommen werden – auch wenn dies nicht explizit gesagt wird –, an die überlegene Kultur anpassen, deren Sprache lernen und die Sitten adaptieren.

»Ab heute spreche ich nur noch Kreolisch«

Meine Mutter, die regelmäßig Rassismus von beiden Schwiegereltern zu ertragen hatte, blieb immer still. Sie verteidigte sich – und auch uns – nicht. Wie kommt es zu einem solchen Verhalten? In Martinique, wie in vielen französischen (Ex-)Kolonien, war politische, wirtschaftliche und kulturelle Macht entlang rassenbezogener Linien verteilt. Soziale Mobilität ist deshalb eng mit Hautfarbe verbunden. Je heller die Haut, desto höher der gesellschaftliche Status. Dieses Phänomen hat einen Namen: *Colorism* – die Hierarchisierung der unterschiedlichen Schwarzen Hauttöne. Kolorismus hat seine Wurzeln in der Sklaverei, wurde als Teile-und-Herrsche-Strategie verwendet, wobei hellere Schwarze Menschen leichtere Arbeit verrichten mussten. Es mag grob vereinfachend erscheinen, aber die sozialen Beziehungen in Post-Sklaverei-Gesellschaften entsprechen dieser Logik noch immer. Wer aufsteigen will, muss versuchen, so weiß wie möglich zu sein. Wer nicht weiß ist, entwickelt zwangsweise Minderwertigkeitsgefühle und einen internalisierten Selbsthass. Der aus Martinique stammende Frantz Fanon beschreibt dieses Phänomen in seinem faszinierenden Buch *Schwarze Haut, weiße Masken*. Meine Großeltern haben ihren Minderwertigkeitskomplex an ihre Kinder übertragen, die ihn ihrerseits an ihre eigenen Kinder weitergaben. Rassismus wird von Generation zu Generation gereicht, bis seine machtvolle Logik entlarvt wird, und die Traumata, die er hinterlässt, anerkannt und geheilt werden.

Bei einem Besuch in Martinique im Jahr 2014 passierte etwas, was mich zutiefst bewegte. Meine Großmutter konfrontierte meinen Großvater: »Ab heute spreche ich nur Kreolisch in meinem Haus! Ein ganzes Leben durfte ich kein Kreolisch sprechen, jetzt mit achtzig ist Schluss damit! Es ist meine Sprache, ich werde nie weiß sein, egal, wie doll ich mich anstrenge. Du kannst weiter versuchen, weiß zu sein. Für den weißen Mann wirst du immer ein *Nègre*[*] bleiben.« Ich hörte dieses Gespräch vom Nebenzimmer aus an und freute mich heimlich darüber. Als meine Mutter klein war, war Kreolisch zu Hause verboten. Die Kinder durften ausschließlich Französisch sprechen, um so die Spuren ihres Schwarzseins zu vernichten und somit die Chancen für einen sozialen Aufstieg zu erhöhen. Meine erste Sprache ist Französisch, was vor allem an der kolonialen Geschichte Frankreichs liegt. Mein Vater wuchs in Algerien mit Französisch, der kolonialen Sprache, auf, nur seine Oma sprach manchmal Arabisch mit ihm, und sein Opa bei seinen seltenen Besuchen Jiddisch. Mit den verschwundenen Sprachen gingen für mich – wie für viele andere Kinder mit Wurzeln in den alten französischen Kolonien – Teile meiner Geschichte und Identität verloren. Meine Mutter und ihre Geschwister sprechen akzentfrei Französisch. Es ebnete ihnen Wege, die für ihre Cousins und Cousinen, die mit starkem kreolischem Akzent sprachen, verschlossen blieben. Das akzentfreie Französisch reichte natürlich nicht, um die Familie vor Rassismus zu bewahren. Regelmäßig werden sie am Telefon freundlich und offen behandelt, jedoch heftig abgelehnt, wenn sie der gleichen Person persönlich gegenübertreten.

Die Schäden, die Rassismus bei einem Menschen hinterlässt, können durch radikale Akzeptanz – durch Selbstliebe – geheilt werden. Dafür muss Rassismus als System der Entmenschlichung

---

[*] *Nègre* auf Französisch hat eine andere Konnotation als das N-Wort auf Deutsch, das sehr rassistisch und herabwürdigend ist. *Nègre* wurde von der Bewegung der »Négritude« als empowernder Begriff verwendet. Die Négritude ist eine politische Strömung, die für eine kulturelle Selbstbehauptung aller Menschen Afrikas und ihrer afrikanischen Herkunft eintritt.

aber nicht nur anerkannt, sondern auch dekonstruiert werden. Indem meine Oma sich klar gegen die Abwertung von Kreolisch und für die Würdigung ihrer Schwarzen Identität einsetzte, machte sie einen Schritt in Richtung Befreiung und trug zur Heilung der ganzen Familie bei. Meine Mutter war damals nicht in der Lage, sich gegen den Rassismus ihres Mannes und den ihrer Schwiegereltern zu verteidigen, weil sie unbewusst von ihrer Minderwertigkeit überzeugt war. Seitdem ist sie einen langen Weg gegangen, angefangen mit der Trennung von meinem Vater. Heute würde sie die rassistischen Attacken ihrer Schwiegereltern nicht mehr dulden. Damals wirkte die Akzeptanz von Rassismus, sowohl von meinem Vater, als auch von meiner Mutter, obgleich aus ganz unterschiedlichen Gründen, für uns Kinder wie eine implizite Bestätigung der Minderwertigkeit von Schwarzen Menschen – und damit als Herabwürdigung eines wichtigen Teils von uns. Wenn Differenz negiert und die Hautfarbe ausgeblendet wird, verleugnet dies einen wesentlichen Teil der Identität und hinterlässt im späteren Leben Spuren. Manche von uns werden sich mit dem Trauma nicht konfrontieren können und ihre Hautfarbe weiterhin ausblenden. Andere werden proaktiv versuchen, die verlorenen Teile ihrer Identität zurückzugewinnen, zu würdigen und zu zelebrieren.

»Ach, sind die süß …« – Fetisch Hautfarbe

Ein Phänomen, das in *transracial*-Familien oft vorkommt, ist die Fetischisierung von *biracial,* Schwarzen und asiatischen Kindern. Die Hautfarbe wird als Accessoire behandelt, mit dem man sich schmücken kann. Manche nennen das »positiven Rassismus«, aber ich weigere mich, einen solchen Begriff zu verwenden, weil Rassismus nie positiv ist. Zu *transracial*-Familien zählen auch solche mit Adoptionskindern, die aus Afrika, Asien und Lateinamerika kommen. Weiße Eltern setzen sich zu selten damit auseinander, welche Rolle die Hautfarbe im Leben ihres Kindes spielen wird, und wie sich das Großwerden in einer weißen Familie auf ihre Entwicklung auswirkt. In vielen Fällen wird die Hautfarbe sowohl ausgeblendet als auch fetischisiert. Ausgeblendet, wenn es mit Bezug auf Rassismus unbequem wird, und fetischisiert, wenn die Hautfarbe verwertet werden kann. In *transracial*-Familien laufen daher viele Kinder Gefahr, exotisiert und als Objekt behandelt zu werden. Das heißt nicht, dass die Kinder von ihren Eltern nicht geliebt werden. Aber Liebe ist komplex und nicht frei von unbewussten Unterdrückungsmustern – inklusive Rassismus.

In *biracial*-Beziehungen kann ein ähnliches Phänomen beobachtet werden. Mein Vater war sein Leben lang nur in Beziehungen mit Schwarzen Frauen – mit der Ausnahme einer arabischen Frau. Von außen betrachtet könnte man den Eindruck haben, dass mein Vater besonders weltoffen ist. Die Fixierung auf Schwarze Frauen zeigt aber vielmehr, dass auf diese Frauen etwas projiziert wird, was nichts mit ihrer intrinsischen Persönlichkeit zu tun hat, sondern mit den Phantasien und Stereotypen, die mit ihrer Hautfarbe verbunden sind. Mein Vater wuchs in französischen Kolonien auf und erlebte seine Pubertät in der Zentralafrikanischen Republik und der Elfenbeinküste, wo er zwischen zwei Welten wählen musste, wie er es selber ausdrückte. Einerseits die extrem rassistische weiße Gemeinschaft von französischen *Colons* (Kolonisatoren), und andererseits die einheimische Bevölkerung, die Schwarzen. Während sein soziales Leben weiterhin unter den *Colons* stattfand, fing er an, Schwarze junge Frauen heimlich zu treffen. *Biracial*-Beziehungen waren in diesen Kreisen damals verpönt. Er entschied sich also nicht voll und ganz für ein einheimisches Sozialleben, sondern nur für die Frauen. Als er später den afrikanischen Kontinent verließ, behielt er dieses Muster bei.

Eines Tages, als ich versuchte, mit ihm über Rassismus zu sprechen, sagte er zu mir: »Siehst du? Deswegen wollte ich *métisse*-Kinder haben. Um Rassismus zu überwinden und zu der Gesellschaft der Zukunft beizutragen.« Mit einem solchen Satz sagte mein Vater viel über die Beziehung zu meiner Mutter aus. Sie war in seinen Augen austauschbar. Hauptsache Schwarz. Meine Mutter war in den gleichen Mustern gefangen, für sie waren *métisse*-Kinder auch ein Mittel für den sozialen Aufstieg, dafür, sich von ihrer Schwarzen Identität zu distanzieren.

Biracial-Kinder gelten für viele als besonders süß und schön. Es gibt unzählige Instagram-Accounts, die sich ausschließlich #biracialkids widmen und Fotos von niedlichen Babys und Kindern zeigen, die mehr als einer Ethnizität angehören. Die Crème de la Crème auf solchen Accounts sind Kinder mit hellen Augen und blonden lockigen Haaren. Ich kann mich noch erinnern, dass ich als Kind auch fetischisiert wurde, sowohl in Martinique als auch in Frankreich.

Eine Schwarze Freundin von mir, die in einer weißen Adoptivfamilie aufwuchs, erzählte mir, dass ihr regelmäßig gesagt wird, *transracial*-Adoption sei der beste Weg zur Bekämpfung von Rassismus. Dabei sind weiße Eltern(-teile) selten ausgerüstet, um ihre Kinder vor Rassismus zu schützen. Meist müssen sie sich diesen Kämpfen alleine stellen. Das hat meine Freundin erfahren müssen. Und das erfuhren meine Schwester und ich bei meiner Familie väterlicherseits. Sosehr unsere weißen Eltern(-teile) uns lieben, können sie uns nicht ohne Weiteres dabei helfen, gegen eine Form von Diskriminierung anzukämpfen, die sie selber nie erlebt haben. In sämtlichen Familien kann Rassismus bekämpft werden. Auch *transracial*-Familien sind nicht zum Scheitern verurteilt, ganz im Gegenteil. Sie können sich von rassistischen Mustern befreien, aber nur, wenn ihre Mitglieder bereit sind, den zwar unbequemen, aber bereichernden Weg zu gehen, sich mit den eigenen rassistischen Mustern zu konfrontieren. Es verlangt Arbeit, Bescheidenheit und die wichtige Erkenntnis, dass Rassismus zu bekämpfen in erster Linie nichts mit den Gefühlen und Bedürfnissen von weißen Menschen zu tun hat.

Da ich mich als Kind überwiegend in weißen Kreisen bewegte, erwarb ich eine Art instinktives Verständnis des Weißseins. Ich habe die Kapazität entwickelt, die Welt durch die Augen weißer Menschen zu sehen. Das heißt natürlich nicht, dass alle weißen Menschen gleich ticken, aber sie teilen eines: das Privileg, der unsichtbaren Norm anzugehören. Ob sie arm, reich, jung, alt, Mann, Frau, non-binary, trans, heterosexuell, queer, lesbisch, schwul, bisexuell, mit oder ohne Behinderung sind, sie *müssen* sich mit dem Thema Rassismus nicht beschäftigen, wenn sie es nicht möchten. Rassismus hat zwar eine Wirkung in ihrem Leben, aber sie bleibt meist unsichtbar und überwiegend positiv – sie werden durch ihre Hautfarbe nicht benachteiligt, sondern bevorzugt. Durch dieses instinktive Verständnis des Weißseins entwickelte ich auch eine tiefe Empathie gegenüber weißen Menschen. Ich wusste, dass das Thema Rassismus weiße Menschen oft in die Defensive drängt, weil sie sich angegriffen fühlen. In der konkreten Auseinandersetzung mit dem Rassismus in meiner Familie dauerte es sehr lange, bis ich erkannte, dass die Liebe zu ihr nicht Schweigen bedeuten musste, sondern, dass ich ein Recht auf meinen Zorn hatte. Dass auch meine Gefühle und Bedürfnisse zählten.

Wie die letzten Seiten gezeigt haben, ist es naiv zu behaupten, dass *biracial*-Paare und *transracial*-Familien frei von Rassismus seien. Nach dieser Logik wären auch alle Hetero-Paare frei von Sexismus.

Das Nest des Patriarchats

Meine Mutter kümmerte sich zusätzlich zu ihrer Vollzeitarbeit als Krankenschwester um den gesamten Haushalt. Sie machte die Einkäufe, kochte alle Mahlzeiten und machte die Wäsche für die Familie, putzte, kaufte Klamotten für uns, kontrollierte unsere Hausaufgaben, dekorierte das Haus, brachte uns zur Schule, koordinierte Familienfeiern und Geburtstage, sowie alle sonstigen organisatorischen Aspekte des Familienlebens, wie außerschulische Aktivitäten und Urlaube. Mein Vater beteiligte sich punktuell an diesen Aufgaben, wenn es ihm Spaß machte. Manchmal ging er am Wochenende zum Markt und kochte in aller Ruhe sein Lieblingsgericht. Als Vater war er sehr präsent, unternahm viel mit uns und ließ uns Dinge erleben, die mich bis heute prägen. In vielen Familien war eine solche Aufteilung in den 1980ern und 1990ern eine Selbstverständlichkeit. Meine Mutter war damals keine Ausnahme. In Frankreich wird die Abholzeit in vielen Kitas und Grundschulen immer noch »die Stunde der Mamas« genannt. In Deutschland ist eine solche Arbeitsaufteilung zwischen Paaren ebenfalls gängig, vor allem im ehemaligen West-Deutschland. Mein Vater, wie viele Männer seiner Generation – und der Nachfolgegenerationen –, sah Aufgaben, die mit Sorgearbeit und Haushaltspflege zu tun haben, nicht als die seinen an. Als er häufig feststellen musste, dass meine Mutter vor lauter Arbeit überfordert war, rief er uns zu: »Helft eurer Mutter!«, ohne darauf zu kommen, dass auch er hätte mithelfen können.

Das Patriarchat ist deshalb so mächtig, weil viele Aspekte der patriarchalen Unterdrückung und männlichen Dominanz in der intimen Sphäre wirken und vom Affekt verdeckt sind. Liebesgefühle, emotionale Verbundenheit und Abhängigkeit vermischen sich mit Machtdynamiken und machen sie unsichtbar. Ich würde sogar behaupten, dass die überwiegende Mehrheit der Frauen, die täglich in patriarchalen Beziehungen unterdrückt werden, sich dessen nicht bewusst ist. Eher wird von »Beziehungsschwierigkeiten« gesprochen und dabei ignoriert, dass diesen Problemen ein gesellschaftliches System zugrunde liegt. Die patriarchale Unterdrückung ist subtil, dennoch machtvoll, und lässt sich nicht einfach identifizieren, da sie oft unsichtbar bleibt. Die Falle, in die viele Menschen tappen, ist die der »Individualiserung«: Einzelne Männer werden verteufelt, beim Patriarchat geht es aber um ein System.

Was ist das Patriarchat eigentlich?

Das Patriarchat heißt für Frauen, sich so klein zu machen wie möglich, nicht zu viel Platz einzunehmen, nicht zu viel zu sprechen, nicht zu laut zu lachen, nicht zu klug zu erscheinen, nicht aufzufallen (außer aufgrund der Schönheit). Klein zu bleiben, damit sich Männer nicht bedroht fühlen. Von meinem Vater musste ich mir als Kind oft anhören, dass ich barsch, rebellisch und dominant war. Als ich den Vater meines Kindes heiratete, gab mein Vater mir den Rat: »Sei nicht zu dominant. Stell dich nicht dem Wettbewerb mit ihm.« Und weil ich dem Bild des unterwürfigen, ruhigen Mädchens nicht entsprach, wurde ich mehr diszipliniert als meine Schwestern. Ich verdiente unter keinen Umständen Empathie und Sanftheit von ihm. Als ich schwanger mit meinem zweiten Kind war und wegen der Komplikationen und meines anderen zweieinhalbjährigen Kindes völlig erschöpft bei ihm auf dem Sofa lag, forderte er mich dazu auf, etwas in der Küche zu tun. Als mein Kind starb, war er leicht irritiert, dass es mir so schlecht ging, konnte erst mal nicht verstehen, dass ich so traurig war. Weil ich es zuvor gewagt hatte, Stärke zu zeigen, wurde nun keine Schwäche von mir toleriert. Im Grunde wurde ich ein bisschen »wie ein Junge« – im patriarchalen Sinne – von meinem Vater erzogen und betrachtet. Ich spüre wohl deshalb Empathie für die Jungs, die im Patriarchat keinen Anspruch auf Verletzlichkeit haben. Gleichzeitig bin ich meinem Vater sehr dankbar, weil er mir die Möglichkeit gegeben hat, mich zu behaupten und in der patriarchalen Welt durchzusetzen. Dass er mich oft »wie ein Junge« behandelt hat, hat Möglichkeiten eröffnet und die Ungerechtigkeit des Patriarchats aufgezeigt, weil ich trotzdem als Mädchen sozialisiert wurde, und die Unterlegenheit der Frauen verinnerlicht hatte. Durch das Zusammenleben mit meinem Ex-Partner hatte ich implizit verstanden, dass ich mich »dümmer« stellen musste, als ich eigentlich war, ihm Fragen stellen, über die Welt, über Politik, über alles, und mir Sachen von ihm erklären lassen musste. Es war für mich natürlich, mich so zu verhalten, ich merkte, dass es für das fragile Gleichgewicht in der Beziehung sorgte.

Die Herrschaft der Männer ist ein System, das auf der Annahme der Überlegenheit der Männer über die Frauen beruht. Um diese Hierarchie zu verwirklichen, müssen Weiblichkeit und Männlichkeit als naturgegebene Kategorien definiert sein: In der binären Geschlechterordnung sind typisch weibliche und typisch männliche Eigenschaften und Rollen festgelegt, hierarchisiert, den Geschlechtern zugeschrieben. Die Menschheit wird in diese zwei rigiden Kategorien unterteilt. Im Affekt fragen manche schnell: Ist es denn heute wirklich noch so? Die Antwort ist einfach: Solange Jungs, die Röcke, Rosa, lange Haare und Nagellack tragen, unangenehme Gefühle in uns auslösen, und solange »Mädchen« ein Schimpfwort für Jungs sein wird, heißt es, dass unsere Gesellschaft noch nicht über Misogynie hinweg ist.

In einer heteronormativen Welt werden die sexuelle Orientierung, die Geschlechtsidentität und die gesellschaftlichen Rollen an das Biologische gebunden. Plakativ: Von einer Person mit Vulva wird erwartet, dass sie mit einer Person mit Penis eine Partnerschaft bildet und sexuelle Beziehungen hat, aus der biologische Kinder hervorgehen. Als Frau soll ihr Aussehen eine zentrale Rolle spielen – wenn sie von Natur aus nicht »schön« ist, muss sie wenigstens versuchen, es zu sein. Sie soll lange Haare und weibliche Kleidung tragen und sich sowohl ihrer Familie als auch manchmal gleichzeitig ihrem Beruf widmen. Wichtig dabei ist, dass durch ihre Beschäftigung die Bedürfnisse ihrer Familie nicht zu kurz kommen. Von einer Person mit Penis wird erwartet, dass er von der ganzen Palette an Emotionen nur Wut (manchmal Freude) ausdrückt, und keine Schwächen zeigt. Er soll sexuell aktiv sein und ein geringes Level an emotionalem Engagement zeigen. Sein Wert bemisst sich unter anderem darin, für seine Familie materiell und finanziell zu sorgen. Nicht alle Mädchen, Jungs, Frauen und Männer passen sich solchem Verhalten an, aber wenn sie es nicht tun, fällt es auf, und sie werden dafür bestraft, durch Ausschlüsse, Stigmatisierung, Mobbing, bis hin zum Mord.[4] Das mag sich in den Ohren mancher zu krass anhören, aber die Morde an Trans-Frauen sind Ausdruck davon. Ein anderes Beispiel: Mein Sohn wurde, bis er fünfeinhalb wurde, oft für ein Mädchen gehalten, weil er sehr lange Haare hatte und regelmäßig Rosa trug, seine Lieblingsfarbe. Es ist frappant zu sehen, wie unterschiedlich die Erwachsenen und Kinder mit ihm umgehen, bis sie erfahren, dass er ein Junge ist. Als wir im Urlaub in Frankreich auf dem Spielplatz waren, wo starre Geschlechterrollen die Regel sind, und er sich mit einem gleichaltrigen Mädchen – zweieinhalb Jahre alt – anfreundete und mit ihr mit Puppen spielte, sorgte dies für kollektive Irritation. Sowohl Kinder als auch Mütter kamen zu mir und baten um Bestätigung, dass er ein Junge war. Je älter er wird, desto größer wird der Druck, sich den männlichen Normen anzupassen.

Wieder zu Besuch auf französischen Spielplätzen, dieses Mal mit viereinhalb, wollte er mit einer Gruppe von Kindern Fußball spielen und wurde mit der Begründung »wir spielen nur mit Jungs« abgewiesen. Ein anderes Kind sagte zu ihm, er sei »komisch«, weil er weder wie ein Mädchen noch wie ein Junge aussah. Zum Glück erlebt er solche Ausschlüsse in seinem Berliner Alltag noch nicht, vor allem, weil er die Geborgenheit seiner kleinen Kita in Neukölln genießen kann, wo die Erzieher*innen in Gender-Fragen sensibilisiert sind. Spätestens mit dem Schulanfang wird sich die Lage ändern, weil der soziale Druck, sich dem Binarismus zu unterwerfen, noch hoch ist. Er bat mich vor Kurzem, seine Haare kurz zu schneiden, weil er nicht mehr für ein Mädchen gehalten werden wollte. Von heute auf morgen entschied er auch, dass nicht mehr Rosa, sondern Blau seine Lieblingsfarbe ist. Die Tatsache, dass mein Sohn seit dem Kleinkindalter eine Leidenschaft für Autos, Fußball und Bagger entwickelte und die Puppen und andere Spielzeuge, die als mädchenhaft gelten, zunehmend ignorierte, machte mich eine Zeit lang unsicher und relativierte die These, die Unterschiede zwischen Mann und Frau seien in unserer Gehirnstruktur nicht vorprogrammiert. Ich musste aber feststellen, dass wir bei der Betrachtung von Kindern einem *confirmation bias* unterliegen: Wenn kleine Mädchen mit Autos spielen, wird diese Vorliebe nicht auf das Geschlecht zurückgeführt. Wir filtern die Eigenschaften, die in die binäre Geschlechterordnung passen, und bestätigen dadurch den Binarismus. Schon im Bauch werden auf Babys je nach Geschlecht unterschiedliche Eigenschaften, Aspirationen, Persönlichkeitsmerkmale und Wünsche projiziert. Nicht zufällig ist die Frage nach dem Geschlecht des Babys die allererste Frage, die schwangeren Menschen gestellt wird. Es fällt uns sehr schwer, diesen Teil der Identität auszublenden, obwohl wir es bei anderen Identitätsmerkmalen häufiger schaffen, wie etwa der sexuellen Orientierung oder der sozialen Herkunft.

Viele Menschen reagieren skeptisch auf die Aussage, Geschlecht sei ein Konstrukt, weil Männer und Frauen in der Tat verschieden sind. Unterschiede zwischen Männer und Frauen gibt es. Die Erkenntnis, dass Geschlecht ein soziales und historisches

Konstrukt ist, steht dem nicht entgegen. Viele von diesen Differenzen sind nur konstruiert, werden gewissermaßen aufgeführt *(performed)*. Mit dem Begriff der »Gender-Performativität« kritisiert die US-amerikanische Theoretikerin Judith Butler eine ihrer Ansicht nach überholte Wahrnehmung von Geschlecht. Diese Sichtweise, so Butler, sei insofern einschränkend, als sie an den vorherrschenden gesellschaftlichen Zwängen festhält, die das Geschlecht als binär kennzeichnen. Ihre zentrale These ist, dass Körper nicht unabhängig von kulturellen Formen existieren, dass es also keinen neutralen Blick auf sie gibt: Auch wenn Körper als naturgegeben erscheinen, sind sie das Konstrukt normativer Ideale. Sie will die Kategorien Mann/Frau als Produkt einer Wiederholung von Sprechakten verstanden wissen und nicht als natürlich oder unausweichlich: Wir erlernen von Geburt an unser zugewiesenes Geschlecht durch Wiederholung, Nachahmung und soziale Interaktionen. Geschlecht ist nicht etwas, das wir sind, sondern etwas, das wir tun. Unser Verhalten, unsere Stimme und Intonation, unser Gang und Körpersprache sind nicht angeboren, sondern werden während der Kindheit erlernt. Mädchen wird beigebracht, nicht zu viel Platz einzunehmen, nicht zu laut und zu viel zu sprechen und die Beine geschlossen zu halten. Jungs nehmen mehr Raum ein, sprechen lauter und auch vergleichsweise mehr, Wut ist bei ihnen akzeptiert, wird mitunter sogar gefördert. Sie dürfen allerdings keine Schwächen zeigen, und die Tränen von Jungs (ab 6–7 Jahre) sind den meisten von uns nach wie vor unangenehm.

Die Flexibilisierung der Geschlechternormen, die in der westlichen Welt im letzten Jahrhundert durch die feministische Bewegung in Gang gesetzt wurde, ging bisher vor allem in eine Richtung. Frauen durften allmählich ihre männliche Seite ausdrücken durch Kleidung, Verhalten und gesellschaftliche Rollen, die sich über die häusliche Sphäre hinaus erstrecken. Das Patriarchat zu überwinden, heißt aber auch, die Männer von den rigiden patriarchalen gesellschaftlichen Erwartungen zu befreien. Warum hat die feministische Bewegung nur sehr bedingt dazu geführt, dass Männer durch ihr Verhalten, Aussehen und ihre gesellschaftlichen Rollen ihre weibliche Seite ausdrücken und ausleben dürfen? Immer noch sind Männer, die mit ihrer Karriere pausieren, um die Kinder zu erziehen, die Ausnahme, ganz zu schweigen von Jungs, die sich trauen, Röcke in der Schule zu tragen. Wie lässt sich diese Diskrepanz erklären? Warum lehnen wir die »weibliche« Seite von Männern immer noch ab? Dieses Unwohlsein, das bis zur Verachtung reichen kann, erklärt sich durch die geringere Relevanz von Weiblichkeit in der Gesellschaft. Denn nur mit der kontinuierlichen, subtilen Abwertung von Weiblichkeit kann das Patriarchat überleben. Das Patriarchat leitet seine Macht von der Abwertung der Weiblichkeit ab. Deswegen bedeutet die Wertschätzung der Frauen in der Gesellschaft, und somit der Weiblichkeit allgemein, einen Machtverlust für patriarchale Männer. Homo- und Transfeindlichkeit sind Erzeugnisse des Patriarchats, denn queer, Trans, bi- und pansexuelle Menschen, schwule Männer und lesbische Frauen bedrohen die männliche Dominanz durch ihre bloße Existenz. Zum einen, weil sie die Grenzen der binären Geschlechterordnung und somit die Hierarchie zwischen den Geschlechtern zerstören, zum anderen, weil Weiblichkeit mehr Platz und Würde eingeräumt wird. Doch auch die LGBTQI+-Community ist leider nicht frei von Misogynie und patriarchalischen Anteilen.

Ist Gleichberechtigung in der Ehe möglich?

Auch wenn ich mich als Feministin bezeichne, bin ich vom patriarchalen Modell geprägt. Es schleicht sich in unser Leben, ohne dass wir es merken. Viele Menschen – sowohl Frauen als auch

Männer –, die sich für egalitär, feministisch und progressiv halten, sind in patriarchalen Mustern gefangen, meist unbewusst. Meine neunjährige heterosexuelle Beziehung war durch krasse Machtgefälle gekennzeichnet. Im Nachhinein kann ich solche Muster sehen, benennen und analysieren, aber währenddessen spürte ich lediglich eine diffuse Unzufriedenheit, die mich allmählich verletzte und mein Selbstbewusstsein schwächte. Ich stand ohnmächtig einer Situation gegenüber, die ich nicht völlig begriff und deshalb nicht ändern konnte. Von außen betrachtet war die Beziehung nicht nur »normal«, sondern erstrebens-, und für manche beneidenswert. Ein junges verliebtes Paar mit schöner Wohnung, süßem Baby und guten Jobs, die sie scheinbar mühelos unter einen Hut bringen. Hinter dieser Fassade verbargen sich tägliche Anspannungen, Frust, konstante Machtkämpfe, und, was mich betrifft, im Verlauf der Jahre nach der Geburt meiner Kinder, Desillusion, ein Gefühl von Ausbeutung und Gefangenschaft. Ich fühlte mich, wie viele Frauen, in der Ehe gefangen.

Seit meiner Kindheit habe ich verinnerlicht, dass Ehe und Kinderhaben keine Optionen sind, sondern unentbehrliche Etappen im Leben, ohne die eine Frau keine Erfüllung erfahren kann. Ich machte es mir deshalb vom jüngsten Alter an zum Ziel und wartete auf den Moment, an dem ich *endlich* Mutter sein würde. Die Ehe und eine Beziehung mit einem Mann betrachtete ich eher als nötige Bedingung, und nicht als Selbstzweck. Ich hätte auf Mann und Ehe verzichten können, wenn sie nicht eng mit Kindern verbunden gewesen wären. Heute frage ich mich, zu welchen Anteilen mein intensiver Kinderwunsch persönlich und zu welchen er extern motiviert war. Ich bin nicht das einzige Mädchen, dessen Zukunft schon sehr früh für es bestimmt wurde. Das Bild der glücklichen Familie prägt die Entscheidungen und das Selbstbewusstsein von allen Menschen, die als Mädchen sozialisiert wurden. Es klingt wieder leicht überspitzt, doch: Eine erwachsene Frau ist nur mit Kindern und Mann etwas wert. Alleine und für sich fehlt ihr etwas. Deswegen werden Single-Frauen in unserer Gesellschaft häufig bemitleidet und gefürchtet. Single zu sein, heißt für Frauen, *weniger* zu sein, unvollständig zu sein. Für Männer aber nicht. Wenn das Single-Leben in unserer Gesellschaft nicht so stigmatisiert wäre, würden sich vielleicht viele Menschen nicht mit unglücklichen Ehen zufriedengeben und zum Single-Leben übergehen. Denn Single zu sein kann genauso erfüllend sein wie in einer Beziehung zu leben. Nach der Scheidung meiner Eltern ist der soziale Status meiner Familie nicht nur wirtschaftlich drastisch gesunken. Als meine Mutter zu einer alleinerziehenden Mutter von drei Kindern wurde, kamen wir nicht mehr in den Genuss der Privilegien meines Vaters – Privilegien aufgrund seiner Hautfarbe, seines Geschlechts und seiner Klasse. Ich erlebte eine ähnliche Deklassierung, als ich mich von meinem weißen Ehemann trennte. Meine Nachbarn betrachteten mich nicht mehr auf dieselbe Weise, und auch die Art, wie ich im Krankenhaus, bei der Bank, im Restaurant, in Hotels oder einfach auf der Straße betrachtet wurde, änderte sich subtil, aber spürbar. Paare werden in der Gesellschaft besser behandelt und genießen viele Privilegien finanzieller Natur. Das deutsche Steuersystem, wie das der meisten Europäer, bestraft Singles: Sie zahlen viel mehr Steuern als verheiratete Paare. Single-Frauen, die glücklich und nicht auf der aktiven Suche nach einer Beziehung sind, sind ein Affront.

Gegen das Patriarchat im eigenen Haushalt zu kämpfen, ist eines der schwierigsten Unterfangen, die ich jemals unternommen habe. Ich bin kläglich gescheitert, zum einen, weil das Patriarchat nicht durch eine Person besiegt werden kann, sondern in der Beziehung die Entschlossenheit von beiden Beteiligten benötigt. Zum anderen, weil es darum geht, unbewusste Denkmuster und instinktives Handeln zu entlarven und zu ändern. Zudem vermischen sich Liebe und Intimität mit abstrakten Theorien, die für viele von uns ferne Phänomene zu sein scheinen, die in unseren Leben nichts verloren haben. In Gesprächen mit anderen Frauen wurden mir diese Denkmuster immer bewusster. Man erkennt solche Muster bei den anderen immer besser als bei sich selbst. Wie oft hörte ich Frauen sagen: »Zum Glück hilft mein Mann im Haushalt!«, oder: »Ich bin so dankbar, dass er sich um die Kinder kümmert, damit ich einmal die Woche ausgehen kann.« Das Wort ›helfen‹ sagt schon viel aus über die schiefe Verteilung von Haushaltsaufgaben zwischen Partner und Partnerin. Viele Frauen bedanken sich, wenn ihr Partner im Haushalt Verantwortung übernimmt. Ich war ebenfalls dankbar, wenn mein Partner ganz normale alltägliche Dinge gemacht hat, wie Fegen, den Müll Runterbringen oder ein paar Stunden auf unser Kind Aufpassen, weil ich sie unterbewusst als *meine* Aufgaben betrachtete. Er befreite mich von *meiner* Arbeit. Dieses Gefühl ist bei manchen Frauen stärker ausgeprägt als bei anderen. Viele Männer nehmen diese Dankbarkeit an, ohne sie infrage zu stellen. Wer lehnt Dankbarkeit schon ab? Wenn sie gegenseitig wäre, wäre es natürlich kein Problem, sondern schön. Leider ist Dankbarkeit nur selten beidseitig. Solche Dynamiken sind nicht nur bei Heteropaaren zu finden, sondern prägen auch manche gleichgeschlechtlichen Beziehungen, die sich – bewusst oder unbewusst – an das heteropatriarchische Modell anpassen. Ich möchte mich dennoch auf die heterosexuelle Ehe konzentrieren, weil das patriarchische Modell anhand von Beziehungen zwischen Mann und Frau konstruiert wurde, und weil die Sozialisation als Frau und als Mann unsere Erwartungen, unser Verhalten, Denken und Handeln so sehr prägt.

Diese patriarchale Aufteilung wird in unseren Familienmodellen erlernt, und von medialen Repräsentationen, die uns seit der Kindheit prägen, gefördert. Aber auch von staatlichen Maßnahmen. Denn der Staat hat ein Interesse daran, dass die unbezahlte, meist unsichtbare Haushalts-, Pflege- und Erziehungsarbeit weiterhin von »Familien« organisiert und geleistet wird – überwiegend von Frauen innerhalb der Familie. Er ist zum einen daran interessiert, weil die Pflege- und Sorgearbeit, die derzeit unbezahlt geleistet wird, sehr viel kosten würde, und zum anderen, weil die Institution der Ehe die Nation in ihrer jetzigen Form aufrechterhält, was ich später im Buch noch genauer erläutern werde. Ich rede deswegen ungern von der »traditionellen« Rollenaufteilung, weil das Wort »Tradition« eine positive Konnotation hat. Es beschreibt all das, was uns Halt, Sicherheit und ein Zugehörigkeitsgefühl gibt. Doch patriarchale Rollen sind unterdrückend.

Die Bedeutung der Ehe ist so tief im Patriarchat und in der Ungleichheit der Geschlechter verwurzelt, dass eine egalitäre heterosexuelle Ehe nur dann möglich ist, wenn beide Partner bereit sind, die Grundbausteine der Ehe abzulehnen. Ziemlich kontraintuitiv. Gemeint ist es so: In der Vergangenheit hatten Frauen in kapitalistischen Gesellschaften für die finanzielle Sicherung wenig Alternativen zur Ehe. In Zeiten, wo der Wohlfahrtsstaat nicht existierte, bestand die beste Überlebenschance einer Frau darin, zu heiraten, am besten einen reicheren Mann. Aber die Ehe hatte einen hohen Preis: Ihre Rechte, Unabhängigkeit und sogar ihre Identität wurden vom Willen ihres Mannes abhängig, der in jeder Hinsicht ihr gesetzlicher Vormund wurde. Trotz der heute weit verbreiteten Ansicht, dass Ehe ausschließlich auf Liebe, Vertrauen und Zuneigung beruht, ist sie nach wie vor ein Instrument des Patriarchats. Es sorgt dafür, dass die Rechte, Bedürfnisse und Gefühle der Frauen zweitrangig bleiben, und dass auch die Reproduktion in der Sphäre der männlichen und staatlichen Kontrolle bleibt: Diejenigen, die bisher nicht merkten, dass sie Frauen in einer patriarchalen Welt waren, merken es, wenn sie Mütter (in einer heterosexuellen Beziehung) werden. Selbst in vermeintlich egalitären Haushalten dominieren »traditionelle« Geschlechterrollen. Frauen werden nicht nur aus der Vollzeitbeschäftigung gedrängt, sondern tragen auch die Hauptlast der Hausarbeit und der Kinderbetreuung. In einem wirtschaftlichen System, in dem bezahlte Arbeit viel mehr gewürdigt wird als unbezahlte, bedeutet dies für Frauen, die ihre bezahlte Arbeit reduzieren, um mehr unbezahlte Arbeit leisten zu können, einen Verlust an Status, Geld und Macht innerhalb – und außerhalb – der Ehe.

Viele Frauen in meinem erweiterten Freund*innenkreis, die sich trennen wollen, bleiben in unglücklichen, ungleichen – manchmal missbräuchlichen – Beziehungen, weil sie Angst haben, durch eine Trennung in die finanzielle Unsicherheit abzugleiten. Das Recht sorgt dafür, dass Frauen, die sich jahrelang Vollzeit ihrem Haushalt und der Erziehung der Kinder gewidmet haben, im Falle einer Trennung nicht in Armut stürzen und für ihren Beitrag einigermaßen fair kompensiert werden. Regelungen wie der Zugewinnausgleich sind zwar geschlechtsneutral formuliert, basieren jedoch auf der Annahme, dass im Laufe der Ehe der Mann mehr Vermögen ansammelt. Richter*innen sind nicht daran interessiert, wie die unbezahlte Arbeit zu Hause verteilt wurde. Frauen, die vom Mann finanziell unabhängig bleiben wollen und dafür sorgen, dass sie während der Ehe ihr eigenes Geld verdienen und eventuell dadurch einen Vermögensstand erwerben, können von solchen Regelungen enorm benachteiligt werden, wenn sie die Mehrheit der Haushalts- und Erziehungsarbeit geleistet haben. Das war bei mir der Fall. Andere Steuer- und familienrechtliche Regelungen, die das Haupternährer*in-Modell belohnen und fördern, wie das Ehegattensplitting, das Paare begünstigt, bei denen eine Person deutlich mehr verdient als die andere, tragen zur systemischen Ungleichheit zwischen Männern und Frauen und zwischen Familien und Singles bei. Und sie befördern diese bei allen anderen Lebensformen, die von der patriarchalen Heteronormativität abweichen.

Auch Paare, die die Haushalts- und Erziehungsarbeit fair aufteilen möchten, zum Beispiel durch Teilzeitarbeit für beide Eheleute, werden steuerrechtlich benachteiligt, indem sie mehr Steuern zahlen als Paare, bei denen ein Teil mehr verdient als der andere. Kein Wunder also, dass viele Frauen ihre Beschäftigung stark reduzieren oder langsam aufgeben, um der Karriere ihres Mannes den Vorrang zu geben; es bietet sich einfach an. Die finanzielle Abhängigkeit der Frauen und die daraus entstehenden Machtgefälle sind ein Nährboden für emotionalen Missbrauch. Es bedeutet nicht, dass Missbrauch in Beziehungen ausschließlich von Männern betrieben wird. Missbrauch entsteht aber durch asymmetrische Macht, und diejenigen, die in heterosexuellen Ehen – und in der Gesellschaft im Allgemeinen – überwiegend über wirtschaftliche, politische und kulturelle Macht verfügen, sind derzeit Männer. Die Ehe ist eine Institution, die auf dem Bündnis zweier ungleicher Teile und nach wie vor auf der Prämisse beruht, dass der Mann größtenteils die wirtschaftliche Kontrolle in der Beziehung hat.

Viele Paare, auch solche, die sich als feministisch und fortschrittlich begreifen, heiraten. Viele dieser Paare werden den Begriff der Ehe zweifellos neu definieren, um ihren eigenen Bedürfnissen, Visionen und Persönlichkeiten gerecht zu werden, und können sich so weit von der historischen Struktur dieser Institution entfernen. Dennoch werden eine Neudefinition der Ehe und Überwindung von patriarchalen Zwängen vom Staat und von gesellschaftlichen Erwartungen und Normen immens erschwert. Ich verstehe sehr gut, dass viele Menschen – inklusive meiner – offiziell an den geliebten Menschen gebunden sein und diese Zuneigung Familie und Freund*innen gegenüber bekunden möchten. Das Problem ist die Einmischung des Staates und die Tatsache, dass die Institution der Ehe als ein Spiegelbild des Patriarchats fungiert, das Frauen, queere Menschen, Singles und alle, die sich der Heteronormativität nicht anpassen, benachteiligt.

Viele sagen, dass die Lösung darin liegt, Jungs gut zu erziehen, damit sie später *gute* Ehemänner werden, die viel Verantwortung im Haushalt und in der Kindererziehung übernehmen und ihre Frauen mit Respekt behandeln. Ja, Jungs müssen gut erzogen werden, aber die Lösung ist es nicht. Gute Ehemänner gibt es schon, ich kenne viele. Das Problem ist nicht nur das Verhalten der Männer, sondern die Tatsache, dass die Macht in der Ehe ungleich verteilt ist, zugunsten des Mannes in der überwiegenden Mehrheit der Ehen. Es geht also nicht (nur) darum, Männer zu guten Ehemännern zu erziehen, sondern darum, die Institution und andere gesellschaftliche Strukturen abzubauen, die Machtungleichgewichte schaffen, einschließlich der Steuervorschriften, die eine finanzielle Abhängigkeit von einem*r der Ehepartner*innen schaffen. Selbst wenn ein Ehemann ein guter Ehemann ist, verfügt er immer noch in den meisten Fällen über die finanzielle Macht, und das ist das Problem.

Frauen haben ein deutlich höheres Interesse, das Patriarchat in ihrer Beziehung zu überwinden, als Männer, weil sie überwiegend davon *materiell* benachteiligt sind. Sie sind auch diejenigen, die in der Beziehung eine höhere Unzufriedenheit zeigen: Laut einer in 2018 durchgeführten Studie des Meinungsforschungsinstituts Innofact haben 39,5 Prozent der Männer schon einmal an Scheidung gedacht, während 49,1 Prozent der Frauen überlegt haben, die Beziehung zu beenden. Männer scheinen sich also glücklicher in der Beziehung zu fühlen und weniger Frust zu verspüren. Als logische Folge reichen Frauen die Scheidung in immerhin 52 Prozent der Fälle ein. In nur 40 Prozent der Fälle geht die Initiative vom Mann aus, die restlichen acht Prozent gingen einvernehmlich auseinander. Diese Statistik sollte nicht für allzu aussagekräftig gehalten werden, weil die Einreichung der Scheidung nicht unbedingt viel über die Initiative aussagt, vor allem bei Partnerschaften, in denen der Mann für die bürokratischen Aufgaben zuständig war. Auch in Fällen, in denen der Mann den Antrag einreichte, kann es sein, dass die Frau die schwere Entscheidung traf.

Der Kampf gegen das Patriarchat wird häufig als ein Kampf zwischen Männern und Frauen missverstanden. Das ist der größte Fehler, den viele Paare begehen. Denn das Patriarchat kann nur *gemeinsam* besiegt werden. Glückliche, gleichberechtigte heterosexuelle Beziehungen sind nicht nur möglich, sie können zu einer Neudefinition von Partnerschaft für die Nachfolgegenerationen beitragen.

Das Patriarchat ist ein System, das für alle Menschen schädlich ist. Für Frauen, für Männer, für alle, die sich weder als Frau noch als Mann – oder als beides – bezeichnen. Das Patriarchat zwingt uns in eingeengte gesellschaftliche Formen. Männer tragen die hohen Kosten des Patriarchats ebenfalls, in erster Linie auf einer seelischen Ebene, die in unseren kapitalistischen Gesellschaften oft ausgeblendet wird.

Der Sturz des Patriarchats

> »Eine Maske tragen zu lernen (das Wort ›Maske‹ ist bereits im Begriff ›Maskulinität‹ eingebettet), ist die erste Lektion in patriarchalischer Männlichkeit, die ein Junge lernt. Jungen, die aufgefordert werden, ihr wahres Selbst aufzugeben, um das patriarchalische Ideal zu verwirklichen, lernen früh, sich selbst zu betrügen, und werden für diese Morde an ihrer Seele belohnt.« – bell hooks[5]

Frauen leiden unter dem Patriarchat. Das wissen wir alle. Aber auch Männer sind Opfer des Patriachats – und zwar ab dem Moment, in dem ihnen das männliche Geschlecht zugewiesen wird: bei der Geburt, oft schon im Mutterleib. Kleine Jungs lernen von Anfang an, sich für ihre »weibliche« Seite zu schämen und sie abzulehnen. Allmählich lernen sie, dass sich »weiblich« zu verhalten und zu kleiden

– Emotionen zeigen, Röcke tragen, öffentlich weinen, mit einem Freund Händchen halten usw. –, nicht gut ankommt in unserer Gesellschaft. Die Macht, die Männern in der patriarchalen Gesellschaft gewährt wird, hat einen hohen Preis. Sie müssen dafür, zugespitzt formuliert, einen Teil ihrer Menschlichkeit ablehnen: Sie lernen nicht, über ihren emotionalen Zustand zu sprechen, suchen seltener professionelle Hilfe und tendieren dazu, ihre emotionalen Schmerzen zu verdrängen und zu verleugnen. Sie leiden deshalb häufig an sozialer und emotionaler Vereinsamung, wenn sie durch schwere Zeiten gehen. Während Frauen häufiger Selbstmordgedanken hegen, begehen Männer häufiger Selbstmord. Im Jahr 2018 wurden in Deutschland rund 76 Prozent der Selbsttötungen von Männern begangen.[6] Es ist kein Zufall, dass die Selbstmordrate von Männern in Deutschland dreimal so hoch ist wie die von Frauen. Dabei lassen sich weitaus mehr Frauen wegen Depressionen behandeln. Diese Diskrepanz lässt sich durch viele Faktoren erklären, einer davon ist zweifellos der soziale Druck, dem viele Männer ausgesetzt sind, alleine im Leben zurechtzukommen und keine emotionalen Schwächen zu zeigen.

Auch Frauen haben eine aktive Rolle im Patriarchat. Es sind Frauen, die andere Frauen dahingehend überwachen, ob ihr Verhalten als akteptabel gilt: zu sexy, zu dick, zu dünn, zu karriereorientiert, zu mütterlich, zu weiblich, zu männlich, zu fürsorglich, zu egoistisch, zu selbstständig, zu abhängig. Mütter bringen – tendenziell – ihren Töchtern bei, leise zu sprechen und nicht aufzufallen, und ihren Söhnen, sich durchzusetzen und laut zu sein. Dass Frauen Komplizinnen ihrer eigenen Unterdrückung sind, ist ein Geheimnis, das implizit von Müttern auf Töchter übergeht: »Du wirst leiden, aber sei still und lass alle anderen Frauen mindestens genauso leiden wie du.« Die sogenannte »Frauenpresse« – die auch von Männern kontrolliert wird –, die an traditionellen Männer- und Frauenbildern festhält, spielt in der Hinsicht eine wichtige Rolle. Solche Magazine perpetuieren den gesellschaftlichen patriarchalen Druck, der Frauen ab dem jüngsten Alter daran hindert, sich frei zu entfalten: Sie müssen schön, zurückhaltend, unterwürfig, süß, mütterlich und fürsorglich sein, und ihnen wird vermittelt, dass ihr Wert vom Blick und der Meinung von Männern abhängt. Diese Perspektive geht mit einem stereotypisierten Männerbild einher, das bei Frauen die Brandbreite an begehrenswerten Eigenschaften, Charakterzügen und Persönlichkeiten krass einschränkt. Viele Frauen finden Männer, die ihre Gefühle ausleben und keine Angst haben, ihre Verletzlichkeit zu zeigen, unattraktiv. Sie lösen Angst aus, weil sie aus ihrer Rolle als unbezwingbarer Beschützer herausfallen. Genauso tun sich viele Frauen schwer, wenn Männer ihre Versorgerrolle nicht erfüllen.

Alle Menschen haben sowohl als feminin als auch als maskulin verstandene Eigenschaften. Im Patriarchat jedoch wird von uns allen erwartet, dass wir einen großen Teil von uns unterdrücken oder negieren. Die US-amerikanische Autorin bell hooks beschreibt dieses Phänomen eindrücklich in ihrem 2004 erschienen Buch *The Will to Change: Men, Masculinity, and Love*. Männer, die dem patriarchalen männlichen Bild nicht entsprechen, werden von der Gesellschaft bestraft – eben auch von Frauen. bell hooks empfiehlt: »Wir müssen die Rolle beleuchten, die Frauen bei der Verfestigung und Aufrechterhaltung der patriarchalischen Kultur spielen, damit wir das Patriarchat als ein System erkennen, das von Frauen und Männern gleichermaßen getragen wird, auch wenn Männer den größeren Nutzen aus diesem System ziehen. Die Auflösung und Veränderung der patriarchalischen Kultur ist eine Arbeit, die Männer und Frauen gemeinsam leisten müssen.«[7]

Frauen haben nicht nur Schwierigkeiten, die emotionale Seite von Männern bedingungslos anzunehmen, sondern auch, ihnen mehr Platz in der häuslichen Sphäre einzuräumen. Mädchen wird implizit – manchmal auch explizit – mitgeteilt, dass ihr Wert als

Frauen daran zu messen ist, wie gut sie den Haushalt führen und ihre Kinder erziehen. Einen Teil der Sorgearbeit aufzugeben, heißt gleichzeitig für viele Frauen – wenn auch unbewusst –, eine wichtige Quelle der sozialen Anerkennung und des Selbstwertgefühls aufzugeben. Ein weiterer Grund für die Schwierigkeit mancher Frauen, im Haushalt loszulassen, ist, dass die Sorgearbeit Freude bringt und für viele erfüllend ist. Wenn unsere Gesellschaft mehr Wert auf Liebe und Sorgearbeit legen würde, wäre es einfacher für Männer, sich diesen Aufgaben zu widmen, ohne das Gefühl zu haben, dass sie sich aufopfern und dabei etwas verlieren – oder verpassen. Um eine solche Veränderung voranzutreiben, müssen wir bei ganz kleinen Kindern anfangen und Jungs erlauben, ihre Gefühle ganz und voll auszuleben – und sich somit zu erlauben, Freude daran zu haben, für andere und sich selbst zu sorgen. Solange Sorgearbeit als Last und niedere Arbeit betrachtet wird, bleiben wir in einer Logik gefangen, die sich auf materielle Produktivität, Wettbewerb und Profitgier fokussiert, und auf Liebe, Empathie, Kooperation, Teilnahme, Mithilfe, Achtsamkeit, Verständnis und Fürsorge weniger Wert legt. Die Würdigung der Sorgearbeit geht mit einer Aufwertung der Qualitäten und Aspekte des Lebens einher, die als »weiblich« konstruiert wurden – der häuslichen, privaten, familiären Sphäre. Die Überbewertung der Lohnarbeit hindert uns daran, den wahren Wert der Sorgearbeit zu sehen, weil sie sich nicht in Geld messen lässt. Die Forderung nach der Bezahlung der Carearbeit zeigt deshalb ein interessantes Paradox: Die im kapitalistischen System einzig vorhandene Möglichkeit, um ihren Wert zu würdigen, ist Geld; doch Liebe ist unbezahlbar.

Das Patriarchat ist ein System, das überall auf der Welt wirkt. Die patriarchale Unterdrückung der Frauen mag in manchen Ländern, Kontinenten und Kulturen, expliziter und deshalb auch offensichtlicher sein als in anderen. Das heißt aber noch lange nicht, dass in Teilen der Welt oder in Kulturen, in denen das Patriarchat in subtilerer Form auftritt, es auch weniger machtvoll ist. Häufig werden das Ausmaß, die Auswirkungen und die Reichweite von patriarchaler Unterdrückung in westlichen christlichen Ländern relativiert, weil sowohl Zeiten und Regionen zum Vergleich herangezogen werden, in denen die Unterdrückung der Frauen gewalttätiger war bzw. offensichtlicher ist. Dennoch versucht in Deutschland jeden Tag ein Mann, seine Partnerin zu töten, und an jedem dritten Tag gelingt es.[8] Das Patriarchat wird eher anderen Kulturen und Religionen zugeschrieben, vor allem dem Islam und südasiatischen und afrikanischen Kulturen. Auf dieses Phänomen – Femonationalismus genannt – wird im Kapitel »Auf der Straße« näher eingegangen.

Die Tatsache, dass das Patriarchat überall auf der Welt wirkt, wirft die Frage auf: Entspricht die männliche Dominanz einer *natürlichen* Weltordnung? Ist die Überwindung des Patriarchats überhaupt denkbar oder realistisch? Ist die Unterdrückung der Frauen durch die Männer in unserer DNA angelegt?

Die Antwort ist natürlich einfach: Die männliche Dominanz ist nicht naturgegeben. Es gibt auf der Welt Beispiele von Gesellschaften, in denen die Beziehungen zwischen Frauen, Männern und anderen Geschlechtern egalitär und nicht durch die heterosexuelle Monogamie organisiert sind, wie zum Beispiel die Bribri in Costa Rica, die Umoja in Kenya, die Akan in Ghana und die Na (oder Mosuo) in Südwestchina. Auch unsere westlichen Gesellschaften begeben sich langsam auf den Weg der Gleichberechtigung. Es ist aber wichtig, dabei die Ursache des Patriarchats anzupacken, um ein wahrhaft anderes System hervorrufen zu können. Virginie Despentes sagt in ihrem Buch *King Kong Theorie*: »Die Körper der Frauen gehören den Männern nur dann, wenn die Körper der Männer in Friedenszeiten der Produktion und in Kriegszeiten dem Staat gehören. Die Beschlagnahmung der Frauenkörper findet gleichzeitig mit der Beschlagnahmung der Männerkörper statt. [...] Die traditionelle Männlichkeit verstümmelt nämlich ebenso wie die Zuweisung zur Weiblichkeit.«[9]

Vom Sturz des Patriarchats würden wir deshalb alle profitieren, weil das Patriarchat die Quelle von Gewalt ist. Einer Gewalt, die in der Verrohung von Jungs und Männern und der Beraubung von Kernaspekten ihrer Menschlichkeit ihren Ursprung nimmt.

(Mein) Queer Awakening

»Some people
when they hear
your story.
contract.
others
upon hearing your story,
expand.
and
this is how
you
know.«

Nayyirah Waheed[10]

Ich hatte ein ziemlich spätes und langwieriges und damit nicht untypisches Coming-out, das sich über mehrere Jahre erstreckte. Denn die im Mainstream verbreiteten Coming-out-Geschichten von Menschen, die schon immer wussten, dass sie schwul oder lesbisch sind, und mit 13 ihr Coming-out hatten, sind nicht repräsentativ für den Großteil der Menschen, die sich als trans, bisexuell, queer, lesbisch oder schwul bezeichnen.

Mit 13 hatte ich meine erste Liebesbeziehung mit Ella, die 16 Jahre alt war und mit mir im gleichen Orchester Cello spielte. Es war eine platonische Liebe. Wir haben Händchen gehalten, uns wie ein Pärchen verhalten, Liebesbriefe geschrieben, uns aber nicht auf den Mund geküsst. Vielleicht haben wir unsere Liebe deshalb damals nicht so ernst genommen, und uns auch nicht gefragt, ob wir vielleicht lesbisch waren. Nein, das konnte nicht sein. Wir waren einfach sehr, sehr gut befreundet. Punkt. Als klar wurde, dass es mehr als eine Freundschaft war, hat Ella den Kontakt mit mir komplett abgebrochen und ist aus meinem Leben verschwunden. Ich habe sie nie wiedergesehen. Im Laufe der Jahre hatte ich immer mal wieder platonische Liebesgeschichten mit Mädchen, die ich jeweils für meine allerbesten Freundinnen hielt. Wir waren uns sehr nah, auch physisch, sind aber nie den Schritt gegangen, Sex miteinander zu haben. Ich war sehr eifersüchtig auf ihre anderen Freundinnen und wollte sie ganz für mich haben. Parallel dazu hatte ich männliche Freunde, mit denen ich *normale* Teenage-Liebeserlebnisse hatte. Es klappte mit Jungs auch ganz gut, obwohl die Tiefe der Gefühle, das Begehren und die Sehnsucht eine andere Qualität hatten als bei den Mädchen, in die ich zur gleichen Zeit unbewusst verliebt war.

Damals kam es mir nie in den Sinn, dass ich etwas anderes als heterosexuell sein könnte. Eine meiner späteren »besten« Freundinnen nach Ella, der ich körperlich sehr nah war, meinte irgendwann zu mir: »Glaubst du nicht, dass wir vielleicht lesbisch sind?« Lesbisch zu sein betrachtete ich damals als Schandfleck. »Lesbe« war in der Schule ein Schimpfwort, das mir und meinen »besten« Freundinnen auch mal entgegengeschleudert wurde. Deswegen musste ich nicht lange überlegen und antwortete mechanisch, dass wir das sicherlich nicht seien, und dass sie sich keine Sorgen machen sollte. Im Nachhinein frage ich mich, ob sie sich überhaupt Sorgen machte. Vielleicht war ihre Frage ein Versuch, einen Raum zu schaffen, in dem wir uns ausleben konnten. Dieser Zustand der Verleugnung dauerte noch viele Jahre an, bis ich mich nicht mehr selbst belügen konnte und langsam akzeptierte, wer ich war. Um meine Sehnsüchte und diesen Teil von mir für immer zu begraben, heiratete ich meinen damaligen Freund und beschloss, eine Familie zu gründen. Ich spürte tief in mir, dass diese Beziehung mir nicht geben konnte, wonach mein Herz sich sehnte. Es war, als hätte ich mich an ein Ideal des heteronormativen Lebens gekettet, um dem zu entfliehen, was ich wirklich war. Das war nicht nur das, was die Gesellschaft von mir erwartete, sondern folgte auch einem impliziten Verbot, das meine Familie vor langer Zeit verhängt hatte. Die Dissonanz und der innere Konflikt, die dieses Fassadenleben schufen, wuchsen derart an, dass mir irgendwann keine andere Wahl blieb, als mich davon zu befreien. Ich möchte diesen Prozess »Queeres Erwachen« nennen, was meiner Ansicht nach passender ist als Coming-out, weil ich die Welt mit neuen Augen sah.

Warum musste ich so lange warten, um meine Realität zu leben und mich so zu akzeptieren, wie ich bin? Wie konnte es sein, dass ich die Gefühle und das Begehren, die ich für diese Mädchen empfand, damals nicht als Liebe und sexuelle Attraktion wahrnahm?

Über internalisierte Schuld und Scham

> »Wenn du dich outest, dann musst du dich zuerst vor dir selbst outen. In diesem Schritt gehörst du dir selbst, gehören dir deine Wünsche und dein Verlangen auf eine zutiefst heilige Weise, welche die Tür zur Selbstakzeptanz, Selbstliebe und dazu öffnet, dein Leben auf eine dramatisch neue Weise selbst zu bestimmen.« *Unbekannt*

Homosexualität war in meiner Familie ein Tabu. Ich erfuhr erst nach meinem eigenen Coming-out, dass viele meiner Familienmitglieder schwul, lesbisch oder bi sind – inklusive meiner eigenen Mutter. Ich habe ein enges Verhältnis zu meiner Mutter und erzähle ihr viel Privates. Sie wusste, wie sehr ich mich mit meiner sexuellen Orientierung quälte, und dass ich erwog, meinen frisch geheirateten Mann zu verlassen, weil ich das Gefühl hatte, dass ich *eigentlich* lesbisch war. Gleichzeitig hatte ich einen sehr starken Kinderwunsch und war hin- und hergerissen. Ich hoffte heimlich, dass mein Hingezogensein zu Frauen irgendwann verschwinden würde, damit ich mein Leben nicht auf den Kopf stellen musste, und dass ich mich allmählich mit einer Heterobeziehung zufriedengeben würde. Um die Dinge komplizierter zu machen, erwies es sich als schwerer als erwartet, ein Baby zu bekommen. Wir befanden uns in einem IVF-Verfahren, und je länger ich warten musste, um schwanger zu werden, desto mehr dachte ich, dass das Universum mir ein Zeichen gab, diese Beziehung zu beenden, um mein queeres Leben auszuleben. Meine Mutter wartete, bis ich im vierten Monat schwanger war, um mir ganz nebenbei zu sagen, beim Zähneputzen im Badezimmer, dass sie vier Jahre lang in einer Beziehung mit einer Frau gewesen und in diese unsterblich verliebt gewesen war, bevor sie meinen Vater traf. Ich stand fünf Minuten mit offenem Mund da, halb euphorisch, halb sauer. Meine Mutter ist queer! Aber warum hat sie mir das so lange verheimlicht? Das war kein unbedeutendes Detail, sondern eine der wichtigsten Sachen, die meine Mutter jemals mit mir geteilt hat. Hätte es den Verlauf meines Lebens geändert, wenn ich früher davon gewusst hätte? Ich lernte ungefähr zur gleichen Zeit, dass die Schwester meiner Mutter auch eine langjährige Beziehung zu einer Frau gehabt hatte, bevor sie ihren jetzigen Mann heiratete und Kinder bekam. Ihre damalige Partnerin kannte ich sehr gut, sie galt damals als ihre »beste Freundin«. Sie war bei allen Familienfeiern mit dabei und wurde von meinen Großeltern wie die fünfte Tochter behandelt. Zudem hatte der Bruder meiner Mutter aus unklaren Gründen jeglichen Kontakt zu seiner gesamten Familie abgebrochen. Nun lernte ich, dass es wegen seiner Homosexualität war. In allen drei Fällen, bei meiner Mutter, meiner Tante und meinem Onkel, blieb ihre sexuelle Orientierung ein Geheimnis. Meine

Mutter und meine Tante haben nach ihren lesbischen Beziehungen Männer geheiratet und konnten ihre Vergangenheit dadurch verbergen, mein Onkel wiederum nicht. Dass ein weiterer Onkel väterlicherseits auch schwul war, erfuhr ich auch sehr spät. Er ist mit 25 Jahren bei einem Autounfall gestorben, kurz nach seinem Coming-out in einer Familie, die damit zu kämpfen hatte.

Mein Coming-out fühlte sich gleichzeitig wie ein Coming-out für die Generation vor mir an. Als wären auch sie dadurch sichtbar geworden und legitimitiert. Dieses Tabu zu brechen, hatte für mich eine befreiende Wirkung. Doch ich bin in meiner Familie nicht die Einzige: Meine kleine Cousine, die 20-jährige Tochter meiner Tante, lebt die Beziehung zu ihrer Freundin mit einer Selbstverständlichkeit aus, die für ihre Mutter undenkbar war. Denn in der Familie meiner Mutter wurde das Tabu rund um Homosexualität durch den Rassismus verstärkt, durch das Bedürfnis – die Notwendigkeit –, nicht aufzufallen: Zwei Schwarze Frauen, die zusammen eine Beziehung führen – oder auch *biracial* queere Beziehungen –, erzeugen in einer homophoben und rassistischen Gesellschaft zusätzliche Hürden. Auch wenn meine Mutter und meine Tante nicht frei über ihre vergangenen Liebesgeschichten zu Frauen sprechen, sind sie heute ihren queeren Töchtern gegenüber sehr anerkennend. Obwohl man das von der erweiterten Familie nicht behaupten kann, zeigt dies dennoch, dass wir einen Schritt weitergekommen sind.

Nach einigen chaotischen Jahren in der Beziehung und einer heftigen Scheidung, konnte ich endlich mein queeres Leben ausleben. Allmählich legten sich die Schuld- und Schamgefühle. Langsam konnte ich aus der Unsichtbarkeit herauskommen. Es war dermaßen befreiend. Zwei Jahre nach der Scheidung traf ich meinen Vater zum Abendessen. Er war der Einzige, dem ich noch nicht erzählt hatte, dass ich queer bin (meine Mutter und Schwester folgten meinem Coming-out-Prozess hautnah). Beim Essen sagte ich spontan: »Papa, ich will dir was sagen, ich weiß nur nicht, wie«, und er antwortete: »Sag einfach, ich weiß schon, was du mir sagen willst!« Er umarmte mich und sagte, dass es kein Problem sei, dass es für ihn nichts änderte. Er versicherte mir am Ende des Gesprächs, dass es ein gut gehütetes Geheimnis sein und dass er es niemandem verraten würde. Ich musste lachen und sagte ihm, dass es kein Geheimnis war, aber sein Kommentar zeigte mir, dass Homosexualität für ihn noch immer ein Tabu ist. Ich fragte ihn später, wie er schon wissen konnte, dass ich lesbisch bin. Er antwortete, dass es in der Pubertät ziemlich offensichtlich war. Im Nachhinein, wenn ich meine Teenager-Fotos ansehe, denke ich das Gleiche. Aber war das für ihn damals auch schon in Ordnung gewesen? Mein Vater ist Skipper, jedes Jahr waren wir in der Bretagne segeln. Ella war in einem Jahr mitgefahren. Es war üblich, dass meine Schwester und ich uns jeweils mit den Freundinnen, die mitkamen, eine Kabine teilten. Dieses Mal bestand mein Vater darauf, dass Ella und ich getrennt schliefen. Eine Woche lang spürte ich den missbilligenden Blick meines Vaters. Dieser Urlaub prägte mich sehr.

Zwei Jahre später, als ich 15 war, wollte ich mich tätowieren lassen. Ich ging mit einer Freundin ins Tattoo-Studio und blätterte durch das Buch auf der Suche nach einem Tattoo mit einer universellen und zeitlosen Bedeutung. Ich wurde fündig: das Hetero-Symbol, mit den ineinander verwobenen Kreisen mit Pfeil und Kreuz. Damals war ich überzeugt, dass dieses Symbol eine unveränderliche Wahrheit darstellte: die Liebe. Ich zögerte keine Sekunde und war mir sicher, dass ich eine Tätowierung gefunden hatte, die ich nie bereuen würde. Vieles würde sich ändern können, aber sicher nicht, dass die Koppelung von Mann und Frau Liebe repräsentiert. Ich habe oft erwogen, dieses Tattoo entfernen zu lassen, weil es mir schon peinlich war, ein Hetero-Symbol auf dem Körper tätowiert zu haben, aber mit der Zeit habe ich gelernt, es zu mögen, als Erinnerung daran, dass nichts im Leben unveränderlich ist und unser Unterbewusstsein uns viele Streiche spielen kann. Im Grunde ließ ich mir auf meinen Körper das Verbot von Homosexualität einbrennen, das mir implizit durch Familiengeheimnisse und unausgesprochene Missbilligung erteilt wurde.

Zwangsheterosexualität und unsichtbares Begehren

Die Kehrseite der Homofeindlichkeit ist die erzwungene Heterosexualität. Die US-amerikanische Feministin Adrienne Rich prägte den Begriff »Zwangsheterosexualität« in den 1980ern, um die Annahme zu beschreiben, die einzig normale sexuelle Beziehung bestehe zwischen einem Cis-Mann und einer Cis-Frau (Cis = nicht trans). Nach dieser Theorie erzwingt die Gesellschaft Heterosexualität und stigmatisiert Begehren und Beziehungsformen jenseits dieser konstruierten Norm. Mein Tattoo illustriert dies perfekt: Es gab für mich damals keine denkbare Alternative zur Heterosexualität als Ausdruck der Liebe.

Die Heterosexualität als einzige Form der Liebe wird kleinen Kindern sehr früh eingetrichtert durch Bücher, Fernsehen, Filme, Werbung, Spielzeuge und viele andere Bilder, die wir täglich unbewusst aufnehmen. Wir lernen von Anfang an, das andere Geschlecht zu begehren, und wir bauen uns ein geistiges Bild davon auf, wie romantische Liebe aussieht. Viele meiner heterosexuellen Freundinnen sagen mir, dass sie sich Sex mit einer Frau angenehm vorstellen, aber dass sie sich keine Beziehung mit ihnen vorstellen können. Heterosexualität ist für uns alle »vorstellbar«, weil wir seit der Geburt dieses Modell mit Liebe verbinden. Häufig werden auf Freundschaften zwischen Jungs und Mädchen Liebesgeschichten projiziert, als wäre eine platonische Freundschaft zwischen ihnen unvorstellbar. Der Begriff Zwangsheterosexualität gibt zu erkennen, dass Heterosexualität nicht angeboren ist, sondern durch Kultur produziert. Es heißt nicht, dass wir ohne Zwangsheterosexualität alle schwul und lesbisch wären, sondern dass unsere Sexualität viel flexibler wäre – und dass wir uns für homosexuelles Begehren nicht mehr schämen würden. Sexuelle Orientierung ist weder fixiert noch konstant, sie kann sich im Laufe des Lebens ändern und entwickelt sich bei manchen Menschen unendlich. Sexualität sollte eher als Kontinuum betrachtet werden, statt als festgelegter Zustand.

In diesem Sinne entwickelte der Sexualforscher Alfred Kinsey 1948 einen neuartigen Ansatz zur Definition der menschlichen Sexualität und verwendete eine abgestufte Skala, um die Sexualität einer Person zu definieren. Vor Kinsey wurden Menschen im Allgemeinen entweder als heterosexuell oder als homosexuell angesehen. Kinsey betrachtete das Sexualverhalten auf einem Kontinuum, das Menschen selten als streng homosexuell oder heterosexuell beschrieb. Heterosexualität wird von Geburt an in uns allen verankert, es wird daher angenommen, dass wir alle heterosexuell sind, bis das Gegenteil bewiesen ist. Für Menschen, die sich in der Mitte des Kontinuums befinden (bisexuell, pansexuell, flexibel, fluid), hat Zwangsheterosexualität eine verstärkte Wirkung, weil sie das Begehren, das als gesellschaftlich normal gilt, auch empfinden können. Es ist deshalb einfacher, die anderen Formen von Begehren, die als abweichend betrachtet werden, zu unterdrücken und zu verdrängen – bis es nicht mehr geht. Wenn ich als Kind und Teenager mit Alternativen zur heterosexuellen Liebe in Kontakt gekommen wäre, sei es durch Repräsentationen von queeren Beziehungen im Fernsehen, in Büchern, in den Medien im Allgemeinen, oder durch Begegnungen mit queeren Menschen in meiner familiären Umgebung, hätte ich mich wahrscheinlich nicht so lange quälen müssen.

Zwangsheterosexualität hat eine wichtige Funktion im Patriarchat: Sie kontrolliert die Sexualität der Frauen, indem sie es nicht zulässt, dass nicht-heterosexuelle, abweichende Sexualität erforscht wird, wie etwa eine Sexualität ohne Männer. Die männliche Dominanz drückt eine tiefe Angst vor der Kapazität der Frauen aus, selbstgenügsam zu sein. Es ist eine Angst davor, überflüssig zu werden. Unter anderem deswegen wird die menschliche Sexualität fast immer mit Penetration und dem Penis verbunden. Sex ohne Penis – und Penetration – wird von vielen nicht als Sex betrachtet. Nicht zufällig heißt Sex ohne Penetration »Vorspiel«. Deswegen werden Beziehungen zwischen Menschen, die keinen Penis haben, häufig als unterlegen – oder sogar inexistent – dargestellt. Viele trans und lesbische Identitäten und Liebesbeziehungen genießen nicht die gleiche Anerkennung wie schwule Liebe und Identitäten von Cis-Männern. Dieses Phänomen ist tief in der männlichen Dominanz verankert und wird durch andere Identitätsdimensionen wie Hautfarbe oder Behinderung verstärkt. Die Änderung der Reihenfolge des Akronyms LGBT Mitte der 1980er (es hieß zuvor GLBT) setzte ein Zeichen, dass lesbische Identititäten mehr in den Fokus rücken sollten. Noch besser wäre es, man würde die marginalisiertesten Gruppen als Erste erwähnen: *TBLG (Trans, Bi, Lesbian, Gay)*. Dies wäre natürlich lediglich eine symbolische Geste, weil männliche und Cis-Dominanz dadurch nicht abgemildert würden.

Es wird im Patriarchat häufig behauptet, dass Frauen von Natur aus Männer begehren, und dass lesbische Identitäten eher aus einer Gegenreaktion auf Männer als aus einer gültigen Identität heraus gebildet werden. Eine solche Auffassung beleuchtet einen zentralen Aspekt des Patriarchats: die Idealisierung der Männer (und die Abwertung der Frauen). Diese Dynamik spiegelt sich in der Art und Weise wider, wie Bisexualität bei Männern und Frauen betrachtet wird. Denn beiden, bisexuellen Männern und Frauen, wird unterstellt, dass sie *eigentlich* Männer vorziehen. Bisexuelle

Männer haben Beziehungen mit Frauen, weil sie sich ihre Homosexualität nicht eingestehen wollen und ihren Coming-out-Prozess nicht abgeschlossen haben, und bisexuelle Frauen sind nicht ernsthaft an Frauen interessiert, sondern experimentieren lediglich. Unter anderem deswegen ist Bisexualität eine der am meisten stigmatisierten sexuellen Orientierungen, die regelmäßig ausradiert wird – auch innerhalb der LGBTQI+-Community. Das Zugeständnis, dass Männer und Frauen, und alle anderen Geschlechter, in gleicher Weise und mit der gleichen Intensität begehrt werden können, zerbricht die männliche Überlegenheit – und verletzt das Patriarchat. Frauen begehren Frauen. Eine Lesbe zu sein, bedeutet nicht, Männer zu hassen, sondern Frauen zu lieben. Frauen *mehr* zu begehren als Männer. An und für sich ist es ein revolutionärer Akt. Queerness ist revolutionär, weil wir in einer Gesellschaft, die uns zwingt, Teile von uns abzulehnen, entscheiden, die Gesamtheit unserer Persönlichkeiten und die Vielfalt an geschlechtlichen Identitäten radikal anzunehmen und zu feiern. Es bedeutet auch, der Entmenschlichung und Ausradierung von Trans-Identitäten dezidiert entgegenzuwirken. Trans-, Bi- und Homofeindlichkeit basieren auf der Abwertung von Weiblichkeit, auf Misogynie. Wir sind so stark gefangen in binären Mustern, dass Weiblichkeit automatisch mit Cis-Frauen assoziiert wird. Dabei wird allen anderen Geschlechtern ihre Weiblichkeit abgesprochen. Weiblichkeit in uns allen zu erkennen und anzunehmen – das heißt, die Eigenschaften anzunehmen und auszuleben, die in unserem Wertesystem fälschlicherweise fast exklusiv als »weiblich« bezeichnet wurden, wie etwa Emotionalität, Fürsorge, Empathie, Intuition, Liebe, Zuwendung, Bescheidenheit, Mitgefühl, Verletzlichkeit –, stellt die binäre Geschlechterordnung infrage und zerbricht die Hierarchie zwischen den zwei konstruierten Geschlechtern Mann und Frau. Bisexualität bedeutet die Überwindung dieser rigiden Hierarchie. Die Wörter »pansexuell« und

»queer« werden häufig bevorzugt, um die binäre Konnotation von »bisexuell« zu vermeiden. Doch auch wenn das ›bi‹ in ›bisexuell‹ auf eine binäre Ordnung hindeutet, bricht Bisexualität den Binarismus, weil sie die große Brandbreite an geschlechtlichen Identitäten und sexuellen Orientierungen anerkennt. Mein Coming-out hat meine Sexualität nicht in eine bestimmte Richtung geführt, sondern sie allgemein geöffnet und sie von den rigiden Kategorien Mann/Frau befreit.

4. IN DER SCHULE UND AN DER UNIVERSITÄT

Im Rahmen meiner Promotion brach ich im Herbst 2012 zu einem Forschungsaufenthalt nach New York auf, um als Gastwissenschaftlerin an der Columbia University in der juristischen Fakultät zu forschen. Mein Projekt war minutiös geplant: Ich hatte mich bereits in die Kurse, die ich belegen wollte, eingeschrieben; den konzeptionellen und analytischen Rahmen meiner Doktorarbeit hatte ich fertig skizziert und den Zeitrahmen mit meiner Betreuerin abgestimmt. Kurz vor meiner Ankunft brachte mich ein Freund mit Kimberlé Crenshaw in Kontakt, Juraprofessorin und Erfinderin des Begriffs »Intersektionalität«. Meine Begegnung mit ihr hebelte meine Pläne aus. Ohne zu überlegen, fasste ich den Entschluss, mich Hals über Kopf in den neuen theoretischen Ansatz zu stürzen, der sich vor mir auftat. Kimberlé Crenshaw willigte ein, meine Betreuerin zu werden, und so ließ ich alle anderen Kurse fallen, um mich ausschließlich und mit Herz und Seele ihren zwei Kursen zu widmen: »Intersektionalitäten« und »Critical Race Theory«. Ich war im Handumdrehen fasziniert von ihren Seminaren, und meine Neugier verwandelte sich in einen unersättlichen Drang, sämtliche Knoten und Rätsel in meinem Kopf zu entwirren und zu lösen. Der weiße, eurozentrische Studienplan, der dem Studium an deutschen, britischen und französischen Universitäten zugrunde lag, hatte mir nicht die Antworten gegeben, nach denen ich suchte. Bestenfalls hatte er dazu geführt, dass ich mich fehl am Platz fühlte; schlimmstenfalls hatte er ein tiefes Unbehagen in mir ausgelöst.

Im Rahmen meines Jura- und Politikwissenschaftsstudiums hatte ich nichts von postkolonialen, feministischen und anderen kritischen Studien gehört. Die Monate vor meinem Forschungsaufenthalt hatten den Boden für die Kurse von Professorin Crenshaw bereitet: Ich war dabei, dekoloniale Theorien, Queerfeminismus und kritische Rassismusforschung kennenzulernen. Ich hatte die bahnbrechenden Arbeiten von Kimberlé Crenshaw vor meiner Zeit an der Columbia University gelesen, aber niemals hätte ich die tiefgreifenden Auswirkungen, welche sie auf mein privates und berufliches Leben haben würden, vorhersehen können. Dieser Aufenthalt veränderte den Verlauf meiner Forschung grundlegend und bereicherte sie in einem Maße, das ich mir vorher nicht hätte träumen lassen. Er förderte mein kritisches Denken, stärkte meine theoretischen Argumente, vertiefte mein akademisches Wissen zum Thema Feminismus, Antirassismus, Intersektionalität und – was wahrscheinlich am allerwichtigsten war: Er stellte einen analytischen Rahmen bereit, um meine hybride Identität zu verstehen und zu artikulieren. Endlich gab es ein Wort dafür: Intersektionalität! Das Konzept ging über die individuelle Ebene hinaus und setzte gewaltiges Potenzial auf politisch-struktureller Ebene frei: Diejenigen von uns, die sich an den Kreuzungspunkten (»*Intersections*«) verschiedener Ungleichheits- und Unterdrückungssysteme befanden, ließen sich nun sichtbar machen und konnten endlich aus dem rechtlichen und diskursiven Vakuum heraustreten.

Überaus gewissenhaft hatte ich den Lehrplan studiert, und voller Eifer betrat ich den Unterrichtsraum, um den Einführungstext zu besprechen. Zum ersten Mal in meinem Leben saß ich einer Mehrheit von anderen Schwarzen Frauen gegenüber und wurde von einer unfassbar charismatischen und inspirierenden Schwarzen Frau unterrichtet. Es fällt mir schwer, den gewaltigen, ermutigenden Effekt zu beschreiben, den das Ganze auf mich hatte. Ich war zum ersten Mal in meinem Leben von Menschen umgeben, die die Welt ähnlich erfahren wie ich – eine überwältigende Erfahrung. Abgesehen von dem selbstverständlich faszinierenden Inhalt der Kurse bereitete die Atmosphäre, in der die Linien zwischen Privatem und Politischem verschwammen, den Boden für aufschlussreiche und bewusstseinserweiternde Gespräche zwischen Menschen, die an der Schnittstelle von multiplen Identitäten lebten.

Der Forschungsaufenthalt an der Columbia University lässt mich zwei Fragen stellen: Warum hatte ich Zugang zu solchen elitären Institutionen – und andere nicht? Warum musste ich bis zur Promotion warten, um eine andere Perspektive auf die Welt zu entdecken, die nicht von weißen europäischen Männern stammt?

Bildung spielt in unseren Gesellschaften eine vieldeutige Rolle. Sie bietet Wege zur Verwirklichung und eröffnet Möglichkeiten, die Welt besser zu verstehen und zu verändern, und sich darin einen Platz zu verschaffen. Der berühmte Spruch »Wissen ist Macht« fand sein Echo in vielen Befreiungsbewegungen, weil Bildung und Wissen eine äußerst wichtige Rolle spielten bei der Artikulierung und Durchsetzung von Widerstand. Malcolm X bezeichnete Bildung als »Reisepass in die Zukunft«, Nelson Mandela als »stärkste aller Waffen«. Doch so *empowernd* Bildung sein mag, sie kann auch als Barriere und Filter fungieren, die die sozialen Hierarchien und systemische Ausschlussmechanismen aufrechterhalten. In keinem Bereich sind Diskriminierungsmuster so sichtbar und so machtvoll wie im Bildungssystem. In Kitas, Schulen, Universitäten wird die Klassengesellschaft reproduziert entlang des Geschlechts, der ethnischen Herkunft, der Hautfarbe, der Religion, der Migrationsgeschichte, der sozialen Herkunft und des Vermögensstands. Privilegien, Zugänge und Macht werden in der Schule implizit verteilt, als wären sie die wohlverdienten Ergebnisse harter Arbeit. Wissen wird innerhalb dieses Bildungssystems zumeist als universell und objektiv dargestellt, als eine objektive Realität, die die sozialen Ungleichheiten verfestigt, eine objektive Realität, die diskriminiert. Der angebliche Universalismus und die angebliche Objektivität können nur entstehen, wenn man all jene Perspektiven, Wissensquellen und -formen löscht, die dem dominanten, eindimensionalen Narrativ nicht entsprechen. Ich werde gleich anhand von Beispielen näher auf sie eingehen.

Wie strukturelle Diskriminierung funktioniert

Ich habe mich in der Schule ziemlich wohl gefühlt und mich im rigiden französischen Bildungssystem zurechtgefunden. Als eher ängstliches Kind hatte die Schule durch ihre strukturierten Abläufe auf mich eine beruhigende Wirkung. Bis zur Promotion hatte ich in den französischen und deutschen Bildungssystemen relativ viel Erfolg – und Glück. Viele würden mich als *Success Story* bezeichnen, aber dieses Label lehne ich ausdrücklich ab. Zum einen, weil damit implizit gemeint ist, dass *Success* für alle in Reichweite ist, und dass diejenigen, die es »nicht schaffen« selber schuld sind. Zum anderen, weil niemand von einer *Success Story* reden würde, wenn ich weiß wäre.

Diskriminierung verlangt das Zusammenspiel von vier verschiedenen, ineinandergreifenden Dimensionen: Neben der individuellen Dimension sind das die institutionelle, die strukturelle und die historische Dimension. Die individuelle Dimension umfasst Taten, Meinungen, Handlungen, die von Individuen gegenüber anderen Menschen ausgedrückt und begangen werden, wie etwa rassistische Beleidigungen und Botschaften, sexistische Gewalt, oder offenkundige Diskriminierung. Die individuelle Dimension von Diskriminierung beinhaltet auch Taten und Handlungen, die mittelbar und unbeabsichtigt erfolgen können, wie zum Beispiel eine Stellenausschreibung, in der »Deutsch als Muttersprache« steht, Taten, die *de facto* Menschen nicht deutscher Herkunft diskriminieren; ein anderes Beispiel sind Arbeitsplätze, die für Rollstuhlfahrer*innen nicht zugänglich sind. Individueller Rassismus wird größtenteils von unseren unbewussten Vorurteilen beeinflusst und kann deshalb nicht effektiv bekämpft werden durch moralistische und strafrechtliche Maßnahmen, die von der Bösartigkeit und der Unmoral der Täter*innen ausgehen. Aussagen wie »Diskriminierung wird nicht toleriert« helfen in der Hinsicht nicht wirklich.

Die historische Dimension bezeichnet die Hinterlassenschaft vergangener Systeme und Ereignisse und deren Nachwirkung auf heutige gesellschaftliche Ungleichheiten und Diskriminierung. Zum Beispiel können die Marginalisierung und Armut von vielen der Nachkommen der Kolonisierten in Frankreich nicht ohne den Bezug auf die Plünderungen und Aneignungen verstanden werden. Sie waren mit der Kolonisation verbunden und zementierten Ungleichheiten, die noch heute wirken. Genauso steht die Tatsache, dass Frauen in der Schweizer Politik unterrepräsentiert sind, in Verbindung damit, dass sie erst seit dem Jahr 1971 wählen dürfen. Die institutionelle Dimension von Diskriminierung bezeichnet die Summe der individuellen Handlungen und Entscheidungen, die von Menschen in Machtpositionen durchgeführt und getroffen werden, wie etwa Richter*innen, Polizist*innen, Lehrer*innen, Verwaltungsbeamt*innen, Ärzt*innen, Bankangestellten, Personalleiter*innen. Nehmen wir als Beispiel eine Lehrerin, die negative Vorurteile gegenüber muslimischen und Schwarzen Mädchen aufweist und glaubt, dass sie für häusliche und sozialpädagogische Sphären besonders geeignet sind. Sie wird nicht nur dazu neigen, diese Mädchen im Unterricht weniger zu fördern, sondern diesen Mädchen auch seltener eine Gymnasialempfehlung geben. Die Kehrseite davon ist, dass Jungs und weiße Mädchen von ihr allgemein bevorzugt werden, auch wenn sie es unbewusst und unbeabsichtigt tut. Wenn die Lehrerin vereinzelt handeln würde, hätte es kaum gesellschaftliche Folgen. Die institutionelle Ebene von Diskriminierung wirkt aber durch die Gesamtsumme solcher Handlungen und Entscheidungen. Kollektive Vorurteile sind stark, weil sie sich aus den gleichen Quellen speisen und durch die gleichen Repräsentationen und Botschaften erzeugt werden. Deshalb sind die Handlungen von Lehrer*innen nicht das Ergebnis von einzelnen, isolierten, individuellen Vorurteilen, sondern sie geschehen gleichzeitig mit zahlreichen weiteren Handlungen, deren Gesamtwirkung die strukturelle Dimension von Diskriminierung und Unterdrückung bildet.

Die Gesamtsumme von solchen Handlungen resultiert also in struktureller Diskriminierung. Statistiken der demographischen Aufteilung von bestimmten gesellschaftlichen Bereichen machen Über- und Unterrepräsentation erkennbar. Die Tatsache, dass nur zwölf Prozent der migrantischen Schüler*innen in Deutschland ein Gymnasium besucht haben,[1] weist auf strukturelle Diskriminierung hin. Solche Statistiken können durch viele Faktoren erklärt werden. Dazu gehören systemische, wie zum Beispiel die wirtschaftlichen Barrieren, denen Menschen mit Migrationshintergrund ausgesetzt sind, und der mangelnde Zugang zu wirtschaftlichen Ressourcen. Wenn Lehrer*innen bevorzugt weißen Schüler*innen eine Gymnasialempfehlung geben, auch bei gleichen Noten, werden sie unter anderem deswegen in Gymnasien überrepräsentiert sein. Natürlich spielen Motivation und Verhalten eine wichtige Rolle, diesen Aspekten wird in politischen und medialen Diskursen aber viel mehr Gewicht gegeben als systemischen, strukturellen und institutionellen Faktoren. Manche behaupten sogar, dass die Über- oder Unterrepräsentation von bestimmten Gruppen durch ihre Veranlagung erklärt werden kann – ihre geringere Intelligenz.² Dies bedeutet implizit, dass weißen Kindern eine höhere Intelligenz zugeschrieben wird. Die sozialen und ethnischen Ungleichheiten im deutschen Bildungssystem – und folglich auf dem deutschen Arbeitsmarkt – haben eine ihrer Ursachen im mehrstufigen System, das schon für Kinder im Alter von zehn weitestgehend bestimmt, wie gut sie später verdienen und welchen gesellschaftlichen Status sie erlangen werden.

Jede*r bekommt, was er*sie verdient?

Mein Vater ist Arzt und bleibt bis heute der größte Stolz seiner Eltern, die selber der Arbeiterklasse angehörten. Auch wenn meine Großeltern kein glanzvolles Studium absolviert haben, waren sie nicht arm und gehörten der Mittelschicht an. Der Werdegang meines Vaters war linear und ohne Hemmnisse. Er war sein ganzes Leben lang »erfolgreich«. Meine Mutter ist am Ende eines gewundenen Wegs Krankenschwester in Frankreich geworden. Mit zehn wurde ihr späterer Beruf für sie durch ihre damalige Lehrerin entschieden: Sie sollte Putzfrau werden. Meine Mutter wollte aber damals schon Krankenschwester werden. Während ihrer Ausbildung half ihr eine weiße Lehrerin, mit der sie über ihren Wunsch sprach, in eine Ausbildung zur Krankrenschwester zu wechseln. Es bedeutete, dass sie zurück zur Schule gehen musste, um dann ein paar Jahre später in die Krankenschwesterausbildung einzusteigen. Hätte diese Lehrerin nicht ihren Weg gekreuzt und hätte sie nicht an meine Mutter geglaubt, wäre sie höchstwahrscheinlich nie Krankenschwester geworden. Was hat meine Mutter in den Augen ihrer damaligen Lehrerin für den Beruf als Putzfrau prädestiniert? Sie gehörte zu den Besten ihrer Klasse und war eine motivierte Schülerin. Warum wurde ihr der Wunsch, Krankenschwester zu werden, so früh abgesprochen?

Die Geschichte meiner Mutter ist kein Einzelfall. Ich nahm vor einigen Jahren an einem Workshop mit anderen Frauen of Color teil, in dem wir über unsere Werdegänge und allgemeine Erfahrungen reflektierten, mit Blick auf unsere nicht-weißen Identitäten und die Migrationsgeschichte unserer Familien. Das Ergebnis war schockierend. Alle in der Gruppe hatten ähnliche Erfahrungen gemacht und mussten durch das deutsche und französische Bildungssystem mehr oder weniger lange Umwege gehen. Alle haben am Ende Abitur gemacht und studiert, aber immer waren strukturelle und institutionelle Hindernisse zu überwinden.

Mit fünfzehn werden in Frankreich Schüler*innen in unterschiedliche Wege eingeteilt: Abitur *(Baccalauréat)* oder berufliche Ausbildung. Ich gehörte seit der Einschulung immer zu den fünfzehn Prozent der Klassenbesten, mit der Ausnahme der 8. Klasse, in der meine Noten knapp unter dem Klassendurchschnitt lagen. In diesem für den weiteren Werdegang entscheidenden Jahr haben sich meine Eltern getrennt, und dieses Ereignis hat sich auf meine Schulleistung negativ ausgewirkt. Alle meine Lehrer*innen wussten von meiner Situation, der Absturz meiner Noten war offensichtlich damit verbunden. Als darüber entschieden werden musste, ob ich Abitur machen durfte oder nicht, bekam ich überraschend keine Gymnasialempfehlung, sondern mir wurde geraten, eine Ausbildung als Friseurin anzufangen. Plötzlich wurde die Vorstellung, die ich bisher über mein zukünftiges Berufsleben hatte, auf den Kopf gestellt. Dennoch dachte ich nun auch: Warum nicht Friseurin? Meine Mutter hingegen war nicht begeistert. Sie stürmte am nächsten Tag in das Büro der Schulleiterin und forderte ein, dass ich eine Gymnasialempfehlung bekomme. Sie sprach mit jedem*r Einzelnen meiner Lehrer*innen. Ihr Einsatz hat sich gelohnt. Ich erwarb drei Jahre später das Abitur mit Schwerpunkt Literatur, Philosophie und Sprachen mit Auszeichnung.

Auch wenn die Empfehlungen in Deutschland nicht so klar

ausgesprochen werden, werden auch hier zahllose Schüler*innen auf eine Ausbildungsschiene gesetzt, die sie nicht selber ausgesucht haben und die ihre Möglichkeiten im späteren Leben einschränkt. Wenn ich unbedingt Friseurin hätte werden wollen, wäre diese Geschichte nicht erwähnenswert gewesen. Meine Cousine zum Beispiel fing mit einer Buchhaltungsausbildung an und entschloss sich ein paar Jahre später, zur Friseur*innenausbildung zu wechseln. In meinem Fall wurde ich einem beruflichen Weg zugewiesen, der nichts mit meinen Aspirationen zu tun hatte. Meine Identität und die Stereotype und Vorurteile, die die Schulleiterin mir gegenüber hatte, ließen sie mir den Beruf der Friseurin zuteilen. In dieser Situation muss ich noch mal fragen: Wäre ich weiß und/oder männlich, aus einem ähnlichen Elternhaus gewesen, hätte mir die Schulleiterin bei gleichen Noten die gleiche oder eine ähnliche Empfehlung ausgesprochen? Wäre meine Mutter nicht selber durch eine ähnliche Situation gegangen, hätte sie sich getraut, die Empfehlung der Schulleitung infrage zu stellen?

Unbewusste und bewusste Vorurteile beeinflussen unsere täglichen Entscheidungen. Lehrer*innen sind nicht frei von jahrhundertelangen rassistischen, klassistischen und sexistischen Hierarchien, die heute noch entscheidend sind für die Arbeitsteilung im kapitalistischen System. Jungs und Mädchen werden nach wie vor in typische Männer- und Frauenberufe eingeteilt, umso mehr in geringverdienenden Berufszweigen wie Bauwesen, Putzdiensten, Pflege, Fahr- und Lieferdiensten, Müllabfuhr und Kindererziehung. Diese Einteilung in Mädchen und Jungs wird weiter differenziert entlang des sozialen Hintergrunds und der ethnischen Herkunft. Ein weißes Mädchen und ein arabisches Mädchen mit Kopftuch aus ähnlichen sozioökonomischen Hintergründen werden sehr wahrscheinlich leicht abweichende schulische und berufliche Werdegänge haben aufgrund der Bilder und Repräsentationen, die auf sie projiziert werden.

Ein paar Jahre nach dem Abitur war ich erneut mit institutioneller Diskriminierung konfrontiert. Beim Tag der offenen Tür durften Abiturient*innen sich die Uni anschauen, und in unterschiedlichen Hörsälen wurden die verschiedenen Studiengänge vorgestellt. Meine Schwester und ich machten uns auf den Weg. Im ersten Hörsaal wurde der Studiengang Angewandte Fremdsprachen vorgestellt. Ich mochte Fremdsprachen sehr gerne, wollte mich aber eigentlich ungern in einem Zweig engagieren, in dem die Erfolgsaussichten unsicher waren. Die Scheidung meiner Eltern hatte einen wesentlichen finanziellen Abstieg für meine Mutter und uns bedeutet, und wir mussten neben dem Studium arbeiten. Außerdem war ich damals in der Hip-Hop-Tanzszene sehr aktiv und wollte es auch bleiben. Die anspruchsvollen, zeitintensiven Vorbereitungsklassen zur Aufnahme an die Eliteschulen (die sogenannte *Prépas*) kamen für mich nicht infrage. Meine Mutter hätte mich ohne Zweifel unterstützt, wie sie auch meiner kleinen Schwester vier Jahre später während ihres Medizinstudiums beistand, unter anderem mit hausgemachtem Essen in Tupperdosen, das sie regelmäßig in die Uni brachte. Damals fühlte ich mich dem nicht gewachsen, also entschied ich mich für einen Weg, der mir begehbarer erschien: der Fremdsprachen-Studiengang, den ich wie gesagt zwar interessant fand, den ich aber auch kritisch sah. Ich merkte langsam, dass die Berufsaussichten sich auf Assistenzjobs in langweiligen Industrien beschränkten. Im Rahmen dieses Studiums entdeckte ich mit großer Begeisterung das Fach Jura. Ich erkundigte mich nach den Quereinstiegsmöglichkeiten bei der juristischen Fakultät und freute mich sehr, als der Dekan mir bei einem telefonischen Vorgespräch sagte, dass die Chancen auf einen Wechsel mit solch guten Noten und meinem Austauschjahr in England sehr gut aussahen. Er lud mich persönlich ein. Seine Assistentin hatte mir eine Liste von Unterlagen geschickt, die für den Wechsel nötig waren. Ich hatte mich extrem sorgfältig vorbereitet, hatte die allerbesten Klarsichthüllen und eine glänzende Mappe gekauft, hatte am Vortag mehrere Outfits anprobiert – und entschied mich für einen etwas billig aussehenden Anzug in Chemiefasern –, hatte meine Haare geglättet und in einem konservativen geflochtenen Zopf frisiert, und mein Nasenpiercing entfernt.

Am großen Tag fuhr mich meine Mutter zur juristischen Fakultät: Auf dem Weg war die Anspannung spürbar. Sie wartete im Auto, und beim Weggehen konnte ich sehen, wie sie anfing zu beten. Nach einer kurzen Sitzpause im Wartezimmer kam der Dekan aus seinem Büro und ließ mich rein. Kaum saß ich auf dem Stuhl, als er mir sagte: »Schön, dass Sie wechseln wollen, aber wissen Sie, es ist viel anspruchsvoller, als Sie es sich jetzt vorstellen. Jura verlangt schon eine gewisse Denkweise, die Sie in Ihrem Fremdsprachstudiengang nicht gelernt haben. Deswegen muss ich Ihnen leider mitteilen, dass der Wechsel nicht möglich sein wird. Sie können gerne Jura studieren, müssten sich aber im ersten Jahr einschreiben.« Ich erwiderte, dass ich mir der Schwierigkeit des Studiums sehr bewusst war, und dass ich bereit war, alles zu tun, um meinen Rückstand aufzuholen – das hatte ich in meinem Motivationsschreiben sehr schön formuliert. Ich sagte auch, dass die Student*innen vor mir, die den Quereinstieg von Fremdsprachen zu Jura gemacht hatten, ihren Verzug in wenigen Monaten nachgeholt hatten – ich hatte mich persönlich erkundigt. Dazu sagte er nur: »Es waren spezielle Fälle.« Was war an ihnen so speziell? Was hatten sie, was ich nicht hatte? Ich verließ den Raum sehr enttäuscht und etwas irritiert vom plötzlichen Stimmungswechsel. Das Gespräch dauerte keine zehn Minuten. Hatte ich mir alles, was im Vorgespräch passiert war, eingebildet? Hatte ich das falsche Outfit ausgewählt? Im Auto waren meine Mutter und ich den ganzen Heimweg still. Wieder zu Hause räumte ich meine Akte – mit dem ungelesenen, lobenden Empfehlungsschreiben von meiner Juraprofessorin – in eine Schublade, und setzte meinen Plan B in Gang. Ich hatte mich einige Monate zuvor für einen *Master of Business Administration and International Law* an meiner Universität beworben, sowie für ein Austauschjahr an der juristischen Fakultät der Freien Universität Berlin. Plan B ging auf, sowohl was den Master als auch, was Berlin betraf.

Auch wenn ich mich intuitiv verstellt hatte – hätte ich meine Haut aufhellen können, hätte ich es gemacht –, kam mir damals nicht eine Sekunde in den Sinn, dass es sich bei dieser merkwürdigen Ablehnung um Diskriminierung handeln könnte. Meiner Mutter schon, aber sie sagte damals nichts. Erst nachdem ich einige Jahre später über institutionelle Diskriminierung las und viele ähnliche Geschichten hörte, verstand ich, dass es kein Einzelfall war und dass meine Erfahrung Teil eines größeren strukturellen Phänomens war. Diese Erkenntnis hatte eine weitreichende Wirkung auf mich. Ich hatte nicht das falsche Outfit angehabt und hatte mir auch nicht alles eingebildet, was im Vorgespräch passiert war. Stattdessen wusste ich, dass meine Erfahrung Teil einer kollektiven Erfahrung war, und dass ich nicht alleine war.

Der Dekan hatte ein genaues Bild von einer erfolgreichen Jurastudentin, und dem entsprach ich nicht. Die von ihm erwähnten »speziellen Fälle« hingegen schon. Wäre ich weiß gewesen – oder wäre der Dekan eine Schwarze Frau gewesen –, wäre das Gespräch anders gelaufen? Die Privilegien, die durch institutionelle Diskriminierung erzeugt werden, sind insofern unmerklich, als sich die »speziellen Fälle« nicht vorstellen können, dass sie den Quereinstieg u. a. deshalb machen durften, weil sie der unsichtbaren Norm angehören – weil sie weiß sind. Oder weil sie einen französisch klingenden Nachnamen haben, oder weil sie sich mit dem Dekan kurz über Golf oder Tennis unterhalten können. Mein Vater hatte einen linearen, erfolgreichen schulischen und beruflichen

Werdegang, weil er ein fleißiger Student war, aber nicht nur. Seine Hautfarbe und sein Geschlecht haben ihm auf dem Weg zweifellos geholfen. Diese zwei Merkmale haben Hindernisse aus seinem Weg geräumt. Wie könnte er sich überhaupt vorstellen, dass es Hindernisse für andere Menschen geben könnte?

In einem meritokratischen System bekommen alle Menschen die gleichen Chancen unabhängig von sozialer Herkunft, Geschlecht und Hautfarbe, so sagt man zumindest. Wir können uns ein Rennen vorstellen, in dem alle Menschen unter den gleichen Bedingungen gegeneinander antreten. Die Gewinner*innen dürfen den Sieg ihren Anstrengungen, ihrem Fleiß und ihrer Begabung verdanken. Die Verlierer*innen hätten auch gewinnen können, hätten sie sich mehr Mühe gegeben. Oder vielleicht hatten sie nicht die richtige Veranlagung dafür. In einem meritokratischen System verdient die herrschende Klasse ihre Position durch Talent, Fleiß und Motivation. Der soziale Status, das Gehalt und sonstige Privilegien sind Güter, die mit Verdienst erworben werden. Deswegen reagieren privilegierte Menschen meist defensiv, wenn von ihnen behauptet wird, sie wären »privilegiert«, weil es ihr ganzes Leben infrage stellt: Ist mein erfolgreiches Leben doch nicht hart erkämpft? Habe ich nicht alles durch meine eigene Arbeit und Fähigkeiten und Talente erreicht? Was macht meinen Erfolg sonst aus? Wenn ich es nicht verdient habe, bin ich überhaupt was wert? Mein Leben war doch auch nicht immer einfach!

Mit dem Wort »Privileg« zerbröselt die Idee der Meritokratie. In einer Gesellschaft, die auf Individualismus – bis hin zum Narzissmus – basiert, stößt eine solche tiefe Infragestellung auf kraftvollen, von Angst geprägten Widerstand. Privilegien sagen nichts über unsere intrinsischen Fähigkeiten und Talente aus. Viele erfolgreiche Menschen sind tatsächlich fleißig, motiviert und talentiert. Aber nicht nur. Sie werden von unsichtbaren Aufzügen nach oben befördert. Privilegien können auch mit Jokern in Kartenspielen verglichen werden. Wir bekommen alle die gleichen Karten, und manche von uns bekommen von vornherein eine unbegrenzte Anzahl von Jokern, einfach so. Die Spieler*innen müssen trotzdem Strategiekompetenz, Talent, Intelligenz, Fleiß und Motivation beweisen, um im Spiel voranzukommen. Die Joker alleine können den Gewinn nicht gewährleisten, sie helfen aber unheimlich. Die Joker werden an Menschen verteilt, die einer oder mehreren Facetten der erzeugten Überlegenheit entsprechen: weiß, heterosexuell, Cis-gender, aus der Mittelschicht, männlich, ohne Behinderung, dünn, jung und konventionell schön. Diese Facetten sind besonders machtvoll, weil sie durch die sogenannten unbewussten Vorurteile – *Implicit Biases* – sowohl erzeugt als auch verstärkt werden.

Privilegiert zu sein heißt unter anderem, manche Probleme zu unterschätzen oder nie als solche wahrzunehmen, weil die Person nie damit konfrontiert wurde. Es sagt nichts darüber, wie schwer oder einfach das Leben der Person bisher war. Zum Beispiel werde ich nie richtig wissen, mit welchen Problemen eine behinderte Person konfrontiert ist, weil ich die gesellschaftlichen Ausschlüsse, denen behinderte Menschen ausgesetzt sind, nie erlebt habe. Ich bin in diesem Sinne privilegiert und halte einige Joker in der Hand aufgrund meiner »Nicht-Behinderung«. Es heißt aber noch lange nicht, dass ich ein einfaches Leben hatte. Aber die Schwierigkeiten, die ich bewältigen musste, sind nicht aufgrund einer Behinderung entstanden. Hätte ich eine Behinderung gehabt, wären die Schwierigkeiten *noch* größer gewesen. Genauso kann eine weiße Person aus der Arbeiter*innenschicht aufgrund ihrer Hautfarbe privilegiert sein, auch wenn sie aus ärmlichen Verhältnissen stammt. Wenn wir Privilegien genießen, gehen wir davon aus, dass alle Menschen auch darüber verfügen – dass wir alle Joker haben. Es ist deshalb schwer, sich vorzustellen, wie das Leben ohne Privilegien aussieht, und welche Schwierigkeiten damit verbunden sind.

Die positiven Ergebnisse, die von Jokern ermöglicht werden, werden fast ausschließlich dem Verdienst des Menschen – statt auch Glück und Zufall – beigemessen. Deswegen fühlt sich der Entzug von Privilegien für Menschen, die an ihre Joker gewöhnt sind, unfair an. Als ich nach einem langwierigen Auswahlverfahren endlich die positive Nachricht bekam, dass ich bei der Heinrich-Böll-Stiftung als Promotionsstipendiatin aufgenommen wurde, teilte ich die gute Nachricht mit meinen Freund*innen auf dem Flur des Forschungszentrums, in dem ich damals promoviert habe. Meine Begeisterung wurde plötzlich durch einen dubiosen Kommentar unterbrochen: »Kein Wunder, dass sie dich genommen haben. Du bist eine Frau mit Migrationshintergrund, klar mögen sie dich! Einen weißen Mann wie mich wollen sie partout nicht haben.« Wie das im Leben so ist, lächelte ich höflich und blieb wortlos. Erst abends beim Einschlafen fiel mir die perfekte Antwort dazu ein: »Wenn du das Stipendium bekommen hättest, wäre ich nie auf die Idee gekommen, dir zu sagen, dass du aufgenommen wurdest, weil du ein weißer Mann ohne Migrationshintergrund bist, obwohl es viel wahrscheinlicher der Grund gewesen wäre.« Leider war es zu spät und mein Frust wurde durch diesen internen Dialog nicht beruhigt. Ein Witz, der mich ein paar Tage früher auf Instagram zum Nachdenken brachte, blieb mir im Kopf: »Lieber Gott, bitte gib mir das Selbstbewusstsein eines mittelmäßigen weißen Mannes.« Mein Kollege konnte also seine Ablehnung durch die Tatsache erklären, dass er weiß und männlich war, kam aber nicht auf die Idee, dass er *trotz* der Tatsache, dass er weiß und männlich ist, vielleicht nicht gut genug war. Nicht nur wurde meine Leistung durch diesen Kommentar komplett minimiert, sondern auch die gesellschaftlichen Strukturen, die die systemische Benachteiligung von Frauen und People of Color produziert, völlig negiert. So funktioniert die Meritokratie: Sie blendet die sozialen Hierarchien aus, die solchen Benachteiligungen und Privilegien unterliegen. So bleibt die Illusion eines Win-or-Lose-Paradigmas unangetastet, in dem die Gewinner ihren Erfolg verdienen, solange sie der unsichtbaren Mehrheit angehören.

Mein Vater entsprach dem Bild des vertrauenswürdigen und kompetenten Arztes hervorragend. Hätten Professor*innen oder andere Menschen in Machtpositionen daran gezweifelt, hätten sie seine berufliche Entwicklung hemmen können. Deswegen sind unsere bewussten und unbewussten Vorurteile so machtvoll, vor allem wenn wir regelmäßig Entscheidungen über andere Menschen treffen, wie zum Beispiel Polizist*innen, Lehrer*innen, Richter*innen, Ärzt*innen und Journalist*innen.

Die Ablehnung des Dekans der Jurafakultät erwies sich für mich im Nachhinein als ein absoluter Segen, aber es hätte auch anders ausgehen können. Viele Menschen haben nicht das Glück, das meine Mutter und ich hatten. Wie vielen Kindern mit Migrationshintergrund wird der Zugang zum Gymnasium verweigert? Wie viele Kinder von Rom*nja und Sinti*zze* werden fälschlicherweise Sonderschulen für Kinder mit geistiger und Lernbehinderung zugewiesen – während wiederum die besonderen Bedürfnisse Letzterer komplett missachtet werden? Bei wie vielen Kindern arabischer und türkischer Herkunft werden »generelle Entwicklungsschwierigkeiten« von den Erzieher*innen gemeldet, um die zusätzlichen staatlichen Mittel zu erhalten, auf die die Integrationskitas Anspruch haben? Wie viele Mädchen werden entmutigt, wenn sie Mathe, Physik, oder Ingenieurswesen studieren wollen?

Solche Diskriminierungsmuster sind so heimtückisch, dass sie meist unbemerkt bleiben. Viele Menschen sind sich nicht einmal

---

* Sinti*zze und Rom*nja ist die kollektive Selbstbezeichnung einer wenige Hunderttausend Mitglieder umfassenden und stark ausdifferenzierten Minderheit in Deutschland. Diese Bezeichnung umfasst zahlreiche Romani-Gruppen und wird daher auch von einigen abgelehnt, die stattdessen den eigenen Gruppennamen bevorzugen, wie z. B. Lowara, Lalleri oder Kalderasch. In Deutschland verweist sie außerdem auf Rom*nja südosteuropäischer Herkunft.

bewusst, dass sie irgendwann in ihrem Leben institutionelle Diskriminierung erfuhren. Hätte ich mich später diesem Thema nicht gewidmet, hätte ich diese Geschichte nicht nur vergessen, sondern wahrscheinlich auch niemals als Diskriminierung betrachtet. Im Workshop mit den anderen Frauen of Color hatten wir eine kollektive Erkenntnis: Das, was uns damals passierte, war doch Diskriminierung! Das gleiche geschah bei vielen Frauen im Laufe der #MeToo-Kampagne. Darin liegt die Kraft der Verbundenheit.

Warum es »umgekehrten Rassismus« nicht gibt

Das Argument, weiße Menschen (als Mehrheitsgruppe) seien auch Opfer von Diskriminierung und Rassismus, ist deshalb irreführend, weil Diskriminierung einerseits die Erfüllung der vier Dimensionen und andererseits die Ausübung der Macht durch die gesellschaftliche *Mehrheit* voraussetzt. Nehmen wir als Beispiel ein weißes Kind in einer Schule in der Pariser Banlieue, umgeben von arabischen und Schwarzen Kindern. Nehmen wir an, dieses Kind wird jeden Tag als »Toubab« und »Gaouri« bezeichnet – negativ besetzte Wörter für weiß –, wird von Spielen ausgeschlossen, bis hin zum Mobbing. Dieses Kind braucht in einer solchen Situation Schutz, und die Schulleitung müsste auf jeden Fall Maßnahmen gegen das Mobbing ergreifen. Das Kind erfährt tatsächlich Diskriminierung aufgrund seiner Hautfarbe auf individueller Ebene. Die institutionellen, strukturellen und historischen Dimensionen sind aber in einer solchen Situation nicht vorhanden. Es erfährt durch die Schule als Institution – Lehrer*innen, Schulleitung – keine Diskriminierung aufgrund seiner Hautfarbe, denn es gibt in der gesamten Gesellschaft keine strukturellen Faktoren, die weiße Menschen als Gruppe diskriminieren oder benachteiligen, und weiße Menschen wurden in der französischen Geschichte weder verfolgt noch unterdrückt, sondern verfügen historisch über die politische, wirtschaftliche und kulturelle Macht. Auch wenn die individuelle Situation dieses Kindes eine schreckliche ist, kann sie nicht als Ausdruck sogenannten umgekehrten Rassismus bezeichnet werden, weil das Kind, auch wenn es das nicht empfinden mag, sich nach wie vor auf der Seite der Macht befindet, und diejenigen, die es mobben, über keine politische, wirtschaftliche und kulturelle Macht verfügen. Rassismus als System funktioniert nur, wenn Vorurteile in einer effektiven Benachteiligung resultieren, durch die Ausübung von politischer, kultureller und wirtschaftlicher Macht. In einer umgekehrten Situation mit einem Schwarzen oder arabischen oder Rom*nja-Kind, wäre es in einer Schule im 16. Arrondissement von Paris umgeben von weißen Kindern, würde die individuelle Diskriminierung mit einer institutionellen, strukturellen und historischen einhergehen. Es würde sich zudem sowohl in der Schule als auch in der gesamten Gesellschaft in der Minderheitenposition und nicht auf der Seite der Macht befinden. »Umgekehrter Rassismus« blendet sowohl die zugrunde liegenden Machtdynamiken als auch die systemische Dimension von Rassismus aus. Auch wenn »umgekehrter Rassismus« als solcher wie dargelegt nicht existiert, kommen individuelle Vorurteile gegenüber weißen Menschen sowie diskriminierendes Verhalten durchaus vor. Es ist allerdings nicht Teil eines größeren soziopolitischen, historischen Phänomens, sondern anekdotisch.

Wie alle anderen ethnischen Kategorien ist die Kategorie weiß ein historisches, politisches und soziales Konstrukt, das zwar auf der Hautfarbe basiert, aber nicht nur. Zum Beispiel haben viele türkische Menschen eine helle Hautfarbe, sind aber trotzdem im politischen Sinne nicht weiß, wenn sie in Deutschland leben. In der Türkei schon, weil sie der kulturellen und ethnischen Mehrheit angehören. Identität ist flexibel und kontextabhängig. Ich bin in Deutschland Schwarz, in Frankreich *Métisse,* und im Senegal für viele weiß. Manche Menschen sind überall Schwarz und andere überall weiß. Die Behauptung, weiße Menschen seien manchmal Schwarz (im Sinne von »anders«), wie etwa in Mozambique, Indien oder China, ist höchst problematisch, weil es den gesamten Kontext ausblendet, in dem solche Erfahrungen stattfinden. Oft höre ich: »Ich kann die Erfahrung von Migranten in Europa sehr gut verstehen. Während meines Praktikums in Burkina Faso war ich als Weißer auch in der Minderheit.« Doch in Burkina Faso oder Südafrika gibt es zwar weniger weiße als Schwarze Menschen, sie verfügen aber nach wie vor über große politische und wirtschaftliche Macht und haben deshalb einen Mehrheitsstatus. Ein weißer Praktikant in Burkina Faso ist zwar in der Minderheit, verfügt aber durch seine Hautfarbe und den europäischen Reisepass über viele Privilegien – und Macht. Tourismus oder Expat-Dasein sind nicht nur temporär und freiwillig sowie nicht durch finanzielle oder politische Not erzwungen, sondern basierern umgekehrt auf Privilegien, die nicht allen Menschen auf der Welt gleichermaßen zugänglich sind.

Als ich in Kenia, Tansania, Uganda und Kambodscha arbeitete, wurden mir viele Privilegien aufgrund meines französischen Passes und der helleren Hautfarbe eingeräumt. Meine Chefin bei der UN in Ostafrika war eine weiße Kanadierin, die restlichen Teammitglieder*innen kamen aus Tansania und waren Schwarz. Die Chefin ging mit den Mitarbeiter*innen in einer extrem respektlosen Art und Weise um und sprach mit ihnen in herablassendem Ton. Und sie versuchte ständig, mich auf ihre Seite zu ziehen. Eines Tages rief sie das gesamte Team in ihr Büro und stellte alle in einer Reihe auf, außer mir, die neben ihr stehen sollte. Sie fing an, einen Monolog zu halten darüber, wie unprofessionell und inkompetent sie alle waren, und sagte, in meine Richtung blickend: »Müssen wir Mzungus* holen, um eure Arbeit zu ma-

---

* »Mzungus« bedeutet »*Die Weiße*« auf Kiswahili.

chen, weil ihr sie nicht ordentlich hinkriegt?« Nicht nur wollte sie das Team dadurch erniedrigen, sie benutzte mich dafür, indem sie mich als weiß bezeichnete, obwohl ich mir ganz sicher bin, dass sie das in Kanada oder Deutschland nicht getan hätte. Eine sehr ähnliche Situation passierte, als ich in Kambodscha arbeitete. Die Konstellation war nahezu die gleiche: Meine Chefin war deutsch und weiß, und der Rest des Teams kambodschanisch. Als ich ankam, nahm sie mich sehr herzlich auf und schien sich besonders zu freuen, eine andere Person aus Europa im Team begrüßen zu können. Ziemlich früh merkte ich, dass ich bevorzugt behandelt wurde. Mir wurde sehr schnell viel Verantwortung gegeben im Vergleich zu Kolleg*innen, die viel länger im Projekt tätig waren, Khmer sprachen und den politischen, sozialen und kulturellen Kontext viel besser kannten als ich. Meine Kollegin Annie, die in Frankreich und England studiert hatte, Französisch, Deutsch und Englisch fließend sprach, jahrelange Berufserfahrung in der Entwicklungszusammenarbeit aufwies, verdiente weit unter ihrem Qualifikationsniveau – aufgrund der Tatsache, dass sie kambodschanische Staatsbürgerin war.

In den meisten Entwicklungsorganisationen gibt es eine zweistufige Entgeltregelung, die Gehälter anhand der Nationalität bestimmt – die *Expats* verdienen dadurch viel mehr als die Einheimischen. Eine Begründung dafür ist, dass Expats einen viel besseren Lebensstandard aus dem globalen Norden verlassen und ihnen durch ihren Einsatz in einem sogenannten Entwicklungsland eine gewisse Entschädigung zusteht. Diese Begründung entspricht der Realität aber nicht, weil das Leben als Expat in vielen Ländern keine Herabstufung des Lebensstils bedeutet, ganz im Gegenteil. Es ist gängig, als Expat Hausangestellte, Nannys, Fahrer und Gärtner zu haben. Irgendwann verlangte meine Kollegin Annie eine Gehaltserhöhung, die mit folgender Begründung abgelehnt wurde: »Du solltest dich glücklich schätzen, du verdienst für eine Kambodschanerin schon zu viel.« Als junge Europäerin mit kaum Berufserfahrung, keinen Khmer-Kenntnissen und keiner Ahnung vom politischen und kulturellen Kontext verdiente ich fast so viel wie sie. Eine andere Anekdote illustriert diese Machtdynamik und Ungleichbehandlung: An einem wichtigen Tag im Rahmen des Rote-Khmer-Tribunals hatte mir meine Chefin den Tag freigegeben, damit ich mir die Verhandlung anschauen konnte. Sie war über mehrere Wochen nicht da und hatte mir vorübergehend die gesamte Projektverantwortung übertragen (noch ein unverdientes Privileg). Eine Kollegin, die den Völkermord selbst überlebt hatte und viele Familienangehörige, inklusive ihres Vaters, im Genozid verloren hatte, kam auch mit. Als meine Chefin davon erfuhr, rief sie mich sofort an und ärgerte sich, dass ich die Kollegin mitgenommen hatte: »Diese Möglichkeit hatte ich nur dir gegeben, nicht den kambodschanischen Kolleg*innen, sonst hätte im Team niemand mehr gearbeitet.«

Nach meinem Aufenthalt in Kambodscha kehrte ich nach Deutschland zurück und traf meine damalige Chefin im Arbeitskontext wieder. Die Vorteile und Verantwortung, die mir in Kambodscha eingeräumt wurden, passten plötzlich im deutschen Kontext nicht mehr. Stattdessen wurde mir klargemacht, wie ich mich als Ausländerin in Deutschland zu verhalten hatte. Nachdem ich einmal keine fünf Minuten zu spät zu einem Meeting kam, musste ich mir von ihr anhören: »Hier sind wir nicht mehr in Kambodscha, in Deutschland musst du pünktlich sein«. Dieser Kommentar zeigte einerseits die Fehleinschätzung der kambodschanischen Kultur (eine der pünktlichsten, die ich kenne), und zeigte mir andererseits, dass ich mich anpassen sollte, und deshalb nicht wirklich dazugehörte. Identität und die Privilegien und Nachteile, die damit verbunden sind, hängen vom Kontext ab und sind flexibel.

Die oben erwähnten Erfahrungen bei der UN und der GIZ, und das Verhalten von meinen Chefinnen sind keine Einzelfälle, sondern Teil eines globalen Systems, das von kolonialen Mustern, in die auch weiße Frauen eingebettet sind, noch sehr geprägt ist. Die sogenannte Entwicklungszusammenarbeit basiert auf der kolonialen Hierarchie, weißer Vorherrschaft und kapitalistischer Weltordnung. Nicht nur profitiert das System von diesen Hierarchien, sie sind sein *raison d'être*. Manche Kritiker*innen nennen die Nord-Süd-Beziehungen und die daraus resultierende finanzielle und politische Abhängigkeit »Neokolonialismus«. Dieser Begriff bezeichnet die Fortführung der Ausbeutung und Unterdrückung der ehemaligen Kolonien durch die Kolonialmächte bis heute. Der administrative Kolonialismus wurde zwar während der Dekolonisationswelle der 1950er bis 1960er Jahre in den meisten Ländern abgeschafft, aber das koloniale System an sich und die zugrunde liegenden Hierarchien wirken weiterhin nach und erhalten die Machtgefälle zwischen Nord und Süd aufrecht. Der Neokolonialismus wird durch internationale Organisationen institutionalisiert, wie beispielsweise den Internationalen Währungsfonds (IWF), die Weltbank und die Welthandelsorganisation (WTO). Durch solche Institutionen setzen die reichen Länder (Ex-Kolonialmächte) ihre wirtschaftlichen und politischen Interessen gegenüber ärmeren Ländern (Ex-Kolonien) durch, und können ihr wirtschaftliches Wachstum und die wirtschaftlichen Ungleichheiten sichern, die für den Bestand des Kapitalismus unerlässlich sind.

Viele weiße Menschen werden vom Begriff »weiße Vorherrschaft« getriggert, weil er sie an den Ku-Klux-Klan oder Neonazis erinnert. Auch wenn diese Gruppen zweifellos an die Überlegenheit der Weißen glauben, darf die weiße Vorherrschaft nicht darauf reduziert werden. Weiße Vorherrschaft ist in diesem Sinne nicht nur eine Meinung und eine Ideologie, sondern ein gesellschaftliches System, in das wir *alle* eingebettet sind. Sie prägt heutzutage alle Gesellschaften der Welt, auch solche, in denen keine oder nur wenige weiße Menschen leben. Genau wie das Patriarchat seine Wirksamkeit nicht allein durch die Handlungen von Männern entfaltet, ist auch weiße Vorherrschaft nicht nur die Unterdrückung durch weiße Menschen. Auch wenn jeweils Männer und weiße Menschen durch diese Systeme bevorzugt werden, gehen die Gesamtwirkung und Logik von Patriarchat und weißer Vorherrschaft weit über die Ebene der Individuen hinaus.

Die weiße Vorherrschaft oder Überlegenheit (im Englischen: supremacy) diente als Rechtfertigung für den europäischen Kolonialismus, sowie für die einhergehenden Genozide, Ausbeutung, Sklaverei und Plünderung. Weiße Vorherrschaft ist sowohl das Erzeugnis des europäischen Imperialismus als auch seine Grundlage. Dementsprechend wirkt sie in allen Gesellschaften, die vom europäischen Kolonialismus direkt und indirekt betroffen waren, nach wie vor. Die besondere Wertschätzung heller Haut, die überall auf der Welt herrscht, etwa in Indien, Kamerun, Brasilien oder Vietnam, wo viele Frauen ihre Haut durch gesundheitsgefährdende Cremes bleichen, ist gleichzeitig ein Symptom und eine Konsequenz weißer Vorherrschaft. (Ein Gegenargument könnte sein, dass viele weiße Menschen brauner sein möchten und mit der Helligkeit ihrer Haut nicht zufrieden sind. Diese Unzufriedenheit hat aber nichts mit tief sitzenden internalisierten Minderwertigkeitsgefühlen zu tun, die durch jahrhundertelange Beweihräucherung und positive Darstellung von Weißsein als überlegen, schöner, intelligenter und mächtiger, erzeugt wurden. Die Bräune ist eher ein Trend, der eigentlich auch schon wieder aus der Mode ist.)

Die Auswirkungen von weißer Vorherrschaft und Kolonialismus in Kontexten, wo weiße Menschen keine prominente Rolle mehr spielen, lassen sich am Beispiel des ruandischen Genozids an den Tutsi gut illustrieren. Während des 1994 begangenen Völkermords wurden etwa 75 Prozent der in Ruanda lebenden Tutsi-Minderheit (circa 800.000 Erwachsene und Kinder) innerhalb von wenigen Monaten durch Angehörige der Hutu-Mehrheit ermordet. Die Täter kamen aus der ruandischen Armee, der Präsidentengarde, der Nationalpolizei und der Verwaltung. Dieser Genozid wurde in den internationalen Medien, fälschlicherweise und stereotypisierend, als Stammeskrieg dargestellt (diese Bezeichnung hat übrigens eine primitive Konnotation und wird fast ausschließlich in afrikanischen und südasiatischen Kontexten verwendet). Solche Narrative differenzieren kaum zwischen Opfer und Täter, blenden jegliche Art von Machtdynamiken, historische Quellen und Hierarchien aus, und stellen die Opfer als nicht identifizierbare Massen dar. Die Gründe und Ursachen von solchen Kriegen werden kaum analysiert, und als Händel dargestellt, die auf altüberlieferte Auseinandersetzungen zurückzuführen sind.

Ein solches Narrativ hat nicht nur eine entmenschlichende Wirkung, es trägt zur Ausradierung der Altlasten des Kolonialismus bei. Vor der kolonialen Zeit waren die Hutu-Tutsi-Beziehungen zwar nicht frei von Spannungen, aber sowohl Deutschland als auch Belgien haben eine rassenbezogene Hierarchie zwischen den Hutu und Tutsi eingeführt, die als Basis für die Bevorzugung der Minderheit der Tutsi diente. Durch Rassentheorie erklärten die Kolonisatoren lange vor dem Genozid die ethnische Überlegenheit der Tutsi-Minderheit. Der britische Forscher John H. Speke schrieb 1864, dass die Hutu eine »primitive Rasse« seien, »der wahre krausköpfige, schlappnasige, beutelförmige N[-Wort]«, während die Tutsi »vom besten Blut Abessiniens abstammen« und daher weit überlegen seien.[3] Nicht nur verbreiteten belgische Siedler diese Pseudotheorie, sie nutzten dementsprechend die Tutsi-Minderheit zur Durchsetzung ihrer Herrschaft. 1926 führten die Belgier ein System von ethnischen Ausweisen ein, das Hutu von Tutsi unterschied. Die rassische Hierarchie und konstruierte Überlegenheit der Tutsi, die durch den Kolonialismus eingeführt wurde, war ein wichtiger Bestandteil der Teile-und-Herrsche-Strategie der Kolonisatoren. Auch wenn die Spannungen zwischen den Hutu und Tutsi kein Erzeugnis des Kolonialismus sind, hat Letzterer eine sehr wichtige Rolle gespielt in der Institutionalisierung der ungleichen Machtverteilung zwischen beiden Gruppen. Eine ähnliche Beobachtung gilt für das indische Kastensystem: Obwohl es Teil des Hinduismus seit über 2500 Jahren ist, und daher nicht von Europäern erfunden wurde, wurde es von den britischen Kolonialherren angepasst, verstärkt und ausgenutzt, um ihre imperiale Herrschaft durchzusetzen.

Nicht alle Arten von Ungleichheiten und sozialen Hierarchien lassen sich ausschließlich durch den europäischen Kolonialismus erklären, aber die Reichweite, der Umfang und der Einfluss des europäischen Kolonialismus und der weißen Vorherrschaft auf die gegenwärtigen globalen, nationalen und lokalen systemischen Ungleichheiten ist enorm. Niemand, kein Land auf der Welt, kann behaupten, davon unberührt zu sein.

»Willst du Putzfrau werden?«

Die Erfahrung, die meine Mutter in der Schule machte, prägte sie so tief, dass sie ständig mit Sätzen wie »Willst du Putzfrau werden?« drohte, wenn wir bei den Hausaufgaben schluderten oder schlechte Noten bekamen. Diese rhetorische Frage hatte einen zweifachen Effekt: Sie setzte uns einerseits unter Druck, auf Biegen und Brechen gut in der Schule zu sein, und wertete andererseits Putzfrauen immer wieder ab – der Beruf, den sie fast ergriffen hätte. Uns war eins klar: Wir durften auf keinen Fall Putzfrauen werden. Während dieser Druck einen antreibenden Effekt auf mich und meine kleine Schwester hatte, wirkte es hemmend auf meine große Schwester. Auf uns drei wirkte es langfristig negativ, weil wir verinnerlicht haben, dass unser Selbstwert von unserer

Leistung abhängt – und dies sollte kein Mensch glauben. Wir lernten dadurch, Wert auf externe Bestätigung zu legen und auf die Meinung der anderen zu sehr zu achten. Soziale Mobilität bedeutet Zugang zu erhöhtem sozialem Status, zu mehr Ressourcen und zusätzlichen Chancen. Es bedeutet auch, dass die ursprüngliche soziale Herkunft abgewertet werden muss. Nicht nur wird nach einem besseren Leben gestrebt, sondern auch nach einem besseren Selbst. Der soziale Aufstieg ist selten ohne formelle Bildung und Diplome möglich. Mehr Geld zu haben, reicht nicht immer aus, um als soziale Aufsteiger*innen zu gelten. Ein Automechaniker mit einer viel einbringenden Werkstatt, der mehr Geld als seine Eltern verdient, wird vermutlich nicht als sozialer Aufsteiger betrachtet. Das Gegenteil ist wiederum möglich: Eine promovierte Sozialwissenschaftlerin, die prekär an der Universität angestellt ist und weniger verdient als ihre Eltern, die einen Späti in Neukölln besitzen, wird sicherlich als soziale Aufsteigerin – und erfolgreiches Integrationsvorbild – gelten. Bildung spielt deshalb eine zentrale Rolle bei der sozialen Mobilität, sei sie aufwärts oder abwärts.

Die soziale Klasse ist eine komplexe, flexible und facettenreiche Kategorie. Sie beinhaltet sowohl die soziale Herkunft als auch den Vermögensstand und das Bildungsniveau. Eine Person kann einen benachteiligenden sozialen Hintergrund und dennoch einen hohen Bildungsstand erreicht und dementsprechend mittel- und langfristig einen guten Vermögensstand haben. Soziale Klasse beinhaltet auch eine Vielzahl an sozialen Normen, wie zum Beispiel den Kleidungsstil, die Sprechart, die Hobbys, und den Musikgeschmack, die die Klassenzugehörigkeit verraten – der »Stallgeruch«. Viele Menschen gehören gleichzeitig mehreren sozialen Klassen an, vor allem wenn sie einen gewissen sozialen Aufstieg erlebt haben. Die Migration geht in den meisten Fällen mit einer sozialen Mobilität einher, entweder aufwärts oder abwärts. Es gibt sowohl Menschen, die in ihrem Herkunftsland einer höheren sozialen Schicht angehörten, und bei der Ankunft aufgrund von mangelnden Sprachkenntnissen, fehlender Anerkennung der Abschlüsse und Diskriminierung plötzlich in die Arbeiterklasse rückten, als auch Menschen, die bei der Ankunft weit unten auf der sozialen Leiter standen und über ein bis zwei Generationen mehrere Stufen klettern konnten, bis hin zur Mittelschicht. In meiner Familie gibt es beide Beispiele: Als mein Vater und seine Eltern Algerien nach dem Unabhängigkeitskrieg verließen, verloren sie bei der Ankunft in Frankreich all die Privilegien, die sie als Pieds-Noirs in Algerien in der Kolonialzeit genossen hatten. Sie mussten in Marseille in Sozialbauten leben, waren arbeitslos und erfuhren vonseiten der französischen Bevölkerung Abwehr und Feindseligkeit. Mein Großvater hielt diese Situation nur wenige Monate aus und brachte die Familie nach Bangui in der Zentralafrikanischen Republik, wo die kolonialen Privilegien Bestand hatten. Meine Großeltern mütterlicherseits hingegen, die aus Martinique vor krasser Armut flohen, erfuhren eine Aufwärtsmobilität. Innerhalb einer Generation waren sie Teil der Mittelschicht. Ein sozialer Aufstieg geht allerdings nicht automatisch mit einem nachhaltigen Vermögenserwerb einher, denn aus Geld Kapital zu schlagen, ist eine Kunst, die von Generation zu Generation überliefert wird. Obwohl meine Großeltern über dreißig Jahre Vermögen sammelten, haben sie am Ende ihres Lebens fast alles verloren, weil sie den Umgang mit Geld von ihren Eltern nicht gelernt hatten.

Pierre Bourdieu verwendet den Begriff der Vererbung in einem viel weiteren Sinne als dem des wirtschaftlichen Reichtums, denn neben Geld werden auch ein Familienname, ein kultureller Stand, ein Netzwerk, eine Sprechweise und ein Stallgeruch geerbt – das soziale und kulturelle Kapital. Das kulturelle Erbe, viel mehr als das wirtschaftliche Erbe, ist für das Funktionieren in der kapitalistischen meritokratischen Gesellschaft zentral. Die Vererbung spielt also eine äußerst wichtige Funktion in der Reproduktion der sozialen Hierarchie. Auf der Ebene der Familie ist sie Gegenstand von Strategien, die darauf abzielen, die soziale Stellung der Familienmitglieder zu erhalten oder zu verbessern. Dafür war früher die Ehe da. Heute ist es die Schule. Sie ist zu einer Schlüsselinstitution für die Zuweisung sozialer Positionen geworden.

Ich kann wohl sagen, dass ich meinen beruflichen und akademischen »Erfolg« dem durch Rassismus erzeugten Minderwertigkeitskomplex meiner Großeltern und meiner Mutter zu verdanken habe. Sie strebten nicht nur nach mehr Weißsein, sondern auch nach mehr Bildung. Im Grunde nach mehr Wert. Der enorme Druck fing mit dem kreolischen Akzentverbot an, und wurde von meiner Mutter durch tägliche Botschaften und Handlungen fortgeführt, die uns dazu brachten, mehr zu schaffen und noch besser zu werden. Wir hatten zusätzlich zum schulischen Programm einen vollen Stundenplan mit Musik, Tanz, Theater und Sport. Aktivitäten, die das soziale Kapital erhöhen und viele Zugänge eröffnen sollten. Ich bin meinen Eltern sehr dankbar dafür, dennoch macht es mich traurig, wenn ich an meine Mutter denke, und daran, dass sie das Gefühl hatte, dass wir nicht genug sind – im Grunde, dass *sie* nicht genug ist. Sie wollte das Beste für uns, und uns Zugänge eröffnen, die sie selber als Kind nicht hatte. Ich spürte allerdings bei ihr eine ständige unterschwellige Ängstlichkeit, dass wir es »nicht schaffen« und dadurch riskieren, an Wert zu verlieren. Das sind nicht nur ihre Ängste gewesen, sondern auch die von meinen Großeltern, Urgroßeltern und deren Ahnen. Sklaven und Sklavinnen hatten einen tatsächlichen Wert, der an ihren körperlichen Fähigkeiten, ihrem Aussehen und der Abtönung ihrer Haut gemessen wurde. Eine Sklavin, die nicht arbeitete, war nichts wert und zum Tode verurteilt.

Interessanterweise erlebten wir keinen Druck seitens meines

Vaters. Fast alle meine Cousins und Cousinen väterlicherseits haben keine universitären Abschlüsse und auch keinen sozialen Aufstieg erlebt. Durch die Migration aus den Ex-Kolonien nach Frankreich hat die Familie sogar einen sozialen Abstieg über ein bis zwei Generationen durchgemacht. Als Weiße in Algerien, in der Zentralafrikanischen Republik und in der Elfenbeinküste waren sie *de facto* ganz oben platziert in der sozialen Hierarchie, unabhängig von Diplomen und Bildungsstand. Der internalisierte Überlegenheitskomplex – der für viele unbewusst war – hat sich von der Generation meiner Großeltern und meines Vaters auf meine Generation übertragen. Bei mir und meinen Schwestern hat er sich allerdings in einen Identitätskonflikt mit dem Erbe meiner Mutter umgewandelt – doch wären wir weiß gewesen, hätten wir ihn sicherlich verinnerlicht, ohne es zu merken.

Aladin El-Maafalani schreibt in seinem Buch *Mythos Bildung*, dass der Begriff Bildung verwendet wird, »um eine ›Veredelung‹, eine Rangerhöhung des Menschen zu umschreiben. Der Mensch wäre demnach ohne Bildung ›roh‹ und müsste sich erst zu einem richtigen Menschen bilden.«[4] Diese humanistische Auffassung stimmt mit der Kernidee der zivilisatorischen Mission des europäischen Kolonialismus überein. Die Kolonialmächte sahen es damals als ihre Pflicht an, die westliche Zivilisation zu denen zu bringen, die sie als rückständige Völker empfanden. Die Kolonisatoren versuchten, gemäß einer kolonialen Ideologie, die als Assimilation bekannt ist, die indigenen Völker zu verwestlichen und zu bilden – und somit jegliche Spuren ihrer eigenen Kultur, ihres Wissens, ihrer Traditionen und Geschichte zu vernichten. Die zivilisatorische Mission basierte auf der vermeintlichen Überlegenheit der Weißen und diente als Rechtfertigung des Kolonialismus.

Die zivilisatorische Mission ist mit dem Ende des Kolonialismus nicht ausgestorben. Sie färbt nach wie vor die post-kolonialen Beziehungen zwischen Ex-Kolonien und Ex-Metropolen. Die sogenannte Entwicklungspolitik, die darauf abzielt, Länder des globalen Südens auf das Niveau der westlichen Länder zu führen – daher der Name »Entwicklungsländer« –, beschränkt sich nicht auf das wirtschaftliche Niveau, sondern reicht bis zur Kultur, Sprache, sozialen Normen, Sitten und Gebräuchen. Ein weiterer Bereich, in dem sich die zivilisatorische Mission offenbart, ist die Integrations- und Sprachpolitik vieler europäischer Länder. Migrant*innen und ihre Nachkommen aus nicht-europäischen Kulturkreisen müssen auf das sprachliche, kulturelle und Bildungsniveau der europäischen Länder kommen, in denen sie leben. Von den vielen Franzosen und Französinnen, Engländer*innen, US-Amerikaner*innen aus der *Creative Class,* die Teil des kosmopolitischen Ortes Neukölln sind, wird nicht erwartet, dass sie Deutsch lernen und akzentfrei sprechen. Das deutsche Bundesamt für Migration und Flüchtlinge hingegen plant zusätzlich zum obligatorischen Sprachkurs einen sogenannten Orientierungskurs, in dem den Neuankömmlingen die »deutsche Rechtsordnung, Geschichte und Kultur«, »Formen des Zusammenlebens in der Gesellschaft«, sowie »Werte, die in Deutschland wichtig sind, zum Beispiel Religionsfreiheit, Toleranz und Gleichberechtigung von Frauen und Männern«, beigebracht werden.[5] Es erinnert unangenehm an die Kolonialzeit. Das Bildungssystem und die rigide – fast dogmatische – Sprachpolitik sorgen immer wieder dafür, dass Kinder »mit Migrationshintergrund« als Schandfleck des deutschen Bildungssystems dargestellt und behandelt werden, nicht nur von Thilo Sarrazin. Sie müssen assimiliert, integriert, abgeformt, im Grunde: *verbessert* werden – »zu richtigen Menschen gebildet werden«, in den Worten von Aladin El-Maafalani. Der Begriff »bildungsfern« ist unter anderem deshalb von einer gewissen Abwertung geprägt, auch wenn er ebenfalls für weiße, deutsche Haushalte verwendet wird.

Laut Bourdieu beteiligt sich die Schule an der Reproduktion sozialer Ungleichheiten. Und sie legitimiert diese Ungleichheiten durch einen meritokratischen Diskurs. Schule trägt also das soziale und kulturelle Erbe weiter, verstärkt damit soziale Ungleichheiten – und macht diese dann akzeptabel, indem sie sie dem persönlichen Verdienst der Schüler*innen zuschreibt. Das ist das komplette Gegenteil davon, Chancengleichheit zu fördern.

Die Filterfunktion der Schule basiert auf der Definition und Messung von Leistung. Noten, Klausuren, Standardtests und Aufnahmeprüfungen reflektieren eine bestimmte Perspektive und sind weder neutral noch objektiv. Sie bemessen nie nur objektive Fähigkeiten, sondern immer auch kulturelle Referenzen, Allgemeinbildung, die Ausdrucksweise – im Grunde, das soziale Kapital. An sich suggeriert der Begriff »Allgemeinbildung« eine Art Universalismus: Er bezeichnet das universelle, objektive Wissen. Dieses Wissen ist aber nicht universell, sondern spiegelt eine partikuläre Perspektive wider, die als universell konstruiert wurde. Was damit gemeint ist, versuche ich im folgenden Kapitel zu erklären.

Was ist Wissen?

»Our feelings are our most genuine path to knowledge.«
Audre Lorde[6]

Einige Kulturbereiche gelten als nobel, wie zum Beispiel die sogenannten klassischen Künste – nicht zufällig *Hochkultur* genannt –, während andere als populär gelten, wie zum Beispiel Kino, Pop-Musik, TV, Serien und Comics. Kulturelle, literarische, künstlerische, musikalische und wissenschaftliche Produktion aus dem globalen Süden fällt automatisch – wenn sie nicht gänzlich unsichtbar gemacht wird – unter die Kategorien »World«, »Ethnic« oder »Exotisch«. Ohne Präfix sind Musik, Literatur, Kunst, Film und Wissenschaft weiß und westlich (und überwiegend männlich). Wir würden nicht auf die Idee kommen, von westlicher Musik, Männerliteratur, oder westlicher Kunst zu sprechen. Deshalb sollten wir uns fragen: Wer hat die Macht und das Privileg, Kultur zu definieren?

Lehrpläne orientieren sich an dieser Hierarchie und bevorzugen damit de facto die Schüler*innen, die zu Hause in täglichem Kontakt mit der Art von Kultur und Wissen sind, die in der Schule gelehrt wird. Kinder und Jugendliche, die über die Geschichte ihrer Ahnen lernen dürfen, erfahren dadurch wesentliche Privilegien. Kinder in Martinique, Guadeloupe, Guyana, La Réunion und den anderen französischen Kolonien lernen im Geschichtsunterricht von den Galliern, dem europäischen Mittelalter und der Renaissance. Sklaverei und Kolonialismus werden kaum erwähnt, ganz zu schweigen von der vorkolonialen Geschichte dieser Inseln. In den Fächern Literatur und Philosophie werden fast ausschließlich weiße und männliche Autoren studiert. Es wird in Französisch unterrichtet, und Kreolisch war bis vor Kurzem vom Schulhof verbannt. Die Unsichtbarmachung der Geschichte der Ex-Kolonisierten wirkt sich auf französischem Boden auf ihre Nachkommen negativ aus. Viele Kinder haben nicht das Privileg, positive Darstellungen ihrer Geschichte, Sprache, Kultur, und Religion zu erleben, weder in der Schule noch im Fernsehen, in Büchern, in Museen und allen anderen kulturellen Einrichtungen. Solche ausbleibenden Repräsentationen haben eine tiefgreifende Wirkung auf die kollektive Selbstachtung und das Selbstvertrauen von gesellschaftlichen Gruppen, auch wenn es für viele nicht bemerkbar ist.

Was wäre gewesen, wenn meine Mutter in der Schule die Geschichte ihrer Ahnen erzählt bekommen hätte? Wenn ihre Kultur, Sprache und Hautfarbe in der Schule und in den Medien gewürdigt worden wären? Wenn unter den Philosophen und Denkern auch Schwarze Frauen gewesen wären? Wenn sie in Kinderbüchern Schwarze Kinder dargestellt gesehen hätte – nicht nur

Schwarze Diener mit grotesk dicken roten Lippen? Hätten meinen Großeltern und meine Mutter ihren Wert gesehen? Hätten sie das Bedürfnis gehabt, sich zu verstellen, um akzeptiert zu werden? Hätten sie Kreolisch zu Hause verbannt?

Die Auslöschung und Aneignung von Wissen

>»History is not the past.
>It is the present.
>We carry our history with us.
>We are our history.«
>*James Baldwin*[7]

Wie ist es dazu gekommen, dass unser universelles Wissen, unser Blick auf die Geschichte und die *klassische* Kultur so homogen und einseitig sind? Und warum werden sie als universell wahrgenommen, wenn sie im Grunde nur von einem winzigen Teil der Menschheit stammen? Wie kam es dazu, dass die Ideen von weißen Männern aus einer Handvoll Ländern (Italien, Frankreich, England, Deutschland und den USA) die Welt des Wissens beherrschen? Wie und wann wurden die kolonialen Strukturen des Wissens geschaffen? Wie sind wir zu der Situation gekommen, dass Fächer wie Philosophie, Literatur oder Soziologie überall auf der Welt anhand der gleichen Autoren und Ideen gelehrt werden?

Hier fällt den meisten natürlich zuerst die Aufklärung mit ihren Errungenschaften ein. Im Prozess der westlichen Kolonisation spielte aber eine im destruktiven Sinn deutlich größere Rolle die zivilisatorische Mission, die Kultur, das Wissen, die Traditionen und die Geschichte der kolonisierten Völker zu vernichten. Der Prozess der Enteignung von Wissen wurde vom portugiesischen Soziologen Boaventura de Sousa Santos als *Epistemizid* bezeichnet: als die Tötung von Wissenssystemen. *Episteme* ist ein philosophischer Begriff, der vom altgriechischen Wort *epistēmē* abgeleitet ist und sich auf Wissen, Wissenschaft oder Verständnis bezieht, und der Wortstamm -*cis* und seine Varianten -*cid* und -*cide* stammen von einer lateinischen Wurzel, die »schneiden« oder »töten« bedeutet.

Konkret bedeuten Epistemizid, Linguizid (die Vernichtung der Sprachen) und kultureller Genozid, dass heutige Universitäten und Schulen nur einen sehr kleinen Teil des umfangreichen und vielfältigen Wissens der Welt abbilden. Sie schließen viele der vielfältigen Wissenssysteme aus, einschließlich derjenigen der indigenen Völker und der ausgegrenzten, minorisierten ethnischen Gruppen sowie derer, die aufgrund von Geschlecht, Klasse oder Sexualität ausgeschlossen sind. Wie kam es dazu?

Die Gründung der Universität von Oxford und der anderen mittelalterlichen Universitäten war ein Akt der Einschließung von Wissen; der Zugang zu Wissen wurde beschränkt und eine Form der Kontrolle über das Wissen ausgeübt. Die Universität stellte für eine kleine Elite Betriebsmittel bereit, sich dieses Wissen für Führungsaufgaben spiritueller, staatlicher oder kultureller Art anzueignen. Diejenigen innerhalb der Universität wurden zu Wissenden, diejenigen außerhalb zu Nicht-Wissenden. Durch die Einkapselung der Akademie wurde die große Mehrheit der Wissenshüter*innen enteignet und ihr Wissen der Hexerei, der Tradition, dem Aberglauben oder bestenfalls einer Form von gesundem Menschenverstand zugeordnet.[8] Diese Trennung des »Universitätswissens« von anderen Formen des Wissens können wir bis heute beobachten. Wissen wurde zu einer Ware, die gekauft und verkauft werden kann, und trug deshalb im kapitalistischen System zur Aufrechterhaltung von Klassenunterschieden bei.

Der Soziologe Ramón Grosfoguel führt die heutige Eindimensionalität des Wissens, oder was er intellektuelle Kolonisierung nennt, auf die »vier Genozide/Epistemizide des langen 16. Jahrhunderts«[9] zurück. Der erste ist die Eroberung von Al-Andalus und die Vertreibung der europäischen Muslim*innen und Juden*Jüdinnen. Der zweite ist die Kolonisierung der amerikanischen indigenen Völker, die von den Spaniern begonnen wurde und bis heute fortgeführt wird. Der dritte ist der Sklavenhandel, der zur Ermordung, Versklavung und Entmenschlichung von Millionen von afrikanischen Menschen auf See und in Plantagen auf dem gesamten amerikanischen Kontinent führte. Der vierte ist der Massenmord an indoeuropäischen Frauen, meist durch Verbrennung auf dem Scheiterhaufen, als Hexen, weil ihre Wissenspraktiken nicht von Männern kontrolliert werden konnten. Die Tötung von bis zu 80.000 mutmaßlichen Hexen, die zwischen den Jahren 1400 und 1782 in Europa stattfand,[10] war gleichzeitig der Mord an frauenspezifischem Wissen, Spiritualität und Praktiken. Die Hexenverfolgung setzte die patriarchale Macht durch.[11] Sie hat in erster Linie die Heiler*innen ins Visier genommen, die damals weitaus kompetenter als die offiziellen Ärzte waren, die von der Beseitigung ihrer Konkurrenz profitierten und sich viele ihrer Entdeckungen aneigneten.[12]

In ihrem Buch *Sorcières* beschreibt Mona Chollet die Metaebene der Hexenverfolgung: In der Aufklärung erlebten Menschen eine Entwurzelung aus dem Kosmos des Mittelalters, um in einer neuen Welt anzukommen, gekennzeichnet von »Klarheit, Gewissheit und Abtrennung«.[13] Dieser Prozess der Individuation brachte eine Ablehnung von allem mit sich, was als »weiblich« und »mütterlich« betrachtet wurde, inklusive der Natur. Daraus entstand ein »maskuliner und viriler« kognitiver Stil, der kühl, unpersönlich, objektiv, rein und diszipliniert war. Die Philosophen der Aufklärungszeit assoziierten Männlichkeit mit dem neu entstandenen Wissensethos. Der englische Philosoph Francis Bacon verkündete im 17. Jahrhundert sogar die »Masculine Birth of Time«.[14] Diese Geburt der maskulinen Zeit ging mit dem Tod einer weiblichen Ära einher. Wie würde die Welt heute aussehen, hätten die jahrhundertelangen Massaker an Frauen nicht stattgefunden? Wenn wir betrachten, was die Aufklärungszeit gebracht hat, müssen wir auch in Betracht ziehen, was durch sie verloren gegangen ist und nie wiedergefunden werden wird. Der Historiker Guy Bechtel schreibt: »Die Bewegung, die die Hexen töten wollte, ist auch diejenige, natürlich unbewusst, die Montesquieu, Voltaire und Kant hervorgebracht hat.«[15] Voltaire schien sich nicht dessen bewusst gewesen zu sein, dass sein Denken auch aus der Asche von Hexen hervorgegangen ist, als er schrieb: »Nur das Wirken der Philosophie hat diese abscheuliche Chimäre geheilt und die Menschen gelehrt, keine Narren zu verbrennen.«[16]

Neben der Hexenverfolgung rückten die anderen Eroberungen des 16. Jahrhunderts Europa aus der Peripherie eines früher auch intellektuell dominierenden islamischen Reichs in ein neu geschaffenes Zentrum. Die Spanier verbrannten die Bibliothek von Cordoba, sie zerstörten auch die meisten Maya-, Inka-, und Azteken-Codices,[17] in denen deren Wissen über Religion, Mystik, Astronomie und Mathematik aufgezeichnet war. Das Wissen der Frauen, das weitgehend mündlich weitergegeben wurde, wurde zum Schweigen gebracht, ebenso wie das Wissen des afrikanischen Kontinents. Die anhaltende Unterdrückung der Sprachen der Ureinwohner Nordamerikas und auf der ganzen Welt ist ein Beweis dafür, dass die durch Eroberung im 16. Jahrhundert entstandenen Muster immer noch tief in unseren Köpfen und ganz sicher auch in unseren Hochschuleinrichtungen verankert sind. Afrikanischen Sklaven wurden bei der Ankunft in Amerika neue europäische Namen gegeben, ihre afrikanischen Sprachen waren auf den Plantagen verboten, und wenn sie beim Lesen oder Schreiben erwischt wurden, wurden sie gehängt. Der Nachname meiner Mutter, »Griffit«, ist der Namen der britischen Sklavenhalter meiner Vorfahren. Schwarze Menschen wurden als Nicht-Menschen dargestellt, unfähig zu westlichem Denken. Hegel zum

Beispiel schrieb: »Unter N[-Wort] ist es so, dass das Bewusstsein nicht einmal die Intuition irgendeiner Art von Objektivität erlangt hat ... der N[-Wort] ist der Mensch als Bestie.«[18] Epistemizide beinhalten nicht nur die Vernichtung von anderen Wissenssystemen und -formen, sondern auch deren Aneignung. Viele Menschen, die zur Wissensbildung beigetragen haben, wurden systematisch unsichtbar gemacht. Wissen wird weiterhin herausgezogen und dokumentiert, ohne die Quellen zu nennen und anzuerkennen. Anthropologen und Ethnologen ab dem 15. Jahrhundert haben sich im Rahmen ihrer Studien Wissen von den Subjekten, die sie untersucht haben, angeeignet und dieses geklittert. Die Wissensbereiche Landwirtschaft, Medizin, Biologie, Physik, bis hin zur Gastronomie wurden von Praktiken und Wissen aus kolonisierten Völkern bereichert. Die französische Cuisine würde zum Beispiel ohne den Kolonialismus vollkommen anders aussehen. Die Wissensbildung seit der Kolonialzeit wird als Prozess dargestellt, in dem Wissen ausschließlich in eine Richtung fließt, von den westlichen weißen Kolonisatoren zu den Indigenen, als wäre ein beidseitiger Austausch undenkbar. Wie können unterlegene Menschen überlegenen Menschen etwas beibringen? Dazu passt auch das umstrittene französische Gesetz vom 23. Februar 2005 über die »Anerkennung der Nation und den nationalen Beitrag der französischen Repatriierten«, laut dem die Lehrpläne der Schulen die positive Rolle der französischen Kolonisation in Übersee, vor allem in Nordafrika, anerkennen sollen.[19]

Ein weiteres, ganz konkretes Beispiel der Aneignung von Wissen ist die erste Frau von Albert Einstein, Mileva Einstein-Marić, deren enormer Beitrag zu Einsteins Arbeit nie anerkannt wurde. Als 1986 eine Fundgrube von Korrespondenzen zwischen Einstein und seiner Frau entdeckt wurde, die noch aus ihrer Studienzeit stammen, tauchte ihre Geschichte auf. Laut dieser Korrespondenz war Mileva Einstein-Marić eine brillante Mathematikerin, die gerade im »Wunderjahr« 1905 unerkannte Beiträge zu seinen berühmtesten Arbeiten leistete, darunter seine Arbeit zur Speziellen Relativitätstheorie. Mileva war eine der wenigen Frauen ihrer Zeit, die eine höhere wissenschaftliche Ausbildung absolvierte. Ihre Ambitionen erlitten jedoch eine Reihe von Rückschlägen – nicht bestandene Diplomprüfungen, eine Meinungsverschiedenheit mit ihrem Doktorvater, eine außereheliche Schwangerschaft mit Einsteins Kind. Sie bewegte sich damals auf dem frauenfeindlichen Terrain der männerdominierten Wissenschaft; ihr Beitrag wurde sowohl damals als auch heute nicht anerkannt. Ebensowenig, wie der von Jenny Marx zu den Werken ihres Mannes, die u. a. alle seine Artikel und Buchmanuskripte mit der Hand abschrieb. Friedrich Engels sagte über sie: »Was eine solche Frau, mit so scharfem, kritischem Verstand, mit solchem politischen Takt, mit solcher Energie und Leidenschaft des Charakters, mit solcher Hingebung für ihre Kampfgenossen, in der Bewegung während fast vierzig Jahren geleistet, das hat sich nicht an die Öffentlichkeit vorgedrängt, das steht nicht in den Annalen der zeitgenössischen Presse verzeichnet. [...] so werden wir Andern noch oft genug ihren kühnen und klugen Rath vermissen – kühn ohne Prahlerei, klug, ohne der Ehre je etwas zu vergeben.«[20] Wie viele Frauen wurden in der Geschichte noch unsichtbar gemacht? Ein alter französischer Spruch sagt: »Hinter jedem erfolgreichen Mann verbirgt sich eine Frau.« Die eigentliche Bedeutung verweist auf die emotionale Unterstützung, aber dieser Spruch kann auch wortwörtlich interpretiert werden, denn viele Frauen verschwanden in der Tat.

Kulturelle Aneignung, die die Ausbeutung der religiösen und kulturellen Traditionen, der Mode, der Symbole, der Sprache und der Musik einer minorisierten Kultur beschreibt, ist tief in der kolonialen Logik verankert. Viele Menschen reagieren allergisch auf den Begriff und sehen darin eine Einschränkung der individuellen Freiheit oder auch eine Ablenkung von wichtigeren Formen von Rassismus. Sie zu untersuchen, ist jedoch wichtig, weil kulturelle Aneignung Hierarchien zwischen verschiedenen Kulturen und Menschen verstärkt. Bevölkerungsgruppen, denen ihr Erbe, ihre Kultur, ihre Sprache und ihr Wissen unter dem Kolonialismus entzogen wurden und die heute für den Schutz und Erhalt ihrer Kultur kämpfen müssen, sind von kultureller Aneignung negativ betroffen. Auch wenn ihre Kritik häufig bagatellisiert wird, sind zum Beispiel falsche und kommerzielle Repräsentationen der Ureinwohner Amerikas, so hart das klingt, eine symbolische Fortführung des Genozids: Kulturelle Elemente, die für die ursprüngliche Kultur eine tiefe Bedeutung haben können, werden von der dominanten Kultur in der Mode oder bei Spielzeug komplett falsch wiedergegeben. Die ursprüngliche Bedeutung geht durch solche Fehlrepräsentationen häufig verloren oder wird verzerrt.

Der Grat zwischen einem genuinen Interesse an einer bestimmten Kultur und der kulturellen Aneignung ist schmal. Insofern darf keineswegs quasi automatisch jeder Prozess des kulturellen Austauschs in einer globalisierten Welt kritsch als kulturelle Aneignung beschrieben werden. Kulturelle Aneignung ist mit dem Privileg verbunden, Kulturen – meistens aus dem globalen Süden – zu definieren und zu besitzen. Mitglieder einer dominanten Kultur entnehmen Elemente aus einer Kultur von Menschen, die systematisch von dieser dominanten Gruppe unterdrückt wurden. Deshalb ist kulturelle Aneignung nicht das Gleiche wie kultureller Austausch. Es ist auch umgekehrt keine kulturelle Aneignung in diesem Sinne, wenn marginalisierte Menschen Elemente der dominanten Kultur übernehmen, weil es ihr Leben erschweren würde, wenn sie es nicht tun: wie zum Beispiel auf den Hijab zu verzichten, die Haare zu glätten oder den Kindern europäisch klingende Namen zu geben. Marginalisierte Gruppen haben nicht immer die Macht, zu entscheiden, ob sie lieber an ihren Bräuchen festhalten oder die Traditionen der dominanten Kultur ausprobieren wollen. Die Aneignung und das Fetischisieren von Kulturen entfremden diejenigen, deren Kultur angeeignet wird. Die Kultur wird als Produkt konsumiert, und die Menschen, auf die sich diese Kultur bezieht, verschwinden bei diesem Prozess. Deswegen ist es wichtig, kulturelle Aneignung nicht als vereinzeltes Phänomen zu betrachten, sondern als Kontinuität der Kolonialgeschichte.

Die universitäre Ausbildung stellt weiße, männliche eurozentrische Autoren und Denker ohne große Bedenken über den Rest der Menschheit. Dies führt zu einer Ausblendung anderer Perspektiven und zu einer völligen Ablehnung einer großen Menge an Denkanstößen, die im Laufe der Geschichte von nicht-weißen Denker*innen produziert wurden. Die Geschichte, die in Schulbüchern vermittelt wird, ist tendenziell eine selektive, von der weißen Vorherrschaft geprägte Erzählung aus der Perspektive der dominanten Gruppe. Wie ein simbabwenisches Sprichwort sagt:

> Until the lion
> tells his side of the story,
> the tale of the hunt
> will always glorify the hunter.

Als ich mit siebzehn ziemlich gelangweilt im Geschichtsunterricht saß, ließ mich der Lehrer aufhorchen, als er anfing, über den Algerienkrieg zu erzählen – über den lange als »die Ereignisse in Algerien« gesprochen wurde. Zum ersten Mal bezog sich der Unterricht auf meine Familiengeschichte. In der Klasse saß eine andere Schülerin, Samira, deren Eltern in den 1970ern als Gastarbeiter aus Algerien nach Frankreich gekommen waren. Der Lehrer hielt sich aber nicht lange beim Thema »Algerienkrieg« auf, weil er das Unbehagen im Klassenzimmer nicht aushalten konnte: Samira warf dem Lehrer daraufhin vor, nichts über die Folterungen der Araber durch die französische Armee erzählt zu haben, auch nichts über die Vergewaltigungen algerischer Mädchen und Frauen durch die französischen Soldaten. Sie empörte sich über die Fehlrepräsentation des Krieges als Kampf zwischen zwei Gegnern auf Augenhöhe, wenn es sich doch de facto um eine Niederschlagung gehandelt habe. Sie war am Ende des Unterrichts wütend, und alle andere Schüller*innen, die zum ersten Mal in der Schule vom Algerienkrieg hörten, betrachteten sie mit Skepsis und Missbilligung. Wie erdreistete sie sich, dem Lehrer zu widersprechen? Was war denn ihr Problem? Ein Schüler brüllte ihr sogar beim Rausgehen zu: »Wenn die Kolonisation so schlimm war, warum bist du heute hier? Du kannst gerne nach Algerien zurückkehren, wenn die Franzosen so böse sind!« Damals war ich noch sehr geprägt von der Perspektive meiner Familie väterlicherseits und traute mich nicht, sie öffentlich zu verteidigen. Ich fühle mich deswegen bis heute schuldig. Ich spürte ihre Wut und hätte Empathie empfinden können, aber es fiel mir schwer, die Perspektive der Lehrer*innen zu hinterfragen. Sie entsprach schließlich der Sichtweise meiner Pied-Noir-Familie, die mir seit der Kindheit eingetrichtert wurde.

Im deutschen Lehrplan findet die deutsche Kolonialgeschichte kaum Erwähnung. Aber auch wenn es in Frankreich anders ist, ist die Art und Weise, *wie* in Schulbüchern von der Sklaverei erzählt wird, ebenfalls höchst problematisch. Es ging vorranging um den atlantischen Dreieckshandel zwischen 1500 und 1866, zu dem neben Gewürzen und anderen Waren auch nahezu 12,5 Millionen versklavte Afrikaner*innen gehörten. Über die unsäglichen Bedingungen und brutalen Misshandlungen in den Sklavenschiffen sowie über die mörderische Ideologie und das System, die dem Handel zugrunde lagen, wurde kein Wort verloren. Bisher hatte ich die wenigen Bücher über die Sklaverei oder den Kolonialismus, die auf Französisch vorlagen, außerhalb der Schule gelesen, weil sie im Schulprogramm nicht vorgesehen waren. In den Sommerferien zuvor hatte ich das Buch *Roots* von Alex Haleys verschlungen, in dem die Geschichte von Kunta Kinte erzählt wird, der im Jahre 1767 von Sklavenjägern entführt, und auf dem Sklavenschiff *Lord Ligonier* in die damalige britische Kolonie Maryland verbracht wurde. Zum ersten Mal lernte ich über das Schicksal und das Leben der Menschen, die unter der Sklaverei litten.

Ich war in Martinique, als ich *Roots* las, und konnte die Spuren der Sklaverei überall sehen und spüren, doch nirgendwo gab es Worte, Schriften oder Bilder, die deren Existenz eindeutig anerkannten. In den vielen Plantagen, die in Martinique noch vorhanden sind, und wo unzählige Sklav*innen gestorben sind, gibt es keine Gedenktafel, keine schriftliche Erklärung, keine Bilder, die die Opfer ehren. Die Cases-Nègres – die Baracken, wo die Sklav*innen gelebt haben –, die in den Plantagen teilweise noch vorhanden sind, werden als Andenkenläden, Toilette oder Abstellkammer verwendet, ohne jegliche Erwähnung ihrer historischen Bedeutung. Die Tourist*innen sitzen genau da, wo Tausende von Menschen versklavt und ermordet wurden, und schlürfen fröhlich ihren Rum, ohne die emotionale Last der Geschichte tragen zu müssen. Martinique soll ein unschuldiger Urlaubsort mit bunten fröhlichen Menschen, gutem Essen und exotischer Musik bleiben.

Die kühle und losgelöste Darstellung der Versklavung und Ermordung von mehreren Millionen Menschen als rein wirtschaftlicher Betrieb, die in den französischen Schulbüchern wiedergegeben wird, machte mich damals wütend. Diese Verheimlichung finde ich bis heute unerträglich. Die Erzählung von der Abschaffung der Sklaverei in den französischen Antillen, insbesondere Martinique, verleugnet ebenso die Geschichte und Perspektive der versklavten Menschen, die für ihre Befreiung gekämpft haben. Der elsässische Politiker Victor Schoelcher wurde zur Haupt- – wenn nicht zur einzigen wichtigen – Figur der Abolition der Sklaverei in Frankreich und zum Retter der Schwarzen verklärt. Überall in den französischen Antillen gibt es Statuen von ihm,

Straßen und wichtige Monumente wurden nach ihm benannt. Eine Gruppe von Aktivist*innen in Martinique hat die Fakten klargestellt und sich auf diesem Weg die Geschichte der Abolition in Martinique wieder angeeignet. Nicht Victor Schoelcher, sondern der Aufstand der Sklav*innen hat zur Unterschreibung des Dekrets geführt: Am 22. Mai 1848 wurde Romain Tambouyé, ein Sklave aus der Plantage von Duchamp, auf Befehl des Bürgermeisters von Saint-Pierre, Husson, verhaftet, weil er die Trommel gespielt hatte – ein Symbol des Widerstands. Nachdem er befreit, mehrere Plantagen gestürmt und mehrere Békés (Sklavenhalter*innen) getötet worden waren, stimmte am 23. Mai der Gemeinderat unter solch enormem Druck für die Abschaffung der Sklaverei auf Martinique, die durch ein von Gouverneur Rostolan unterzeichnetes Dekret ratifiziert wurde.

Erinnerungspolitik

Ein anderes Beispiel für eine sehr problematische Geschichtspolitik ist die Tatsache, dass bis heute der Genozid an den Nama und Herero von Deutschland nicht vollumfänglich anerkannt wurde. In Frankreich wurde erst im Jahr 2001 ein Gesetz verabschiedet, das Sklaverei als Verbrechen gegen die Menschlichkeit einstuft. Alles Belege dafür, dass die Geschichte aus der dominanten Perspektive erzählt wird. Die brutalen Seiten der deutschen Geschichte werden gerne auf die Zeit des Nationalsozialismus reduziert, mit Hitler als entscheidendem, diabolischem Akteur. Der Nationalsozialismus wird – zwar nicht mehr ausgeprägt im akademischen Diskurs, sehr wohl aber im politischen Diskurs (wenn auch an seinem rechten Rand: Alexander Gauland sprach aus, was zu viele denken: »Hitler und die Nazis sind nur ein Vogelschiss in über tausend Jahren erfolgreicher deutscher Geschichte«) – als außergewöhnlicher

Unfall, als grausame Anomalie in der deutschen Geschichte dargestellt, als wäre der Genozid aus dem Nichts entstanden. Als wäre die deutsche Bevölkerung über ein Jahrzehnt vom Teufel besessen gewesen. Auf andere Art ist auch unter Linken, unter Verfassungspatrioten im Habermas'schen Sinne das Gedenken an die Shoah als einzigartig schreckliches und unvergleichliches Ereignis verbreitet. Das ist ein im positiven Sinn wichtiger erinnerungspolitischer Baustein, der jedoch auch problematische Folgen hat: Wenn die Shoah mit anderen Genoziden verglichen wird, ruft dies abseits akademischer vergleichender Genozidforschung meist Empörung hervor. Die Exzeptionalisierung der Shoah kann so den Fokus verschieben: weg von den Kontinuitäten und damit vom System, das zum Genozid und zum Vernichtungsversuch der »nicht-arischen Rassen« geführt hat. Was für ein System war das?

Rassenkunde, Eugenik und Sozialdarwinismus waren wissenschaftliche Disziplinen und Ideologien, die sich ab der Mitte des 19. Jahrhunderts mit der zunehmenden Biologisierung der sozialen Frage entwickelten. Doch bereits während der Zeit der Aufklärung bezeichnete Immanuel Kant in seiner 1796 verfassten *Anthropologie in pragmatischer Hinsicht* nicht nur die Juden*Jüdinnen als »Vampyre der Gesellschaft«[21], er rief zu ihrer Vernichtung auf: »Die Euthanasie des Judentums ist die reine moralische Religion.« Zudem proklamierte er die Überlegenheit der weißen Rasse: »Die Menschheit ist in ihrer größten Vollkommenheit in der Rasse der Weißen. Die gelben Indianer haben schon ein geringeres Talent. Die N[-Wort] sind weit tiefer, und am tiefsten steht ein Teil der amerikanischen Völkerschaften.«[22] Obwohl er sich gegen die Sklaverei einsetzte, zweifelte auch Voltaire an der Menschlichkeit der Schwarzen.

Ein gutes halbes Jahrhundert später argumentierte dann Herbert Spencer, der Begründer des Sozialdarwinismus, in seinem berühmten Werk *Sozialstatik* (aus dem Jahr 1850), dass der Imperialismus der Zivilisation gedient habe, indem er die minderwertigen Rassen von der Erde gesäubert habe. Es gibt zahllose weitere Beweise dafür, dass der wissenschaftliche Rassismus, die Eugenik und andere Ideologien und Theorien, die den Boden für die Shoah und den Porajmos (den Völkermord an Rom*nja und Sinti*zze) bereiteten, vielfältige Wurzeln in der westlichen Geistesgeschichte haben. Und es gibt gute Gründe anzunehmen, dass wiederum die Shoah in der ideologischen Kontinuität des europäischen Kolonialismus steht – auch wenn führende Nationalsozialisten sich nicht für die Wiedergewinnung des ehemaligen Kolonialreichs interessierten. In seinem 1955 verfassten Text *Über den Kolonialismus* stellt der aus Martinique stammende Schriftsteller und Politiker Aimé Césaire eine direkte Verbindung zwischen europäischem Kolonialismus und der Entmenschlichung von nicht-weißen Menschen sowie der Shoah her, die er als Höhepunkt des europäischen Kolonialismus bezeichnet. Frantz Fanon behauptet ebenfalls, dass der Nationalsozialismus »ein koloniales System im Herzen Europas errichtete«.[23] Diese These wurde von Hannah Arendt teilweise übernommen und »Boomerang Effekt« genannt. Sie betrachtete die Zeit des Imperialismus als »Ruhe vor dem Sturm, als vorbereitendes Stadium kommender Katastrophen«.[24]

Es ist zudem heute noch gängig, den Völkermord an den Armeniern als ersten Genozid des 20. Jahrhunderts zu bezeichnen. So geriet der Genozid an den im einstigen Deutsch-Südwestafrika (heutiges Namibia) beheimateten Völkern der Herero und der Nama, der durch die deutschen Kolonialtruppen 1904 begangen wurde, in Vergessenheit. Die Verbindungsstränge zwischen dem Genozid an den Herero und Nama und dem NS-Regime sind nicht nur politisch und ideologisch, sondern auch persönlich. Im Rahmen rassischer Forschung wurden in Südwestafrika Experimente vom Nazi-Anthropologen Eugen Fischer durchgeführt, der später im NS-Regime als Rassenhygieniker extrem einflussreich war und am Genozid des Zweiten Weltkriegs aktiv teilgenommen hat. Seit einigen Jahren versuchen die Nachkommen der Herero und der Nama den Völkermord der Vergessenheit zu entreißen und fordern Reparationen und die Rückgabe der Tausenden Knochen und Schädel, die sich in deutschem Besitz befinden. Auch wenn sich Deutschland mit seiner mörderischen Vergangenheit auseinandersetzt, ist es ein selektiver Prozess. Die Exzeptionalisierung der NS-Zeit und des Genozids ist insofern problematisch, als sie eine tiefe Auseinandersetzung mit Rassismus häufig verhindert, nicht nur in Deutschland, sondern in ganz Europa. Die Exzeptionalisierung des jüdischen Genozids kann mit einer künstlichen Trennung von Antisemitismus und Rassismus einhergehen. Denn obwohl der Antisemitismus spezifische Aspekte aufweist, sowohl historische als auch ideologische, ist er auch eine Form von Rassismus, ebenso wie Rassismen, die sich spezifisch an Schwarze, Rom*nja und Sinti*zze, indigene Völker, Muslime und Asiaten richten. In Deutschland wird Antisemitismus oft als Sonderphänomen behandelt und dargestellt, sowohl in den Medien als auch in der Antidiskriminierungsbekämpfung auf politischer Ebene. Neben der Exzeptionalisierung der Shoah spielt auch die Darstellung der neuen Antisemit*innen eine Rolle. Die Araber und Muslime werden zum neuen Gesicht des Antisemitismus stilisiert. Der internationale Erfolg des Comicbuchs *Der Araber von Morgen* des syrisch-französischen Autors Riad Sattouf ist zum Beispiel nicht nur auf sein unleugbares Talent zurückzuführen, sondern auch auf seine Darstellung der Syrer und Araber als Antisemiten, samt weiterer islamophober Stereotypen.

Auch wenn jede Form von Rassismus ihre spezifischen Eigenschaften hat, verfügt sie immer über zwei wichtige Merkmale: die Konstruktion der Gruppe als unterlegen und ihre Entmenschlichung bis hin zu ihrer Vernichtung. Der Maßstab für beide Prozesse ist die weiße Vorherrschaft. Die englische Bezeichnung *White*

Supremacy drückt die Idee von Vorrang, oberster Gewalt und selbst ernannter Überlegenheit besser aus als die deutsche Übersetzung. Rassismus ist zwar ein komplexes System, seine Grundlage ist aber von einer unerbittlichen Logik, die von Frantz Fanon mit der »Linie der Menschlichkeit« am besten erfasst wurde. Die weiße Vorherrschaft definiert diese Linie, auch wenn sie in manchen Kontexten verschoben wird und auch einmal Gruppen von Nicht-Weißen als überlegen gelten, wie am Beispiel der Tutsi gezeigt. Die Shoah hat insofern viel mit der weißen Vorherrschaft zu tun, als die Absurdität des Rassenkonstrukts durch sie enttarnt wird: Juden*Jüdinnen konnten nicht auf der Basis ihres Aussehens erkannt werden – auch wenn die Nazi-Propaganda es behauptete –, sondern mussten durch den gelben Stern als unterlegene Rasse, als Untermenschen und als bedrohlich markiert werden. Sie mussten als nicht-weiße Rasse konstruiert werden. Aimé Césaire erklärt die Macht der weißen Vorherrschaft und ihre Rolle in der Ausnahmebehandlung des jüdischen Genozids: »Was [wir] Hitler nicht verzeih[en], [ist] nicht das Verbrechen an sich, das Verbrechen gegen den Menschen, nicht die Erniedrigung des Menschen an sich, sondern das Verbrechen gegen den weißen Menschen, die Erniedrigung des weißen Menschen und dass er, Hitler, kolonialistische Methoden auf Europa angewendet hat, denen bislang nur die Araber Algeriens, die Kulis Indiens und die N[-Wort] Afrikas ausgesetzt waren.«[25] Die französische Reggea-Band Sinsemilia verarbeitete diesen Gedanken in ihrem Song *De l'histoire*: »Bestimmt die Hautfarbe der Opfer den Wert eines Genozids?«

Doch nicht nur an der Ausblendung des Genozids an den Herero und Nama und anderer Gräuel der deutschen Kolonialgeschichte ist die in Deutschland herrschende selektive Erinnerungspolitik festzumachen, sondern auch an der Ungleichbehandlung der Opfer und Überlebenden des Genozids, wie der Rom*nja und Sinti*zze, die für ein offizielles Denkmal in Erinnerung an die

500.000 getöteten Männer, Frauen und Kinder, bis 2012 warten mussten, und bis 1982 für die offizielle Anerkennung des Porajmos als Genozid durch die BRD nach massivem öffentlichem Druck. Der deutsche Staat zahlte Reparationen an Rom*nja und Sinti*zze nur sehr spät, viel zu wenig und nach harten Kämpfen.[26] Die Begründung dafür: Sie wurden angeblich nicht aufgrund ihrer »Rasse«, sondern aufgrund ihres »asozialen Verhaltens« und ihrer Vorstrafen deportiert und ermordet. Die Tatsache, dass dieser Begründung während der Nürnberger Prozesse gefolgt wurde, deutet auf Kontinuitäten des Anti-Rom*nja-Rassismus in deutschen, europäischen und internationalen Institutionen hin.

Die historische Dimension von Rassismus ist deswegen so wichtig, weil die heutigen Maßnahmen zur Diskriminierungsbekämpfung, wenn sie die historischen Faktoren nicht in Betracht ziehen, nicht nur ineffektiv sind, sondern den weit verbreiteten Glauben verstärken, dass Diskriminierung eine individuelle Handlung ist und individuelle Folgen hat. Die Verfolgung der Rom*nja und Sinti*zze der letzten Jahrhunderte hat tiefgreifende Auswirkungen auf ihre heutige wirtschaftliche, politische und kulturelle Situation. Bereits im Mittelalter wurden die Sinti*zze in Europa systematisch vertrieben, ausgeplündert und getötet. Sie durften kein Handwerk ausüben, sich nicht niederlassen oder Grundbesitz erwerben, was dazu führte, dass Sinti*zze in Wohnwagen leben mussten. Viele Rom*nja und Sinti*zze blieben nach dem Porajmos staatenlos, weil die ihnen in der NS-Zeit entzogene Staatsbürgerschaft nicht zurückgegeben wurde. Ebenso wenig wie ihr von den Nazis geraubtes Eigentum, ganz zu schweigen von finanzieller »Wiedergutmachung«. Die katastrophale finanzielle und Wohnsituation, in der sich viele Rom*nja und Sinti*zze heute befinden, darf von deren Behandlung in der Vergangenheit nicht getrennt werden. In diesem Sinne sollten sich politische Maßnahmen, die das Ziel haben, die Lage der Rom*nja- und Sinti*zze-Bevölkerung in Europa zu verbessern, der Frage der

Reparationen widmen. Heutige Maßnahmen in den meisten europäischen Ländern konzentrieren sich aber fast ausschließlich auf die Integration der Rom*nja und Sinti*zze und drehen sich um ihr soziales Verhalten. Ein solcher Fokus verstärkt nicht nur rassistische Stereotype ihnen gegenüber, er negiert ihre Geschichte und macht sie in gewissem Maß für ihre Situation verantwortlich.

Das Beispiel der Rom*nja und Sinti*zze kann auf weitere unterdrückte Gruppen ausgeweitet werden, auch wenn jede einzelne ihre spezifischen historischen Konstellationen, kulturellen und politischen Kontexte aufweist: Schwarze Menschen und indigene Völker auf dem gesamten amerikanischen Kontinent – und der ganzen Welt; die Sami in Schweden; die Aborigines in Australien; die Māori in Neuseeland; die Dalit in Indien; die Palästinenser*innen in Israel; die Araber*innen, Schwarzen, Rom*nja und Sinti*zze, Asiat*innen in ganz Europa; die Chines*innen und Eta in Japan; die Migrant*innen aus Lateinamerika, Afrika, Asien und dem Mittleren Osten in den USA und Europa. Diese Menschen sind – so differenziert und komplex besonders die Fälle im Detail sind – in den jeweiligen Kontexten einer Unterdrückung ausgesetzt, die sowohl individuelle als auch institutionelle, strukturelle und historische Aspekte aufweist.

Neutralität gibt es nicht

> »When they speak it is scientific,
> when we speak it is unscientific.
> Universal/specific;
> objective/subjective;
> neutral/personal;
> rational/emotional;
> impartial/partial;
> they have facts, we have opinions;
> they have knowledge, we have experiences.«
> *Grada Kilomba*[27]

Ich wurde zum ersten Mal bewusst mit der Gewalt der objektiven Norm konfrontiert, als ich mein Promotionsstudium anfing. Ich entschied mich für ein Thema, das mich direkt betraf: die Diskriminierung von Frauen of Color auf den französischen und deutschen Arbeitsmärkten. Als ich mein Exposé in verschiedenen Kolloquien vorstellte, stieß ich auf die gleiche Kritik: Mein Forschungsprojekt sei subjektiv, es fehle an akademischer Objektivität. Ich hatte ein klassisches Forschungsdesign entworfen, mit einer Mischung von qualitativen Interviews und quantitativen Daten sowie juristischer und Diskursanalyse. Bei der Kritik handelte es sich um meine Fähigkeit, das Thema neutral angehen zu können. Ist mir diese Problematik nicht zu nah, um die wissenschaftlichen Standards von Objektivität und Neutralität einzuhalten? Wie würde ich gewährleisten, dass meine persönliche Verbindung mit dem Thema mich nicht daran hindert, die wissenschaftliche Arbeit sachlich durchzuführen? Mir wurde von einem Professor sogar vorgeschlagen, statt der Promotion einen journalistischen Essay zu schreiben. Diese Form sei, seiner Meinung nach, für mein Projekt besser geeignet. Diese Zurückweisung verunsicherte mich sehr. Ich war so verzweifelt, dass ich erwog, die Promotion im Keim zu ersticken. Meine zwei Masterstudiengänge waren ziemlich praxisorientiert, und die Promotion war meine erste Berührung mit der klassischen akademischen Welt der Sozialwissenschaften. Ich saß in Kolloquien mit Student*innen, die in den vielen theoretischen Ansätzen der Soziologie versiert waren, und sich auf dem sicheren Weg zu einer erfolgreichen akademischen Karriere befanden. Ich fühlte mich fehl am Platz und entwickelte ein starkes Impostor-Syndrom. Trotz mehrerer Stipendien und einer Aufnahme als Fellow in einem renommierten Forschungszentrum war ich fest davon überzeugt, dass ich mir diese Zugänge erschlichen hatte. Aber nach ein paar Pep-Talk-Sessions vor dem Spiegel beschloss ich, die Promotion trotz der Entmutigungsversuche weiterzuführen. Die Skepsis und Kritik an mangelnder Objektivität verfolgten mich während der ganzen Promotion, mit Ausnahme des Aufenthalts an der Columbia University sowie der kleinen Widerstandsinseln, auf die ich während meines politischen Erweckungsprozesses stieß. Als ich zum ersten Mal den Raum des selbst-organisierten *Colloquium of Color* betrat, wo sich andere Student*innen of Color trafen, um sich eine Pause vom bedrückenden deutschen akademischen System zu gönnen, fiel mir ein Stein vom Herzen. Dieses Kolloquium war als Ort des Empowerments gedacht, wo wir unsere Forschung vorstellen und uns konstruktive Kritik holen konnten, die sich nicht vorrangig auf unsere mangelnde Objektivität fokussierte. Zum ersten Mal fiel mir auf, dass ich in allen Kolloquien, die ich bisher besucht hatte, die einzige nicht-weiße Person gewesen war. Mir fiel auch auf, dass die Kritik überwiegend von weißen Männern gekommen war, obwohl einige weiße Frauen sie bestätigt hatten. Im Rahmen dieses Kolloquiums wurden mir Texte und Theorien vorgestellt, die die Frage der Neutralität relativierten, denn genau genommen gibt es keine Neutralität. Standpunkt-Theorie, Positionalität und epistemische Gewalt waren Begriffe, die mir halfen, die Trugschlüsse von Universalität, Objektivität und Neutralität zu entlarven. Es ist, wie Nietzsche sagte: »Es gibt keine Tatsachen, nur Interpretationen.«[28] Meine Interpretation dieser Aussage ist, dass Objektivität an sich eine Perspektive ist, die unter dem Deckmantel der Neutralität eine ganz bestimmte Position – männlich, weiß, heterosexuell, gebildet – verbirgt und damit diese Position als universell konstruiert. Kübra Gümüsay spricht in ihrem Buch *Sprache und Sein* über die Macht der unsichtbaren weißen, männlichen Perspektive: »Seine Sicht der Dinge trägt den mächtigsten Namen überhaupt: *Wissen*. Sie ist die Norm, die sich nicht erklären muss und zugleich alles, was davon abweicht, zur Erklärung zwingt.«[29] Höchst subjektive, nicht-wissenschaftliche Meinungen werden nicht selten als objektive Weisheit betrachtet, wenn sie aus den Mündern von weißen Männern stammten. Auch wenn im Nachhinein erwiesen wurde, dass manche ihrer Auffassungen irrig waren, genießen zum Beispiel Kant, Hegel oder Voltaire bis heute die Hochachtung der gesamten Welt. Die haben sie sich eben nur teilweise verdient, sie gehören in ihrem rassistischen Denken auch deutlich kritisiert und nicht bloß als »Kinder ihrer Zeit« verharmlost.

Ein französischer Doktorand in meinem Kolloquium forschte zum Thema Rassismus und Homofeindlichkeit in der Polizei und stellte seine ersten Ergebnisse vor. Als weißer heterosexueller Mann wurde seine Position im Verhältnis zum Thema nicht einmal hinterfragt – oder erwähnt. Würden seine Erfahrung, seine Identität und seine Sprache die Interviews mit den Polizist*innen in irgendeiner Weise beeinflussen? Inwiefern würde die Tatsache, dass er selber nie Rassismus oder Homofeindlichkeit erlebt hatte, seine Ergebnisse verzerren? Sein Zwischenfazit fand ich damals fragwürdig: Es gebe in der Polizei nur marginale Fälle von Rassismus und Homofeindlichkeit. Am Ende der Vorstellung klopfte das gesamte Kolloquium auf den Tisch als Zeichen von Bestätigung. Ich war irritiert. Zwei Wochen später stellte eine externe Doktorandin ihre Forschung zum Thema Rassismus an der Hochschule vor. Die ganze Diskussion drehte sich jetzt auf einmal um die Frage der Objektivität. Wie genau würde sie sicherstellen, dass sie, als muslimische Frau, diese Thematik sachlich angeht und sich nicht von ihrer persönlichen Erfahrung beeinflussen lässt? Ihr wurde auch vorgeworfen, dass sie zu politisch sei. Klare politische Ansichten seien unvereinbar mit glaubwürdiger Wissenschaft. Es gilt aber zu fragen: Wer kann sich leisten, gegenüber Rassismus und Homofeindlichkeit unpolitisch – oder »neutral« – zu bleiben?

Diese zwei Beispiele zeigen, wie die Frage der Objektivität mit zweierlei Maß gemessen wird. Während Nicht-Betroffenheit als Beweis für Sachlichkeit, Neutralität und Rationalität betrachtet wird, fungiert Betroffenheit als Beleg für fehlende Objektivität. Obwohl die Trennung von persönlicher Erfahrung und Wissenschaft in Nordamerika ausführlich diskutiert wurde, scheinen französische und deutsche akademische Kreise daran festhalten zu wollen. Entweder ist man Objekt – über das geforscht wird –, oder Subjekt – der*die Forscher*in. Die Ersten haben Erfahrungen, Letztere haben Fakten. Diese Dichotomie ist nicht nur falsch, sondern auch schädlich, weil sie die Legitimität von vielfältigen Perspektiven negiert. Unsere Erfahrung sollte nicht mehr als Hindernis, sondern als Bereicherung für die Wissensbildung betrachtet werden. Wie bell hooks richtig schrieb: »Wissen, das in Erfahrung verwurzelt ist, prägt, was wir wertschätzen, und infolgedessen auch, wie wir wissen, was wir wissen, und wie wir das, was wir wissen, nutzen.«[30] Einer muslimischen Frau, die zu Rassismus an der Hochschule forscht, kann ihre Erfahrung und Betroffenheit zugutekommen. Ein weißer heterosexueller Mann, hingegen, der zu Homofeindlichkeit und Rassismus in der Polizei forscht, und seine mangelnde Erfahrung in der Hinsicht nicht anerkennt und fälschlich als Neutralität und Objektivität interpretiert, wird zu unvollständigen, teilweise falschen Ergebnissen kommen.

Der englische Poet John Keats schrieb im 19. Jahrundert: »Nothing ever becomes real till it is experienced«.[31] Sein Zitat ist auslegungsfähig und könnte bedeuten, dass Erfahrungen, die nicht gelebt werden, überhaupt nicht wahrgenommen werden können. Wenn ich keine Behindertendiskriminierung erfahre, existiert dieses Phänomen überhaupt? Ist Sexismus real, obwohl Männer ihn nicht oder selten erleben? In dem Fall des Doktoranden, der zu Rassismus und Homodiskriminierung forscht, würde es heißen, dass es ihm schwerer fällt, beide Phänomene wahrzunehmen, weil er weder Rassismus noch Homofeindlichkeit erfährt. Dass es seiner Auffassung nach kaum Rassismus und Homofeindlichkeit in der Polizei gibt, kann also auch daran liegen, dass ihm diese Phänomene trotz allen wissenschaftlichen Rüstzeugs nicht auffallen – weil er sie nicht erlebt. Menschen können natürlich über Phänomene forschen, die sie nicht persönlich betreffen, aber es verlangt die Erkenntnis, dass ihre Nicht-Betroffenheit ihre Perspektive beeinflusst und zu Lücken führen kann. Die US-amerikanische Professorin Donna Haraway, die 1988 den Begriff *Situated Knowledges* prägte, postuliert: Indem Forscher*innen die Relevanz ihrer eigenen Position in der Welt und damit die Beeinflussbarkeit ihrer Wissensansprüche anerkennen und verstehen, sind sie authentischer und wahrhaftiger, als wenn sie behaupten, neutrale Beobachter*innen zu sein.[32] Bereits Max Weber stellte den Begriff der Neutralität infrage. Er lehnt die Idee einer vorurteilsfreien Sozialwissenschaft ab und betont die Rolle kultureller Werte bei der Gestaltung des Gegenstandes empirischer Studien. Sein Konzept der Wertfreiheit bezieht sich auf die Notwendigkeit, eine klare Unterscheidung zwischen der Beobachtung empirischer Fakten und der Bewertung dieser Fakten zu treffen.[33] Wissen ist lokal und begrenzt, was die Unmöglichkeit einer neutralen Sicht ohne Ort und Perspektive impliziert, die dem Mythos des objektiven Wissens zugrunde liegt. Stattdessen hat sich bisher eine Wissenschaft durchgesetzt, in der die Denker*innen sich innerhalb der Machtverhältnisse nicht verorten. Mein Buch könnte alle Türen von Universitäten für mich verschließen, weil es mich als eine Person mit einer Erfahrung, mit Gefühlen, Meinungen und Positionen enthüllt, die eine Akademikerin – zumindest im europäischen Kontext – nicht haben sollte.

Die Behauptung, dass eine neutrale und objektive Perspektive existiere, hat Auswirkungen, die weit über wissenschaftliche Sphären hinausgehen. Die Kriterien, nach denen Forschungsgelder eingeworben werden, privilegieren nach wie vor Menschen und Themen, die seit Jahrhunderten mit akademischer Exzellenz verbunden sind. Die eigene Perspektive der Forscher*innen wiederum beeinflusst die Art der Forschung, die durchgeführt wird, und welche Themen als relevant und forschungswürdig angesehen werden. So wurde im medizinischen Feld mehr über Krankheiten geforscht, die überwiegend Männer betreffen. Zwischen 2000 und 2013 erhielten Männer sowohl mehr als auch größere Zuschüsse als Frauen: im Durchschnitt dreimal so viele Mittel.[34] Wenn Männer menstruieren würden – oder Frauen in der Wissenschaft gleichberechtigt wären –, wüssten wir vielleicht inzwischen, wie Menstruationskrämpfe und Endometriose effektiv behandelt werden könnten. Auch zur Müttersterblichkeit hätte die Forschung mehr Antworten parat, als heute verfügbar sind. Stattdessen sterben proportional mehr Frauen an Herzinfarkten, weil die frauenspezifischen Symptome weniger erforscht und dem medizinischen Personal weniger bekannt sind. Es gibt nach wie vor viel weniger Frauen, die Professuren an deutschen Universitäten besetzen, und unzählige Beispiele für hartnäckige Geschlechterdisparitäten in der Wissenschaft. Beispielsweise publizieren Doktorandinnen tendenziell weniger als ihre männlichen Kollegen, und Frauen haben seltener Gelegenheit, auf Konferenzen zu sprechen oder bei der Anmeldung von Patenten erfolgreich zu sein. Preise und Auszeichnungen werden ebenfalls an Männer öfter vergeben als an Frauen. Nobelpreisträgerinnen sind Randerscheinungen. Nur rund fünf Prozent der Preise gingen bisher an Frauen.

Die Abwesenheit von Frauen, People of Color und anderen minorisierten Gruppen in der Wissenschaft[35] gilt häufig als Beweis dafür, dass sie nicht gut genug sind. In einem Gespräch mit dem Dekan einer deutschen Universität über die Notwendigkeit von Vielfalt war sein Fazit: »Es ist entweder Exzellenz oder Vielfalt«. Deswegen wird die Überrepräsentation von weißen Männern in den höheren Etagen wissenschaftlicher Institutionen zu selten als

Problem gesehen. *Weiße* Männer sind in unserem kollektiven (Unter-)Bewusstsein die Besten, die Intelligentesten, und die Begabtesten. Wir messen die Prominenz von weißen Männern ihrem Verdienst bei: Sie sind da, weil sie es verdient haben. Frauen dagegen, und andere Minderheiten, werden regelmäßig als Hochstapler*innen betrachtet, wenn sie solche Sphären betreten. Ihnen wird mit Skepsis begegnet und Mogelei unterstellt. Sie seien im Bett mit dem Vorgesetzten gewesen oder nur wegen der Quote da, und der neue Schwarze Mitarbeiter sei nur als Symbol der Diversität eingestellt worden. Solche Skepsis ist nicht nur Ausdruck der sozialen Hierarchie, die wir alle verinnerlicht haben, sondern auch eines Widerstands gegen Veränderung.

Zunehmend fordern Student*innen mehr Vielfalt an Schulen, Universitäten und Hochschulen, sowohl im Curriculum als auch unter den Dozent*innen und Professor*innen. Die Kampagnen #WhyIsMyCurriculumWhite, #Decolonize-TheUniversity, #RhodesMust-Fall, sowie #CurriculumSoWhite wurden in verschiedenen Unis im Vereinigten Königreich, Deutschland, Südafrika und den USA gestartet, als Antwort auf die mangelnde Vielfalt, die im Unterrichtsprogramm und in den Kursinhalten zu finden ist. Die Nachfolgegeneration fordert eine egalitäre Repräsentation von unterschiedlichen gesellschaftlichen Gruppen in ihrer Ausbildung. Wir haben die unsichtbare Norm so tief verinnerlicht, dass die Abwesenheit von People of Color an Universitäten, auch unter den Lehrer*innen, kaum auffällt.

Der Einfluss von Lehrer*innen und Professor*innen auf unsere persönliche und intellektuelle Entwicklung ist unterschätzt. Sie fungieren nicht nur als Vorbilder; unsere Lehrer*innen sehen sich auch in ihren Schüler*innen, und diese Beziehungen sind von mehr oder weniger Hoffnungen, Empathie und Verbundenheit geprägt. Die Identitätsmerkmale, die die Identifikation erlauben, sind endlos, und einige lassen sich nicht in Worte fassen, aber

Hautfarbe, Geschlecht, Behinderung und sexuelle Orientierung gehören definitiv dazu. Ein weiterer Grund, warum Vielfalt in Schulen und Universitäten notwendig ist.

Als ich vor ein paar Jahren zu Besuch in London war, spazierte ich in Bloomsbury über den Campus der SOAS University, der einzigen Universität in Europa, die sich auf die Sprachen, Kulturen und Gesellschaften von Asien, Afrika und dem Nahe Osten spezialisiert. Beim Flanieren fand ich einen Freiluftbuchladen mit sämtlichen Büchern zu Postkolonialer Theorie, Third World Feminismus, Intersektionalität, *Negritude* und Afrofuturismus, Queer-Feminismus, *Disability Justice* und anderen Befreiungstheorien. Die Mehrheit der Autor*innen kamen aus dem globalen Süden und waren People of Color. Als ich mich in die Lektüre versenkte und das Zeitgefühl verlor, fühlte ich mich umgeben von der Aura meiner Ahnen – anders ausgedrückt, ich fühlte mich *gesehen*, anerkannt und zugehörig. Dieses alltägliche Erlebnis hinterließ einen starken Eindruck auf mein Selbstempfinden. Ich fragte mich, ob weiße Menschen die gleiche Erfahrung machen, wenn sie in irgendeinen Buchladen gehen. Nach kurzem Überlegen dachte ich mir, dass es wahrscheinlich nicht der Fall ist, weil es für sie Normalität ist und nicht die Ausnahme. Das Gefühl, gesehen, anerkannt und zugehörig zu sein, wirkt für die Mehrheitsgruppen wie eine unsichtbare, nicht spürbare Hülle. In manchen Hinsichten gehöre ich der Mehrheit an und merke diese Hülle auch nicht.

Die portugiesische Autorin Grada Kilomba erinnert daran, dass die Universität historisch betrachtet kein neutraler Ort ist: »Es ist ein *weißer* Raum, in dem Schwarzen das Privileg verweigert wurde, zu sprechen, [und] in dem *weiße* Akademiker*innen theoretische Diskurse entwickelt haben, die uns formal als minderwertige ›Andere‹ konstruierten und Afrikaner*innen dem weißen Subjekt absolut unterordneten. Hier wurden wir beschrieben, klassifiziert, entmenschlicht, primitivisiert, auf grausame Weise behandelt und getötet. Dies ist kein neutraler Raum.«[36] Die wissenschaftlichen Theorien, die über Schwarze Menschen, Frauen, Homosexuelle und behinderte Menschen an der Universität entwickelt wurden, sind integraler Teil der Unterdrückung. Die Wissenschaft ist – und bleibt, in vielen Hinsichten – ein Ort, wo sich Unterdrückung abspielt. Schwarze Menschen, People of Color, Frauen, behinderte und queere Menschen werden aufgefordert, Wissen zu integrieren, das im Laufe der Jahrhunderte nicht nur ohne sie, sondern auch *gegen* sie aufgebaut wurde.

Die Hinterlassenschaft der Sklaverei und des Kolonialismus ist in westlichen Universitäten noch zu spüren und schließt Schwarze Menschen und andere People of Color weiterhin aus. Die Kampagne *I, Too, Am Harvard* wurde von einigen schwarzen Student*innen im März 2014 gestartet. Sie veröffentlichten Fotos in den sozialen Medien von Schwarzen Student*innen, die Schilder mit Botschaften über ihre Erfahrungen von Rassismus und Ausgrenzung an der Harvard University hochhielten. Die Initiatorin der Kampagne hatte das Bedürfnis, ihren Platz auf den Campus zurückzufordern und sich Geltung zu verschaffen, nachdem ihr unterschwellig ständig gesagt wurde »du gehörst nicht dazu, du verdienst es nicht, hier zu sein«. Die Gefühle von Isolation und Entfremdung teilten alle Beteiligten. Die Kampagne breitete sich rasch auf andere Universitäten aus, darunter die University of Oxford, die University of Cambridge und die McGill University, und erhielt enorme Unterstützung von anderen Universitäten wie der Yale University, der Duke University und der University of Pennsylvania. Durch diese Kampagne wurde ein weitverbreitetes Phänomen sichtbar und schaffte ein Gefühl von Verbundenheit unter den Student*innen, die bisher nur vereinzelt mit dem Problem konfrontiert waren. Die Unterdrückung, die so lange verschwiegen wurde, konnte endlich aufgezeigt werden. Tausende von Kilometern entfernt, brach ich in Tränen aus, als ich am Laptop saß und das Teaser-Video sah.³⁷ Das war das gleiche Gefühl wie im Buchladen auf dem SOAS-Campus: Ich fühlte mich gesehen, anerkannt und zugehörig.

Anstatt unbedingt Objektivität und Neutralität anzustreben, sollten wir uns nach mehr Vielfalt, mehr Flexibilität, mehr Offenheit sehnen, damit unser globales Wissen der Reichhaltigkeit unserer Welt endlich gerecht wird.

Vielfältiges Wissen – ein neues Paradigma

> Infinite diversity in infinite combinations ... symbolizing the elements that create truth and beauty.
>
> *Commander Spock, Star Trek*

Das Problem, das sich aus der Dominanz des westlichen Wissenssystems ergibt, besteht nicht nur darin, dass das Wissen, die Kulturen und die Geschichten der Mehrheit der Menschen auf der Welt ausgeschlossen sind, sondern dass es den globale Norden bisher daran gehindert hat, von nicht-kolonialem Wissen zu profitieren und zu lernen. Steckt der globale Norden in einer Sackgasse fest, die die Existenz anderer Geschichten und Wissensformen nicht zulässt?

In dieser Hinsicht schlagen dekoloniale Denker*innen aus dem globalen Süden vor, sich vom Mythos des Universalismus loszureißen, und uns stattdessen in Richtung Pluri- oder Multiversalismus zu bewegen. Indem wir der modernen Wissenschaft das Monopol der universellen Unterscheidung zwischen wahr und falsch geben, schränken wir unsere Fähigkeit ein, Wissen und Macht jenseits der greifbaren sichtbaren materiellen Welt zu sehen. Der Bereich der Überzeugungen, Meinungen, intuitiven Auffassungen, die im volkstümlichen, laienhaften, plebejischen, bäuerlichen, indigenen Wissen, im Wissen der neurodiversen und behinderten Menschen enthalten sind, kann nicht in unser gegenwärtiges Wissenssystem eingepasst werden. Aus diesem Grund kann soziale Gerechtigkeit nicht erreicht werden, ohne für das zu kämpfen, was der indische Akademiker Shiv Visvanathan *kognitive Gerechtigkeit* nennt. Er beschreibt kognitive Gerechtigkeit als »eine nicht-marktwirtschaftliche, nicht wettbewerbsorientierte Sicht der Welt, in der Konversation, Reziprozität, Übersetzung Wissen schaffen, nicht als eine Experten-, fast Nullsummensicht der Welt, sondern als ein Zusammenwirken von Erinnerungen, Vermächtnissen, Erbschaften, einer vielfältigen Heuristik der Problemlösung«.[38]

Das heutige westliche Wissenssystem folgt einer marktwirtschaftlichen, wettbewerbsorientierten Logik. Wissen ist ein Wirtschaftsgut, das gekauft und »geklaut« werden kann, denn Ideen und Wissen haben Eigentümer*innen, die anerkannt werden müssen durch ein präzises System von Zitierweisen. Das Problem mit dieser Logik ist, dass Wissen nur anerkannt wird, wenn es aus einem ganz bestimmten Rahmen kommt. Nicht alle Quellen werden gleichermaßen zitiert. Nur Personen mit Diplomen, die akademische Artikel schreiben oder bei anerkannten Verlagen veröffentlichen, werden zitiert. Die kapitalistische Logik führt deshalb zur Unsichtbarkeit von zahllosen Ideen, Menschen und Wissensformen. Es wäre in unserem jetzigen Wissenssystem undenkbar, Ideen und Wissen als Gemeinschaftsgüter zu behandeln, denn alle großen Entdeckungen und Theorien werden mit Namen assoziiert – Platon, Archimedes, Leonardo da Vinci, Galileo, Newton, Pasteur, Einstein, um nur einige zu nennen. Der wichtigste Durchbruch der Menschheit, die Entdeckung des Feuers, ging jedoch aus dem kollektiven Bewusstsein hervor. Ist es wichtig, welches Individuum das Feuer entdeckt hat? Nein. Denn wir betrachten die prähistorischen Menschen als ein Kollektiv, bei dem die

Gruppe mehr zählt als die Individuen. Warum fällt es uns heute so schwer, die Menschheit als eine kollektive Entität zu betrachten? Warum halten wir an der Idee fest, dass jede*r von uns vom Rest der Menschheit abtrennbar ist? Jede*r von uns ist der*die andere*. Jede Seele ist die Widerspiegelung von anderen Seelen. Im letzten Kapitel des Buches wird diese Idee ausführlicher diskutiert.

Ein neues Paradigma von Wissen würde nicht nur über das Individuum hinausgehen, sondern auch über die materielle, rationale Wissenssphäre. Der Kolonialismus hat jegliche Art von autochthonem Wissen herabgesetzt und versucht, es zu vernichten. In meiner Familie aus Martinique sind Geister, Spiritismus und Voodoo sehr präsent. Meine Onkel und Tanten erzählten regelmäßig von übersinnlichen Erfahrungen, die sie gemacht hatten. Die Zeit, die ich als Kind in Martinique verbrachte, ist von solchen mystischen Bildern sehr geprägt. Meine Urgroßmutter ist *Psychic* – die deutsche Übersetzung »Wahrsagerin« benutze ich ungern aufgrund der pejorativen Konnotation des Wortes –, und wir wussten schon als ganz kleine Kinder, dass die Welt über das hinausgeht, was wir sehen. Wir haben in unserer Kultur viel Respekt vor okkulten Sphären, und betrachten sie als integralen Teil unseres Lebens. Es war aber ein Teil, den wir zu verheimlichen lernten. Weil er von Menschen, die in ihrem Leben damit nicht in Berührung kamen, lächerlich gemacht wurde. Es entwickelte sich gleichzeitig eine implizite Verwandtschaft mit denjenigen, die diese Kultur leben und okkulte Dimensionen verstehen. Wir wussten, dass wir darüber sprechen können, ohne bloßgestellt zu werden, oder in die Position gedrängt zu werden, die Richtigkeit solcher Phänomene zu beweisen. Diese Menschen haben nicht nur Wurzeln in Martinique oder der Karibik, sondern kommen aus afrikanischen, asiatischen und lateinamerikanischen Diasporen oder aus dem Kreis der Rom*nja und Sinti*zze. Auch in Europa war dieses Wissen vorhanden, wurde aber fast komplett vernichtet, unter anderem durch die Ermordung der Hexen und die Verteufelung des Paganismus durch die Christianisierung. Die vermeintliche Unterlegenheit okkulten Wissens und die Überlegenheit der wissenschaftlichen Methode, die zweifelsfrei unschätzbare Verdienste hat, wurden von vielen Europäer*innen verinnerlicht, was viele daran hindert, einen Zugang dazu zu finden. Die Welt kennt seit den letzten zehn Jahren eine Art spirituelle Wiedererweckung, bei der Yoga, Meditation, Astrologie und Alternativmedizin zunehmend Raum in westlichen Gesellschaften einnehmen. Diese Wiederbelebung sehe ich bei aller Vorsicht und Einschränkung – Alternativmedizin kann zum Beispiel keine ausschließliche Anwendung bei schweren Erkrankungen wie Krebs finden – als eine positive Entwicklung, die das kollektive Bewusstsein weckt, aber auch das oben erwähnte Phänomen der kulturellen Aneignung mit sich bringen kann. Diese Aneignung geschieht auf neoliberale und individualistische Art. Die spirituelle Praxis wird so auf Lifestyle reduziert. Statt ihre Substanz und Tiefe zu sehen, wird ihr Oberflächlichkeit attestiert. Spirituelle Praxis zielt aber auf das Gegenteil ab: die Überwindung des Egos. Viele Menschen aus westlichen Ländern, die nach Spiritualität hungern, inszenieren Rituale und Praktiken aus anderen Kulturen, mit denen sie keine eigene Verbindung haben und deren Bedeutung sie nicht wirklich kennen. Sie eignen sich dadurch nicht nur die Kultur an, sondern verdienen damit auch Geld, während solche Praktiken und Kulturen dort verboten, vernichtet und unterdrückt wurden, wo sie herkommen. Trotz der Entwicklung der letzten zehn Jahre, die eine spirituelle Öffnung des Westens mit sich bringt, werden Glauben und Praktiken, die in unser Wissenssystem nicht passen, nicht ernst genommen und herabgesetzt.

Als mein zweites Kind Ayélé im Alter von einem Monat starb, wurde ich von einer Therapeutin begleitet. Als ich ihr erzählte, dass ich in einer Reiki-Session in Verbindung mit seiner Seele getreten war, stellte sie mich bloß und meinte: »Na schön, dass Sie sich einbilden, ein fliegendes Seelchen in der Luft zu sehen. Ich glaube aber, dass Sie den Tod Ihres Babys nicht wahrhaben wollen, und das müssen Sie, um voranzukommen.« Ich wusste in dem Moment nicht, was ich ihr sagen sollte. Es war mir klar, dass sie keinen Zugang zu dem hatte, was ich ihr erzählte. Dass es für mich tröstlich war und mir erlaubte, einen Schritt weiter in meinem Trauerprozess zu gehen, konnte sie nicht verstehen. Ihr Kommentar drückte nicht nur das Unbehagen unserer Gesellschaft mit dem Tod aus, sondern auch eine tief sitzende Herablassung gegenüber Spiritualität.

Wissen ist nicht nur die wissenschaftliche Methode, sondern besteht auch aus multiplen Epistemologien und Wissensweisen, die sowohl aus den Rahmen stammen, die uns vertraut sind, als auch aus anderen organischen und spirituellen Dimensionen, sowie von Menschen, Kulturen, Traditionen und Orten, die bisher vom Wissen mit großem »W« ausgeschlossen waren. Wissen erscheint in unterschiedlichen Formen wie Text, Ziffer, Bild, Geschichte, Musik, Klang, Spiel, Inszenierung, Zeremonie, Tätowierung und Meditation. Wissen ist ein Gemeinschaftsgut, das allen zugänglich sein sollte. Von einer Wiederherstellung, Wiederauffüllung und Wiederbelebung von über Jahrtausende lang verdrängtem Wissen haben wir alle etwas. Es geht darum, Vergangenheit mit Zukunft, »sichtbar« mit »unsichtbar« und »materiell« mit »immateriell« zu verbinden. Überall auf der Welt tauchen Initiativen auf, die sich der Wiederherstellung von solchem Wissen widmen und nach einer Erweiterung der Definition von Wissen streben – wie zum Beispiel die Mpambo Afrikan Multiversity in Jinga-Uganda, die afrikanisches indigenes Wissen und Sprachen fördert, oder das Multiworld Network, ein Zusammenschluss von Menschen aus Asien, Afrika und Südamerika, die das gemeinsame Ziel verfolgen, das seit Urzeiten bestehende Wissen wiederherzustellen, sowie viele andere kleinere Widerstandsnester in Familien und Gemeinschaften, die seit Jahrzehnten ihr kulturelles und geistiges Vermächtnis vor der zerstörerischen Kraft des kapitalistischen patriarchalen Kolonialismus schützen – zum Beispiel alle Familien, die zu Hause Kreolisch sprechen.

5. In den Medien

»Wenn ich mich nicht für mich selbst definieren würde,
würde ich in den Vorstellungen anderer Menschen über
mich zerquetscht und lebendig aufgefressen werden.«

Audre Lorde[1]

Wir nehmen täglich Botschaften auf, meist unbewusst, die implizit oder explizit die Überlegenheit der unsichtbaren Norm bestätigen und somit die soziale Hierarchie verfestigen. Die unterschwellige Bedeutung von Bildern, Erzählungen und Repräsentationen ist vielschichtig und subtil – und geht direkt in unser Unterbewusstsein ein. Die Medien sind der Spiegel der Gesellschaft, in der wir leben. Und diese wird von den Medien geformt und beeinflusst. Die Medien informieren uns nicht, sondern »formen« uns. Sie verbreiten die herrschende Vorstellung von der Welt und von uns selbst.

Die Bilder und Botschaften, die wir seit der Geburt aufnehmen, bestimmen größtenteils, wie wir die Welt betrachten. Einstellungen, Stereotype und Vorurteile sind alles Dinge, die unser Verhalten und unsere Gefühle gegenüber einer Person oder Gruppe beeinflussen können. Niemand kann behaupten, frei von unbewussten Vorurteilen zu sein. Wir alle haben sie, ob wir es mögen oder nicht. *Implicit Biases* werden durch Assoziationen erzeugt, die auf Menschen projiziert werden: Schwarz/bedrohlich, dick/ungesund, behindert/unglücklich, muslimisch/gefährlich, arm/faul usw. Anders als bewusste Meinungen, Präferenzen, und Stereotype, die das Ergebnis von bewussten und kontrollierbaren Gedanken und Überzeugungen sind, sind *Implicit Biases* unbewusst und unabsichtlich. Sie sind das, von dem wir nicht denken, dass wir es denken – und können sowohl positiv als auch negativ sein und den Werten, die wir öffentlich und bewusst vertreten, widersprechen. Zum Beispiel kann eine Person, die sich für *Bodypositivity*, die Akzeptanz von allen Körpertypen einsetzt, trotzdem einen unbewussten negativen Bias gegenüber dickeren Menschen haben. Das *Project Implicit* der Harvard University erklärt: Selbst, wenn eine Person sagt, dass Männer und Frauen gleich gut in Mathe sind, ist es möglich, dass sie Mathe unbewusst stärker mit Männern assoziiert. In Job-Interviews kommen bestimmten Menschen unbewusste Vorurteile zugute. Die oben genannte Studie der Harvard University zeigt zum Beispiel, dass die meisten von uns positive Vorurteile gegenüber weißen Männern und dünnen Frauen zeigen. So werden die Joker verteilt: Man wird unbewusst als professionell, vertrauenswürdig, kompetent, dynamisch und gesund wahrgenommen, einfach aufgrund des Aussehens und der Zugehörigkeit zu einer bestimmten sozialen Kategorie. Umgekehrt erlebt eine dicke Schwarze Frau zusätzliche Hürden im Bewerbungsprozess durch die negativen unbewussten Vorurteile, die mit ihrer Körpergröße, Hautfarbe und ihrem Geschlecht verbunden sind.

Menschen, die den obersten Gruppen der sozialen Hierarchie angehören, tendieren dazu, positive Vorurteile gegenüber ihrer eigenen Gruppe zu haben. Zum Beispiel tendieren weiße Männer dazu, unbewusst positive Eigenschaften auf andere weiße Männer zu projizieren. Durch diesen Prozess der impliziten Präferenzen reproduzieren sich Gremien, die fast ausschließlich aus weißen Männern bestehen, häufig, ohne dass irgendjemand im Auswahlkomitee explizit sexistisch oder rassistisch ist. Unbewusste Vorurteile können sich auch gegen die eigene Gruppe richten, vor allem unter marginalisierten Gruppen. So weisen zum Beispiel Schwarze Menschen häufig negative *Implicit Biases* gegenüber anderen Schwarzen auf, so eine Studie der Harvard University. Frauen, die sich in männerdominierten Sphären hochgearbeitet haben, zeigen häufig die Tendenz, anderen Frauen gegenüber unversöhnlicher und gnadenloser zu sein als gegenüber ihren männlichen Kollegen. Ein solches Verhalten kann durchaus als Überlebensstrategie interpretiert werden und deutet auf ein internalisiertes Minderwertigkeitsgefühl hin. Unbewusste Vorurteile haben wenig mit bewusstem Verhalten zu tun, wie zum Beispiel der Tendenz, in sozialen Gruppen auf die Menschen zuzugehen, die uns ähnlich sind. Es mag sein, dass Schwarze Menschen in einer Gruppe von hauptsächlich weißen Menschen bewusst den Kontakt zu anderen Schwarzen Menschen suchen. Trotzdem können Schwarze Menschen und Frauen negative unbewusste Vorurteile gegen die eigene Gruppe haben. Dies kann tiefgehende psychologische Konsequenzen nach sich ziehen. In meiner Kindheit und später als Jugendliche löste es tiefe Gefühle von Schuld und von Selbsthass aus, als mir meine eigenen Vorurteile gegenüber Schwarzen bewusst wurden. Wie konnte ich nur solche Gedanken haben?

Medien bieten die Möglichkeit, uns mit Menschen, Protagonist*innen, Rollen und Persönlichkeiten zu identifizieren. Diese Identifikation erlaubt uns sehr früh, Empathie zu spüren und uns in andere hineinversetzen zu können. Medien tragen aber auch dazu bei, die Menschheit in gut/böse, überlegen/unterlegen, intelligent/dumm, gebildet/ungebildet, begehrenswert/abstoßend, schön/hässlich und wertvoll/wertlos, schützenswert/nicht schützenswert, einzuteilen. Sie reflektieren vor allem die Perspektive derjenigen Menschen, die in unserer Gesellschaft über die größte politische, wirtschaftliche und kulturelle Macht verfügen. Deswegen müssen wir die Rolle der Medien auch unter dem Blickwinkel der Machtgefälle verstehen.

Das Identifikationspotenzial von Leser*innen oder Zuschauer*innen erhöht sich, wenn über soziale Phänomene auch anhand gelebter Erfahrungen geschrieben wird. Die Bedeutung von »normal« und »universell« kann sich erweitern, wenn Geschichten von diversen – häufig marginalisierten – Standpunkten aus erzählt werden. Und: Wenn die ganze Menschheit sich mit Superman, Harry Potter, James Bond oder Barbie identifizieren kann, warum nicht auch mit einer älteren polnischen Dame im Rollstuhl oder einem Mädchen aus Lesotho?

Die Empathielücke

»Für mich ist sie ein Junge.«
Tidiane

Als er knapp fünf Jahre alt war, wählte mein Sohn Tidiane eine Gute-Nacht-Geschichte aus, in der alle Protagonisten männlich waren. Um stereotypischen Repräsentationen und fehlender Vielfalt in Kinderbüchern entgegenzuwirken, ändere ich beim Vorlesen gern die Namen und Geschlechter der Protagonist*innen. So wird zum Beispiel Mehmet aus Anton, oder Aïda aus Jonathan, oder der Papa wird zu einer Mama. In der Geschichte ging es um den ungefähr sechs Jahre alten Alexander den Großen, der es schafft, sein Pferd Bucephalus zuzureiten, obwohl dies keinem erwachsenen Mann vor ihm gelungen ist. Er wird heroisch und mutig dargestellt, und am Ende von seinem Vater und den anderen Männern gelobt und geehrt. Die letzte Zeile der Geschichte lautet: »Alexander, du wirst Großes vollbringen!« Ich war irritiert, dass keine einzige weibliche Protagonistin im Buch vorkam, inklusive dem Pferd, und wandelte Alexander in Alexandra um. Mein Sohn hörte die ganze Geschichte aufmerksam an und fragte am Ende, nach einer kurzen Pause: »Ist es wirklich ein Mädchen?« Als ich antwortete, dass sie in der Tat ein Mädchen war, meinte er: »Nicht für mich. Für mich ist sie ein Junge.«

In manchen Geschichten kann der Geschlechterwechsel zu Irritation führen, vor allem, wenn Väter lange Haare haben oder muskulöse Frauen mit kurzen Haaren in voller Feuerwehrmontur vorkommen. Aber in diesem Fall entsprach die kleine »Alexandra« in den Illustrationen im Buch der typischen Darstellung eines Mädchens: Auf den Bildern trug Alexander ein Röckchen und hatte einen Pagenschnitt, wie es sich für Männer in der Antike gehörte. Trotzdem wollte Tidiane nicht wahrhaben, dass es ein Mädchen sein könnte. Beim Vorlesen war ich selbst von der veränderten Geschichte irritiert. Sie wirkte irgendwie falsch, nicht weil Mädchen keine Heldentaten begehen können, sondern weil sie so gut wie nie in solchen Rollen dargestellt werden. Ich versuchte, andere Beispiele zu finden, wo Frauen von Männern zu Heldinnen erhoben werden, und es fiel mir spontan keine Geschichte, kein Film, kein Buch ein. Weibliche Protagonistinnen haben fast immer entweder die Rolle der Begleiterin oder des Objekts der Begierde, die im Schatten der männlichen Hauptfigur existieren. Sie werden häufig hypersexualisiert, in die Rolle der fürsorglichen Frau gedrängt, stereotypisch dargestellt, und manchmal kommen sie gar nicht zu Wort, wie in den Comic- und Kinderbuchklassikern *Asterix und Obelix*, *Emil und die Detektive*, *Die Schlümpfe* oder *Tim und Struppi*, um nur einige zu nennen. In seltenen Fällen gibt es weibliche Role Models für Kinder wie *Pipi Langstrumpf* und *Ronja Räubertochter* und somit alternative Darstellungen von Frauen und Mädchen. Doch so wundervoll diese Figuren sind, tragen auch sie zuweilen zu einer Abwertung der weiblichen Sphäre bei, weil sie sich im Grunde klischeehaft wie Jungen verhalten und ihre »Weiblichkeit« aktiv zurückweisen.[2] Fast ein Jahrzehnt später sind wir mit Büchern wie *Good Night Stories for Rebel Girls: 100 außergewöhnliche Frauen* ein bisschen weiter. In einer Datenanalyse von mehr als 50.000 Kinderbüchern hat die *Süddeutsche Zeitung* versucht, Geschlechterklischees aufzuzeigen.[3] Das Ergebnis ist eindeutig: Die Stereotype sind noch sehr präsent – aber noch wichtiger als die Klischees ist die Hierarchie, in die sie eingebettet sind, und die oft und gern ausgeblendet wird. Laut der SZ-Studie gibt es mehr als die doppelte Anzahl an Büchern mit männlichen Protagonisten, die mit dem Wort »Abenteuer« verknüpft werden. Unsere Alexander-Geschichte ist also keine Ausnahme. Tidiane merkte wohl, dass wir es mit einer ungewöhnlichen Situation zu tun hatten. Der Grund, warum er am Ende für sich entschied, dass die Heldin doch ein Held war, hat aber mit der Tatsache zu tun, dass er sich mit einer solch heroischen Figur gerne identifizieren *wollte*. Sich mit einem Mädchen zu identifizieren, fiel ihm schwer. Warum? Weil er schon früh verinnerlicht hat, dass Mädchen *weniger wert* sind als Jungen. Die kurze Pause vor seinem Fazit war Ausdruck dieses internen Konflikts: »Ich will mich so sehen wie diese Heldin. Sie ist aber ein Mädchen. Und ich will kein Mädchen sein.« Dies passierte, kurz nachdem Tidiane sich seine schönen langen Haare abgeschnitten hatte, weil er nicht mehr für ein Mädchen gehalten werden wollte.

Jetzt drehen wir die Situation um. Alexander bleibt ein Junge, und Tidiane ist ein Mädchen, sagen wir Amira. Sie hätte nicht unbedingt den gleichen Drang gehabt, sich mit Alexander zu identifizieren, weil sie bereits verinnerlicht hat, dass Heldentaten nicht »mädchenhaft« sind. Sie wird aber bei der Erzählung der Geschichte die Überlegenheit der Männer ein Stück tiefer internalisieren – sie sind diejenigen, die mutig, bewundernswert und heroisch sind. Das Problem ist nicht die Geschichte an sich. Es ist doch sehr schön, dass Jungs und Männer heroisch dargestellt werden, und dass es zum positiven Selbstbild von kleinen Jungs beiträgt. Das Problem ist die Eindimensionalität und das Ungleichgewicht der Repräsentationen. So werden unsichtbare Sockel kreiert, auf denen nur ein winziger Teil der Menschheit steht. Und vom Sockel aus ist es schwieriger, Empathie zu verspüren. Wahre Empathie setzt voraus, dass man aus seinen eigenen Emotionen heraustritt, um die Dinge so weit wie möglich aus der Perspektive des anderen zu betrachten. Mädchen lernen früh, die Welt aus der Perspektive der Jungen zu betrachten, weil Kinderbücher, Trickfilme, Fernsehen und Werbung überwiegend aus ihrer Perspektive erzählt sind. Jungs nicht. Diese Beobachtung gilt nicht nur für Jungs und Mädchen, sondern für alle gesellschaftlichen Gruppen. Nicht nur Mädchen lernen, die Welt aus der Perspektive der Jungen zu betrachten. Nichtweiße Menschen lernen, sich in weiße Menschen hineinzuversetzen, genauso wie Trans-Menschen in Cis-Menschen, queere in heterosexuelle Menschen, und behinderte Menschen in nicht-behinderte Menschen. Das Einfühlungsvermögen von marginalisierten und minorisierten Gruppen wird durch die positive Überrepräsentation der unsichtbaren Norm – weiß, männlich, hetero, cis- und nicht behindert – sehr früh gefördert. Umgekehrt ist es nicht der Fall. Uns fehlt das Einfühlungsvermögen für diejenigen, die als minderwertig konstruiert wurden.

Ein Beispiel illustriert diese Beobachtung sehr gut. Viele Männer begreifen erst die Notwendigkeit des Feminismus, wenn sie Töchter haben. Wenn sie den Schmerz und die Wut erahnen können, die eine hypothetische Vergewaltigung oder andere sexistische Misshandlung ihrer Töchter bei ihnen auslösen würde, fällt es ihnen leichter, sich in Frauen im Allgemeinen einzufühlen. Der Anknüpfungspunkt für die Empathie liegt bei ihnen selbst, und nicht bei den Frauen. In einem Buch über das außergewöhnliche Leben der Jeanne d'Arc schreibt der Autor David Elliot:

> »Was ist eine Frau?
> Die Schwester ihrer Brüder, die Tochter ihres Vaters,
> Die Frau ihres Mannes, die Mutter ihrer Kinder.«[4]

Existiert die Frau nur in Relation zu Männern?

Empathie – oder das Fehlen von Empathie – ist eine wichtige Grundlage von Diskriminierung und gesellschaftlicher Ungleichheit. Das Verschwinden von Empathie ist nach Hannah Arendt das erste und wichtigste Zeichen, dass eine Kultur der »Barbarei« anheimfällt – in ihren Worten. Was Menschen daran hindert, Empathie zu verspüren, ist die Entmenschlichung anderer in all ihren unterschiedlichen Ausprägungen. Entmenschlichung und Empathie sind deshalb untrennbar miteinander verbunden. Durch Empathie lernen wir nicht nur, die Welt aus der Perspektive der anderen zu betrachten, sondern auch, die Gefühle und den Schmerz der anderen wahrzunehmen und mitzufühlen.

Forscher*innen an der Universität Mailand-Bicocca in Italien haben ein Experiment durchgeführt, um herauszufinden, ob die Hautfarbe die Art und Weise beeinflusst, wie wir auf den körperlichen Schmerz eines anderen Menschen reagieren.[5] Den Teilnehmer*innen (die alle weiß waren) wurden Videoclips gezeigt, in denen eine Nadel in die Haut eingeführt wird. Die Reaktionen der Teilnehmer*innen wurden durch Hautleitfähigkeitstests gemessen, die die Aktivität in der Schmerzmatrix des Gehirns widerspiegeln – im Grunde wurde gemessen, ob ihre Hände schwitzten oder nicht. Wenn wir jemanden sehen, der Schmerzen hat, aktiviert dies dasselbe Netzwerk in unserem Gehirn, als ob wir selbst verletzt werden. In diesem Experiment reagierten die Zuschauer*innen stärker, wenn sie sahen, wie Weiße einen schmerzhaften Stimulus erhielten. Dieses Phänomen nennt man die rassenbezogene Empathielücke *(»racial empathy gap«)*. Eine in den USA durchgeführte Studie zeigt, dass Menschen, auch medizinisches Personal, davon ausgehen, dass Schwarze weniger Schmerzen empfinden als Weiße.[6] Die Empathielücke beschränkt sich nicht nur auf physische Schmerzen, sondern auch auf Emotionen wie Liebe, Kummer oder Trauer. Zurück in die Aufklärung und in

Kants Worten ausgedrückt: »Die N[-Wort] von Afrika haben von der Natur kein Gefühl, welches über das Läppische stiege.«[7] Der Glaube, dass Schwarze Menschen weniger emotionsfähig als weiße sind, gehörte zum wissenschaftlichen Rassismus und besteht im kollektiven Unterbewusstsein bis heute fort. Deswegen stoßen Nachrichten über Hunderttausende Menschen, die auf ihrem Weg von Afrika nach Europa im Mittelmeer ertrinken oder im Krieg in Sudan sterben so häufig auf Gleichgültigkeit.

Fehlende Empathie – die bei vielen als minderwertig konstruierten Gruppen greift, etwa auch bei behinderten Menschen – erklärt u. a. die Ungerechtigkeit in verschiedenen gesellschaftlichen Bereichen: von der Medizin bis zum Justizsystem. An dieser Stelle ist es wichtig, zwischen Empathie und Mitleid zu unterscheiden. Genau weil viele nicht-behinderte Menschen Mitleid für behinderte Menschen empfinden, können sie sich nicht in ihre Situation hineinversetzen und die Welt aus ihrer Perspektive betrachten. Ganz im Gegenteil: Oft empfinden sie genau deswegen Mitleid, weil sie die behinderte Person aus ihrer eigenen Perspektive betrachten, und sich nicht vorstellen können, dass ein Leben im Rollstuhl oder als Blinde*r auch glücklich und erfüllt sein kann. Mitleid geht mit einem Impuls zum Helfen einher. Dabei lautet die stillschweigende Botschaft nicht selten: »Zum Glück bin ich nicht sie.« Durch Mitleid werden Gefühle wie Elend, Traurigkeit und Schmerz auf andere Menschen projiziert, ohne dass es deren tatsächlicher Realität unbedingt entspricht. Es wird aus der eigenen Perspektive vermutet, dass ein Leben in einem »armen« Dorf in Namibia schrecklich sein muss. Bilder und mediale Repräsentationen, die systematisch Elend, Krieg, Armut und Krankheit mit dem afrikanischen Kontinent verbinden, tragen zu solchen Annahmen bei. Das Gleiche gilt für Darstellungen, die das Leben Behinderter als Heldengeschichte inszenieren: Sie sind ein Zeichen von fehlender Empathie, weil den behinderten Menschen nicht auf Augenhöhe begegnet wird. Wenn sie ihr ganz normales Leben führen – ohne ihre Behinderung heroisch zu überwinden, wie zum Beispiel durch einen Leistungssport oder durch Kunst –, werden sie bemitleidet, auch wenn es ihnen, aus ihrer Perspektive, ganz gut geht. Storys in den Medien von behinderten Sportler*innen, die zu Held*innen gemacht werden, sind Ausdruck eines Überlegenheitskomplexes – und haben nichts mit Empathie zu tun. Ein objektiver Grund, warum die Situation von behinderten Menschen in erster Linie »bemitleidet« werden sollte, sind die gesellschaftlichen Ausschlüsse und die strukturelle Diskriminierung, die sie täglich erleben. Empathie und Mitleid sind also verschiedene Sachen, die nicht miteinander verwechselt werden sollten.

Der mehrfach ausgezeichnete unabhängige Filmemacher, Schriftsteller und Musiker André Seewood schrieb einen Artikel mit dem provokativen Titel »Warum weiße Menschen keine schwarzen Filme mögen«[8]. Die kurze Antwort zu dieser Frage lautet: weil ihnen das nötige Einfühlungsvermögen fehlt, um sich mit Schwarzen Charakteren zu identifizieren, was wiederum ihre Fähigkeit beeinträchtigt, »die Ungläubigkeit auszusetzen«[9] und sich der Erzählung eines Schwarzen Films hinzugeben. Die überwältigende Mehrheit der Filme, die in Deutschland, Europa und der ganzen Welt gesehen werden, sind weiße Filme, auch wenn sie nicht als solche bezeichnet werden, sondern einfach als »Film«. Ein »normaler« Film also hat mindestens eine weiße Person in der Haupt- oder Co-Hauptrolle und, wenn überhaupt, Schwarze oder andere People of Color in unterstützenden Rollen, in denen sie mit Weißen in Knechtschaft, Ehrerbietung oder emotionaler Abhängigkeit interagieren. In diesen Filmen löst sich die Erzählung selbst auf, indem den Emotionen und Umständen der weißen Figuren mehr dramatische Aufmerksamkeit geschenkt wird. Die US-amerikanische Filmwissenschaftlerin Anna Everett beobachtet, dass es weißen Zuschauer*innen nicht auffällt, wenn es in einem Film keine Minderheiten oder Schwarze gibt. Umgekehrt scheinen Weiße es zu bemerken, wenn es keine Weißen in einem Film gibt, und sie scheinen darauf zu reagieren, indem sie den Film nicht sehen.[10] Diese Beobachtung kann auf andere Minderheiten übertragen werden, wie die LGBTQI+-Community und behinderte Menschen. Es gibt inzwischen Filme, die mehrheitlich queere Protagonist*innen aufweisen, aber behinderte Menschen werden nach wie vor von der Filmindustrie ausgeschlossen, als Protagonist*innen und Schauspieler*innen. Wenn sie in Filmen vorkommen, werden sie häufig anhand hartnäckiger Klischees porträtiert – zum Beispiel als verbitterter Böser wie etwa Samuel L. Jackson als Elijah Price im Film *Unbreakable* (2000) oder Anne Hathaway als Hexe mit nur drei Fingern an jeder Hand, was der Kondition Ektrodaktylie ähnelt, in *The Witches* (2020), oder als hilflos und depressiv wie in *Ziemlich Beste Freunde* (2011) – und von nicht-behinderten Schauspieler*innen gespielt, was zu einer doppelten Unsichtbarkeit führt. Zudem wird nicht anerkannt, dass mit der Identität des*der Schauspieler*in eine Erfahrung verbunden ist, die sich im Film widerspiegelt.

Warum gucken Schwarze, LGBTQI+ und behinderte Menschen weiterhin Filme, in denen sie unzureichend – und falsch – dargestellt werden? Wie kommt es, dass sie sich mit weißen, heterosexuellen und nicht-behinderten Menschen identifizieren können? Zum einen mangels Optionen. Zum anderen ist es ein natürlicher Prozess, die Macht und Privilegien der Protagonist*innen selbst besitzen zu wollen. Das kleine Mädchen Amira, beim Zuhören der Geschichte vom mutigen, starken und vielbewunderten Alexander, stellt sich heimlich vor, dass sie eines Tages auch eine solche Position erreichen könnte. Der kleine Tidiane dagegen kann sich der Erzählung nur dann hingeben, wenn der Held ein Junge wie er ist. Die Empathielücke tut sich sehr früh auf. Deswegen sind vielfältige Darstellungen, Protagonist*innen und Handlungen in Kinderbüchern so wichtig.

Wie über Unterdrückung berichtet wird

»Das sind die Medien. Unverantwortliche Medien. Sie lassen den Verbrecher so aussehen, als sei er das Opfer, und das Opfer so, als sei es der Verbrecher. Wenn man nicht aufpasst, werden einen die Zeitungen dazu verleiten, die Menschen zu hassen, die unterdrückt werden, und diejenigen zu lieben, die die Unterdrückung ausüben.«
Malcolm X[11]

Die Empathielücke wirkt sich nicht nur in der Kinowelt negativ aus, sondern auch in der Berichterstattung im Fernsehen, im Radio und in Zeitungen. Sie kann zu einer Empathiekluft werden, wenn Macht, Privilegien und Interessen der dominanten Gruppe gegenüber Widerstandsbewegungen geschützt werden müssen. Dann lassen die Medien, warnte Malcolm X pointiert, »den Verbrecher so aussehen, als sei er das Opfer, und das Opfer so, als sei es der Verbrecher«.

Auch wenn das Berufsethos des Journalismus Neutralität, Objektivität und Unabhängigkeit verspricht, werden politische Ereignisse in den Medien unbewusst durch den Blickwinkel der Macht wiedergegeben. Tatsächlich wird die internationale Berichterstattung überwiegend aus der Perspektive weißer europäischer Männer gestaltet.[12] Unbewusste Vorurteile und stereotype Annahmen von Journalist*innen wirken unmittelbar auf die Art und Weise, wie über gesellschaftliche Ereignisse berichtet wird. Denjenigen, die über die Macht verfügen, die Welt zu beschreiben, kommt die Verantwortung zu, Machtgefälle, Privilegien und Stereotype in ihrer Berichterstattung zu reflektieren. Worte sind Träger von Bedeutung und tragen zu bestimmten Repräsentationen und Assoziationen bei.

Die Art und Weise, wie zum Beispiel über die Schwarzen Männer und Frauen berichtet wird, die von der Polizei in Deutschland, Frankreich, den USA und vielen anderen Ländern ermordet werden, zeigt, dass Medien ihnen nicht immer die Würde und den Respekt geben, die sie verdienen. Adama Traoré in Frankreich, Oury Jalloh, Dominique Koumadio, Laya-Alama Condé und Achidi John in Deutschland, Breonna Taylor, Charleena Chavon Lyles, Korryn Gaines, Trayvon Martin, Atatiana Koquice Jefferson, George Floyd in den USA, und die Liste geht weiter, sind alle Schwarze Menschen, die von der Polizei ermordet wurden. Sie waren Eltern, Brüder und Schwestern, Töchter und Söhne, die unschuldig waren. Dennoch wird die Tatsache, dass sie ermordet wurden, in den Medien zuweilen angezweifelt. Direkt nach dem Mord an George Floyd vermieden manche Medien in Deutschland den Begriff des Mordes und sprachen vom Tod George Floyds.[13] Statt die simple Tatsache zu beschreiben, dass ein Polizist den Schwarzen Mann George Floyd getötet hat, wurden Formulierungen benutzt, bei denen die Absicht des Polizisten und seine Verantwortung nicht ersichtlich waren. Ein Journalist sprach zum Beispiel von der »Wut über den Tod George Floyds, einem Schwarzen, dem ein Polizist so lange sein Knie an den Hals gedrückt hat, bis er nicht mehr gelebt hat.«[14] Es ist ihm nicht bewusst, doch durch diese Worte wird der weiße Polizist geschützt und seine Straftat verharmlost. Man kann sie sogar so interpretieren, dass George Floyd sich selbst in die Situation gebracht hat, von einem Polizisten in einer solchen Stellung auf dem Boden festgehalten zu werden. Die Polizei nahm George Floyd fest, nachdem sie einen Anruf von einem Lebensmittelhändler erhalten hatte, der behauptete, dass Floyd einen gefälschten 20-Dollar-Schein verwendet habe. Mehr und mehr sprachen die Medien eine klare Sprache und bezeichneten die Tat als das, was sie war: Mord. Doch kurz nach der Tat musste ich drei unterschiedliche

Journalist*innen in Interviews unterbrechen – um sie darum zu bitten, nicht von »Tod«, sondern von »Mord« zu sprechen.

Lassen Sie uns kurz ein hypothetisches Szenario vorstellen: George Floyd wäre weiß gewesen. Hätte ihn die Polizei für das Bezahlen mit einem gefälschten 20-Dollar-Schein so behandelt? Das bezweifle ich sehr. Ein Archäologie-Professor namens Mark McCoy twitterte: »George Floyd und ich wurden beide festgenommen, weil wir angeblich einen gefälschten 20-Dollar-Schein ausgegeben haben sollen. Für George Floyd, einen Mann meines Alters, mit zwei Kindern, war das ein Todesurteil. Für mich ist es eine Geschichte, die ich manchmal auf Partys erzähle. Das ist das Privileg der Weißen.«[15] Aber nehmen wir an, dass der Polizist auch McCoy getötet hätte. Wie hätten die Medien über diesen Mord berichtet? Wäre der Polizist konsequent benannt worden? Ja, das wäre er. Hätten Journalist*innen so zögernd und zurückhaltend über den Mord gesprochen? Nein, das hätten sie nicht. Wäre der Grund der Festnahme in den Schlagzeilen benannt worden? Definitiv. Hätte es gegen den Mord eines weißen Mannes durch die Polizei Demonstrationen gegeben, wie wären sie in der Presse dargestellt worden? Nicht als Randale.

Die Proteste gegen die extreme rassistische Polizeigewalt, die nach dem Mord an George Floyd überall in den USA und weltweit entstanden, wurden in den Leitmedien immer wieder als »Randale«, »Plünderungen«, »Vandalismus«, »Krawalle« und »Unruhe« bezeichnet – statt über Protest, Widerstand, Marsch oder Bewegung zu sprechen. Über die Gewalt, die am Rande der Demonstrationen auch stattfand, wurde in den Medien viel mehr berichtet als über die Botschaft des Aufstands. Schlagzeilen wie »Die Nacht der Plünderer«,[16] »Ein Bild der Verwüstung.«[17] »Hier geht es um Chaos,«[18] kamen in den meisten deutschen Leitmedien vor. Nicht nur war die Gewalt das zentrale Element, sondern der Mord wurde wie ausgeführt nicht immer benannt. Die Bezeichnung des offensichtlichen Mordes als »Tod« verzerrt die Realität der Situation und blendet die Tatsache aus, dass sein Tod aktiv von einer anderen Person ausgelöst wurde. Das Wort »Tod« in diesem Kontext ist nicht einfach nur ungenügend, sondern es trägt zu der strukturellen Unterdrückung der Erfahrungen und Stimmen von marginalisierten Menschen bei. Im Teaser eines Artikels der *Tageschau* steht: »Nach dem Tod des Schwarzen Floyd in Minneapolis werden immer mehr US-Städte von Protesten und auch Gewalt erfasst. Minnesotas Gouverneur beklagte, den Demonstranten gehe es nicht um George.««[19] Der paternalistische Ton dieser Schlagzeile drückt sich nicht nur durch die Tatsache aus, dass George Floyd vom Gouverneur einfach mit Vornamen genannt wird und man ihn so zitiert, sondern auch durch dessen Unterstellung, die Demonstrant*innen seien nicht *ehrlich* an Gerechtigkeit interessiert. Warum wird diesem weißen Gouverneur mehr Platz in den deutschen Medien gegeben als den Menschen, die sich für Gerechtigkeit einsetzen? Es wurde auch viel über die Polizist*innen berichtet, die sich an den Protesten beteiligten. In einem *Spiegel*-Video über die Proteste kommt eine einzige Person zu Wort: ein netter Polizist, der den Demonstrant*innen sagt: »Wir lieben euch«.[20] Nach diesem Video fragt man sich fast, was der ganze Wirbel soll. Die Tatsache, dass manche Polizist*innen sich solidarisieren, ist erwähnenswert, aber das Problem ist, dass ihnen eine viel größere Plattform gegeben wird als den Unterdrückten, die zudem nicht selten als Verbrecher*innen dargestellt werden. Die Medien schützen dadurch den Status quo und individualisieren ein Problem, das systemisch und institutionell ist: Polizeigewalt ist in der Institution der Polizei historisch und strukturell verankert und sollte nicht durch nette Polizisten heruntergespielt werden. Dieser Vorfall lässt sich vielmehr in eine Geschichte von rassistischer Gewalt gegen People of Color einordnen, zu der Lynchen, Sklaverei und die Jim-Crow-Ära zählen. Durch Sätze wie »Es kommt zu gewaltsamen Auseinandersetzungen«[21]

wird von Journalist*innen das Machtgefälle komplett ausgeblendet: als ginge es lediglich um Streitigkeiten auf Augenhöhe. Bei solchen »Auseinandersetzungen« haben jedoch die einen Waffen, schusssichere Westen, Tränengas und Schlagstöcke, und die anderen stehen mit bloßen Händen da. Es sind keine Streitigkeiten auf Augenhöhe, sondern gewaltsame staatliche Repressionen, die systematisch seit Jahrhunderten versuchten, die Stimmen, die Würde und die Existenz von Schwarzen Menschen zu vernichten.

George Floyds Name und sein Alter wurden überall bekannt gegeben, der Name des weißen Polizisten, der des Mordes dritten Grades angeklagt wird, war im Internet schwerer zu finden und wurde zunächst häufiger ausgespart. Die Anonymität des Schuldigen wird also eher gewahrt, während Bilder, Zeichnungen und Informationen über Schwarze Männer, die einer Straftat beschuldigt werden, in den Medien kursieren, lange bevor klar ist, ob sie schuldig sind. Kann man dann von einer »neutralen« Berichterstattung sprechen?

Ich unterstelle den Journalist*innen keinen offenen Rassismus. Aber in einer ungerechten Gesellschaft trägt vermeintliche Neutralität – lieber noch nicht von Mord zu sprechen usw. – zur Verschleierung der Machtverhältnisse bei, der Privilegien und der Ungerechtigkeit. Sie reproduziert mit ihrer vermeintlich neutralen Berichterstattung rassistische Narrative und verleugnet die Menschlichkeit von George Floyd – und von allen Schwarzen Menschen.

Durch die Überbetonung des Nette-Polizisten-Narrativs und die Darstellung der Proteste als gewalttätig werden de facto die Institution der Polizei und die weiße Vorherrschaft geschützt. Auch das meist unbewusst. Die Mehrzahl der Demonstrationen sind in den USA vorwiegend ruhig und friedlich verlaufen, mit dem Skandieren von Parolen wie »No justice! No Peace« und »Black lives Matter«. Die Wut und die Hilflosigkeit von schwarzen Communitys, sowohl in Frankreich, Deutschland, Belgien, England und überall auf der Welt werden von Medien delegitimiert, wenn sie in ihrer Berichterstattung den Eindruck erwecken, die Unterdrückten dürften nicht wütend sein.

Denn die Wut der Unterdrückten ist die größte Bedrohung für das unterdrückende System. Wütende Frauen werden als hysterisch diskreditiert, wütende Schwarze und People of Color als aggressiv, bedrohlich und brutal, und wütende queere, Trans- und behinderte Menschen als psychisch krank. Die kollektive Erinnerung malt heute das Bild einer friedlichen Bürgerrechtsbewegung in den USA. Damals jedoch wurde sie in den Medien nicht als friedlich porträtiert, und die staatliche Repression durch die Polizei war extrem gewalttätig und tödlich. Rosa Parks und Martin Luther King wurden als Kriminelle dargestellt und behandelt. Die weiße US-amerikanische Journalistin Hanna Brooks Olsen twitterte während der Proteste um den Mord an George Floyd: »Dass weiße Menschen denken, die Bürgerrechtsbewegung hätte ausschließlich daraus bestanden, dass Rosa Parks höflich dasaß und MLK ›friedlich‹ war, ist ein Beweis dafür, dass unser Bildungssystem auf *weiße* Vorherrschaft gegründet ist. So wird Schwarze Geschichte in eine Disneyland-Version für weißen Konsum und Komfort verwandelt.«[22] Dementsprechend stehen die bekanntesten Zitate von Martin Luther King in Verbindung mit Liebe, Frieden und Einheit im Streben nach Gerechtigkeit. Aber er sagte auch: »Aufstand ist die Sprache der Unerhörten«, und dass »weite Teile der weißen Gesellschaft mehr um Ruhe und den Status quo besorgt sind als um Gerechtigkeit, Gleichheit und Menschlichkeit«.[23] Gruppen, die von den Medien, der Politik und der breiten Öffentlichkeit unsichtbar gemacht und nicht gehört werden, haben sich historisch durch Aufstände Gehör verschafft. Denn erst als Läden, Häuser und Bushaltestellen in Flammen standen, kamen Journalist*innen und berichteten über die »Krawalle«. Ein

Yoruba-Sprichwort sagt: »Ein Kind, das nicht vom Dorf umarmt wird, wird es niederbrennen, um seine Wärme zu spüren.« Ein Perspektivenwechsel: zu den Menschen, die rassistische Narrative und Hass in Deutschland verbreiten. Ihnen wird in den Medien insofern immer wieder eine Plattform gegeben, als über ihre »Ängste« und »Sorgen« gesprochen wird – egal, ob sie begründet sind oder nicht. Zum Beispiel basiert das Narrativ des kriminellen Flüchtlings auf rassistischen Stereotypen und hat keinerlei objektive Grundlage. Die überwiegende Mehrheit der Geflüchteten ist nicht kriminell, sondern auf der Suche nach einem sicheren Ort. Der Rechtsextremismus-Experte Michael Nattke sagte zu Recht: »Keine andere Gruppe ist so verhätschelt worden wie die ›besorgten Bürger‹.«[24] Die Ängste vor Überfremdung, vor Vergewaltigungen oder vor der Islamisierung Deutschlands füttern rassistische Stereotype gegen Muslime, Schwarze und andere Minderheiten und werden als Rechtfertigung für Ausgrenzung, Hassreden und rassistische Gewalt benutzt. Die Empathie, die den »besorgten Bürger*innen« geschenkt wird, hat ihnen die Türen zur Mitte der Gesellschaft geöffnet. Diese Empathie legitimiert nicht nur fragwürdige Sorgen, sondern ist auch ein Nährboden des Rechtspopulismus. Vermeintlichen Ängsten, die Hass, Marginalisierung und Diskriminierung schüren, wird mehr Platz eingeräumt als den begründeten Ängsten nicht-weißer Menschen in Deutschland. 2018 schrieb zum Beispiel der AfD-Fraktionsmitarbeiter Marcel Grauf aus Baden-Württemberg: »Sieg Heil. – Immerhin haben wir jetzt so viele Ausländer im Land, dass sich ein Holocaust mal wieder lohnen würde.«[25] Angst zu haben in einem Land, dessen politisch Verantwortliche solche Aussagen tätigen – mag Grauf auch kein Amt innehaben – ist, milde ausgedrückt, begründet. Für viele ist der Terror schon längst Teil des Alltags, wie für Bewohner*innen von Geflüchtetenheimen, die täglich der Gewalt durch benachbarte Neonazis ausgesetzt sind.

Seit sich 2015 die Neonazi-Attacken in Berlin mehrten, bin auch ich in manchen Stadtteilen ständig auf der Hut und habe im Kopf immer einen Plan parat, für den Fall, dass mir und meinem Kind Neonazis über den Weg laufen. Im Freundeskreis gehört das Thema »Wohin wandern wir aus, falls es schlimmer wird?« inzwischen zu fast jedem Gespräch, auch schon vor den Hanau-Morden. Meine Mutter, die bei ihrem letzten Besuch in Berlin beim Einkaufen rassistisch beschimpft wurde, ohne dass irgendjemand sie verteidigte, macht sich Sorgen um mich. Mein Vater fragt mich auch regelmäßig, bis zu welchem Zeitpunkt ich in Deutschland bleiben will. Er erzählt mir jedes Mal von seinem Großvater, der zu lange gewartet hat, bevor er seine Koffer packte, und schließlich in einem Vernichtungslager ermordet wurde. Ab wann werden wir in Deutschland den Punkt erreichen, wo wir nicht genug Zeit haben werden, um unsere Koffer zu packen?

Die Demonstrationen der »besorgter Bürger*innen« sind hasserfüllt und gewalttätig: Ausländisch aussehende Menschen, die sich unglücklicherweise auf der Marschroute befinden, werden gejagt und geprügelt, Deutschland- und Reichsfahnen werden geschwenkt, Nazi-Gesänge gebrüllt, man sieht Hitlergrüße. Wenn »besorgte Bürger« gewalttätig werden, dann angeblich aus Angst. Es ist nur ein kleiner Schritt, bis in den Medien von Selbstverteidigung die Rede sein könnte – in Neonazikreisen werden solche Begriffe bereits verwendet. Wenn Geflüchtete, Schwarze und Muslime es wagen würden, mit annähernd so viel Gewalt auf rassistische Hetze – und ihre Angst davor – zu reagieren, würde die Presse die gleiche Empathie zeigen? Das glaube ich, ehrlich gesagt, nicht. Weil sie als bedrohlich wahrgenommen würden. Der Widerstand, die Wut und die Angst von nicht-weißen Menschen werden nur dann toleriert, wenn die Anliegen »friedlich«, »gewaltfrei« und »gehorsam« geäußert werden. Nicht zufällig werden Gandhi, Nelson Mandela, Rosa Parks und Martin Luther King gefeiert. Sie waren *friedlich* gegenüber eklatanter staatlicher rassistischer Gewalt.

Ein anderes Beispiel für eine solche Doppelmoral ist die Bezeichnung von Terror. Viele terroristische Taten werden nicht als solche benannt, wenn sie von weißen Menschen begangen werden. Der Duden beschreibt Terrorismus als »Einstellung und Verhaltensweise, die darauf abzielt, [politische] Ziele durch Terror durchzusetzen«. Eine andere Definition bezeichnet Terrorismus ganz schlicht als »das Ausüben und Verbreiten von Terror«. Dennoch wird das Wort fast ausschließlich mit dem Islam in Verbindung gebracht. Eine schnelle Google-Suche mit dem Wort »Terrorismus« zeigt überwiegend Fotos von Islamisten. Erst in den letzten Jahren wird Neonazi-Gewalt als »Rechter Terror« bezeichnet, nachdem vor noch nicht allzu langer Zeit die Ermordung von acht Männern türkischer Herkunft und eines Griechen durch Neonazis von den deutschen Leitmedien mit der rassistischen, verharmlosenden und klischeehaften Bezeichnung »Dönermorde« bedacht wurde.

Bei terroristischen Taten wird weißen Männern zudem eine implizite Unschuldsvermutung gewährt. Ihnen werden vermeintliche psychische Störungen unterstellt, oder ihre Motive werden ganz genau untersucht und diskutiert, während Muslim*innen und Schwarze dieses Privileg nicht haben. Darin liegt die Macht von Stereotypen: Es ist sehr schwer, ihnen zu entkommen. Ein muslimischer Mann, der in einer Schule mit einer Waffe zu schießen beginnen würde, würde – in vielen Zeitungen – sofort als Terrorist gelten. Wäre dieser Mann weiß, würde man von einem Amokläufer sprechen. Und nur der hat das Privileg der Individualität. Im Fall eines Muslims wird seine Tat sich auf die gesamte Gruppe der Muslime auswirken: Sie werden sich für seine Tat verantworten müssen, auch wenn sie damit absolut nichts zu tun hatten. Im Fall eines Weißen wird seine Tat *seine* Tat bleiben. Bei den

NSU-Morden haben sich die rassistischen Stereotype gegen die Opfer und ihre Familien gewandt: Die Ermittlung drehte sich mehrere Jahre im Kreis, weil es sowohl der Polizei als auch den Richter*innen so schwerfiel, nicht-weiße Männer als Opfer rassistischer Gewalt zu sehen – und nicht als Verbrecher. Deswegen können rassistische Vorurteile – auch wenn sie unbewusst sind – tödlich sein.

Im Fall der Central Park Five – fünf Schwarze Jugendlichen zwische 14 und 16, die zu Unrecht für die Vergewaltigung und den gewalttätigen Angriff auf eine weiße Joggerin im Central Park 1989 verurteilt und inhaftiert wurden – treffen zwei machtvolle Stereotype aufeinander: der Schwarze Sexualstraftäter und die wehrlose weiße Frau. In diesem Fall haben diese zwei Bilder *allein* zur Verurteilung der fünf Jungs geführt. Es gab keinerlei Beweise, die DNA-Tests waren negativ, aber die jahrhundertealten Repräsentationen von Schwarzen Männern als sexuelle Raubtiere reichten aus, um sie zu verurteilen. In den Medien wurden sie mit Tieren verglichen und als solche benannt, als ein »Wolfsrudel«, »Wilde im Park«. Nicht nur die Strafverfolgung war schuldig, sondern das gesamte System, das solche Bilder aufrechterhält und instrumentalisiert, angefangen bei den Medien, die die Polizei unter enormen Druck gesetzt haben, diesen Fall schnell zu lösen – und zwar so, dass es ihrem Narrativ entspricht. Die Geschichte von fünf brutalen »Barbaren«, die einen der wertvollsten Menschen überhaupt vergewaltigen – eine weiße, reiche, junge Frau. Für eine solche Vergewaltigung müssen alle Schwarzen Männer kollektiv haften.

Die Intensität der Empathie, die die Überlebende der Vergewaltigung erfuhr, ist in Zusammenhang mit den vermeintlichen Tätern zu sehen: Sie bekam Hunderttausende Briefe von unbekannten Menschen, Blumen von Frank Sinatra, wurde von der Polizei und vom Gericht mit enormem Respekt und Würde behandelt. Warum widerfährt dies nicht allen Frauen, die täglich vergewaltigt werden? Muss dafür der Täter Schwarz, muss die Überlebende weiß sein? »Die Tränen einer weißen Frau bewegen die ganze Welt. Die Tränen von Schwarzen und indigenen Frauen tun nichts«[26], sagt der Trauma-Experte Resmaa Menakem. Die Tatsache, dass der Ursprung der #MeToo-Bewegung wenigen bekannt und selten Thema ist, hat damit zu tun, dass sie von einer Schwarzen Frau, Tarana Burke, initiiert wurde. Sie wollte Schwarze Frauen und Women of Color ermutigen, ihre Erfahrungen von sexueller Gewalt und Vergewaltigung zu teilen. Erst als die weiße Schauspielerin Alyssa Milano #MeToo twitterte, gewann die Bewegung an Bedeutung. Tarana Burke sagt: »Die Welt reagiert auf die Verletzlichkeit weißer Frauen. Unsere Geschichten werden nicht erzählt, und daraus resultiert, dass wir uns nicht gleichermaßen wertvoll fühlen.«[27]

Zudem werden grausame Straftaten wie Vergewaltigung oder Mord, wenn der Täter weiß ist, überproportional häufig durch eine mögliche psychische Störung des Täters begründet. Das ist zweifach problematisch. Zum einen verstärken solche meist unbegründeten Annahmen negative Vorurteile über Menschen, die tatsächliche psychische Krankheiten aufweisen. Die Darstellung von »verrückten« Menschen als gefährliche Verbrecher*innen verstärkt das Bedürfnis, dass sie unbedingt eingesperrt werden sollten, anstatt Maßnahmen zu bevorzugen, die besser geeignet und effektiver wären. In der Realität wird die Mehrheit der Vergewaltigungen und Morde nicht von Menschen mit diagnostizierten psychischen Krankheiten begangen, und das Stigma um psychotische Störungen wie etwa Schizophrenie führt zu einer hohen Hemmschwelle für Betroffene, die den Weg zur Diagnose und Behandlung behindern kann. Solche Vermutungen schwächen die Verantwortung der Täter*innen ab, indem sie dadurch zunächst als unzurechnungsunfähig dargestellt werden – auch wenn das

Sachverständigengutachten dann beweist, dass keine psychische Krankheit besteht. Solche Narrative können nicht nur zur milderen Behandlung der Täter*innen führen, sondern auch zur Entsolidarisierung dem Opfer gegenüber. Und noch wichtiger: Sie blenden das System aus, das solche Gewalt erlaubt.

Individualität ist ein weißes Privileg

Michael Harriot schrieb im Jahr 2017: »Die Tat einer Schwarzen Person belastet uns alle. Die Handlungen von Schwarzen Menschen sind übertragbar und ansteckend. Schwarzsein ist niemals individuell.«[28] Kübra Gümüsay spricht in *Sprache und Sein* auch vom Privileg der Individualität: »Wenn *ich*, eine sichtbare Muslimin, bei Rot über die Straße gehe, gehen mit mir 1,9 Milliarden Muslim*innen bei Rot über die Straße.«[29] Wenn weiße Männer Morde oder grausame Taten begehen, würden wir nie auf die Idee kommen, weiße Männer als Gruppe für besonders gewalttätig und gefährlich zu halten, obwohl die Statistik zeigt, dass die überwiegende Mehrheit von Serienmördern, Amokläufern und auch Terroristen weiß ist.[30] Menschen, die kein Privileg der Individualität genießen, sind besonders bestrebt, keinen schlechten Eindruck und möglichst wenige Fehler zu machen. Wir tragen die Last der Taten von Millionen von Menschen, die wir nicht kennen. Zu Hause, wenn wir in den Nachrichten hören, dass eine Frau vergewaltigt wurde, oder dass eine Bank ausgeraubt wurde, fragen wir als Allererstes besorgt: »Ist er Schwarz?« Wenn das bejaht werden muss, fühlen wir uns fast schuldig, als hätte ein kleiner Teil von uns die Frau auch vergewaltigt, oder als hätten wir ein paar Scheine vom Bankraub heimlich eingesackt. Ist die Antwort »Nein«, können wir erleichtert das Ende der Geschichte anhören, und uns in das Opfer einfühlen, ohne innere Konflikte. In der

Schule waren Schwarze Kinder in der Minderheit, wir kannten uns alle und waren ein bisschen wie Cousins und Cousinen: nicht unbedingt befreundet, aber durch eine Art Familienbindung aneinandergebunden. Wenn eine*r von uns Mist baute, fühlten wir uns gemeinsam als Gruppe schuldig, bestraft und vom prüfenden Blick der Lehrerin kontrolliert. Sehr früh lernten wir die Bedeutung von kollektiver Verantwortung kennen.

Das Privileg der Individualität, das weiße Menschen genießen, ist der Grund, warum diese – und jede dominante Gruppe – den Verweis auf eine kollektive Identität nicht tolerieren. So gut wie nie wird über Sexismus oder Rassismus gesprochen, ohne dass die Anfechtung »Aber nicht alle Männer ...« oder »Doch nicht alle Weißen« erfolgt. Das Privileg der Individualität verleiht ein Gefühl von Freiheit, das für diejenigen, die es genießen, nicht bemerkbar ist. Menschen, die als Individuen, und nicht als Vertreter*innen einer gesamten Kultur, Religion oder Hautfarbe betrachtet werden, genießen auch mehr Empathie, wenn ihnen etwas Schlimmes passiert. Die Art und Weise, wie mit den Opfern von 9/11 und der Terroranschläge 2015 in Paris umgegangen wurde, steht im starken Kontrast zur internationalen medialen Berichterstattung über die vielen Attacken in Syrien, im Jemen, in der Türkei, in Nigeria, Kenia und dem Irak, die ebenfalls Hunderte von Toten verursachten und vom IS begangen wurden. Den Opfern von 9/11 und Paris wurde ein Gesicht gegeben, ihre Namen wurden ausgesprochen, ihre verlorenen Leben geehrt. Bei einer schnellen Google-Bildersuche über die in Nigeria und Kenia geschehenen Terrorakte findet man kein einziges Porträtbild von den Opfern. Stattdessen wird eine Masse von blutbefleckten Leichen von Kindern, Frauen und Männern gezeigt, in der es unmöglich ist, einzelne Personen zu erkennen. Man findet bloß Zahlen und sensationsheischende Bilder. Solche Bilder, die in den internationalen Medien beständig mit dem afrikanischen Kontinent assoziiert werden, treten die Würde der Opfer mit Füßen und negieren ihre Individualität. Ihre Gesichter und Namen sind nirgendwo zu sehen, und ihre Leben werden nicht geehrt. Die Opfer der NSU-Morde und ihre Angehörigen erlitten ein ähnliches Schicksal. Am Ende des fünfjährigen Gerichtsverfahrens, in dem sie mit Respektlosigkeit und Skepsis behandelt wurden – sowohl von den Leitmedien als auch vom Gericht –, wurden die Familien der Opfer beim Urteilsspruch erneut mit der Geringachtung der deutschen Justiz konfrontiert. Weder während des vierstündigen mündlichen Urteilsspruchs noch auf einer der 3025 Seiten des schriftlichen Urteils gab es einen Satz zu den Familien, zu ihrem Leiden und den Folgeschäden, die sie sowohl nach den Morden selbst als auch während der Beweisaufnahme und des Gerichtsverfahrens erleben mussten. Elif Kubaşık, die Witwe des in Dortmund getöteten Mehmet Kubaşık, sagt: »Ich habe nicht verstanden, warum wir ihnen kein Wort wert waren, warum sie nicht mehr als die Anzahl der Schüsse erwähnten, mit denen Mehmet ermordet worden ist. (...) Es ist, als ob Mehmet nur eine Nummer für sie gewesen ist.«[31] Über die Opfer rassistischer Gewalt, wie etwa Geflüchtete in Flüchtlingsunterkünften, die immer wieder durch Neonazis in Brand gesetzt werden,[32] wird ebenfalls in den deutschen Medien kaum berichtet. Geflüchtete, Schwarze und muslimische Menschen kommen in den Nachrichten am häufigsten vor, wenn sie so dargestellt werden können, dass sie Stereotypen entsprechen. Über eine Vergewaltigung, einen Mord oder einen Raub, der von einem Schwarzen Mann begangen wurde, wird in den Medien viel mehr – und anders – berichtet, als wenn solche Verbrechen von einem weißen Mann begangen werden, weil sie das eindimensionale Narrativ der kriminellen Ausländer bedienen. Um jenseits solcher Stereotype zu existieren, muss man sich permanent gegen diese Bilder wehren und behaupten. Kurz möchte ich einige wenige Beispiele aus der Welt von Kino und Fernsehen nennen.

Überlegenheit auf dem Bildschirm

Als Kinder haben wir den südafrikanischen Film *Die Götter müssen verrückt sein* geliebt. Wir lachten jedes Mal über jeden einzelnen Witz, fanden das Set märchenhaft und die Musik lustig. Dieser Film erzählt die Geschichte eines Ureinwohners der Kalahari-Wüste, Xi, der eines Tages eine leere Colaflasche findet, die von einem weißen Mann aus seinem Privatflugzeug geworfen wurde. Diese hält er für ein göttliches Zeichen. Doch das himmlische Geschenk bringt Neid und Gier in die Gemeinschaft, und es wird entschieden, dass Xi die Flasche ans andere Ende der Welt bringen muss. Auf dem Weg erlebt er viele Abenteuer und trifft Menschen, die »die Götter« sein müssen: einen weißen Mann und eine weiße Frau. Unsere Begeisterung für diesen Film ließ nicht nach, auch nicht nach dem 98. Mal. Viele Jahre später, als ich zu Besuch bei meinem Vater war, schauten wir den Film wieder, und es fühlte sich so an, als sähe ich ihn mit neuen Augen: Oberflächlich betrachtet ist es eine harmlose Geschichte über die komische Verbindung zweier völlig unterschiedlicher Kulturen. Aber unterschwellig bedient dieser Film koloniale und rassistische Stereotype, die wir damals, wie viele andere Kinder in den 1990ern, verinnerlicht hatten und daher nicht bemerkten. Die Erzählung basiert auf dem kolonialen Topos des Edlen Wilden, ein Idealbild des von der westlichen Zivilisation unverdorbenen »Naturmenschen«. Das Konzept drückt nicht nur die Vorstellung aus, dass der Mensch von Natur aus gut sei, sondern auch, dass es ihm an menschlichem Verstand, an Rationalität und an intellektuellen Fähigkeiten fehlt. Um die Unterlegenheit des Edlen Wilden zu illustrieren, braucht es, wie im Film, ein Aufeinandertreffen der zivilisierten Welt mit einem »naturbelassenen« Volk. Dieser finanziell erfolgreichste afrikanische Film aller Zeiten hat mehrere Generationen auf der ganzen Welt geprägt. Denn auch wenn er bereits im Jahre 1981 erschien, wirkt er heute noch nach. Nicht nur wurde durch diesen Film die Unterlegenheit der Schwarzen und der indigenen Völker implizit bestätigt, sondern auch die Überlegenheit der Weißen. Der Titel, auch wenn er ironisch gemeint ist, sagt viel über das Selbstverständnis der weißen Südafrikaner*innen. Durch die Ausblendung des rassistischen Systems gilt der Film vielen als unpolitisch und lustig. Doch alle Filme sind bis zu einem gewissen Grad politisch, sowohl in dem, was sie sagen, als auch in dem, was sie verschweigen. *Die Götter müssen verrückt sein* spiegelt die größeren, gesetzlich verankerten Schrecken der Apartheid nicht ansatzweise wider, was den Ernst und die Grausamkeit des Systems verharmlost. Die Tatsache, dass der Satz »I don't want to talk about it« wiederholt von allen Hauptdarsteller*innen gesagt wird, ist kein Zufall. Mit diesem Satz wollte der Regisseur subtil auf das Apartheids-Regime verweisen, um es schließlich auszublenden. Nur diejenigen, die nicht täglich verfolgt, unterdrückt und verletzt wurden, konnten sich ein solches Schweigen leisten – und stattdessen lachen.

Apropos Lachen: Der Box-Office Hit *Ziemlich beste Freunde* erzählt von einer Freundschaft zwischen einem Mann im Rollstuhl, Philippe, und seinem Pflegehelfer, Driss, der mit seiner lockeren Art dem wohlhabenden, aber isoliert lebenden Philippe neuen Lebensmut einflößt. Alle Klischees über Klasse, Behinderung und Schwarze Männer werden bedient. Der Mann im Rollstuhl ist depressiv, bis der Schwarze Helfer mit seiner natürlichen Lebensfreude und seinem Tanztalent sein Leben aufhellt. Driss ist ungebildet, lebensfroh, einfach, lässig und frivol, Macho, Frauenjäger, ehemaliger Häftling, und noch dazu Sozialhilfeempfänger. Er wird als so faul dargestellt, dass Philippe ihn bei der ersten Begegnung fragt: »Glauben Sie, dass Sie arbeitsfähig sind?« Er mag lebensfroh, humorvoll und lässig vorkommen, ihn umgibt dennoch eine Aura von Bedrohlichkeit, die Schwarzen Männern anhaftet. Ein guter Freund von Philippe warnt ihn: »Alle machen sich Sorgen um dich, gerade du müsstest vorsichtig sein. Die Jungs aus der Vorstadt kennen kein Mitleid.« Beide Protagonisten bereichern sich gegenseitig: Während Driss Unterhaltung, Spaß, Humor und Unbeschwertheit in das langweilige und traurige Leben des behinderten Mannes bringt, wandelt sich Driss von einem groben, unkultivierten, und unerzogenen Jungen aus der Pariser *Banlieue* in einen gebildeten, belesenen Mann mit guten Manieren, der Hochkultur genießt und sich gut ausdrücken kann. Er wird durch die Berührung mit Philippe, der die weiße obere Mittelschicht repräsentiert, zivilisiert. Dieser Film war der erfolgreichste französische Film in Deutschland seit über zwanzig Jahren, mit knapp acht Millionen Kinobesuchern. Das Filmplakat wurde für die deutsche Version leicht geändert und zeigt bei Driss ein noch größeres Lachen mit einem übertrieben offenen Mund voller weißer Zähne, das an die kolonialen Karikaturen von Schwarzen erinnert. Dieses Kinowunder hat viele überrascht; was hat diesen Film so erfolgreich gemacht? Er war lustig, hatte extrem talentierte Schauspieler und erzählte eine ungewöhnliche Geschichte von Menschen, die in Filmen nicht oft vorkommen – und noch seltener in Hauptrollen. Der wichtigste Grund allerdings, warum dieser Film ein so breites Publikum erobert hat, liegt in der Bestätigung der Normen und der sozialen Hierarchien, die wir seit der Kindheit verinnerlicht haben.

Neben dem Kino ist es speziell das Genre der Reality-Shows, das Klassenunterschiede ausstellt und manifestiert. Die Unzulänglichkeiten der Teilnehmenden, die überwiegend aus sozial benachteiligten Schichten kommen, dienen als Kern der Unterhaltung. Reality-Shows installieren Mechanismen der Beurteilung und des Ausschlusses. Die Werte und Aspirationen, der Geschmack und das Verhalten der Mittel- und Oberschicht werden in ihnen als universell und erstrebenswert dargestellt. Die Zuschauer*innen, eher aus der Arbeiterklasse, werden dadurch dazu ermutigt, das anzustreben, was sie aufgrund ihrer Klassenzugehörigkeit nicht haben können – und dabei die Menschen zu verachten, die sie und ihre Klasse auf dem Bildschirm vertreten.[33] Umgangsprachlich »Unterschichts-TV« oder »Trash-TV« genannt, bedienen Reality-Shows wie *Frauentausch*, *Big Brother* oder *Sommerhaus der Stars* negative Stereotype in einer menschenverachtenden Weise. Die Überlegenheit der Mittel- und Oberschicht wird dadurch implizit verstärkt.

Der Klassismus von solchen TV-Sendungen basiert ebenfalls auf der Herabwürdigung von dickeren Menschen, wie etwa in der Show *The Biggest Loser*, in der dicke Menschen dazu genötigt werden, abwechselnd wenig oder kompulsiv zu essen und exzessiven Sport zu treiben. Solche Shows erlauben es den Zuschauer*innen, unter dem Deckmantel der Unterhaltung, sich mit Bezug auf ihr eigenes Körpergewicht entweder wohlfühlen zu können, oder in Selbsthass zu geraten. Die Botschaft lautet: Du bist nur etwas wert, wenn du dich der überlegenen Norm näherst: dünn zu sein.

Als letztes Beispiel der Bestätigung von Unter- und Überlegenheit durch die Medien möchte ich einen anderen Riesenerfolg unter die Lupe nehmen, wieder aus dem Kino. Der vielfach ausgezeichnete Film *Schindlers Liste* ist die Geschichte des deutschen Industriellen Oskar Schindler, der im Zweiten Weltkrieg etwa 1200 Juden*Jüdinnen aus den besetzten Ländern Polen und Tschechoslowakei in seinen Rüstungsbetrieben beschäftigte und damit zu ihrer Rettung vor dem Tod im Vernichtungslager Auschwitz beitrug. Oskar Schindler ist einer der bekanntesten Helden der Shoah auf der Welt und gilt als Personifizierung von Moral, Zivilcourage und Großmut. Neue Funde deuten darauf hin, dass er möglicherweise weniger heldenhaft war als die Figur, die im Steven-Spielberg-Film verewigt wurde. Laut einer 2004 erschienenen Biographie[34] gab es Schindlers Liste nicht, das legendäre Dokument, das Namen von jüdischen Angestellten seiner Fabrik enthielt, die als »unentbehrliche Arbeitskräfte« bezeichnet wurden und somit vor dem Tod in den Konzentrationslagern verschont blieben. Die Listen, die als Schindlers Liste in die Geschichte eingegangen sind, wurden in Wirklichkeit unter anderem von Marcel Goldberg, einem jüdischen Mitglied der Sicherheitspolizei, zusammengestellt. Schindler wird in der neuen Biographie zudem beschuldigt, eine deutsche Einheit geleitet zu haben, die für die Planung des Einmarsches der Nazis in Polen verantwortlich war – eine weitaus schwerer wiegende Anschuldigung als die bereits bekannte Tatsache, dass er in den 1930er Jahren in der Tschechoslowakei für Deutschland spioniert hatte. Yad Vashem, Israels Shoah-Gedenkbehörde, wollte ihm bis 1993 den offiziellen Status eines »Gerechten unter den Völkern« nicht zuerkennen. Schindler war gewiss kein Verbrecher und hat tatsächlich viele Menschen gerettet, aber er ist sicher nicht der majestätische Held, als der er im Film dargestellt wird.

Steven Spielberg ist einer der beliebtesten und erfolgreichsten Regisseure und Produzenten der Filmgeschichte. Hat er bewusst die Rolle von Schindler den Archetypen des makellosen Helden angepasst und so veredelt, dass es der genauen historischen Realität nicht mehr gänzlich entsprach? Wäre seine Rolle komplexer gewesen, mit Ecken und Kanten, wäre der Film dann auch so erfolgreich gewesen? Wahrscheinlich nicht. Schindler verkörpert das positive, unerschütterliche Bild des perfekten weißen Mannes, das sowohl dem Patriarchat als auch dem Kolonialismus und dem Kapitalismus zugrunde liegt. Auch in Zeiten von unsäglichem Horror und bröckelnder Moral, hat der Archetyp Bestand. Es brauchte eine Figur wie Oskar Schindler, die das Bild des weißen Mannes rettet, sozusagen sein Gewissen erleichtert. Durch seine Heldentaten und seine großmütige Persönlichkeit wiegt Schindler das negative Bild der mörderischen Nazis auf – im Film verkörpert durch den brutalen Amon Göth. Wenn wir in der Interpretation noch weiter gehen wollen: Nicht nur die weiße Vorherrschaft wurde dadurch gerettet, sondern irgendwie auch der Kapitalismus exkulpiert, denn schließlich spielt ein kapitalistisches Unternehmen, Schindlers Fabrik, eine zentrale Rolle bei der Rettungsaktion. Sie wiegt symbolisch die Komplizenschaft aller anderen deutschen Unternehmen auf, die am Genozid beteiligt waren, und davon profitierten bzw. bis heute profitieren.

Warum entschied sich Spielberg für Oskar Schindler? Gab es keine anderen heroischen Menschen, deren Geschichten für die Leinwand hätten adaptiert werden können? Unter den vergessenen Held*innen der Shoah ist etwa die polnische Krankenschwester Irena Sendler, bekannter unter den Pseudonym »Jolanta«. Sie war Leiterin der Kinderabteilung von Zegota, dem polnischen Rat für Judenhilfe, der von 1942 bis 1945 von Untergrundwiderstandskämpfern im deutsch besetzten Warschau betrieben wurde. Sie hat 2500 jüdische Kinder aus dem Warschauer Ghetto geschmuggelt. Sie versteckte die Kinder in Kinderwagen, Krankenwagen und sogar Koffern, brachte sie bei polnisch-katholischen Familien unter, gab jedem ein christliches Pseudonym und falsche Ausweispapiere. Aus Solidarität trug sie während ihrer gesamten Aktivitäten einen gelben Davidstern und führte über den Verbleib der Kinder akribisch genaue Aufzeichnungen, die schnell vernichtet werden mussten, als die Gestapo sie verhaftete. Von ihren Entführern brutal gefoltert und zum Tode durch Erschießen verurteilt, gelang es Jolanta, sich der Hinrichtung zu entziehen, als andere Zegota-Mitglieder die Nazi-Wachen bestachen. Bis zu ihrem Tod im Alter von 98 Jahren im Jahr 2008 gehörte sie zu den vergessenen Held*innen, die den europäischen Juden*Jüdinnen zur Flucht vor den Nazis verhalfen. Sie war eine selbstlose Kämpferin, die ohne Fabrik und unabhängig von Anerkennung und Profiten ihr Leben riskierte. »Jedes Kind, das mit meiner Hilfe gerettet wurde, ist die Rechtfertigung meiner Existenz auf dieser Erde und kein Anspruch auf Ruhm«, sagte sie.[35] Warum entschied sich Steven Spielberg nicht für sie? Meine Interpretation lautet: weil sie weder die weiße Vorherrschaft noch den Kapitalismus, noch das Patriarchat »gerettet« hätte. Als einfache polnische Krankenschwester hätte sie auch dramaturgisch kein Gegenbild zu den Nazis geliefert. Sie war nicht nur eine nicht-arische, »unterlegene« Slawin, sondern auch eine Frau, die einen Beruf ausübte, dem im Kapitalismus ein niedriger Wert beigemessen wird. Schindler dagegen erfüllte alle Kriterien des dominanten Narrativs: weiß, männlich, reich. Zudem entspricht er einem Archetypus, der zu unserem kollektiven Unterbewusstsein spricht, und die soziale Hierarchie intakt lässt.

Box-Office-Hits wie *Die Götter müssen verrückt sein*, *Ziemlich beste Freunde* und *Schindlers Liste* waren deshalb so erfolgreich, weil ihre archetypischen Figuren uns berühren, uns Sicherheit geben und beruhigend auf uns wirken. Sie bestärken uns in unserer Vorstellung der Welt und erhalten die Ordnung und die Hierarchien aufrecht, die uns alle an Ort und Stelle halten – und Veränderungen verhindern.

Eine weitere Norm, die die etablierte Ordnung aufrechterhält, ist Schönheit – oder das Bild, das wir uns von ihr machen.

Schönheit ist politisch

>»Repräsentation
>ist überlebenswichtig
>sonst kann sich der Schmetterling
>von einer Gruppe Motten umgeben
>nicht selbst sehen
>und wird versuchen, selbst eine Motte zu werden«
>*rupi kaur*[36]

Ungefähr ab dem Alter von vier Jahren wusste ich: Wenn ich meine ältere Schwester Anaïs richtig ärgern und verletzen wollte, musste ich einfach »Du Kraushaar!« sagen. Es wurde zu meiner effektivsten Waffe gegen sie und gab mir die maximale Zufriedenheit, die eine gute Beschimpfung verleiht. Sie war beschämt, traurig und hilflos. Sie hatte keine Beleidigung zur Verfügung, die ihren Schmerz lindern konnte. Meine Schwester und ich haben ganz unterschiedliche Haare, was schon immer und bis heute zu Kommentaren anregt. Es ist für viele Menschen komisch, dass wir als Geschwister nicht die gleiche Haartextur haben. Ihre Haare sind kraus und hell, meine Haare sind dunkel und lockig. Ein Unterschied, der neutral und bedeutungslos hätte sein können. Dem war aber nicht so. Wir bekamen aufgrund unserer Haartexturen unterschiedliche Namen. Sie ist *Chabine,* und ich bin *Mulâtresse.* Unsere kleine Schwester Clémence wird aufgrund ihrer indischen Gesichtszüge und schwarzen Haare als *Coolie* bezeichnet. Diese Bezeichnungen sind Überbleibsel der Sklaverei und des rassistischen Klassifizierungssystems, anhand dessen unter anderem die Preise von Sklav*innen bestimmt wurden, und das festlegte, ob sie im Haus des Sklavenhalters oder auf dem Feld arbeiten würden.

Ich wusste ganz genau, dass diese Beleidigung einen wunden Punkt traf. Meine Mutter schimpfte, wenn sie mich hörte: »Hör auf damit! Es ist nicht nett! Sag so was nicht. Du hättest auch solche Haare haben können. Ich habe auch krause Haare.« Sie verteidigte zwar meine Schwester, gab aber zu, dass solche Haare zu haben ein Unglück war. Ich fühlte mich jedes Mal sehr schuldig danach, weil ich wusste, dass ich damit nicht nur meine Schwester beleidigte, sondern meine Mutter und die ganze Familie mütterlicherseits. Ich wusste auch, dass es gemein und verächtlich war, aber ich machte es trotzdem immer wieder. Im Alter von ungefähr zehn hörte ich auf, weil die sofortige Zufriedenheit, die ich damals verspürte, die nachwirkenden Gefühle von Scham und Schuld nicht mehr aufwog. Bis heute bekomme ich jedes Mal ein beklommenes Gefühl in der Brust, wenn ich daran denke, weil ich die Gewalt meiner Beleidigung spüre, die meine Schwester damals immer wieder traf. Ihre ganze Kindheit hindurch schämte sie sich für ihre Haare. Unsere Haare wurden ständig kommentiert und beurteilt. Meine Großmutter aus Martinique sagt mir bis heute jedes Mal, wenn sie mich sieht: »Deine Haare sind dein Reichtum.« Ich wurde als Kind aufgrund meiner langen lockigen Haare als »besonders« schön betrachtet, weil ich mich dadurch der weißen Schönheitsnorm annäherte. Unsere Haare waren also alles andere als bedeutungslos. Sie haben unser Selbstbewusstsein zutiefst beeinflusst, in entgegengesetzten Richtungen. Das Selbstbewusstsein war aber kontextabhängig: Zu Hause und in Martinique wusste ich, dass ich mich am meisten den *universellen* Schönheitsidealen näherte, aber im weißen Teil der Familie und in weiß dominierter Umgebung fühlte ich mich nicht schön. Ich fand meine Haut zu dunkel, meine Haare zu lockig und meine Nase zu breit. Auch ich glättete meine Haare.

Meine Schwester wollte ihre Haare schon sehr früh glätten, aber meine Eltern verboten es ihr, vor allem, weil die Produkte, die für die Glättung verwendet werden, langfristig schädlich sind. Meiner Mutter wurden die Haare schon als Kleinkind mit Glätteisen geglättet, sie wollte meiner Schwester den Schmerz so lange wie möglich ersparen. Mein Vater fand ihre natürlichen Haare schön und verstand nicht, warum sie sich Chemikalien auf ihren Kopf schmieren wollte. Er machte meiner Schwester schon immer Komplimente für ihre Haare, und er tut dies bis heute. Im Grunde ist er der Einzige in der Familie, der ihre Afrohaare würdigt. Seine Komplimente machten aber leider gar keinen Eindruck auf meine Schwester. Was wissen Väter schon über Schönheit? Um das tägliche Flehen und Bitten zu beenden, wurde ihr versprochen, dass sie mit 13 ihre Haare glätten dürfe. Am Tag nach ihrem Geburtstag ging sie mit meiner Mutter zur Stammfriseurin in Chateau Rouge, der Hochburg der Afro-Haarsalons in Paris. In den Tagen danach behielt sie ein maskenhaftes Zufriedenheitslächeln auf dem Gesicht und schüttelte ihre Haare konstant. Sie und meine Mutter hatten von nun an ein Ritual und gingen einmal im Monat nach Paris, um die rausgewachsenen Ansätze zu glätten. Ich ging ab und zu mit, um an an der besonderen Atmosphäre der Afro-Haarsalons teilzuhaben.

Fünfzehn Jahre später kam meine Schwester in Berührung mit einer globalen Bewegung, die überwiegend aus Frauen mit Afrohaaren besteht, die auf chemische Glättungsprodukte verzichten und ihre Haare in ihrer natürlichen Textur tragen. Sie hörte von heute auf morgen mit dem Glätten auf, und in weniger als sechs Monaten hatte sie einen wunderschönen Afro. Die Natural-Hair-Bewegung gründete sich in den 1960ern als Teil der größeren Bürgerrechtsbewegung in den USA und wurde in den 2000ern wiederbelebt. Die Motivation dahinter war, Schönheit in der Schwarzen Community neu zu definieren, und sich von den unterdrückenden rassistischen Schönheitsnormen zu befreien, die seit der Kolonialzeit Schwarze Körper als hässlich, grob und animalisch definiert haben. Im Gegensatz zu den weißen Körpern, die als schön, fein und hochentwickelt konstruiert wurden. Besonders die Textur der Afrohaare wurde in der Zeit der Sklaverei und des Kolonialismus von Weißen als primitiv, dreckig, unbändig und ungepflegt herabgesetzt. Dieses Bild hat sich jahrhundertelang in den Köpfen vieler Menschen festgesetzt. Meine Beschimpfung »Du Kraushaar!« war das Ergebnis von Jahrhunderten von Stigma, Herabwürdigung und Rassismus – ein Schrei aus unserem kollektiven Bewusstsein.

Begriffe wie »schön«, »begehrenswert«, »unattraktiv« und »hässlich« werden gerne als universelle und objektive Wahrheiten behandelt. Sei es in berühmten Werken der weißen und überwiegend männlichen Romanschriftsteller*innen, Dichter*innen und bildenden Künstler*innen der Geschichte oder in der zeitgenössischen Unterhaltungs- und Schönheitsindustrie, die sich von unseren Unsicherheiten ernährt. Wir wurden alle manipuliert, zu glauben, dass es einen engen, objektiven und universellen Begriff von Schönheit gibt – und dass wir uns alle darüber einig sind, was schön ist und was nicht. Folglich werden wir in fast jedem Kunstwerk, in den Medien und in der Werbung mit Bildern von Menschen konfrontiert, die diese Vorstellung von Schönheit verkörpern und die Schönheitsnormen in unserer kollektiven Wahrnehmung verstärken. In ähnlicher Weise wird Hässlichkeit als universell betrachtet. Wenn in einem Buch, einem Theaterstück, oder einem Lied jemand Hässliches vorkommt, haben wir alle eine allgemeine Vorstellung davon. Wenn die Beschreibungen konkret werden, sind die Eigenschaften fast immer die gleichen: krauses oder graues Haar, asymmetrische Augen, dunklere oder grünliche Haut, schiefe und kaputte Zähne, breite oder lange Nasen, dicke oder magere Körper, sichtbare körperliche Behinderungen, Behaarung, Falten und Hautkrankheiten. Der Standard dessen, was weltweit als schön und als hässlich empfunden wird, wurde in erster Linie von Menschen definiert, die weiß, reich, männlich und mächtig sind – und dieser Standard wird von uns allen aufrechterhalten, auch von Menschen, die in diese Normen nicht passen.

Die Schönheitsideale sind zwar zäh und eng definiert, sie sind dennoch veränderbarer und flexibler, als wir denken. Was wir für *objektiv* schön halten, ist deswegen schön, weil wir *gelernt* haben, es schön zu finden. Es wurde mir so klar wie nie zuvor, als ich auf Pinterest Bilder von Schwarzen Frauen mit Afrohaaren sammelte. Jeden Tag sah ich Dutzende von solchen Bildern beim Runterscrollen auf meiner Pinnwand. Nach einigen Wochen fing ich an, unzufrieden mit meinen Haaren zu werden, ich fand sie zu flach und nicht lockig genug, und wünschte, sie wären kraus. Das Gleiche passierte mit meinen Achselhaaren: Ich fand sie lange hässlich, bis ich anfing, sie anders zu betrachten und zu hinterfragen, warum ich die gleichen Körperhaare bei Frauen als widerlich empfand, und bei Männern als neutral, sogar schön. In relativ kurzer Zeit wurden meine Vorstellungen von Schönheit umgeformt.

Mein Sohn, der zu Hause fast nur Schwarze Puppen hat – manche mit künstlichem krausem Haar – sowie Bücher mit Schwarzen Protagonist*innen, streichelte einmal die Haare meiner Mutter, als sie ihm die Schnürsenkel zuband, und sagte: »Oma, was für schöne Haare hast du.« Wir tauschten Blicke, die Bände sprachen, und waren beide den Tränen nah. Was hätte es für meine Schwester und für mich geändert, wenn wir als Kinder und Teenager auch Bilder von Mädchen und Frauen mit Afrohaaren in Büchern, in Filmen, in der Werbung und in Magazinen gesehen hätten? Wie wäre es gewesen, wenn wir statt weißer Puppen mit glatten blonden Haaren, Schwarze Puppen mit Afros und Locken gehabt hätten? Hätte ich »Du Kraushaar« als Beschimpfung empfunden?

Es wird mittlerweile versucht, die Schönheitsnormen für Schwarze Menschen zu öffnen und inklusiver zu machen, sowohl in den USA als auch in Europa und auf dem afrikanischen Kontinent. Die sozialen Medien spielen in der Hinsicht eine Vorreiterrolle. Auf Instagram, Pinterest, Twitter, YouTube und Tumblr vermehren sich Accounts von Anhänger*innen der Natural-Hair-Bewegung, in denen sämtliche Empfehlungen zu Kinderbüchern und Tutorials über Haarpflege zu finden sind. Viele Initiativen, die die nächste Generation von Schwarzen Mädchen empowern und ihnen beibringen, ihre Haare zu lieben – und dabei die transgenerationellen Wunden heilen, die Jahrhunderte von Kolonialismus und Rassismus hinterlassen haben. Bei der Nachfolgegeneration scheint die Natural-Hair-Bewegung – die Teil einer viel breiter angelegten Bewegung zur Beendung von Rassismus, von

Polizeigewalt bis zu Arbeitsplatzdiskriminierung ist – schon Früchte zu tragen. Als ich die schöne Afrofrisur von Nika, der neunjährigen Tochter einer Freundin, in viele kleine Reihen separierte, um ihr *Braids* zu machen, beobachtete uns ihre blonde Freundin und sagte:»Deine Haare sind so schön, ich hätte so gerne solche Haare.« Nika antwortete:»Du darfst sie anfassen, schau, wie schön sie sich anfühlen.« Vor zwanzig Jahren hätte ein schwarzes Mädchen in Deutschland ein solches Kompliment nicht so natürlich und selbstverständlich angenommen.

Trotz solcher Anzeichen einer Veränderung sind negative Vorstellungen über Afrohaare nach wie vor in den europäischen Medien verbreitet. Rossmann veröffentlichte während des ersten Corona-Lockdowns einen Post auf Instagram, der die Empörung der Schwarzen Community auslöste. Unter dem Bild einer Schwarzen Frau mit natürlichen, gepflegten Afrohaaren stand geschrieben:»Nach #stayhome kommt #badhair. Wie wir kämpfen sicher viele von euch momentan mit rausgewachsenen Ansätzen und Wucherfrisur«. Viele Leute sehen den Rassismus in einem solchen Post nicht. Sie halten die Rassismusvorwürfe für eine übertriebene Reaktion und unterstellen den Kritiker*innen eine gewisse Überempfindlichkeit. Solche Bilder sind allerdings nicht neutral und sollten nicht aus dem Kontext gerissen werden, weil sie in einer langen kolonialen Geschichte verankert sind, die Schwarze Frauen und ihre Haare herabgewürdigt und erniedrigt hat. Schwarze Menschen werden bis heute aufgrund ihrer natürlichen Haare als lässig, ungepflegt, unhygienisch und nicht präsentabel betrachtet. Sie werden regelmäßig aufgrund von natürlichen Hairstyles wie Locks, Afro oder Braids bei Job-Interviews abgelehnt. Am 3. Juli 2019 unterzeichnete Kalifornien das erste Gesetz, das Senate Bill 188, auch als CROWN Act *(Create a Respectful and Open Workplace for Natural Hair)* bezeichnet, das die Diskriminierung aufgrund der Haare für illegal erklärt. Neun Tage später, am 12. Juli, folgte New York und wurde der zweite Bundesstaat mit einem Gesetz, das die Diskriminierung von Schwarzen Menschen, die ihre Haare natürlich tragen, in Schulen, am Arbeitsplatz und in der Öffentlichkeit unter Strafe stellt. Das neue kalifornische Gesetz lautet: »Die Geschichte unserer Nation ist gespickt mit Gesetzen und gesellschaftlichen Normen, die Schwarzsein und die damit verbundenen körperlichen Merkmale, z. B. dunkle Haut, krauses und lockiges Haar, mit einem Abzeichen der Minderwertigkeit gleichsetzten, das manchmal getrennt und ungleich behandelt wird«. In der Gesetzesvorlage heißt es weiter: »Professionalität war und ist immer noch eng mit europäischen Merkmalen und Manierismen verbunden, was dazu führt, dass diejenigen, die nicht von Natur aus eurozentrischen Normen unterliegen, ihr Erscheinungsbild ändern müssen, manchmal drastisch und dauerhaft, um als professionell zu gelten.«[37] Es ist kein Zufall, dass Michelle Obama ein paar Tage später ihre Haare in der Öffentlichkeit mit natürlichen Locken trug, was für ein enormes Social-Media-Echo sorgte. Ein Kommentar lautete: »Ich liebe deine natürlichen Locken. Kleine Mädchen horchen auf.«[38]

Rossmann ist leider kein Einzelfall. Dove veröffentlichte im Jahr 2017 eine Facebook-Werbung für ein Duschgel, in der eine Schwarze Frau ihr dunkles T-Shirt auszog; darunter kam – quasi reingewaschen – eine weiße Frau mit einem hellen T-Shirt hervor. Im GIF erinnerte der Übergang von der Schwarzen zu der weißen Frau stark an alte rassistische Seifen-Werbungen, wo eine »dreckige« Schwarze Person durch Reinigung in eine weiße Person verwandelt wird. Es gibt viele Beispiele solcher Werbung, die bis in die 1960er weit verbreitet war. Ich glaube wirklich nicht, dass die Menschen, die diese Werbung entwickelt haben, bewusst an diese Bilder anknüpfen. Solche Darstellungen sitzen so tief in unserem kollektiven (Unter-)Bewusstsein, dass sie manchmal einfach hochkommen. Meine Mutter hat nicht zufällig immer Angst, dass sie und wir schlecht riechen – eine Unsicherheit, die von vielen Schwarzen Menschen geteilt wird.

Im Dezember 2018 wurde in den USA ein Schwarzer Gymnasialschüler gezwungen, sich zwischen seinem Locks und einem Ringkampf zu entscheiden.[39] Laut dem oben erwähnten CROWN Act sind »grooming policies« verboten, die bisher Schwarze Menschen, vor allem Frauen, dazu gezwungen haben, sich die Haare zu glätten oder die Locks abzuschneiden. Solche strikten Vorgaben darüber, wie eine Person auszusehen hat, sei es durch Haare, Make-up oder bestimmte Kleidung, sind besonders für Frauen diskriminierend, und für Menschen, die in die binären Geschlechternormen nicht passen. In manchen Berufen, wie zum Beispiel bei Flugpersonal, Empfangspersonal oder in gängigen Bürojobs waren Frauen bis vor ungefähr dreißig Jahren dazu gezwungen, Make-up, Röcke und Absätze zu tragen. Bei manchen Anlässen wird dies eher implizit erwartet, wie bei Filmfestspielen und Hochzeiten. Diese Erwartungshaltung zwingt Frauen, »ästhetische Arbeit« zu leisten, ohne dass diese Arbeit als solche anerkannt wird.

Von ganz früh an lernen Mädchen, dass sie schön aussehen müssen, um Jungs und später Männern zu gefallen, und generell in der Gesellschaft als wertvoll angesehen zu werden. »Schön aussehen« verlangt aber eine tägliche, unsichtbar geleistete Arbeit, die unbezahlt ist und dennoch eine Menge Geld kostet. Der bekannte Spruch »Wer schön sein will, muss leiden« wurde jedem Mädchen irgendwann beim Haarekämmen gesagt, und bereitete unseren Umgang mit dem Schmerz vor, den viele stoisch bei der schmerzvollen Haarentfernung, beim Tragen von engen Klamotten und hohen Absätze aushalten, die die Figur heben sollen, aber dafür die Füße und die Wirbelsäule kaputt machen. Die gesundheitsschädlichen Korsetts, die Frauen in Europa und Nordamerika über Jahrhunderte trugen, um ihre Brüste hervorzuheben und ihre Taille zu verkleinern, wurden im 20. Jahrhundert durch den heutigen BH ersetzt, der zwar viel weicher und geschmeidiger ist als sein Vorgänger, aber immer noch nicht bequem. Eine an der Universitätsklinik von Besançon in Frankreich durchgeführte Studie erklärte, dass BHs anatomisch, medizinisch und physiologisch nicht notwendig, sogar gesundheitsschädlich und brustkrebserregend seien.[40] Um die ästhetische Arbeit noch anspruchsvoller zu machen, müssen Frauen schön aussehen, aber so, dass es natürlich scheint. Hashtags wie #iwokeuplikethis und #nofilter sind Beweise für diese implizite Erwartung. Der enorme Druck, den ästhetische Arbeit verursacht, wird meist ausgeblendet, weil es als »natürliche« Arbeit – sogar Vergnügen – wahrgenommen wird, wie fast alle Tätigkeiten, die überwiegend von Frauen geleistet und unsichtbar gemacht werden, wie Kindererziehung, Haushaltsarbeit und gewissermaßen Sex.[41]

Das weibliche Schönheitsideal ist die gesellschaftlich konstruierte Vorstellung, dass körperliche Attraktivität eines der wichtigsten Vermögen der Frauen ist, und etwas, das alle Frauen anstreben und erhalten sollten. Wenn meine Oma sagt »Deine Haare sind dein Reichtum«, drückt sie eine gesellschaftliche Norm aus, die in heteronormativen, rassistischen und kapitalistischen Mustern verwurzelt ist. *Hässlich* als Kategorie zielt systematisch auf Frauen, weibliche/feminine Menschen und andere marginalisierte Geschlechter ab. Es schadet ihnen, definiert sie und schließt sie aus: auf eine Weise, die sich niemals gleichermaßen auf Männer auswirken wird, weil sie nicht dafür gedacht war. Während »schönen« Männern ihr Aussehen definitiv zugutekommt, wird ihr gesellschaftlicher Wert nicht im gleichen Maße daran gemessen. Körperliche Stärke, Produktivität, Intellekt, Führungsqualitäten und andere Eigenschaften, die zu kapitalistischem Gewinn und Einfluss führen, definieren den gesellschaftlichen Wert eines Mannes. Ein »wertvoller« Mann ist dann in der Lage, seinen Wert öffentlich durch die von ihm erworbenen Waren zu demonstrieren:

Titel, Land, Kleidung, Frauen – in der Vergangenheit auch: Sklaven. In diesem Sinne waren Frauen auch wegwerfbare, ersetzbare, austauschbare und objektifizierte Besitztümer der Männer und wurden als Erweiterungen der männlichen Identität behandelt. Diese Frauen konnten von Männern mit Erlaubnis der Gerichte gezüchtigt, vergewaltigt und manchmal sogar ermordet werden.[42]

Obwohl Frauen mittlerweile viele Möglichkeiten jenseits der Heirat haben, bestimmt ihr Aussehen nach wie vor einen Großteil ihres gesellschaftlichen Werts. Frauen, Mädchen und alle, die als solche aufwachsen, werden immer noch dazu sozialisiert, alles zu tun, um als schön zu gelten. Mir fiel irgendwann auf, dass das Erste, was ich kleinen Mädchen, die mir begegneten, nach der Begrüßung sagte, war: »Wie schön siehst du aus heute!« – was ich den Jungs nicht sagte. Ich strenge mich seitdem an, keine Kommentare über das Aussehen von Mädchen zu machen, und stattdessen das Gespräch mit Sätzen wie »Was hast du heute gemacht?« oder »Es freut mich, dich heute zu sehen« anzufangen. Mädchen, die in unserer Gesellschaft als besonders schön gelten, wird vom jüngsten Alter an unterschwellig vermittelt, dass sie ihre Identität und Karriere um ihr Aussehen herum aufbauen sollten. Sie sollen in ihr Aussehen investieren und es als soziales und wirtschaftliches Kapital nutzen. Obwohl das Aussehen ihre anderen kreativen, beruflichen oder persönlichen Bemühungen durchaus unterstützen kann, werden sie nicht ermutigt, Autonomie oder Kreativität getrennt von diesem zu verfolgen. Diejenigen, die unseren kulturellen Normen und Erwartungen an Schönheit am besten entsprechen, genießen ein Schönheitsprivileg. Sie werden allein deswegen gefeiert, bejaht und respektiert.

Die Empathielücke, von der ich bereits gesprochen habe, ist eng mit der Frage der Schönheit verbunden. Die US-amerikanische Autorin Vanessa Rochelle Lewis schreibt, dass Menschen, die in unserer Gesellschaft als hässlich gelten, persönliche Grenzen verweigert werden: »Ihnen wird nicht erlaubt, ›Nein‹ zu sagen, ohne extreme Konsequenzen.«[43] Behinderte Frauen sind am häufigsten von Vergewaltigung betroffen, doch werden sie in Kampagnen gegen sexuelle Übergriffe kaum erwähnt. Schwarze Frauen, Trans-Frauen, alte Frauen, Sexarbeiterinnen, dicke Frauen und behinderte Frauen scheinen im Mainstream-Diskurs über Gewalt gegen Frauen unterzugehen, weil scheinbar nur Frauen, deren »Schönheit« im Patriarchat besessen werden kann, Opfer sexualisierter Gewalt werden können. Wir halten an dem Glauben fest, dass das Aussehen einer Person viel aussagt über ihren Wert – sowie über ihr Selbstwertgefühl und ihre Selbstliebe, ihre Produktivität und Professionalität, ihre Gesundheit, ihr Sexleben, darüber, wie freundlich, vertrauenswürdig und fähig sie ist. Für Menschen, die diesen Normen nicht entsprechen, sind Selbstakzeptanz und Selbstliebe ein täglicher Kampf, der mit einem enormen Energieaufwand verbunden ist, und viel Resilienz verlangt.

Die *Body-Positivity*-Bewegung stellt die Schönheitsnormen infrage und befürwortet die Akzeptanz aller Körper, unabhängig von ihrer Form, Größe, ihrem Gewicht, ihrer Hautfarbe, oder ihrem Aussehen. Diese Bewegung ist an der Kreuzung von *Fat Acceptance Movement,* Behindertengerechtigkeits-, Rassengerechtigkeits- und queeren und Trans-Bewegungen entstanden. *Body-Positivity*-Aktivist*innen versuchen, gegen nicht nur unrealistische, sondern auch unterdrückende und ausschließende Schönheitsstandards anzugehen und die Selbstliebe von allen zu fördern, die diesen Normen nicht entsprechen. Es geht auch darum, Zugänge zu bisher verschlossenen Sphären wie der Film- und Modeindustrie zu schaffen sowie Diskriminierung in Bereichen wie Gesundheit, Arbeitsmarkt und Dating zu bekämpfen. In den letzten Jahren ist die *Body-Positivity*-Bewegung exponentiell gewachsen, vor allem in den sozialen Medien. Es gibt zahllose Accounts, die sich der Thematik widmen, was in den letzten Jahren zu mehr Sichtbarkeit und einer höheren Akzeptanz von realistischen Körpern in den Mainstream-Medien geführt hat.

Doch es gibt ein Problem mit der Körperpositivitätsbewegung. Geht ein Diskurs, der Individuen dazu ermutigt, persönliche Formen des Empowerments zu vollziehen, indem sie »lediglich« ihren Körper feiern, nicht am Kern des Problems vorbei? Diese Botschaften sind inzwischen in der gesamten Schönheits-, Mode-, und Fitness- und Nahrungsmittelindustrie verbreitet, wo immer mehr Unternehmen mit *Body-Positive*-Botschaften werben, um ihre Produkte zu verkaufen. Der Neoliberalismus ermutigt individuelle Formen des Empowerments, die eine breitere Infragestellung des Systems nicht erlauben. Möglichkeiten für eine tiefgehende systemische Veränderung werden dadurch sehr eingeschränkt.

Die erste »Real Beauty«-Kampagne von Dove, in der keine Models, sondern »gewöhnliche« Frauen gezeigt wurden, war 2004 in aller Munde. Damals erschütterte sie Vorstellungen davon, welche Körper in der Öffentlichkeit akzeptabel sind. Doch auch wenn ich mich jedes Mal freue, eine größere Vielfalt von Frauenkörpern in der Öffentlichkeit auf großen Plakaten zu sehen, sehe ich auch darin einen Versuch der Manipulation (darum geht es beim Marketing). Diese Unternehmen instrumentalisieren weiterhin die Unsicherheiten und den Druck, *schön* zu sein, dem vor allem Frauen ausgesetzt sind. *Body-Positive*-Marketing ist von einem unterschwellig vorwurfsvollen Ton gefärbt, der sich an Frauen wendet, die sich weiterhin erlauben, sich schlecht in ihren Körpern zu fühlen. Die Werbung suggeriert, dass Frauen durch den Kauf des Produkts ihre Körper endlich lieben können. Wir sind von einem Diskurs, in dem Frauen schön *sein* müssen, zu einem Diskurs gelangt, in dem sie sich schön *fühlen* müssen, egal wie ihr Körper aussieht. Empowerment als individuelle Entscheidung und Verantwortung geht an den Wurzeln des Problems vorbei und führt zu einem noch größeren Druck für Menschen, die der Schönheitsnorm nicht entsprechen. Man ist dann selber schuld, wenn man die täglichen Stigmata, Diskriminierungen und Herabwürdigungen nicht einfach ignoriert und seinen Körper nicht *trotzdem* feiert. Empowerment bedeutet dann zum Beispiel, ein Foto von sich mit dem Hashtag #bodypositive auf Instagram zu posten. Diese Form des *Empowerments* ist nicht nur auf Ästhetik reduziert, sie basiert auch auf einer individualistischen Vorstellung von Macht, die die wirklichen Machtverhältnisse in der Gesellschaft ausblendet und damit Empowerment zu einer Angelegenheit individueller Wahl und Verantwortung macht. Körper, die in der Gesellschaft weiterhin als hässlich oder nicht begehrenswert betrachtet werden, sind darauf angewiesen, sich selbst zu ermächtigen, Stolz statt Scham und Selbstliebe statt Komplexe zu wählen. Aber was wird aus den unterdrückenden Machtstrukturen und Diskursen?

Empowerment wird auf oberflächliche Handlungen des Individuums reduziert. »Es ist nur in euren Köpfen, liebt euch doch!«, lautet die Botschaft von solchen Kampagnen. Und wir drehen uns wieder im Kreis: Frauen und ihre »Mindsets« sind dann das Problem, das angegangen werden muss. Nicht die sozialen Bedingungen, die Unterdrückungssysteme und patriarchale, rassistische und neoliberale Diskurse, die ihrer Entmachtung zugrunde liegen. Im Grunde nähert sich diese Rhetorik dem *Gaslighting,* bei dem einem weisgemacht wird, die Scham und Erniedrigung, die von außen kommen, seien nur Phantasie. Der Begriff des Gaslighting stammt aus dem Theaterstück *Gas Light* von 1938 und den Verfilmungen dieses Stücks von 1940 und 1944, in denen ein Mann seine Frau so manipuliert, dass sie glaubt, die kleinen Veränderungen, die er in ihrer Umgebung vornimmt, seien Ausgeburt ihrer Phantasie, so dass sie nicht mehr in der Lage ist, zwischen Realität und Phantasie zu unterscheiden und ihrer eigenen Wahrnehmung der Realität zu vertrauen. Er wird verwendet, um sich allgemeiner auf die Manipulation, Kontrolle und den psychologischen Missbrauch des Realitätsgefühls einer Person oder einer Gruppe zu beziehen.

Wenn Menschen ihre Körper nicht lieben, liegt das dann nur an ihrer Einstellung? Viele Frauen werden nicht ernst genommen, wenn sie sexuelle Übergriffe melden – und stattdessen gefragt, wie sie angezogen waren. Dicken Menschen wird wegen ihres Gewichts die Behandlung bei ernsthaften medizinischen Problemen verweigert – und sie werden, auch wenn das gesundheitliche Problem absolut nichts mit ihrem Gewicht zu tun hat, beschuldigt, die Verantwortung dafür zu tragen. Schwarze Menschen werden überproportional oft zur Zielscheibe staatlicher Gewalt – und ihnen wird dabei immer wieder unterstellt, dass sie es irgendwie verdient haben. Trans-Menschen (besonders Trans-Frauen) werden mit einer Mordrate umgebracht, die weit über dem Bevölkerungsdurchschnitt liegt – und die Mörder laufen in den allermeisten Fällen frei herum. Dass manche Menschen mit nichtkonformen Körpern nicht viel von sich halten, hat wenig mit ihrem »Mindset« zu tun, sondern viel mit den gesellschaftlichen Bedingungen, die die kollektive Verachtung von solchen Körpern erlaubt und fördert – mit den sozialen Hierarchien, die den Wert unserer Körper definieren und von denen unser Zugang zu Schutz, zu Ressourcen und zu Liebe abhängt. Die zunehmende Zahl an Unternehmen, die *Body Positive*-Werbung betreiben, ermutigt zwar viele Menschen, sich nicht zu hassen in einer Welt, die sie jeden Tag vom Gegenteil überzeugt. Aber das Problem damit ist, dass diese Firmen meinen, das Problem des *Body Shaming* gelöst zu haben, wenn sie es lediglich sichtbar machen. Es liegt jetzt an jeder*m von uns, unser *Mindset* zu ändern. Worüber nicht gerne gesprochen wird, sind die materiellen Auswirkungen von *Body Shaming* auf das Leben von Menschen mit nichtkonformen Körpern, und inwiefern die Unternehmen bisher von den mangelnden Selbstwertgefühlen ihrer Konsument*innen profitiert haben.

Unternehmen sind nicht ernsthaft an der Beendung von *Body Shaming* und der Unterdrückungssysteme, die es fördern, interessiert, sondern haben das Konzept an sich gerissen, zu opportunistischen Zwecken. Wir sind deshalb nur einen Minischritt weitergekommen: Vielfältigere Körper sind in der Öffentlichkeit sichtbarer und werden »normalisiert«, aber werden die sozialen Hierarchien, die zur Herabwürdigung von dicken, Schwarzen, behinderten, *non-binary-* und *gender-non-conforming-*Körpern führen, infrage gestellt, oder gar benannt? Werden die sozialen Konstruktionen von Schönheit und Hässlichkeit dadurch dekonstruiert oder lediglich für mehr Konsum instrumentalisiert? Hat die Körperpositivität wirklich dazu geführt, dass Menschen mit nichtkonformen Körpern sich wohler fühlen? Oder hat es die Menschen zum Schweigen gebracht, die sich nicht mehr trauen, negative Gefühle über den eigenen Körper zu äußern, weil es nicht gut angesehen ist?

Unsere kapitalistische Gesellschaft investiert in eine Definition von Schönheit, die nicht nur 99 Prozent der Weltbevölkerung ausschließt, sondern auch auf einem sehr engen Verständnis basiert, das sich ausschließlich auf das Äußere, das Materielle, und das Greifbare konzentriert. Schönheit geht aber weit über das Äußerliche hinaus. Wie würde unsere Welt aussehen, wenn wir die Bedeutung von Schönheit nicht nur erweitern würden, sondern sie neu definieren und wahrnehmen würden? Sollten wir nicht lieber die Obsession für Ästhetik überwinden, statt dem Aussehen weiterhin einen sakralen Charakter zu verleihen? Würde es uns nicht erleichtern, wenn wir nicht so viel über unser Aussehen nachdenken müssten? Was wäre, wenn individuelle Schönheit nicht mehr ein zwangsläufiger Teil eines erfüllenden Lebens sein würde?

6. IM GERICHTSSAAL

»Die Apartheid war legal.
Der Holocaust war legal.
Die Sklaverei war legal.
Kolonialismus war legal.
Legalität ist eine Frage der Macht, nicht der Gerechtigkeit.«
Jose Antonio Vargas[1]

Das Justizsystem steht nicht immer für Gerechtigkeit ein. Denn Gesetze und ihre Auslegung unterliegen der gleichen Logik wie Wissen: Sie sind weder neutral noch objektiv. Auch im Gerichtssaal und im gesamten Strafverfolgungssystem wirken soziale Hierarchien. Die Aushandlung von Gerechtigeit, deren Grundlage, das Recht, uns gerne neutral und objektiv erscheint, ist auch das Ergebnis von sozialen Prozessen, die manches Verhalten als kriminell konstruiert haben, und anderes nicht. Vergewaltigung in der Ehe war bis vor Kurzem keine Straftat, weil die Gesetze überwiegend von Männern gemacht werden.[2] Gerechtigkeit hat wenig mit Rechtlichkeit zu tun. Wie Jose Antonio Vargas richtig beobachtete: Auch wenn die Apartheid, die Shoah, der Porajmos, die Sklaverei und der Kolonialismus gegen die Moral sind, waren sie zu ihrer Zeit legal. Sie waren staatliche Systeme, die mithilfe der Polizei, der Verwaltung, des Militärs und des gesamten staatlichen Apparats gewaltvoll umgesetzt wurden. Nach der Haitianischen Revolution – dem Aufstand der versklavten Schwarzen in der französischen Kolonie Saint-Domingue, der 1804 zur Umwandlung der Kolonie in den ersten durch ehemalige Sklav*innen geformten Staat Haiti führte – verlangte Frankreich, dass das neu gegründete Land der französischen Regierung und den französischen Sklavenhalter*innen den modernen Gegenwert von 21 Milliarden US-Dollar für den »Diebstahl« des Lebens der versklavten Menschen und der Plantagen zahlt. Dies hat die bis heute anhaltende Armut des Landes verursacht. Das war damals legal. Rechtlichkeit wird von den Mächtigen definiert und durchgesetzt. Deswegen müssen die Gesetze und Politiken eines Staates regelmäßig infrage gestellt werden. Im Justizsystem wird ironischerweise Ungerechtigkeit häufig produziert – und aufrechterhalten. Zudem treffen Polizist*innen, Richter*innen und Anwält*innen täglich Entscheidungen, die von unbewussten – in manchen Fällen bewussten – Vorurteilen und Repräsentationen beeinflusst sind. Wenn die Neutralität der Gerichte und der Justiz nicht gewährleistet ist, was sagt dies zum Beispiel über die Menschen aus, die in Gefängnissen eingesperrt sind?

Was ist »kriminell«?

Eine Person, die in einem Supermarkt aus der Not heraus stiehlt, ist kriminell, aber derselbe Supermarkt, der mindestens indirekt undokumentierte Migrant*innen auf Obst- und Gemüsefeldern in Spanien ausbeutet und sich auf eine Fleisch- und Milchindustrie verlässt, die Kühe, Hühner und Küken quält, ist es nicht. Eine Person, die Menschen im Mittelmeer beim Überqueren der europäischen Grenzen vor dem Ertrinken zu retten versucht, ist kriminell. Die Grenzpolizei, die die gleichen Menschen ertrinken lässt, ist es nicht. Eine Person, die ihr Geld durch illegalen Handel verdient, ist kriminell, aber Finanzleute, die spekulative Aktivitäten auf den Finanzmärkten betreiben, die zu Wirtschaftskrisen – wie der von 2008 – führen können, und Hunderttausende von Menschen in die Armut und Obdachlosigkeit treiben, sind es nicht. Gesetze über Abtreibung, Ehe, Vergewaltigung und sexualisierte Gewalt, über Immigration, Steuern und Kredite dienen den Interessen der herrschenden Klassen. Viele Sachen, die im

Moment legal sind, sollten illegal sein – und umgekehrt. Sollte es legal sein, dass Großunternehmen ihren toxischen Müll auf dem afrikanischen Kontinent lagern? Dass unsere Klamotten in Ländern des globalen Südens von Menschen genäht werden, die unter sklavenähnlichen Bedingungen arbeiten? Menschen im Mittelmeer ertrinken zu lassen, nur weil sie über ein bestimmtes Stück Papier nicht verfügen? Dass die reichsten Menschen der Welt verhältnismäßig weniger Steuern zahlen als Arbeiter*innen der Mittelschicht? Und Menschen auf der Straße im Winter sterben zu lassen?

Unter dem Begriff der Kriminalität finden sich höchst unterschiedliche Formen gesellschaftlich unerwünschten Verhaltens. Auf der Webseite des Bundeskriminalamts werden die verschiedenen Deliktsbereiche aufgelistet, und dazu gehören ausschließlich Delikte, die vorrangig von nicht-weißen oder armen Menschen begangen werden, wie etwa »Schleusungskriminalität«, »Kriminalität im Kontext von Zuwanderung«, und »Angriffe auf Geldautomaten« (reiche Leute rauben keine Geldautomaten aus).[3] Sexualstraftaten, Vergewaltigungen und Gewalt gegen Frauen sind auf der gleichen Seite nicht zu finden. Erst nach einer minutiösen Recherche findet man die entsprechende Statistik. Das Gleiche gilt für Finanz- und Steuerdelikte. White-Collar-Kriminalität, die wie der Namen schon sagt, eher von reichen Menschen begangen wird, wird zwar auf der Seite gelistet, würde aber aufgrund des Umfangs – solche Delikte machen 50 Prozent des Gesamtschadensvolumens aller in der polizeilichen Kriminalstatistik erfassten Delikte aus – eine gesamte Seite verdienen. Und während »Gewalt gegen Polizeivollzugsbeamtinnen/-beamte« eine eigene Rubrik verdient, wird Polizeigewalt gar nicht erst aufgelistet, und dazu gibt es auch keine Statistik.[4]

Es gibt viele Dinge, die in der Vergangenheit nicht illegal waren, aber heute kriminell sind, und umgekehrt. Das Überschreiten von Grenzen ohne Papiere war nicht immer strafbar. Offen schwul oder lesbisch zu sein, Kleidung zu tragen, die ausschließlich für das andere Geschlecht bestimmt war, oder jemanden einer anderen Hautfarbe zu heiraten, war alles bis vor relativ Kurzem unter Strafe gestellt. Dasselbe Verhalten kann in einer Gesellschaft als kriminell und in einer anderen Gesellschaft oder in derselben Gesellschaft zu einer anderen Zeit als ein neutraler Akt betrachtet werden. Der rechtliche Status eines Verhaltens – ob es als Verbrechen definiert wird – liegt nicht im Akt des Verhaltens selbst, sondern in der sozialen Reaktion auf das Verhalten und auf die Personen, die daran beteiligt sind. Hier spielt die soziale Stellung der Täter*innen und der Opfer eine Rolle. Dass bestimmte Verhaltensweisen kriminalisiert wurden, hat zum Beispiel die Kontrolle, Disziplinierung und Verfolgung von Menschen erlaubt, die für das System bedrohlich waren: die Armen, die Schwarzen, People of Color, die Migrant*innen, die Sexarbeiter*innen, die psychisch Kranken, die Obdachlosen, die Behinderten. Die Hexenverfolgung basierte auf der Kriminalisierung der Frauen, die das Patriarchat und die männliche Dominanz bedrohten. Die Hexenhinrichtungen wurden von Teilen der herrschenden Klasse in ganz Europa dazu benutzt, Eigentum zu konfiszieren, Bettler zu dämonisieren, die Sexualität der Frauen zu kontrollieren, Geschlechterrollen durchzusetzen und Frauen von wirtschaftlichen, politischen und sozialen Aktivitäten auszuschließen.[5]

Die Kriminalisierung von bestimmtem Verhalten erlaubt es also, Macht und soziale Hierarchien aufrechtzuerhalten und durchzusetzen. Die Kriminalisierung der Armut geschieht durch Gesetze, die Verhaltensweisen als illegal einstufen, die nur von armen Menschen an den Tag gelegt werden. Das geschieht auch, wenn die Ergebnisse der Strafgerichtsbarkeit an den wirtschaftlichen Status einer Person gebunden sind – Gebühren und Geldstrafen erzielen härtere Ergebnisse für arme Angeklagte. Gesetze, die das Betteln und die Wohnungslosigkeit kriminalisieren, haben arme Menschen während der industriellen Revolution in die Lohnarbeit gezwungen. In den Jahrzehnten nach der Abschaffung der Sklaverei waren solche Gesetze Instrumente, die zur Fortführung der Unterdrückung und Ausbeutung von Schwarzen Menschen benutzt wurden. Frisch befreite Schwarze waren in der ersten Zeit meistens orientierungslos, sie wussten selten, wo sie hingehen, und wie sie überleben konnten, in einer Gesellschaft, die die vorherigen 500 Jahre auf Sklaverei basiert hatte. Viele waren auf der Suche nach ihren Kindern, Eltern, Geschwistern, und Verwandten, die an andere Plantagen verkauft worden waren – und logischerweise obdach- und arbeitslos waren. Die ehemaligen Sklavenhalter sahen darin eine Möglichkeit, Schwarze Menschen wieder zu versklaven. Die Regierung verabschiedete 1866 – wenige Monate nach dem *Civil War*, als Hunderttausende gerade erst aus der Sklaverei befreite Afroamerikaner*innen auf der Suche nach Arbeit und vertriebenen Familienmitgliedern umherzogen – ein Gesetz, das jede Person zwang, die arbeits- oder obdachlos zu sein schien, für einen Zeitraum von bis zu drei Monaten kostenlos zu arbeiten (und bei Rückfall mit Ketten und Eisenkugeln an den Füßen). Dieses Gesetz kriminalisierte freigelassene Menschen, die ihr Leben wiederaufzubauen versuchten.[6] In den europäischen Kolonien wurden ähnliche Strategien eingesetzt, um befreite Sklav*innen weiter auszubeuten.

In Deutschland gehörten nach dem Strafgesetzbuch von 1871 Betteln, Obdachlosigkeit und »Müßiggang« zu den Gründen, eine Person in einem Arbeitshaus einzusperren.[7] In der Weimarer Republik wurde das Gesetz gegen Landstreicherei gelockert, in Nazi-Deutschland wurde Landstreicherei dann aber zusammen mit Betteln, »Prostitution« und »Arbeitsscheue« als »asoziales Verhalten« eingestuft und mit der Einweisung in Konzentrationslager bestraft. Das schwarze Dreieck war ein Abzeichen, das in Nazi-

Konzentrationslagern verwendet wurde, um Gefangene zu kennzeichnen, die als »asozial« und »arbeitsscheu« angesehen wurden. Zu denjenigen, die als »asozial« galten, gehörten in erster Linie die Rom*nja und Sinti*zze, aber es wurde bis 1942 auch zur Bezeichnung von Alkoholiker*innen, Obdachlosen, Bettler*innen, Nomaden und Sexarbeiter*innen verwendet.[8] Die Kriminalisierung der Armut war bereits damals eng mit der Verfolgung der Rom*nja und Sinti*zze verbunden. Heute werden sie weiterhin von europäischen Regierungen nicht nur aufgrund ihrer Ethnizität, sondern auch wegen ihres sozioökonomischen Status stigmatisiert. 2015 plante der Berliner Senat, das Betteln für Minderjährige unter Strafe zu stellen. Die Absurdität eines solchen Projekts – ausgerechnet Bettler*innen mit Geldstrafen zu drohen – zeigt übrigens, dass die Beseitigung solcher Bettler*innen für die Regierung anscheinend wichtiger als die Bekämpfung der Armut ist. Solche Gesetze richten sich fast ausschließlich gegen Rom*nja- und Sinti*zze-Familien.[9] Ein paar Jahre zuvor war ich am Gendarmenmarkt in Berlin-Mitte und sah, wie ein erwachsener weißer Mann ein ungefähr zwölfjähriges Rom*nja-Mädchen auf dem Boden hielt – sie lag auf dem Bauch, er hatte sein Knie auf ihrem Rücken und hielt ihre Faust in seiner Hand. Ich rannte zu ihm und brüllte ihn an, dass er sie loslassen solle. Er meinte: »Sie ist eine Verbrecherin, die Polizei kommt gleich!« Und die Polizei kam tatsächlich im gleichen Moment, mit Sirenen und einem vierköpfigen Team. Sie packten das Mädchen und ihren gleichaltrigen Bruder, der neben ihr wartete, ins Auto und nahmen sie fest. Der Grund: Sie haben gebettelt. Während ich eine schriftliche Anzeige gegen den Mann erstattete, der das Mädchen auf den Boden gedrückt hatte, meinte der Polizist, der das Papier ausfüllte: »Gut, dass Sie das machen wollen, aber wissen Sie, mit dieser Klientel haben wir ständig zu tun.« Im Nachhinein ärgere ich mich sehr, dass ich nicht auch die Polizisten angezeigt habe, weil es keinen Anlass für die Festnahme gab. Denn Betteln ist gesetzlich nicht verboten. Warum nahm die Polizei zwei Rom*nja-Kinder fest, die keine Straftat begangen hatten, und nicht den erwachsenen Mann, der sie körperlich angriff?

In Frankreich sind Gesetze, die sich gegen Rom*nja und Sinti*zze richten, noch in Kraft. Im Jahr 2010 forderte das Innenministerium die französischen Präfekten auf, einen »systematischen Ansatz zum Abbau illegaler Lager innerhalb von drei Monaten zu verfolgen, wobei den Rom*nja Vorrang einzuräumen ist«.[10] Die Polizei leistete dem Befehl Folge. Zwei Jahre später wurde eine Verordnung erlassen, die solche Zwangsräumungen erlaubt.[11] Solche Gesetze werden routinemäßig missbraucht, mit Übereifer und gewaltvoll umgesetzt, ohne Einhaltung der gesetzlichen Fristen. Das Jahr 2017 war von intensiven Vertreibungen durch die französische Polizei geprägt. 71 Prozent dieser Einsätze betrafen in Barackensiedlungen und besetzten Häusern lebende Menschen. Tausende von Rom*nja-Familien wurden dadurch obdachlos. Zwischen Januar und Dezember wurden 11.309 Personen, mehrheitlich Kinder und Jugendliche, die der Rom*nja-Gemeinschaft angehören oder als solche ausgewiesen sind, aus 130 Wohngebieten, Barackensiedlungen und besetzten Häusern in Frankreich vertrieben, von denen die Mehrheit (8161 Personen) von den Behörden zum Verlassen des Landes gezwungen wurde.[12] Armut ist in unseren europäischen Gesellschaften ein Verbrechen, das mit Rassismus verwoben ist. 2018 unterzeichnete der Bürgermeister von Nizza einen Erlass zum Verbot des »aggressiven Bettelns«,[13] obwohl dieses Verhalten bereits vom Strafgesetzbuch mit sechs Monaten Gefängnis und einer Geldstrafe von 3750 Euro belegt wird.[14] Am 18. März 2003 verabschiedete die französische Regierung ein Gesetz, das Bettler*innen mit einer Freiheitsstrafe von drei Jahren und einer Geldstrafe von 45.000 Euro droht, wobei die Strafen bis zu zehn Jahren Haft und 1.500.000 Euro betragen können, wenn das Betteln »in einer organisierten Bande begangen wird«. »Agressives Betteln« und »organisierte Banden« sind Platzhalter für »Rom*nja«. Die Interpretation von »aggressiv« und »Bande« liegt im Ermessen von Polizei und Justiz: Eine ruhige Person, die ein bisschen zu lang mit ausgestreckter Hand wartet, kann schon als agressiv und eine Familie als Bande gelten.

Das »Recht und Ordnung«-Narrativ verstärkt die Idee, dass Gesetze, Polizei und Gerichte neutrale, objektive Institutionen sind. Diese Rhetorik sieht die Verfolgung des Rechts als sakrosankte Aufgabe und Pflicht an. Sie basiert auf der Darstellung und Erklärung von Kriminalität als Phänomen, in dem der Kern des Problems die Kriminellen selbst sind, nicht gesellschaftliche Faktoren wie Armut, Ungleichheit und Marginalisierung. Ein »Recht und Ordnung«-Narrativ führt im Extremfall zur Wiedereinführung von Todesstrafe und Folter. Im Fall der Central Park Five etwa spielte das »Recht und Ordnung«-Narrativ eine entscheidende Rolle. Weniger als zwei Wochen nach dem Angriff schaltete Donald Trump in den vier prominentesten Zeitungen der Hauptstadt eine ganzseitige Anzeige mit der Schlagzeile: »BRINGT DIE TODESSTRAFE ZURÜCK. BRINGT UNSERE POLIZEI ZURÜCK!«[15] In einer in der Anzeige enthaltenen Erklärung kritisierte Trump die Kriminalität in der Stadt und behauptete, es gäbe kein »Recht und Ordnung« mehr.

Ordnung wird häufig mit dem Westen, mit Europa und weißen Menschen in Verbindung gebracht, die für Rechtsstaatlichkeit, *Good Governance* und eine hochentwickelte Bürokratie stehen. Länder des globalen Südens und People of Color dagegen gelten als chaotisch, unordentlich und korrupt. Der Genozid des Dritten Reichs ist das Paradebeispiel einer pervertierten Recht-und-Ordnung-Politik. Im Dritten Reich waren Gesetze, Gerichte, war die dienstbeflissene Anwendung des Rechts und die Obsession von Ordnung äußerst wichtige Elemente. Die wichtigsten Täter dieser Zeit sind bekannt. Weniger bekannt sind jedoch die Beiträge »normaler« Menschen – Ärzt*innen, Rechtsanwält*innen, Lehrer*innen, Beamt*innen, Offiziere und anderer Fachleute der deutschen Gesellschaft –, deren Einzelaktionen, zusammengenommen, die systematische, legale Tötung von über 6 Millionen Menschen ermöglichte. Die Rolle der Rechtsberufe im Allgemeinen und die Handlungen der Richter*innen im Besonderen waren in dieser Hinsicht bedeutsam. In Übereinstimmung mit den neuen Gesetzen, Dekreten und Normen halfen Anwält*innen, jüdische Kolleg*innen aus den Gerichten, Berufsverbänden und Anwaltskanzleien zu verdrängen. Sie waren durch antisemitische Vorurteile motiviert sowie durch die neuen Chancen, die sich für ihre Karriere durch den Wegfall der Konkurrenz eröffneten. Vor allem aber, wandten sie das Gesetz an. Aus einer langjährigen autoritären, konservativen und nationalistischen Tradition kommend, glaubten die Richter (es waren fast ausschließlich Männer) zutiefst an die Stärkung der staatlichen Autorität, die Gewährleistung der öffentlichen Achtung des Gesetzes und die Garantie, dass staatliches Handeln eine rechtliche Grundlage hat – die Definition von Rechtsstaatlichkeit. Richter gehörten zu denjenigen, die die Autorität Hitlers, die Legitimität des Naziregimes und die neuen Gesetze, die die politischen Freiheiten, Bürgerrechte und Garantien für Eigentum und Sicherheit einschränkten, effektiv hätten infrage stellen können. Und doch tat die überwältigende Mehrheit dies nicht. Stattdessen hielten die meisten von ihnen in den zwölf Jahren der Naziherrschaft das Gesetz nicht nur aufrecht, sondern legten es auch in einer weitreichenden Weise aus, die die Fähigkeit der Nazis, ihre Agenda umzusetzen, eher erleichterte als behinderte.[16] Wie war dies möglich?

Die Nazizeit konfrontierte zweifellos einzelne Richter – wie so viele andere auch – mit intensiven persönlichen und ethischen Dilemmata. Es geht jetzt nicht darum, sie im Nachhinein aus sicherer historischer Distanz zu verurteilen. Vielmehr geht es darum, den Druck, dem sie durch die Absolutheit des Rechts ausgesetzt waren, kritisch zu untersuchen. Erst durch die Analyse der Handlungen der gewöhnlichen, ambivalenten und zwiespältigen Menschen, können die Realitäten des ethischen Kampfes verstanden werden. Das Holocaust-Gedächtnismuseum der Vereinigten Staaten präsentierte eine Reihe von Schlüsseldekreten, Gesetzgebungsakten und Rechtsprechungen, die den schrittweisen Prozess aufzeigen, durch den die Naziführung mit Unterstützung oder Duldung der Mehrheit des deutschen Volkes, einschließlich der Richter, die Nation von einer Demokratie in eine Diktatur verwandelte. Sie zeigen die Reihe rechtlicher Schritte, die Millionen von Menschen der rassistischen, antisemitischen, homo- und behindertefeindlichen Ideologie des NS-Staates auslieferten. Diese Rechtsinstrumente offenbaren die Positionen, die die Richter eingenommen haben, und bieten einen Rahmen für eine sinnvolle Debatte über die Rolle der Justiz in der Gesellschaft und ihre Verantwortung heute. Vor allem aber zeigen sie, dass Legalität eine Frage der Macht ist und – mit allen Mitteln – infrage gestellt werden muss, und niemals für unveränderlich und objektiv gehalten werden sollte.

Das Prinzip des kantschen kategorischen Imperativs – laut dem man »nur nach derjenigen Maxime [handeln soll], durch die du zugleich wollen kannst, dass sie ein allgemeines Gesetz werde«,[17] hat die deutsche Mentalität bis heute tief geprägt. Er wird fälschlicherweise immer wieder als Gebot interpretiert, Gesetze und Regeln bedingungslos zu befolgen. Als ich vor fünfzehn Jahren in Deutschland ankam, war ich verblüfft zu sehen, dass sich Menschen an Fußgängerampeln halten und stehen bleiben, auch wenn gar keine Autos zu sehen sind. Dabei bleibt ihr Blick ausschließlich auf die Ampel fixiert, als würde diese Ampel eine absolute Sicherheit gewährleisten. Sollte ein Auto doch bei Rot fahren, würde die Mehrheit der Fußgänger*innen überfahren werden. Ich sehe es nicht ein, mich bedingungslos und unter allen Umständen an diese Regel zu halten. Ich schaue lieber selber, ob Autos kommen, und beurteile, ob es sicher ist, die Straße zu kreuzen. In allen anderen Ländern der Welt (abgesehen von der Schweiz, Österreich, Singapur und vielleicht Nordkorea) gelten die Fußgängerampeln als Hilfsmittel für das individuelle Ermessen der Situation. Das Beispiel der Fußgängerampel zeigt: Regeln zu befolgen, ohne sie infrage zu stellen, kann absurd sein, auch wenn Verkehrsregeln an sich gut sind und Leben retten. Aber ohne das individuelle Ermessen der Situation können Gesetze und Regeln, wie etwa die Kriminalisierung der Seenotrettung im Mittelmeer oder die Denunziationspflicht im Dritten Reich, fatal wirken. Ich versuche meinem Sohn beizubringen, dass Regeln gebrochen werden können – und manchmal auch sollten. Gerechtigkeit erfordert oft, Gesetze zu übertreten.

Änderungen des rechtlichen Status eines Verhaltens (von kriminell zu legal) werden auch durch soziale Bewegungen herbeigeführt und dabei fast immer durch den Verstoß gegen das besagte Gesetz. Für die Legalisierung der Homosexualität mussten queere Paare erst *gegen* dieses Gesetz verstoßen. Rosa Parks hat *gegen* die Segregationsgesetze verstoßen, Nelson Mandela *gegen* die Apartheidgesetze. Irena Sendler, die Tausende von jüdischen Kindern aus dem Warschauer Ghetto rettete, verstieß *gegen* die Nazigesetze. Diejenigen, die gegen Ungerechtigkeit kämpfen, landen oft im Gefängnis. Rosa Parks, Angela Davis, Assata Shakur, Nelson Mandela, Martin Luther King, Malcolm X, Gandhi – alle waren für viele Jahre hinter Gittern (nicht mitgezählt all jene, die starben, bevor sie das Gefängnis erreichten, die heute in Vergessenheit geraten sind). Solche ungerechten Inhaftierungen geschehen auch im gegenwärtigen Europa: Seit dem Mord an Adama Traoré durch die französische Polizei im Jahr 2016 wurden vier seiner Brüder in Frankreich inhaftiert. Sie wurden alle aus Scheingründen verhaftet. Das eigentliche Motiv für alle Festnahmen war der Kampf gegen Polizeigewalt, dem sich die Familie seit vier Jahren unermüdlich widmet. Auch Einschüchterungsversuche haben die Familie nicht daran gehindert, Licht in den Tod von Adama zu bringen, der zu einem Symbol der Polizeigewalt in Frankreich geworden ist. Claus-Peter Reisch, der Kapitän des Seenotrettungsschiffes »Lifeline«, der 2018 Hunderte Leben im Mittelmeer rettete, wurde verhaftet, vor Gericht gestellt und verurteilt, weil er gegen die Gesetze der EU verstieß. Die Sea-Watch-Kapitänin und Klimaschutzaktivistin Carola Rackete setzte sich ebenfalls über das Verbot des italienischen Innenministeriums hinweg und rettete 2019 über fünfzig Menschen aus Seenot. Edward Snowden stand 2013 vor einer Strafanzeige, weil er aufgedeckt hatte, dass die NSA die Rechte der amerikanischen Bürger*innen verletzt. Ziviler Ungehorsam bringt nicht für alle Menschen die gleichen Konsequenzen mit sich. Die Bewegung *Extinction Rebellion*, die (von einzelnen Ausnahmen abgesehen) gewaltlosen zivilen Ungehorsam nutzt, um Regierungen zum Handeln zu zwingen, um ein Massensterben zu verhindern, hat ihre Taktiken bisher aus der Perspektive der weißen Mittelschicht entwickelt. Sie arbeitet stark mit dem Mittel der absichtlichen Festnahme, doch das schließt diejenigen aus, die systematischer Polizeigewalt ausgesetzt sind. Ein paar Tage in Polizeigewahrsam zu verbringen kann sehr unterschiedliche Folgen haben, je nachdem, ob man eine weiße Person aus der Mittelschicht oder eine Schwarze Person aus einem armen Stadtteil ist – wie die Todesfälle in Gewahrsam von Adama Traoré in Frankreich, Oury Jalloh in Dessau, Laya-Alama Condé in Bremen, Achidi John in Hamburg, und viele mehr zeigen. Durchschnittlich werden in Frankreich jedes Jahr 15 Menschen von der Polizei getötet.[18]

Ikonische Held*innen der globalen Gerechtigkeit werden heute als Symbole des gewaltlosen Widerstands gefeiert. Dabei wird leider oft vergessen, dass sie in ihrer Zeit als kriminell und Staatsfeind*innen betrachtet und behandelt wurden. Diese Tatsache sollte uns dazu auffordern, die Rolle der Polizei, des Justizsystems und der Gefängnisse kritisch zu hinterfragen. Kriminalität, wir haben es gesehen, ist eine sozialpolitische, historische Konstruktion, die instrumentalisiert wird, um den Status quo aufrechtzuerhalten, und Kontrolle, Repression und Unterdrückung auszuüben. Das Streben nach Gerechtigkeit erfordert, dass wir die dem Justizsystem innewohnenden Machtdynamiken und Herrschaftsmuster erkennen und uns mit ihnen auseinandersetzen.

Die Neutralität der Justiz

»Frag die Elenden, wie es ihnen in den Hallen der Gerechtigkeit ergeht. Dann wirst du wissen: nicht ob das Land gerecht ist oder nicht, sondern ob es überhaupt irgendeine Liebe zur Gerechtigkeit oder irgendeine Vorstellung davon kennt. Sicher ist in jedem Fall, dass Ignoranz, verbündet mit Macht, der erbittertste Feind ist, den die Gerechtigkeit haben kann.« *James Baldwin*[19]

Das Lieblingsspiel meines fünfjährigen Sohnes ist »Räuber und Gendarme«. Hoffentlich wird er bald aus dieser Phase herauswachsen, aber bis dahin muss ich mitspielen. Als wir dieses Spiel zum ersten Mal miteinander spielten, meinte er: »Lass uns nach Menschen suchen, die verdächtig aussehen!« Ich fragte: »Wie siehst du, ob jemand verdächtig aussieht?« Seine Antwort brach mein Herz: »Sie sind meistens Schwarz oder arabisch.« Als ich ihn fragte, woher er das wüsste, meinte er, dass sein Freund ihm das erzählt habe. Den Freund und seine Eltern kenne ich sehr gut, und kann mit Sicherheit sagen, dass er diese Annahme nicht zu Hause gelernt hat. Wo kommt es dann her? Tidiane hat eine Schwarze Mutter und Familie, einen Schwarzen Erzieher und wächst mit vielen Schwarzen Menschen und People of Color auf, teilweise in seinem engsten Kreis. Er bezeichnet sich sogar selbst als »ein bisschen Schwarz«. Trotzdem hat sein Bewusstsein die implizite Assoziation Schwarz/bedrohlich bereits aufgenommen. Wenn Tidiane mit fünf – und einer Mutter wie mir – dieses Vorurteil verinnerlicht hat, ist davon auszugehen, dass es weit verbreitet ist.

Polizist*innen, die gegenüber arabisch aussehenden und Schwarzen Männern einen negativen Bias aufweisen und ihnen generell eine höhere Kriminalität zuschreiben, tendieren dazu, solche Männer öfter und länger zu kontrollieren, bis ihre Vorurteile bestätigt werden. Die Kehrseite davon ist eine positivere Haltung gegenüber weißen Männern, die als vertrauenswürdiger und weniger bedrohlich betrachtet, und demzufolge milder behandelt werden. Polizist*innen mögen selber arabisch oder Schwarz sein, und können trotzdem solche Vorurteile haben.

Das Bild einer »blinden« Justiz ist ein Mythos. Die Kehrseite der negativen Stereotype über Schwarze, muslimische und nichtweiße Männer sind positive Vorurteile gegenüber weißen Männern. Sie werden nicht automatisch mit Straftaten in Verbindung gebracht und genießen eine Unschuldsvermutung. Ein tragisches Beispiel dafür ist der rassistische Mordanschlag in der hessischen Stadt Hanau, in der ein weißer Mann am 19. Februar 2020 zehn Menschen ermordete. Diese Morde hätten vermieden werden können, hätte die Polizei den Täter ernst genommen, als er sich bei ihnen wenige Tage vor dem Anschlag meldete. Denn Tobias Rathjen, der Täter, lud ein paar Tage vor dem Anschlag ein Bekennerschreiben und ein Hassvideo im Internet hoch. Der Generalbundesanwalt (GBA) Peter Frank hat bei einer Befragung im Hessischen Landtag bestätigt, dass die Hanauer Staatsanwaltschaft und der GBA im November 2019 Post von Rathjen bekommen hatten, in der er seine rechtsextremen Ansichten offengelegt hatte. Es gab keinerlei Folgen. Çetin Gültekin, der Bruder von Gökhan Gültekin, einem der Opfer, beschreibt die Sonderbehandlung, von der der weiße Täter profitierte: »Wenn ich zwei Seiten mit der Ankündigung vollschreibe, dass ich Deutsche umbringen will, und das der Staatsanwaltschaft schicke, dann klopft zwei Stunden später die Polizei bei mir.« Er wirft der Polizei vor: »Hätte die Staatsanwaltschaft das ernst genommen, würde mein Bruder noch leben. Wenn deutsche Polizisten und Behörden ihre Arbeit richtig machen würden, würde kein offener Rassist eine Waffe besitzen können. Dafür sind die doch da. Die müsse doch für die Sicherheit von jedem Menschen sorgen, nicht nur für die Sicherheit der Deutschen.«[20]

Aus einer vom Kriminologischen Forschungsinstitut Niedersachsen (KFN) durchgeführten Studie ergibt sich, dass nichtweiße Menschen härter bestraft werden. Alle Studienbeteiligten sollten über den gleichen Fall urteilen, nur trugen die Beklagten einmal deutsche Namen wie Max Huber und einmal türkische wie Bülent Genc. Der Angeklagte mit dem fremden Namen wurde härter bestraft.[21] Dies lässt sich durch die negativen Vorurteile gegenüber nicht-weißen Menschen erklären, aber nicht nur. Die Empathielücke, die früher im Buch diskutiert wurde, ist auch ein Problem im Justizsystem.

Ein in den USA durchgeführtes Experiment zeigte den Einfluss von Hautfarbe auf Einfühlungsvermögen und Bestrafung. Die Forscher*innen baten 90 weiße Student*innen, als Geschworene zu fungieren und einen Diebstahl zu bewerten. Die Geschworenen verhängten für Schwarze Angeklagte härtere Strafen als für weiße und empfanden weniger Einfühlungsvermögen für Schwarze Angeklagte – für genau die gleiche Tat.[22] Dies erklärt teilweise harte Verurteilungen in der Jugendgerichtsbarkeit. In den USA werden Schwarze und nicht-weiße Jugendliche härter behandelt als ihre weißen Altersgenoss*innen. Was für weiße Schüler*innen ein Streich ist, wird bei Schüler*innen of Color oft als Verbrechen behandelt. Dass diese Tendenz auch in Deutschland vorliegt, illustriert eine Geschichte aus einer Neuköllner Schule, die mir erzählt wurde, sehr gut. Während einer Einführung in die Verkehrsregeln, die durch einen Polizisten für Drittklässler*innen gegeben wurde, fragte ein Kind: »Herr Polizist, was heißt denn A. C. A. B.?«[23] Der Polizist stürmte aus dem Klassenzimmer, beschwerte sich beim Lehrer, dass es inakzeptabel sei, derart beleidigt zu werden, und forderte eine Entschuldigung seitens des Kindes ein. Das Kind wurde zur Schulleitung zitiert und von zwei Erwachsenen unter Druck gesetzt, zuzugeben, dass es die Frage aus reiner Provokation gestellt hatte. Die Direktorin sagte: »Sei doch ein Mann! Sag doch die Wahrheit!« Dieser Kommentar sagt schon viel über die Art und Weise, wie sie dieses Kind wahrgenommen hat. Ein Mann ist ein neunjähriges Kind eben nicht. Diese Geschichte wurde mir ohne Erwähnung der Hautfarbe des Kindes erzählt. Die erste Frage, die mir einfiel, war: »Es war kein weißes Kind, oder?« (Es war auch klar, dass der Lehrer, die Schulleiterin und der Polizist weiß waren.) Eine solche Geschichte wäre einem weißen Jungen wahrscheinlich nicht passiert, weil sowohl der Polizist als auch der Lehrer und die Schulleitung in ihm tatsächlich ein neunjähriges Kind gesehen und in seiner Frage keine Beleidigung gesehen hätten. Doch diesem Schwarzen Jungen wurde dieses Privileg der Unschuld entzogen. Als seine Mutter im Nachhinein darauf bestand, anwesend zu sein, falls er noch einmal von zwei Erwachsenen angehört werden sollte, antwortete die Schuldirektorin, dass sie das lieber nur mit ihm klären möchten – als wäre der Beistand eines Elternteils nicht angemessen.

Schwarze und andere nicht-weiße Schüler*innen werden öfter suspendiert, sie werden von ihren Schulen eher an die Strafverfolgungsbehörden verwiesen, werden eher verhaftet, eher vor ein Erwachsenengericht gestellt und erhalten in der Regel ein härteres Urteil.[24] Das alles ergibt Sinn, wenn wir uns daran erinnern, dass die meisten von uns davon ausgehen, dass Schwarze weniger Schmerzen empfinden. Forscher*innen der Stanford University kamen zu ähnlichen Ergebnissen bei Jugendstrafen: Schwarze Kinder werden eher als Erwachsene wahrgenommen, die eine harte Bestrafung verdienen, und nicht als unschuldige Kinder, die unser Mitgefühl und unseren Schutz verdienen.[25] Der Fall der Central Park Five zeigt auf grausame Weise das völlige Fehlen von Empathie seitens der Medien, der breiten Öffentlichkeit und der Strafverfolgung gegenüber fünf Schwarzen Jungs, die fälschlicherweise als schuldig verurteilt wurden und bis zu zwölf Jahre im Gefängnis verbringen mussten, für eine Tat, die sie nicht begangen hatten. Ihr Recht, während des Verhörs durch die Polizei von einem Erwachsenen begleitet zu werden, wurde missachtet. Sie wurden gewaltvoll behandelt, teilweise körperlich misshandelt und für schuldig erachtet, noch bevor sie ihre Unschuld beweisen konnten, und hatten keine Chance zu gewinnen. Dass sie noch Kinder, noch nicht volljährig waren, war komplett irrelevant.[26]

Empathielücke und *Implicit Bias* tragen zu institutioneller Diskriminierung in allen gesellschaftlichen Sphären bei, inklusive der Justiz. Mit der exponentiellen Entwicklung von künstlicher Intelligenz könnte man denken, dass Algorithmen, bald neutralere Urteile fällen als Menschen: Sie werden heute bereits eingesetzt, um zu entscheiden, wer eingestellt wird, welche Qualität der medizinischen Behandlung wir erhalten, ob wir bei einer polizeilichen Untersuchung verdächtigt werden, und wie hoch die Wahrscheinlichkeit einer erneuten Straftat durch eine verurteilte Person ist. Diese Instrumente sind zwar vielversprechend, können aber auch gefährdeten und ausgegrenzten Menschen schaden und ihre

Rechte bedrohen. Ungeprüft und unreguliert können Algorithmen Rassismus, Sexismus, Diskriminierung von behinderten Menschen und andere Formen der Diskriminierung verstärken. Joy Buolamwini, Forscherin beim MIT Media Lab und Gründerin der *Algorithmic Justice League,* machte ein Experiment und bat Gesichtserkennungssysteme, 1000 Gesichter zu erkennen und zu identifizieren, ob die Gesichter männlich oder weiblich waren. Sie fand heraus, dass es für die Software schwierig ist, Schwarze Frauen zu identifizieren. Sie bildeten, mit einer Fehlerquote von bis zu 34,7 Prozent die am häufigsten falsch klassifizierte Gruppe. Im Gegensatz dazu lag die maximale Fehlerquote bei weißen Männern bei weniger als 1 Prozent.[27] Das bedeutet, dass Schwarze Frauen nach dieser Studie einem viel höheren Risiko ausgesetzt sind, von der Polizei falsch identifiziert zu werden, als weiße Männer. Es ist bis zu 100-mal wahrscheinlicher, dass Schwarze Personen und People of Color durch Gesichtserkennungssoftware falsch identifiziert werden als weiße Personen. Noch 2015 klassifizierten die Bilderkennungsalgorithmen von Google Fotos Schwarzer Menschen als Gorillas.[28] Künstliche Intelligenz wird von Menschen geschaffen, deren Vorurteile, Perspektiven und Wahrnehmungen in den Prozess einfließen. Zum Beispiel argumentiert Safiya Umoja Noble in ihrem Buch *Algorithms of Oppression, How Search Engines Reinforce Racism,* dass Vorurteile und negative Repräsentationen durch Suchalgorithmen reproduziert werden. Wenn die überwiegende Mehrheit der Entwickler weiße Männer sind, wird es sich in den Algorithmen widerspiegeln. Joy Buolamwini nennt algorithmische Biases den »coded gaze«, weil er die Perspektive derer sichtbar macht, die die Algorithmen entwickeln. Voreingenommenheit bei Menschen im »echten Leben« führt zu institutioneller systemischer Diskriminierung und Ungleichheiten in der Gesellschaft. Aber die Biases der Algorithmen sind schlimmer, weil sie sich exponentiell vervielfachen und ausbreiten. Die Kontroverse über den Einsatz der Gesichtserkennungstechnologie durch die Polizei hat sich beschleunigt, nachdem ein Schwarzer Mann, dem vor den Augen seiner Frau und seiner Töchter in Michigan Handschellen angelegt wurden, beweisen konnte, dass die Gesichtserkennungssoftware ihn fälschlicherweise als Verdächtigen bei einem Raubüberfall identifiziert hatte und er zu Unrecht verhaftet worden war.[29] Dieser Fehler ist kein Einzelfall, er deckt die fatalen Effekte von systemischem Rassismus auf – dem Algorithmen leider nicht entkommen. Dieser Fall wurde entdeckt, aber wie viele Menschen befinden sich heute im Gefängnis, weil sie von Algorithmen falsch identifiziert wurden (und weil ihnen nicht geglaubt wurde, als sie sagten, dass sie unschuldig sind)?

Im Science-Fiction-Thriller *Minority Report* werden Täter*innen kurz vor der Tat festgenommen. Tom Cruise, der für die Abteilung *Precrime* der Washingtoner Polizei arbeitet, verhindert Morde mittels Präkognition. So weit davon entfernt sind wir nicht. Es hilft wenig, wenn Menschen, die fälschlicherweise identifiziert werden, sagen, dass es sich um einen Fehler handelt. *Testimonial Injustice* – Vertrauensungerechtigkeit – bezeichnet die Ungerechtigkeit im Zusammenhang mit dem Vertrauen auf das Wort eines anderen. Eine Ungerechtigkeit dieser Art tritt auf, wenn eine Person aufgrund ihres Geschlechts, ihrer Hautfarbe, Religion oder anderer Facetten ihrer Identität ignoriert oder ihr nicht geglaubt wird.[30] Vorurteile sind extrem machtvoll und können in vielen Fällen schwer überwunden werden. Vertrauensungerechtigkeit betrifft auch Frauen, denen in Gerichtsverfahren, die Fälle von sexueller Belästigung und Vergewaltigung (mit einem weißen Mann als Täter) verhandeln, nicht geglaubt wird.[31] Umgekehrt wurden unzählige Schwarze Männer zu Unrecht beschuldigt und verurteilt für Vergewaltigungen von weißen Frauen, die sie nicht begangen hatten. Im Fall der Central Park Five kam die Wahrheit zwölf Jahre nach der Tat ans Licht. Wie viele andere Fälle bleiben für immer ungeklärt? Der wahre Täter wurde nicht durch das Justizsystem und ein faires Verfahren gefunden, sondern durch dessen Schuldgeständnis. Alle fünf Verurteilungen wurden 2002 aufgehoben, nachdem Matias Reyes, ein verurteilter Serienvergewaltiger und Serienmörder, gestanden hatte, der einzige Täter des Verbrechens gewesen zu sein, und DNA-Tests ergaben, dass die DNA auf dem Opfer von ihm stammte. Und trotzdem glauben nach wie vor viele Menschen, inklusive Donald Trump, dass sie irgendwie doch schuldig seien. Solche »Irrtümer« in der Justiz geschehen leider nicht nur in den USA, sondern auch in Europa. Der 26-jährige Syrer Amed A. starb infolge eines Brandes im Gefängnis Kleve am 17. September 2018. Er saß zu Unrecht im Gefängnis, weil die Polizei ihn mit einem Mann aus Mali verwechselt hatte, der per Haftbefehl in Norddeutschland gesucht wurde. Am 6. Juli 2018 wurde Amed A. nach einer angeblichen Belästigung an einem Baggersee festgenommen. Inhaftiert wurde er u. a. wegen Diebstahlsdelikten, die aber der Mann aus Mali begangen hatte.[32]

Algorithmen und KI wirken Diskriminierung, Bias und der Empathielücke nicht entgegen, sie verstärken sie. In vielen anderen Bereichen wirken sich Algorithmen negativ auf Menschen aus, die bereits gesellschaftliche Ausschlüsse und Diskriminierung erfahren. Die Barrieren, die viele Menschen beim Zugang zu Ressourcen, wie Darlehen, Jobs, Studium oder medizinischer Versorgung, sowieso überwinden müssen, werden durch Algorithmen erhöht. Die Neutralität der Justiz ist nicht gewährleistet, weder durch Menschen, noch durch Algorithmen. Die Polizei, Gefängnisse und klassische Gerichte perpetuieren strukturelle Ungleichheiten und Ungerechtigkeit, aber gibt es denkbare Alternativen?

Könnten wir Polizei und Gefängnisse abschaffen?

»Radikalität bedeutet schlicht, die Dinge an der Wurzel zu packen.«
Angela Davis[33]

Der staatliche Apparat gegen Kriminalität wird von den meisten von uns als unerlässlich betrachtet. Eine Gesellschaft ohne Gefängnisse und Polizei ist unvorstellbar. Die Polizei ist keine neutrale Institution. Ihre Funktion ist es, die Interessen der Mächtigen durchzusetzen und Herrschaftssysteme zu schützen. Wer folterte entlaufene Sklav*innen und brachte sie zurück zu den Plantagen? Wer nahm die Juden*Jüdinnen und Rom*nja und Sinti*zze fest und brachte sie in die Konzentrationslager? Wer überfiel die Häuser von Schwarzen Menschen und prügelte sie während der Apartheid? Von wem wurden die Lynchmorde während der Segregation in den USA begangen? Wer führte Razzias in LGBTQI+–Bars durch und nahm Schwule, Lesben und Trans-Menschen fest? Es ist wichtig, die Rolle der Polizei infrage zu stellen. In den USA plädieren jedoch seit mehreren Jahrzehnten wachsende Bewegungen für die Abschaffung von Gefängnissen und Polizei. Ihr Ziel: ein System von *Restorative Justice,* das diejenigen gesellschaftlichen Bedingungen, die zur Kriminalität führen, durch erhöhte, gezielte Finanzierung, anpackt. In Norwegen führte eine Bewegung zur Abschaffung der Gefängnisse zu »offenen Gefängnissen«, die die Wiedereingliederung von Menschen in die Gesellschaft betonen und die ich später noch genauer skizzieren werde. Nach dem Mord an George Floyd hat sich die Stadt Minneapolis verpflichtet, der Polizei weniger finanzielle Mittel zur Verfügung zu stellen. Sie versprach, ein neues System der öffentlichen Sicherheit in einer Stadt zu schaffen, in der Polizei und Justiz seit Langem des Rassismus beschuldigt werden. Für Aktivist*innen, die seit Jahrzehnten auf eine drastische Änderung der Polizeiarbeit drängen, stellte dies einen ersten wichtigen, wenn auch kleinen Schritt zu mehr Sicherheit aller, aber insbesondere Schwarzer Menschen dar. Dennoch kann man sich fragen, warum erst so viele Morde an Schwarzen Menschen verübt werden mussten. Veränderung fällt konservativen Menschen schwer. Konservatismus anzuhängen heißt, den Status quo zu schützen und eine gewisse Nostalgie für die Vergangenheit zu empfinden. »Früher« war es besser: »Make America Great Again« (aus naheliegenden Gründen würde in Deutschland ein solcher Slogan nicht so gut funktionieren, aber die Rhetorik von konservativen und rechtspopulistischen Parteien folgt der gleichen Idee). Traditionen sind heilig. Konservatismus ist eine politische Sicht, die die Ungerechtigkeit, die Verfolgung, die Ermordung und die systemische Diskriminierung, die minorisierte Gruppen – gestern und heute – täglich erfahren, negiert.

Die Entstehungsgeschichte der Polizei hilft uns, besser zu verstehen, warum die Institution an sich aus einer sozialen Gerechtigkeitsperspektive problematisch ist. Eine der wichtigsten Rollen der Polizei ist, unter anderem, den Besitz zu beschützen und soziale Ungleichheiten aufrechtzuerhalten, so seltsam das klingt: Die Polizei hat de facto dabei geholfen, die Armen nach der industriellen Revolution in Lohnarbeit zu zwingen, die Kolonisierten in untergeordneten Positionen zu halten und zu kontrollieren und jegliche Form von Aufständen niederzuschlagen. Die Polizei diszipliniert und kontrolliert in erster Linie. Polizei, Gefängnisse und Gerichte haben, historisch gesehen, den Kapitalismus, den Kolonialismus/Rassismus und das Patriarchat geschützt, durchgesetzt und aufrechterhalten. Konkret waren das die Sklaverei auf dem gesamten amerikanischen Kontinent, der Genozid an den Nama und Herero, der Völkermord an den Armenier*innen, der Holocaust und der Porajmos des Dritten Reichs, die Apartheid in Südafrika, die Segregation in den USA, und der Massenmord an Frauen in Europa bis weit in die Neuzeit. Die Polizei tat und tut tagtäglich Dinge, von denen die Gemeinschaft profititiert, doch sie hat Menschen terrorisiert, verfolgt, verletzt und getötet – und tut dies weiterhin –, um die genannten Systeme durchzusetzen. Gewalt gehört einfach zum polizeilichen Handeln. Um die gegenwärtige Unterdrückung bekämpfen zu können, müssen wir uns mit der Entstehungsgeschichte der Polizei, der Rolle der Gefängnisse und der Gerichte auseinandersetzen.

Symptome und Erzeugnisse von Unterdrückungssystemen werden in Gefängnissen weggesperrt und unsichtbar gemacht: Armut, Ausgrenzung, Sucht, Immigration, psychische Krankheiten, Obdachlosigkeit. Wenn man in einem radikalen Schritt oder erst mal als Gedankenexperiment alle Gefängnisse abschaffen würde, könnte ein neues System entstehen, in dem diese Probleme einer Lösung zugeführt werden, statt sie und die Menschen, die davon betroffen sind, wegzusperren. Das Strafvollzugssystem ist keine zeitlose Unvermeidbarkeit.

Eine kurze Geschichte des Gefängnisses

> »Gefängnisse lassen nicht soziale Probleme verschwinden, sie lassen Menschen verschwinden. Die Menschen, die mit ihnen zu kämpfen haben, werden in Käfige verbannt.«
> *Angela Davis*[34]

Am Anfang der Bewegung für die Abschaffung der Sklaverei in den USA war die öffentliche Meinung heftig dagegen. Damals ruhte die Wirtschaft von ganzen Ländern und Kontinenten auf Sklavenarbeit. Die Abschaffung schien eine undenkbare, utopische und gefährliche Idee. Stattdessen befürworteten viele eine Reform der Sklaverei, um sie menschlicher zu machen, etwa durch die bessere Behandlung von versklavten Menschen, bessere Arbeitsbedingungen und das Verbot von Folter und Mord von Sklav*innen. Heute werden nur die wenigsten Menschen denken, dass es eine gute Idee gewesen wäre, die Sklaverei lediglich zu »verbessern«. Eine Sklaverei ohne Gewalt und ohne Ungerechtigkeit war schichtweg nicht möglich, egal wie tiefgreifend die Reform gewesen wäre. Eine »Reform« von Gefängnissen halte ich für ebenso irreführend.

Im Zuge der Aufklärung entfernten sich die europäischen Reformer allmählich von der körperlichen Bestrafung. Die Menschen gingen nun für eine bestimmte Zeit ins Gefängnis, um auf die Strafe zu warten. Die Strafvollzugsbewegung sowohl in England als auch in den USA war zum Teil durch die Forderung nach mehr humanitärer Bestrafung motiviert. Das Gefängnis war also die Reform.[35] Veränderung zu erlauben heißt, den Tod von Systemen zu akzeptieren, die bisher nur eine Minderheit von Menschen geschützt haben und die zu Ungleichheit und Ungerechtigkeit führen. Der Platz, der dadurch frei wird, kann uns erlauben, neue Systeme zu entwickeln, die auf das Wohlbefinden *aller* Menschen abzielen.

In seinem Buch *The End of Policing* versucht der Autor Alex Vitale, eine öffentliche Diskussion anzuregen, indem er die Ursprünge der modernen Polizei als Instrument der sozialen Kontrolle aufdeckt. Es zeigt, wie die Ausweitung der Polizeiautorität im Widerspruch zur Stärkung der Gemeinschaft, zur sozialen Gerechtigkeit und sogar zur öffentlichen Sicherheit steht. Das Buch stützt sich auf bahnbrechende Forschung aus der ganzen Welt und zeigt, wie die Strafverfolgung genau die Probleme verschärft hat, die sie eigentlich lösen sollte. Im Gegensatz dazu gibt es Orte, an denen die konsequente Umsetzung polizeilicher Alternativen – wie Legalisierung, opferorientierte Justiz und Schadensbegrenzung – zu einer Verringerung der Kriminalität, der Ausgaben und der Ungerechtigkeit geführt hat. Die beste Lösung für schlechte Polizei könnte ein Ende der Polizei sein. Die Institution der Polizei zu reformieren, diverser zu gestalten, und besser zu trainieren, wird die Gewalt, den Machtmissbrauch und den Rassismus nicht zum Verschwinden bringen können, weil diese Probleme endemisch sind.

Die Recht-und-Ordnung-Rhetorik, die einen stärkeren Einsatz der Polizei und Null-Toleranz-Maßnahmen fordert, basiert auf der Annahme, dass Kriminalität einerseits mit mangelnder Disziplin, und andererseits mit einer Art »Pathologie« zu tun hat. Kriminalität wird als »Epidemie« bezeichnet, die hart niedergeschlagen werden muss. Ein solcher Diskurs blendet die strukturellen, historischen und sozialen Dimensionen des Phänomens komplett aus. Kriminalität zu bekämpfen, heißt dann, einen Krieg gegen die Kriminellen zu führen.

Im Laufe der 1990er Jahre gingen die Kriminalitätsraten in New York City dramatisch zurück, sogar noch stärker als in den Vereinigten Staaten insgesamt. Gleichzeitig wuchs die Polizei in New York City um 35 Prozent, die Verhaftungen wegen Bagatelldelikten nahmen um 70 Prozent zu, und die Zahl der Gefängnisinsassen stieg um 24 Prozent.[36] Zu dieser Zeit verfolgte der ehemalige republikanische Bürgermeister der Stadt New York und heutige Trump-Anwalt Rudolph Giuliani eine robuste, von einem Null-Toleranz-Ansatz geprägte Recht-und-Ordnung-Politik, die die Strafverfolgung stärkte und Polizei und Gerichte dazu ermutigte, gnadenlos zu sein und hohe Strafen zu verhängen. Die aggressive Polizeiarbeit bei geringfügigen Verbrechen fußt auf der Broken-Window-Theorie, laut der der »Verlotterung« von Stadtteilen so früh wie möglich Einhalt geboten werden müsse. Wie Rudolph Guiliani 1998 der Presse sagte: »Offensichtlich sind Mord und Graffiti zwei sehr unterschiedliche Verbrechen. Aber sie sind Teil desselben Kontinuums«[37] Dieser Satz zeigt, wie Kriminalität und Armut bei solchen Politiken verschmelzen, weil beide Verbrechen vorrangig von armen Menschen begangen werden – in Zusammenhang mit Drogen und Gangs. Zum Teil als Folge der sehr hohen Zahl der Inhaftierungen, die zu einer Verwerfung der Familienstrukturen führte, verzeichnete die Stadt einen Rückgang der frei lebenden Jugendlichen. Wenn wir bedenken, dass NYC heute eine der sichersten Städte der USA ist, sollten wir fragen: sicher für wen? Sicherlich nicht für Schwarze Menschen, die massiv eingesperrt und der Öffentlichkeit entzogen wurden – genauso wie die sozialen Probleme, die diese Gemeinden durchzogen. Für Angela Davis sind Gefängnisse ein Ort, an den die »Unerwünschten« verfrachet werden: »Das ist die ideologische Arbeit, die das Gefängnis leistet – es erlöst uns von der Verantwortung, uns ernsthaft mit den Problemen unserer Gesellschaft, darunter besonders jenen, die vom Rassismus und in wachsendem Maß auch vom weltweiten Kapitalismus hervorgebracht werden, auseinanderzusetzen.«[38]

Gefängnisse sind das Hauptinstrument der Strafverfolgung. Die explizite Funktion von Gefängnissen ist, bestimmte Menschen von der Gesellschaft zu trennen. Diese Trennung hat, zusätzlich zu den offensichtlichen und allgemein angenommenen Funktionen, wie dem Schutz (von Teilen) der Öffentlichkeit vor gefährlichen Individuen, der Bestrafung von Verbrecher*innen und der Vorbeugung von Kriminalität, eine wichtige Rolle: die Durchsetzung der Macht. Gefängnisse gingen mit dem Aufstieg des Staates als Form der gesellschaftlichen Organisation einher. Mit dem Aufkommen des Staates korrespondierte die Entwicklung der Schriftsprache, die die Schaffung formalisierter Rechtsordnungen als offizielle Richtlinien für die Gesellschaft – Gesetze – ermöglichte. Das bekannteste dieser frühen Gesetzbücher ist das Gesetzbuch von Hammurabi, das um 1750 v. Chr. in Babylon verfasst wurde. Die Strafen für Verstöße gegen die Gesetze im Kodex von Hammurabi konzentrierten sich fast ausschließlich auf das Konzept der *lex talionis* (»das Gesetz der Vergeltung«), wonach Menschen als eine Form der Rache bestraft wurden, oft von den Opfern selbst. Diese Vorstellung von Bestrafung als Rache oder Vergeltung findet sich auch in vielen anderen Gesetzbüchern früherer Zivilisationen, darunter in den alten sumerischen Gesetzbüchern, dem indischen Manusmriti (Manava Dharma Sastra), dem ägyptischen Hermes Trismegistus und dem israelitischen Mosaikgesetz.[39] Später im Mittelalter verliehen das Recht und die Fähigkeit, Bürger*innen einzusperren, Beamten auf allen Regierungsebenen, von Königen über Regionalgerichte bis hin zu Stadträten, einen Hauch von Legitimität. Die Möglichkeit, jemanden einsperren oder töten zu lassen, war ein Zeichen dafür, wer in der Gesellschaft Macht oder Autorität über andere besaß.[40] Gefängnisse und Verhaftungen waren schon damals eng mit Versklavung verbunden. Eine weitere häufige Strafe war die Verurteilung von Menschen zur Galeerensklaverei, bei der Gefangene im Schiffsboden zusammengekettet und gezwungen wurden, auf Marine- oder Handelsschiffen zu rudern, und die Strafkolonien, die Nachfahren der Galeerensklaven. Ab dem späten 17. Jahrhundert und während des 18. Jahrhunderts verbreitete sich der Widerstand der Bevölkerung gegen öffentliche Hinrichtungen und Folter sowohl in Europa als auch in den Vereinigten Staaten. Systeme der Massenverhaftung und der Zwangsarbeit wurden als Lösung entwickelt.[41]

Wenn das Gefängnis auch ursprünglich als humane Alternative zu Prügel, Folter und Tod gedacht war, bleibt es eine Institution, die unmenschliche Behandlung fortsetzt.[42] Inhaftierte Menschen erfahren in Gefängnissen krasse Formen von Gewalt, sowohl von den Gefängniswärter*innen als auch von den anderen Gefangenen. Bis heute wird in Deutschland die Isolationshaft aufrechterhalten. Vertreter der Bundesregierung sagten in einer Gerichtsverhandlung, dass es gängige Praxis sei, Gefangene zum Schutz vor Selbstverletzungen unbekleidet in Isolationszellen unterzubringen, solange der Erregungszustand anhalte.[43] Die Isolationshaft ist heftig kritisiert worden, weil sie nachteilige psychologische Auswirkungen hat[44] und Folter darstellen kann.[45] Laut einer 2017 veröffentlichten Überprüfungsstudie hat eine solide wissenschaftliche Literatur die negativen psychologischen Auswirkungen der Einzelhaft festgestellt, was zu einem sich abzeichnenden Konsens zwischen Strafvollzugsanstalten sowie Gesundheits-, Rechts- und Menschenrechtsorganisationen geführt hat, die Anwendung der Einzelhaft drastisch einzuschränken.[46] Dennoch haben deutsche Gefängnisse nicht darauf verzichtet. Bekannt ist der Fall eines Inhaftierten in Bruchsal, der zwischen 1996 und 2006 bis zu 23 Stunden am Tag isoliert war. In einem anderen Gefängnis ist ein Fall dokumentiert, bei dem ein Inhaftierter über 15 Jahre vom Rest des Gefängnisses isoliert war.[47] Der Inhaftierte kam schließlich im November 2011 nach 16 Jahren aus dem Gefängnis.

Wie bei Folter oder Todesstrafe sollte es irrelevant sein, was die Person getan hat, und ob sie eine solche Behandlung *verdient*. In den meisten deutschen Gefängnissen dürfen die Inhaftierten nur wenige Stunden, oft lediglich eine Stunde pro Monat Besuch empfangen. Für die Kinder von Gefangenen hinterlässt eine solche Erfahrung Spuren fürs Leben. Etwa 100.000 Kinder sind in Deutschland von der Inhaftierung eines Elternteils betroffen.[48]

Viele kontern, dass der recht kurze Besuch für nur eine Stunde pro Monat bestimmt kleinere Spuren hinterlässt, als mit einem kriminellen Elternteil zu leben, das Tötungs- oder Sexualdelikte begangen hat. Von den aktuell in Deutschland Inhaftierten sind aber die wenigsten Schwerstkriminelle. Wegen Straftaten gegen die sexuelle Selbstbestimmung sind lediglich sechs Prozent, wegen Straftaten gegen das Leben 7 Prozent in Haft. Auch für solch gravierende Straftaten gibt es Alternativen zur unmenschlichen Behandlung in Gefängnissen, die die Sicherheit der Bevölkerung gewährleisten. Etwa 4500 Menschen sitzen im Gefängnis, weil sie eine Geldstrafe nicht bezahlen konnten – z. B., weil sie ohne Ticket Bahn gefahren sind oder ähnliche Bagatelldelikte begangen haben. Fast die Hälfte aller Inhaftierten hat Eigentums- und Vermögensdelikte begangen.[49] Arme Menschen befinden sich nicht zufällig häufiger im Gefängnis als der Rest der Bevölkerung. In den Vereinigten Staaten gibt es heute mehr als zwei Millionen inhaftierte Menschen, die meisten von ihnen Schwarz oder People of Color, praktisch alle aus armen Verhältnissen. In Deutschland befanden sich Anfang 2020 insgesamt 59.487 Gefangene und Verwahrte in Justizvollzugsanstalten.[50] Auch wenn die Anzahl der Gefangenen viel niedriger ist als in den USA, ist die Demographie fast die gleiche. In deutschen Gefängnissen sind Menschen mit nicht-deutschen Pässen und Menschen mit Migrationshintergrund überrepräsentiert.[51] Die einfache Erklärung wäre, dass sie *von Natur aus* krimineller sind als weiße Menschen. Auch wenn solche Erklärungen für die breite Öffentlichkeit durch ihre Einfachheit verlockend sind, entsprechen sie nicht der Realität. Die Überrepräsentation von nicht-weißen Menschen und Ausländer*innen in deutschen und europäischen Gefängnissen lässt sich auf mehrere Faktoren zurückführen. Erstens darauf, dass Verstöße gegen das Asyl- und Migrationsrecht von Deutschen nicht begangen werden können, und vorrangig nicht-weiße Menschen betreffen. Zweitens darauf, dass Schwarze Menschen und People of Color in den ärmsten Teilen der Bevölkerung überrepräsentiert sind (dafür gibt es zahlreiche strukturelle Erklärungen), und wer arm ist, wird im Justizsystem extrem benachteiligt. Drittens darauf, dass die Polizei und die Gerichte entscheiden, wer von der Gesellschaft getrennt werden soll. Sie tun dies anhand von Gesetzen, aber auch anhand ihres individuellen Ermessens, das stark von bewussten und unbewussten Vorurteilen beeinflusst wird. Die Polizei kontrolliert vorrangig Schwarze Menschen und People of Color. Immer wieder gibt es Studien und Berichte über endemischen Rassismus in der deutschen Polizei,[52] die »Racial Profiling« – anlasslose Identitätskontrollen, Befragungen, Überwachungen, Durchsuchungen oder auch Verhaftungen, die nicht auf einer konkreten Verdachtsgrundlage oder Gefahr basieren, sondern allein aufgrund der Hautfarbe oder (vermuteten) Religionszugehörigkeit erfolgen* – täglich betreibt, auch wenn diese Praxis rechtswidrig ist.[53] Solche Kontrollen werden häufig gewaltvoll durchgeführt und betreffen auch Kinder. Wenn Schwarze Menschen und People of Color vorrangig kontrolliert werden, ist es logisch, dass sie in Gefängnissen überrepräsentiert sind. Wenn noch dazu die Richter*innen ähnliche Vorurteile haben, verstärkt es diesen Teufelskreis weiter. Das haben wir auf den vorherigen Seiten gesehen.

Die meisten Verbrechen sind das Produkt von sozialen Entbehrungen, Ungleichheiten und Missbräuchen, die den sozioökonomischen Systemen innewohnen, die auf Ausbeutung, Wettbewerb, sozialer Kontrolle, Bestrafung und Unterdrückung beruhen. Sexualdelikte und -verbrechen sind Beiprodukte des Patriarchats. Diebstahl und Entwendung sind das Ergebnis von Not und Gier, die aus sozioökonomischen Ungleichheiten resultieren oder sich davon ernähren – Beiprodukte des kapitalistischen Systems. Morde sind Beiprodukte aller drei Systeme. Historisch wurde Kriminalität gerne durch die genetische oder kulturelle Veranlagung der Verbrecher*innen erklärt. Solche Theorien haben nicht nur im Dritten Reich, im Kolonialismus, in der Segregation und in der Apartheid geherrscht, sondern tun dies partiell noch heute. Soziale Ungleichheiten werden nach wie vor von manchen Politiker*innen und Wissenschaftler*innen durch Biologie und Veranlagung erklärt.[54] Diese Auffassung ist gefährlich und menschenverachtend. Arme Menschen, People of Color, Menschen

---

* Oft sind hier auch Verschränkungen mit weiteren Ungleichheitsdimensionen wie Geschlecht, sozioökonomischer Status, legaler Status, Sexualität, Behinderung, Sprache und Lebensalter zu verzeichnen.

mit psychischen Krankheiten und queere Menschen befinden sich überproportional in Gefängnissen, weil sie sich auf den unteren Etagen der sozialen Hierarchie befinden und sozialen Problemen anheimfallen, die entweder kriminalisiert werden oder zu Kriminalität führen. Wenn es uns gelingt, diese Systeme – Patriarchat, Rassismus und Kapitalismus – abzubauen, dann können wir auf die Beseitigung der überwiegenden Mehrheit der von ihnen verursachten Probleme hinarbeiten. Wie wir schon gesehen haben, ist der Begriff Gerechtigkeit missbraucht worden, um Rache, Bestrafung, Zwang oder andere Formen von staatlicher Kontrolle zu implementieren. Gerechtigkeit kann aber nur durch persönliche und kollektive Befreiung erreicht werden. In einer freien Gesellschaft besteht die Notwendigkeit, die Gesellschaft vor Verbrechen zu schützen, ohne dabei Menschen zu misshandeln – was macht der Staat sonst besser, als die Verbrecher? Heute wird weitgehend angenommen, dass körperliche Strafe und autoritäre Erziehung bei Kindern langfristige psychologische Schäden anrichten, sie daher ineffektiv sind. Laut dem inzwischen anerkannten Prinzip des *Behavior Modelling* wird Gewalt durch Gewalt gefördert. Warum werden weiterhin unmenschliche Methoden der Bestrafung für Erwachsene verwendet, wenn sie als uneffektiv bewiesen wurden?

Die Abolitionsbewegung ist aus der Erkenntnis entstanden, dass die Gefängnisse ihre Ziele nicht erreichen: Verbrechen zu verhindern und das Leben der Bevölkerung sicher zu machen. Ganz im Gegenteil: Sie perpetuieren Gewalt, Verbrechen und Unsicherheit, verletzen systematisch Menschenrechte und -würde, und verhindern die erfolgreiche gesellschaftliche Integration von Ex-Gefangenen. Ein Aufenthalt im Gefängnis stempelt Menschen fürs Leben als gefährlich, unbrauchbar, und nicht vertrauenswürdig ab. Neben der Strafe erleiden Ex-Gefangene Nebenschäden, wie etwa die Beeinträchtigung der familiären und freundschaftlichen Beziehungen, gesundheitliche Beeinträchtigungen, Arbeitsplatzverlust, Wohnungsnot und sozialen Abstieg. Familien, Partner*innen und Kinder erleiden ebenfalls Folgen der Inhaftierung, obwohl sie keine Straftat begangen haben.

Es ist nicht nötig, auch wenn es für viele von uns noch unvorstellbar ist, Menschen einzusperren, um soziale Probleme zu lösen – und auch nicht, um wirtschaftliche Bedürfnisse durch die Ausbeutung der Insass*innen zu erfüllen.[55] Gefängnisse verbergen soziale Probleme wie Armut, Drogen- und Alkoholsucht, Arbeitslosigkeit, und gesellschaftliche Ausschlüsse. Ruth Gilmore wiederum betont, dass es unmöglich ist, Probleme mit staatlicher oder persönlicher Gewalt zu lösen. Stattdessen müssen wir die Bedingungen ändern, die solche Probleme schaffen.[56] Im vorherigen Teil haben wir gesehen, dass die Hauptrolle der Polizei darin besteht, die sozialen Ungleichheiten zu bewältigen, indem sie die Privilegien und Positionen der dominanten Gruppe schützt. Gefängnisse sind der operative Teil dieses Systems. Wie wäre es, wenn wir anstatt der Symptome die Quellen und Ursachen des Problems anpacken würden? Warum nicht mehr Ressourcen in Schulen investieren, in Unterkünfte, in sinnvolle und würdevollere Arbeit, in Sozialprogramme für marginalisierte Jugendliche, in lokale Initiativen, die Nachbarschaften stärken und Solidarität, Kooperation und gegenseitige Hilfe fördern – alles, was für ein partizipatives und gewaltfreies Leben erforderlich ist? Wieso glauben wir, als Gesellschaft, dass wir Probleme lösen können, indem wir sie verstecken – und wegsperren?

Eine Zukunft ohne Gefängnisse

Abolitionismus ist die radikale Ablehnung von menschenverachtenden Institutionen und Praktiken. Die soziale Bewegung für die Abschaffung von Gefängnissen steht in einer Reihe mit der Bewegung zur Abschaffung der Sklaverei, der Folter oder der Todesstrafe.

In den USA versucht ein Netzwerk von Aktivist*innen seit den 1970ern aktiv,[57] Gefängnisse graduell zu beseitigen und sie durch Rehabilitationssysteme zu ersetzen, die keinen Schwerpunkt auf Bestrafung und staatliche Institutionalisierung legen.[58] Die Abolitionsbewegung zielt nicht auf eine Reform ab, die die Bedingungen in den Gefängnissen zu verbessern sucht, sondern tatsächlich auf deren Abschaffung.[59] Die zwei prominentesten Figuren der Bewegung für die Abschaffung von Gefängnissen in den USA, die bereits zitierten Ruth Gilmore und Angela Davis, wurden bisher für zu radikal und utopisch, naiv, sogar gefährlich gehalten. Heute, vor allem nach der globalen Bewegung gegen rassistische staatliche Gewalt, die nach dem Mord an George Floyd durch die Polizei exponentiell gewachsen ist, sind Diskurse über die Abschaffung der Gefängnisse näher an den Mainstream gerückt.[60] In Europa ist die Debatte zwar noch nicht in der Politik angekommen, wird aber zunehmend in akademischen und aktivistischen Kreisen diskutiert.[61] In Deutschland setzt sich Thomas Galli, ein ehemaliger Gefängnisdirektor, unter anderem mit seinem Buch *Weggesperrt: Warum Gefängnisse niemandem nützen* für die graduelle Abschaffung von Gefängnissen ein.[62] Die Wissenschaftlerin Vanessa Eileen Thompson, die zu *Racial Profiling*, Polizeigewalt und institutioneller Diskriminierung im Strafverfolgungssystem forscht, befürwortet die Abschaffung der Gefängnisse und die drastische Reduzierung der Polizei in Deutschland.[63] Die Bewegung für die Abschaffung von Gefängnissen ist eng verknüpft mit sozialen Kämpfen gegen Polizeigewalt, gegen das tödliche und menschenunwürdige EU-Grenzregime, sowie gegen systemische Diskriminierung jeglicher Art. Das *Transformative Justice Kollektiv Berlin* hat das Konzept der transformativen Gerechtigkeit im deutschen Kontext angewendet, und plädierte für einen Ansatz, der darauf abzielte, Sicherheit und kollektive Verantwortung zu gewährleisten, ohne dabei auf Entfremdung, Bestrafung und staatlicher Gewalt zu beruhen.[64] Das »Abolitionist Futures Collective«, das englische Pendant, versucht, eine Zukunft ohne Gefängnisse, Polizei und Bestrafung in Europa aufzubauen.[65] Die Abschaffung von Gefängnissen ist ein ganzheitliches Projekt, eine gesamtgesellschaftliche Vision. Laut der Juristin Allegra McLeod sollte die Abschaffung von Gefängnissen ganz andere rechtliche und institutionelle Regulierungsformen zur Folge haben, die Strafverfolgung ersetzen.[66] Es wird also neu überlegt, wie Gesellschaften mit sozialen Problemen in Abwesenheit von Gefängnissen umgehen könnten, indem sie Methoden wie Entkriminalisierung und verbesserte Wohlfahrtsversorgung einsetzen.[67] Anstatt zu fragen, wie wir in einer Zukunft ohne Gefängnisse mit sogenannten gewalttätigen Menschen umgehen werden, fragen Abolitionist*innen, wie wir Ungleichheiten beseitigen und den Menschen die Mittel verschaffen, die sie brauchen, lange vor dem hypothetischen Moment, in dem sie ein Verbrechen begehen.

Ein neues kalifornisches Gesetz verbietet die Eröffnung von privat geführten Gefängnissen und wird ab 2028 die Inhaftierung von Personen in privaten Einrichtungen insgesamt verbieten.[68] Mehrere Bundesstaaten, darunter New York, Illinois und Nevada, haben ähnliche Verbote für Privatgefängnisse erlassen. Eine solche politische Maßnahme scheint radikal und bahnbrechend zu sein, ist in Wahrheit aber nur einen Mini-Schritt. Warum? Zum einen, weil fast die Hälfte aller Bundesstaaten keine solchen Einrichtungen hat. Zum anderen, weil Kaliforniens Anteil der Insassen in privaten Einrichtungen nur einen kleinen Bruchteil der gesamten Gefängnispopulation ausmacht. Zudem gelten die Maßnahmen nicht für Gefängnisse in Privatbesitz, die von der staatlichen Strafvollzugsbehörde betrieben und mit Personal ausgestattet werden.[69]

Viele Kritiker*innen des industriellen US-amerikanischen Gefängnissystems glauben, dass Privatgefängnisse das eigentliche

Problem sind. Dem ist aber nicht so: 99 Prozent der Inhaftierten befinden sich in öffentlichen Gefängnissen.[70] Die Schließung von allen Privatgefängnissen in den USA wäre ein Tropfen auf dem heißen Stein. Das Argument, die Abolitionsbewegung ließe sich außerhalb der USA nicht vertreten, ist deshalb extrem schwach. In Europa und Deutschland gibt es zwar noch keine privatgeführten Gefängnisse, aber die Problematik, die von der Abolitionsbewegung beleuchtet wird, ist vergleichbar.

Wenn wir die Art und Weise, wie öffentlicher Schutz und Kriminalitätsbekämpfung funktionieren, nicht tiefgehend überdenken, laufen wir Gefahr, genau die Probleme zu verewigen, die Reformen zu beseitigen versuchen. Wenn KI-Technologien systemische Ungerechtigkeit in der Strafverfolgung perpetuieren und verschlimmern, wäre es ratsamer, stattdessen Mittel umzuschichten, um verletzlichen Gruppen tatsächlich zu helfen, etwa durch Investitionen in die Gesundheitsfürsorge und Bildungsmöglichkeiten – anstatt in Überwachungstechnologien. Auch soziale Projekte innerhalb von Gefängnissen bringen nicht viel, wichtiger wäre es, Inhaftierte in die Gesellschaft zu integrieren und Dienste außerhalb von Gefängnissen zu verstärken. Zum Beispiel könnten Menschen, die sich für Bagatelldelikte im Gefängnis befinden, oder sich dem Ende ihrer Freiheitsstrafe nähern, ganz normal zum Arzt oder zur Schule oder Uni gehen.

Die Abschaffung staatlicher Gewalt – die durch Polizei und Gefängnisse verhängt wird – kann, so utopisch das klingt, erreicht werden, wenn wir uns auf einen radikalen Transformationsprozess einlassen, bei dem Ausbeutung, Wettbewerb, soziale Kontrolle, Bestrafung und Unterdrückung durch gegenseitige Unterstützung, Zusammenarbeit, kollektive Verantwortung, Mediation, Vertrauen, Frieden und schließlich Freiheit ersetzt werden. Wie realistisch ist die Abschaffung von Gefängnissen? Und welche Alternativen gibt es?

In Norwegen führte eine Gefängnisabolitionsbewegung zu »offenen Gefängnissen«, denen es um die Wiedereingliederung von Menschen in die Gesellschaft geht. Die Inhaftierung im norwegischen Strafverfolgungssystem konzentriert sich auf das Prinzip der opferorientierten Justiz *(Restorative Justice)* und der Rehabilitierung von Gefangenen. Die Justizvollzugsanstalten fokussieren sich auf die Fürsorge für die Täter*innen und stellen sicher, dass sie wieder funktionierende Mitglieder der Gesellschaft werden können. Norwegen hat eine der niedrigsten Rückfallquoten der Welt mit etwa 3207 Straftäter*innen im Gefängnis, und eine der niedrigsten Kriminalitätsraten der Welt.[71] Norwegens Gefängnisse sind dafür bekannt, dass sie zu den besten und humansten der Welt gehören. Das Land kennt weder die Todesstrafe, noch verurteilt es Menschen zu lebenslanger Haft – die maximale Freiheitsstrafe beträgt 21 Jahre. Die Methoden Norwegens sind so effektiv, dass sich andere Länder weltweit das »norwegische Modell« zum Vorbild nehmen. Alternative Strafen, auch als »Strafen in der Gesellschaft« bekannt, werden bevorzugt. Diese ermöglichen es dem*der Täter*in, seine*ihre Zeit außerhalb des Gefängnisses zu verbüßen. Sie müssen auf Anordnung des Gerichts eine bestimmte Anzahl von Sitzungen mit einer* Beamt*in abhalten und können im Gegenzug dem Gefängnis fernbleiben, wenn sie der Anordnung des Gerichts folgen. In den meisten Fällen behalten sie ihre Arbeit bei, oder das Gericht ordnet eine Beschäftigung an, sie dürfen weiterhin bei ihren Familien, Kindern und Partner*innen bleiben, und können oft ihr normales Leben weiterführen – nur ohne Kriminalität.[72]

Das Konzept der opferorientierten Justiz legt – wie der Name schon verrät – den Hauptakzent auf die Opfer und die Wiedergutmachung, anstatt auf die Bestrafung der Täter*innen. In einem Aushandlungsprozess zwischen Opfern und Täter*innen, an dem sich auch Gemeindemitglieder, Sozialarbeiter*innen,

Fachleute und andere Schlüsselpersonen beteiligen, kann darüber entschieden werden, welcher Schaden angerichtet wurde und wie das Opfer entschädigt werden könnte, ob finanziell oder in Form einer Dienstleistung. Auch die Anerkennung des Schadens spielt eine große Rolle. Programme der wiedergutmachenden Gerechtigkeit zielen darauf ab, die Täter*innen dazu zu bringen, die Verantwortung für ihre Handlungen zu übernehmen, den von ihnen verursachten Schaden zu verstehen, ihnen Gelegenheit zur Wiedergutmachung zu geben und sie davon abzuhalten, weiteren Schaden anzurichten. Opfern soll eine aktive Rolle im Prozess gegeben, ihre Gefühle der Angst und Ohnmacht sollen abgebaut werden.[73] Ex-Gefängnisdirektor Thomas Galli fordert die Entwicklung eines *Restorative Justice*-Systems in Deutschland. Eine seiner Begründungen ist, dass die überwiegende Mehrheit (über 70 Prozent) der Menschen, die Opfer eines kriminellen Akts sind, materielle Schäden erleiden. Entgegen einer gängigen Meinung ist ihr größter Wunsch nicht die Bestrafung und Inhaftierung des Täters oder der Täterin, sondern der Ersatz des Schadens – was durch die Inhaftierung des Täters erschwert oder gar verhindert wird. Nichtstrafende Reaktionen in Form einer Missbilligung und einer Verpflichtung zur Wiedergutmachung werden der Gefängnisstrafe klar vorgezogen.[74]

Die wachsende Bewegung in Deutschland präsentiert eine anschauliche, realistische Liste von Forderungen, die sich am norwegischen System orientiert. Dazu gehören die sofortige Abschaffung der Freiheitsstrafe, inklusive der Abschiebehaft und die ausschließliche Vollstreckung von Geldstrafen durch das Zivilrecht. Wenn dies aus Sicherheitsgründen nicht möglich ist (z. B. bei einem Serienmörder), sollen Zellengefängnisse durch Wohnhäuser ersetzt werden, die eng von psychosozialen Fachleuten betreut werden. Der Strafvollzug von Minderjährigen ist abzuschaffen und durch Maßnahmen der Jugendhilfe zu ersetzen. Und letztlich muss die lebenslange Inhaftierung als unmenschliche Behandlung angesehen und dementsprechend abgeschafft werden.[75] Unsere Gesellschaften funktionieren unter der Annahme, dass Menschen von Natur aus schlecht sind, dass sie, wenn sie nicht kontrolliert, diszipliniert, bestraft und genötigt werden, Verbrechen begehen, faul sind und zum Zusammenbruch der Gesellschaft beitragen würden. Ich glaube das Gegenteil. Ich glaube, dass wenn Menschen anderen Schaden zufügen, dann deshalb, weil sie selbst Schaden erleiden oder erlitten haben – und nicht, weil es in unserer inneren Natur liegt. Wenn es uns gelingt, eine Gesellschaft zu kultivieren, die uns alle vor Schaden und Schmerz bewahrt, werden wir erleben, wie Kooperation den Wettbewerb ersetzt, Beratung die Autorität, gegenseitige Hilfe die Polizeiarbeit und sozialer Frieden das Misstrauen.

7. BEI DER ARBEIT

»Je ne veux pas travailler.«
Edith Piaf

Meine Schwester und ich fingen sehr früh an zu arbeiten, mit zwölf Jahren ungefähr. Erst mit Babysitting, und sobald es möglich war, als Kellnerinnen in Bars und Restaurants, Verkäuferinnen in Klamottenläden, in Bäckereien, auf Märkten und in Telemarketingfirmen. Während des gesamten Studiums habe ich nebenbei gearbeitet. Das erste Mal, dass ich einen »richtigen« Job hatte – mit Lohnzettel und Überweisung des Gehalts auf mein Konto –, war beim Eisladen Häagen-Dazs als Kellnerin, als ich knapp 18 war. An meinem ersten Tag erlebte ich einen besonderen Moment. Als ich das Besteck Stück für Stück trocknete und in die Schublade räumte, spürte ich, dass ich Teil eines gigantischen Systems geworden war, ein Glied in einer endlosen Kette, und dass ich dadurch ein Stück meiner Freiheit verlor. Es war ein gewaltiges Gefühl, das mich gleichzeitig stolz und unruhig machte, und mich enorm unter Druck setzte. Die Unruhe begleitet mich bis heute. Sie entsteht aus der Angst heraus, aus diesem System zu rutschen und dafür durch Armut, soziale Ausgrenzung und Wertlosigkeit bestraft zu werden. Ich musste alles tun, damit das nicht passiert.

Der Kapitalismus ist für uns wie Wasser für Fische. Wir merken nicht, dass er uns umgibt. Unsere Leben sind so tief im kapitalistischen System verankert, dass eine nicht-kapitalistische Welt kaum vorstellbar ist, umso mehr, nachdem der Kommunismus besiegt wurde, die scheinbar einzige Alternative. Mit dem Mauerfall 1989 wurde der Kapitalismus implizit zum einzigen wirksamen wirtschaftlichen System erklärt. Es fällt uns seitdem schwer, an Alternativen zu denken. Kapitalismuskritik gilt vielen in reichen Ländern als Verrat am System. Deswegen wird sie oft unter dem Deckmantel der Globalisierungskritik geäußert. Ich gebe regelmäßig Trainings, Workshops und Talks zum Thema Unterdrückung und Intersektionalität, und fast immer, wenn das Wort »Kapitalismus« ausgesprochen wird, löst es Widerstand aus. Wenn Kritik von Menschen geäußert wird, die wie ich im kapitalistischen System eine privilegierte Position innehaben, wird sie oft als Nestbeschmutzung angesehen, und als sinnlos: Denn welche Wahl haben wir? Ist es überhaupt möglich, dem Kapitalismus zu entkommen?

Was ist überhaupt der Kapitalismus? Es gibt leider keine klare, einheitliche Definition, aber zu den wichtigsten Merkmalen gehören Privatbesitz, die endlose Akkumulierung von Kapital (auch Wachstum genannt), Lohnarbeit, ein Preissystem und ein Wettbewerbsmarkt, der auf dem Zusammenspiel von Angebot und Nachfrage beruht, und auf dem Prinzip der Meritokratie und der individuellen Entscheidungsmacht. Lohnarbeit und die Arbeitsteilung sind zwei der wichtigsten Säulen des Kapitalismus. Lohnarbeit hat in der kapitalistischen Gesellschaft eine andere Bedeutung als Formen der Arbeit, die (scheinbar) nicht unmittelbar mit der Kapitalakkumulation verbunden sind, wie ehrenamtliche, Subsistenz-, Haus- und Familienarbeit. Von dieser Differenzierung hängt auch der Zugang zu Ressourcen wie politischer Macht, Einfluss und Status ab. Die Arbeitsteilung basiert auf verschiedenen Grenzziehungen zwischen Menschen, wobei manche als wertvolle Arbeiter*innen, und andere als wertlos betrachtet und behandelt werden. Ironischerweise ruht der Kapitalismus aber auf den Schultern der wertlosen Arbeiter*innen. Ihr Wert wird unter anderem entlang der Linien der globalen sozialen Hierarchie definiert: Geschlecht, Klasse, Hautfarbe, Ethnizität, Nationalität, Behinderung. Das Preissystem der Lohnarbeit wird weitgehend anhand dieser Hierarchien definiert. Bei der Arbeit wirken sich deshalb alle drei Unterdrückungssysteme aus: Kapitalismus, Patriarchat und Rassismus. Der Kapitalismus würde ohne das Patriarchat und ohne den Rassismus nicht überleben. In ihrem Buch *A History of the World in Seven Cheap Things* zeichnen die Kapitalismuskritiker Raj Patel und Jason Moore die Geschichte des Kapitalismus nach, indem sie sieben Dinge untersuchen, auf die die herrschende Klasse seit dem Kolonialismus zugegriffen hat: Natur, Geld, Arbeit, Fürsorge, Nahrung, Energie und Leben. Der Kapitalismus ist laut Patel und Moore deswegen erfolgreich, weil er natürliche Ressourcen und eine gesamte Klasse von Menschen so günstig wie möglich für sich arbeiten lässt.

Die Befürworter*innen des Kapitalismus – den sie lieber als »freie Marktwirtschaft« bezeichnen, behaupten, dass der Kapitalismus durch Wettbewerb bessere Produkte und Innovationen liefert, den Reichtum an alle produktiven Menschen verteilt, Pluralismus und Dezentralisierung der Macht fördert, ein starkes Wirtschaftswachstum schafft und Produktivität und Wohlstand hervorbringt, die der Gesellschaft in hohem Maße zugutekommen. Kapitalismuskritiker*innen argumentieren hingegen, dass er einer Minderheit die Macht verschafft, die durch die Ausbeutung der Arbeiterklasse immer reicher wird. Die Arbeit der Arbeiter*innen im Kapitalismus ist weder wirklich freiwillig noch ganz zu ihrem eigenen Nutzen. Zum einen, weil die Arbeiter*innen durch ihren Mangel an Eigentum an den Produktionsmitteln gezwungen sind, ihre Arbeitskraft für weniger als den vollen Wert der von ihnen produzierten Güter an die Besitzer*innen der Produktionsmittel zu verkaufen. Und zum anderen, weil Letztere ihre privilegierte Position dazu nutzen, die Arbeiter*innen auszubeuten und sich einen Teil des durch ihre Arbeit geschaffenen Wertes für sich selbst anzueignen. Die kapitalistische Ausbeutung besteht also in der Aneignung des von den Arbeiter*innen produzierten Mehrwerts durch die Kapitalist*innen. Diese brauchen selbst nichts zu produzieren, sondern können stattdessen von den produktiven Energien der Arbeiter*innen leben. Und der Mehrwert wird zur Quelle des kapitalistischen Profits. Selbst wenn der Lohn für die Arbeitskraft »fair« gezahlt wird, wird der*die Arbeiter*in nach dieser Logik trotzdem ausgebeutet. Durch diesen Mechanismus entstehen soziale Ungleichheiten und globale politische Instabilität. Der Kapitalismus gibt Geld und Profit Vorrang vor Menschen und Natur. Er plündert natürliche Ressourcen und arme Länder aus. Der Kapitalismus – auch der sogenannte »grüne« Kapitalismus – beruht auf globalen sozialen Hierarchien und Unterdrückungssystemen und ist mit dem respektvollen Umgang mit Menschen, Natur und Tieren unvereinbar.

Wachstum – der Puls des Kapitalismus – wird fast ausschließlich anhand materieller Kriterien kalkuliert. Geld regiert die Welt, und ist der Grund, warum wir alle arbeiten müssen. Geld ist Macht. Doch Geld ist – auch wenn es lebensnotwendig ist – nicht real: Es beruht lediglich auf dem Glauben an seinen Wert. Es ist eine Erfindung, die nur aufgrund unseres kollektiven Glaubens existiert und so machtvoll ist. Zugespitzt gesagt: Sollten wir morgen alle aufhören zu glauben, dass Geld existiert, würde es verschwinden. Aber warum glauben wir noch daran? Da Geld ein Konstrukt ist und keine körperliche Realität hat (das meiste Geld kann weder gesehen noch angefasst werden),* muss es von denen, die es kontrollieren, mit großem Aufwand durchgesetzt werden. Der gesamte Apparat, der zum Schutz der Macht eingesetzt wird, ist auch dazu da, das Konzept des Geldes zu schützen. Die Polizei, das Militär, die Gerichte, die Gesetzgeber*innen und die Konzerne ziehen, wieder unbewusst, alle an einem Strang, um die künstlichen Strukturen aufrechtzuerhalten, die das Geld zum Funktionieren bringen: Eigentumsrechte, Aktienmärkte, Schulden – und Arbeit. All dies verleiht dem Geld einen Sinn und seine ungeheure Macht.

Die allermeisten von uns arbeiten, um Geld zu verdienen. Es

---

* Dieser Trend verschärft sich mit dem Versuch, Bargeld vollständig abzuschaffen.

ist eigentlich absurd. Wir tun Dinge, deren einziger Zweck darin besteht, etwas zu erzeugen, das gar nicht existiert, von dem aber unser Überleben abhängt. Wir alle streben danach, reich zu sein und etwas zu besitzen, das eine Illusion, aber dennoch auf grausame Weise greifbar ist. Es ist wie mit der Rasse: Auch Geld gibt es nicht, aber es tötet Menschen.[1] Arbeit ist kein Selbstzweck, sondern musste einmal zur Aufrechterhaltung des Systems als Tugend durchgesetzt werden. Der Satz *Arbeit macht frei* ist vor allem dafür bekannt, dass er am Eingang von vielen Konzentrationslagern in der NS-Zeit platziert wurde, inklusive Auschwitz. Er stammt aber aus einer Erzählung von 1873, *Arbeit macht frei: Erzählung von Lorenz Diefenbach,* in der Glücksspieler und Betrüger den Weg zur Tugend durch Arbeit fanden.[2] Der Satz wurde in der Weimarer Republik benutzt, um staatliche Bauprojekte zu fördern.[3] Dem Arbeiten, wie wir es heute kennen, wohnt nichts *Natürliches* inne. Menschen haben nicht immer gearbeitet. Was wir immer getan haben, ist für unser Überleben zu sorgen. In der Steinzeit hieß es Jagen und sich vor wilden Tieren Schützen. Heute sind wir für unser Überleben dazu gezwungen, zu arbeiten. Seit der Entstehung der kapitalistischen Wirtschaft sind wir alle in ein globales System der endlosen Akkumulierung eingebettet, dem wir nicht entkommen. Doch es gibt ein Paradox, das ich bereits ansprach: Arme Menschen sind gleichzeitig die Säulen des Kapitalismus und seine Parias. Die Macht des Geldes wird durch die schreckliche Behandlung der armen Menschen in unserer Gesellschaft erzwungen. Die Unterdrückung der Armen baut den Druck auf, niemals arm werden zu wollen – das, was ich bei meinem ersten »richtigen« Job empfand. Der Arbeitsdruck wirkt für manche wie ein Damoklesschwert, das jederzeit auf uns niederfallen kann, für andere ist es wie Zuckerbrot und Peitsche. Arbeit gibt aber Versprechen, die sie nicht halten kann. Arbeit macht weder frei noch glücklich.

Das bedeutet nicht, dass es unmöglich ist, einen Sinn in unseren Jobs zu finden. Das hat mit Geld wenig zu tun. Manche Menschen verdienen enorme Mengen an Geld, sind aber ziemlich unglücklich. Andere verdienen einen Mindestlohn und fühlen sich durch ihre Arbeit erfüllt. Einige Berufe werden als sinnvoll erachtet, wie etwa die Arbeit als Krankenpfleger*in oder Menschenrechtsarbeit, aber nicht alle Menschen in diesen Bereichen finden durch ihre Arbeit einen tatsächlichen Sinn und Zweck. Andere arbeiten in Bereichen, die als teuflisch gelten, wie die Arbeit in der Sexindustrie oder als Vollzugsbeamt*in, und finden darin einen Sinn. Wenn alle von uns statt eines Berufes eine Berufung finden könnten, würde unsere Gesellschaft anders aussehen. Doch der kapitalistische Druck verhindert die Muße, die nötig ist, um herauszufinden, was unsere Berufung wirklich ist.

Über die »Arbeit der Liebe«

Als ich ein Kind war, beobachtete ich die Beziehungen zwischen den erwachsenen Frauen um mich herum. Meine jüdische Großmutter und ihre eingewanderte Haushaltshilfe aus demselben Heimatland, Algerien, die sie »ma bonne« (meine Dienerin, wenn auch wörtlich meine Gute) nannte. Ich hörte mir die Geschichten ihres Lebens im kolonialen Bangui an, wo die »Boys« köstliche Mahlzeiten für die Familie zubereiteten und sie auf dem Kopf in den Busch trugen, damit die Familie ein schönes Picknick genießen konnte. In Martinique beobachtete ich meine andere Großmutter, wie sie zusammen mit ihrer Haushaltshilfe kochte und wie sie sich gegenseitig süße Namen wie »doudou« und »mamie« gaben. Ich hörte die Geschichten meiner Urgroßmutter, die auf Martinique selbst Dienstmädchen war. Zwei Generationen später nahm uns meine Mutter in den Pariser Vorstädten manchmal mit, wenn sie von Haus zu Haus ging, um ältere Menschen zu pflegen. Zu anderen Zeiten kümmerte sich Carminda, die frisch aus Portugal eingewandert war, und die ich sehr liebte, um uns, während meine Mutter ihre Pflegerunde machte.

Ohne das Ausmaß dieser Beziehungen vollständig zu begreifen, merkte ich schon als Kind, dass es sich um ein breiteres System handelte, von dem ich auch eines Tages Teil werden würde. Dass sich komplexe soziale Hierarchien zwischen diesen Frauen abspielten, war spürbar, wenn auch diffus. Diese Beziehungen waren nicht nur durch Hierarchien gekennzeichnet, sondern auch durch Zuneigung, Respekt und Liebe. Was mir besonders auffiel, war, dass Männer kaum anwesend waren. Ihr verstohlenes Erscheinen inmitten vertrauter weiblicher Gesichter hat die täglichen Fürsorgetätigkeiten nur selten unterbrochen. Diese Beziehungen haben einen Großteil meines Denkens über Machtbeziehungen zwischen Männern und Frauen und zwischen Frauen geprägt. Als ich noch ein Kind war, begann ich intuitiv, Hierarchien zwischen allen Erwachsenen um mich herum zu zeichnen. Später erkannte ich, dass die Hierarchien, die ich für mich selbst aufgestellt hatte, nicht nur meine persönliche Sicht, sondern viel größere gesellschaftliche Strukturen widerspiegelten.

Care-Arbeit ist die Arbeit, die man erst merkt, wenn sie nicht gemacht wird. Als gäbe es kleine Feen, die alle Kleinigkeiten des Lebens erledigen, deren Summe ein riesiges Volumen ausmacht: Socken aufräumen, Staub wegwischen, Pflanzen gießen, die Klamotten der Kinder an ihre Größe anpassen, den Kühlschrank sauber machen, die Bettwäsche wechseln, die Staubsaugerbeutel ersetzen, Fotoalben erstellen, und alle diese Dinge, die unser Leben schön machen – die »Arbeit der Liebe«.[4] Die Bezeichnung »Care-Arbeit« ist entstanden, um die unbezahlte Arbeit von Frauen, Müttern und Töchtern in Haushalten und Familien sichtbar zu machen und sie als Arbeit anzuerkennen. Diese Arbeit wird auch als

»Reproduktionsarbeit« bezeichnet, weil sie für die Reproduktion der Arbeitskraft im kapitalistischen System unerlässlich ist. Care-Arbeit umfasst die familiären Aufgaben, die sich aus der Ehe ergeben. Sobald ein Haushalt vorhanden ist, müssen alle Menschen Care-Arbeit leisten, doch die staatlich geförderte heterosexuelle Ehe trug dazu bei, dass sie vor allem Frauen zugewiesen wurde. Staatliche Interventionen in diesem Bereich haben zur Unterordnung von Frauen innerhalb und außerhalb des Haushalts beigetragen. In den 1980er Jahren begannen die skandinavischen Länder, Fragen zur Rolle des Staates bei der Bereitstellung von Care-Arbeit zu stellen. Zu diesem Zeitpunkt begannen die Wohlfahrtsstaaten eine größere Rolle zu spielen, und die Care-Arbeit trat in den öffentlichen Raum – es lag nicht mehr allein in der Verantwortung der Familien. Heute ist die Care-Arbeit zwar zwischen Staat, Markt und Familien aufgeteilt, sie bleibt aber weitestgehend in weiblicher Hand, weil Frauen nach wie vor eine intrinsische, natürliche Veranlagung für solche Aufgaben zugeschrieben wird.

Dementsprechend wird diese Arbeit in der Gesellschaft abgewertet und unsichtbar gemacht, und größtenteils unbezahlt von Milliarden Frauen geleistet. Das globale wirtschaftliche Wachstum beruht auf ihr. Die Organisation der Care-Arbeit hat nicht nur eine globale Reichweite, sondern verstärkt auch soziale Ungleichheiten *unter* Frauen aufgrund der ethnischen Herkunft, der Klassenzugehörigkeit, der Nationalität und des Migrationsstatus. Damit Frauen in gut bezahlten Jobs ihre Arbeitsstunden erhöhen und nach der Geburt ihrer Kinder schneller wieder arbeiten können, müssen andere Frauen diese Reproduktionsarbeit übernehmen. Diese Frauen werden schlecht bezahlt, stammen überwiegend aus benachteiligten sozialen Schichten, aus ethnischen Minderheiten, mit prekärem Aufenthaltsstatus und mit Migrationsgeschichte aus dem globalen Süden oder der ehemaligen Sowjetunion. Sie haben oft selber Kinder, die sie bei Familienangehörigen oder bei noch ärmeren

Frauen unterbringen, die sie sehr wenig bezahlen oder in Naturalien durch Unterkunft und Verpflegung entgelten. Diese Frauen kümmern sich um die Kinder anderer Frauen in Spanien, Frankreich, Kanada, Dubai und Hongkong, während ihre eigenen Kinder in Moldau, Ecuador, Venezuela, Indonesien oder den Philippinen zurückbleiben. Dieses globale System von Reproduktionsarbeit wird auch *Global Care Chains* genannt. Diese sind nicht immer mit der tatsächlichen Migration verbunden und können Frauen aus dem gleichen Land einbeziehen, die weiter unten in der sozialen Hierarchie positioniert sind. In manchen Kontexten übernehmen die Frauen die Reproduktionsarbeit, ohne dass die Frau, die davon befreit wird, auf dem formellen Arbeitsmarkt tätig ist, wie zum Beispiel in Saudi-Arabien oder den Vereinigten Arabischen Emiraten, oder in afrikanischen, asiatischen und lateinamerikanischen Ländern, wo *Expats* und ihre Familien aus dem Globalen Norden in der »Entwicklungszusammenarbeit« oder als diplomatische Vertretung eingesetzt werden.

Die Mehrheit der politischen Maßnahmen, die meist unter der Überschrift »Vereinbarkeit von Familie und Beruf« stehen, vergrößert das Problem. Anstatt Männer in die Pflicht zu nehmen, sorgen sie dafür, dass andere Frauen diese Aufgaben erledigen. Wenn die Reproduktionsarbeit innerhalb von Familien fairer aufgeteilt wäre, wäre es nicht nötig, den »übrigen« Teil der Reproduktionsarbeit an andere Frauen zu übertragen. Durch die *Global Care Chains* bleiben das patriarchale System und die heteronormative Arbeitsaufteilung unangetastet. Der sogenannte materialistische Feminismus, der in den 1970ern von Theoretikerinnen wie Rosemary Hennessy, Stevi Jackson und Christine Delphy geprägt wurde, berücksichtigt für das Verständnis der Unterdrückung der Frauen die Machtgefälle zwischen dem globalen Norden und dem globalen Süden. Wachstum und Profite werden im Kapitalismus immer auf Kosten von Mensch und Natur erzielt, die in den offiziellen kapitalistischen Berechnungen, wie zum Beispiel im Bruttoinlandsprodukt, nicht auftauchen. Das BIP sagt wenig aus über den Wert, der in unserer Welt produziert wird. Care-Arbeit produziert eine Menge Wert, der aber unsichtbar gemacht wird. Ohne sie würde der Kapitalismus rasch zusammenbrechen.

Die Übertragung der reproduktiven Arbeit von weißen Frauen an Schwarze und nicht-weiße Frauen hat historische Wurzeln. Während der Sklaverei hatten weiße Frauen das Recht, Sklav*innen zu besitzen – obwohl sie damals kein Land besitzen durften. Sie waren nicht weniger brutal als männliche Sklavenhalter und nutzten die Sklaverei als Mittel, um sozialen und wirtschaftlichen Status zu erlangen.[5] Das gilt für die USA, Frankreich und andere Länder, die am globalen Versklavungssystem beteiligt waren. Weiße Frauen durften sich zwar nicht scheiden lassen, nicht studieren, nicht arbeiten, aber sie durften Menschen besitzen. Das Recht auf Eigentum hing mit ihrer Hautfarbe zusammen, nicht mit ihrem Geschlecht. Und mir ihrem Status. Denn Frauen aus der besitzenden Klasse haben ebenfalls über die Mittel verfügt, andere weiße Frauen der Arbeiterklasse für die Erziehung ihrer Kinder und andere Aufgaben der häuslichen Sphäre einzustellen. Die Kategorie »Frau«, die im westlichen Diskurs der »Frauenrechte« verwendet wird, ist nicht universell, sie bezieht sie sich auf Frauen aus der weißen besitzenden Klasse. Die meisten Frauen auf der Welt profitieren deshalb nicht von einem solch reduzierenden Feminismus, der die sozialen Unterschiede und die gelebte Realität von Millionen von Menschen nicht oder nur ungenügend berücksichtigt.

Durch die *Global Care Chains* werden nicht nur globale Ungleichheiten aufrechterhalten (das als *Care-Drain* bezeichnete Phänomen hat desaströse Konsequenzen für die Herkunftsländer), sondern auch die Lohngefälle zwischen Männer und Frauen. Die Abwertung der weiblichen Eigenschaften ist besonders bemerkbar auf dem Arbeitsmarkt, wo vergleichbare Branchen, die entweder von Frauen oder Männern dominiert werden, eine große Gehaltslücke aufweisen. Das durchschnittliche Gehalt von Manager*innen in der IT-Branche (überwiegend Männer) ist nach Angaben des US Bureau of Labor Statistics um 27 Prozent höher als das von Personalmanager*innen (überwiegend Frauen). Am anderen Ende des Lohnspektrums verdienen Hausmeister (überwiegend Männer) 22 Prozent mehr als Hausangestellte und Putzkräfte (überwiegend Frauen).[6] Bei männerdominierten Berufen, die allmählich eine gewisse Gender-Balance erreichen, wie etwa der Lehrer- oder der Anwaltsberuf, lässt sich gleichzeitig eine Senkung der Gehälter und des Status beobachten. Das Gegenteil passiert, wenn ein Beruf mehr Männer anzieht, der bisher überwiegend von Frauen besetzt war. Computerprogrammierung beispielsweise war früher eine relativ niedere Arbeit, die von Frauen ausgeübt wurde. Aber als die Zahl der männlichen Programmierer größer wurde, wurde der Job besser bezahlt und gewann an Prestige. Wenn Frauen im schlecht bezahlten Pflegesektor massiv beschäftigt werden, steigen automatisch die Lohngefälle zwischen Männern und Frauen in der gesamten Wirtschaft.

Sexarbeit

> »Nicht-prostituierte Frauen werden dahingehend sozialisiert, über keine sexuellen Informationen oder Fähigkeiten zu verfügen, nicht über Sex zu sprechen, in keiner Situation nach Geld zu fragen und nicht mit Huren zu verkehren. Ein Austausch von finanziellen und sexuellen Praktiken von Prostituierten mit nicht-prostituierten Frauen stellt diese Sozialisation infrage, stellt die Spaltungen, die sie Frauen auferlegt, infrage und fordert die normative Annahme der sexuellen und finanziellen Abhängigkeit von Frauen heraus.«
> *Gail Pheterson*[7]

Sexarbeit ist wie Care-Arbeit ein Ort komplexer Überschneidungen von Macht, Domination und sozialer Kontrolle. In beiden Arbeitsfeldern lässt sich die Verschränkung von Kapitalismus, Patriarchat und Rassismus sehr gut illustrieren. In keinen anderen Tätigkeiten lassen sich die implizite Logik von männlicher Dominanz und patriarchaler Macht besser beleuchten. Und vor allem lässt sich die Komplizenschaft mancher Frauen mit der Gewalt des patriarchalen Systems in keinem anderen Bereich besser aufzeigen als in der Bewegung für die Abschaffung der Prostitution (oder für die Kriminalisierung der Sexarbeit).

Sexarbeit bezeichnet eine Vielzahl an Aktivitäten, in denen sexuelle Dienste mit finanzieller oder materieller Vergütung ausgetauscht werden. Sexarbeit ist ein Oberbegriff für unterschiedliche Formen sexueller und erotischer Arbeit, inklusive Striptease, Escort, BDSM, erotischem Tanz und Massagen, virtuellem Online- oder Telefon-Sex, Darstellung in Pornofilmen und die am meisten bekannte Form der Sexarbeit auf der Straße oder in Bordellen. Sexarbeit ohne Einwilligung ist keine Sexarbeit, sondern Vergewaltigung, denn Sex gegen den Willen der Beteiligten ist eine Straftat, auch wenn dafür bezahlt wurde. Der Begriff Sexarbeit ist während der internationalen Hurenbewegung in den 1980ern, und parallel zu der Kampagne »Wages for Housework« entstanden, die für die Sichtbarmachung und Bezahlung der Haushaltsarbeit plädierte.[8] Die Verknüpfung von Haushalts- und Sexarbeit macht deutlich, dass diese beiden Aktivitäten mit der patriarchalen Unterdrückung der Frauen verbunden sind – obgleich in unterschiedlicher Weise.

Eine unglaubliche Menge an Arbeit, emotionale, körperliche, sexuelle, wird von Frauen geleistet, ohne dass sie sich bewusst sind, wie schwer sie arbeiten, ja, dass sie überhaupt arbeiten. Ein Grund dafür ist, dass diese Arbeit, zum Beispiel ästhetische Arbeit, von der ich im Kapitel »In den Medien« erzählt habe, als natürlich dargestellt wird, also etwas, das man von Frauen zu erwarten habe. Also wird sie von vielen Frauen geleistet, ohne das Bewusstsein dafür, dass es sich um eine Form von Arbeit handelt. Viele Frauen praktizieren auch eine erweiterte, unbezahlte, Form von Sexarbeit, ohne sich dessen bewusst zu sein: etwa solche Frauen, die sich den Zugang zu bestimmten Ressourcen – wie Macht, Arbeit oder materielle Güter – durch Sex verschaffen wollen. Wenn man Sexarbeit nicht stigmatisiert, sondern als Dienstleistung sieht, wird deutlich, dass es sich dabei um eine Form von Lohnarbeit handelt wie jede andere.

Der Begriff »Prostitution« dagegen wird automatisch mit Ausbeutung, Missbrauch und Kriminalität in Verbindung gebracht. Die Bewegung für die Kriminalisierung der Sexarbeit stigmatisiert Sexarbeiter*innen, die den Beruf willentlich ausüben – es ist ihr *raison d'être*. Im Gegensatz zu dem, was Abolitionist*innen behaupten, ist an der Abschaffung der Sexarbeit nichts Progressives. Die Bewegung ist Mainstream und entspricht dem dominanten Narrativ. Fortschrittlich hingegen ist die Bewegung für die *Ent*kriminalisierung der Sexarbeit, weil sie den bisher herrschenden Vorstellungen über Sexualität, über die Rolle der Frauen, und über das Patriarchat entgegenwirkt und diese infrage stellt. Ob man die Abschaffung der Prostitution fordert oder Sexarbeit gewerkschaftlich organisieren will: Beide Positionen sind eindeutig gegen die Ausbeutung von Frauen. Was sie trennt, ist die Frage, ob Sexarbeit an sich schlecht ist oder nicht.

Ich gehörte in der Vergangenheit selbst zu denjenigen, die Sexarbeit abschaffen wollten. Ich sah Sexarbeit als von Natur aus missbräuchlich an und als Ursache und Folge der Ungleichheit der Frauen, als einen einseitig ausbeuterischen Austausch, der in männlicher Dominanz und Macht verwurzelt war. Ich dachte, dass die beste Maßnahme gegen die Gewalt und die Ausbeutung in der Sexindustrie wäre, sie ganz abzuschaffen. Ich habe mich intuitiv auf die Seite der dominanten Gedankenströmung geschlagen. Ich änderte meine Meinung grundlegend, als ich meine Masterarbeit über die Bekämpfung von Menschenhandel schrieb und ein paar Jahre später in einem Programm für die Bekämpfung von Menschenhandel in Kambodscha arbeitete. Alles, was ich bisher über Sexarbeit zu wissen glaubte, wurde auf den Kopf gestellt. Während meiner Recherche merkte ich ziemlich schnell, dass die Kriminalisierung von Sexarbeit Probleme wie Ausbeutung und Missbrauch verschärft, anstatt sie zu mindern. Die effektive Bekämpfung von Zwangsprostitution, inklusive der von Kindern und Minderjährigen, wird durch einen Diskurs erschwert, der Sexarbeit als solche kriminalisiert. Bei der Analyse der vielen internationalen Dokumente, Politiken, Gesetze und allgemeinen Rahmenbedingungen für den Kampf gegen Menschenhandel fiel mir auf, wie Ängste vor Migration und weiblicher Sexualität durch sie zum Ausdruck kamen. Hinter dem Schutz der Frauenrechte verbergen sich viel tiefere Muster, die dem globalen Patriarchat innewohnen. Die Konstruktion von Frauen aus dem globalen Süden als »zu rettende Opfer« durch Regierungen, NGOs, westliche Feministinnen und die Medien vereinfacht ein komplexes Thema. Eine solche Politik führte zu groben und gefährlichen Vereinfachungen, die die Rechte und die Autonomie von Frauen – im Namen ihres eigenen Schutzes – einschränkten, wie z. B. durch ein Migrationsverbot alleinstehender Frauen aus bestimmten Ländern, die als besonders anfällig für Menschenhandel bekannt sind. Anstatt Menschenhandel und Sexarbeit als moralische Frage zu betrachten, erkannte ich, dass es weitaus wirksamer war, sie von einem arbeitsrechtlichen und migrationspolitischen Standpunkt aus anzugehen. Wenn es bisher nicht geholfen hat, Missbrauch und Ausbeutung zu verhindern, warum aber führt die Bewegung für die Abschaffung der Prostitution ihren Kampf so leidenschaftlich?

Eines der Hauptmerkmale der Bewegung für die Kriminalisierung der Sexarbeit ist, dass sie überwiegend aus Nichtbetroffenen besteht, von ein paar Ausnahmen abgesehen. Es erinnert an Männer, die gegen das Abtreibungsrecht kämpfen. Dieses Phänomen hat einen Namen: epistemische Gewalt. Die indische Philosophin Gayatri Chakravorty Spivak prägte 1988 den Begriff in einem Aufsatz betitelt *Can the Subaltern Speak?*, in dem sie erklärt, dass epistemische Gewalt dann auftritt, wenn subalterne Personen daran gehindert werden, für sich selbst über ihre eigenen Interessen zu sprechen, weil andere behaupten, diese Interessen zu kennen.[9]

Viele vermeintliche Feminist*innen argumentieren, dass die Sexarbeit durch Sanktionen gegen Zuhälter*innen und Kund*innen, sowie Rettungseinsätze beseitigt werden muss. Die Bezeichnung »prostituierte Frauen« ist an sich paternalistisch, weil sie Sexarbeiter*innen in die Rolle der passiven Opfer drängt. Eine solche Haltung räumt Sexarbeiter*innen keine Rolle bei der Befreiung von Unterdrückung oder Ausbeutung ein, der sie möglicherweise ausgesetzt sind. Kathleen Barry, die Organisatorin einer internationalen feministischen Konferenz über Frauenhandel im Jahr 1983 in den USA, weigerte sich, mit der Sexarbeiterin und Aktivistin Margo St. James zu diskutieren, und argumentierte, »dass die Konferenz feministisch sei und die Institution Prostitution nicht unterstütze … (es wäre) … unangebracht, die sexuelle Sklaverei mit Prostituierten zu diskutieren.«[10] Die Women's Library organisierte 2006 in London eine Ausstellung zur Prostitution, ließ jedoch keine Vertreter*innen der Organisationen der Sexarbeiter*innen zu, was draußen zu Protesten der International Union of Sex Workers (IUSW) führte. Die Geschichten von Überlebenden von Menschenhandel und Zwangsprostitution werden instrumentalisiert, um die Stimmen von Sexarbeiter*innen zu diskreditieren, weil die Entkriminalisierung der Sexarbeit als Unterstützung der Ausbeutung dargestellt wird. Da die Abolitionist*innen den Diskurs über Sexarbeit dominieren, erhalten Vereine und Organisationen, die für die Kriminalisierung der Sexarbeit plädieren, die überwiegende Mehrheit der staatlichen Förderungsmittel (trotz ihrer langjährigen Unwirksamkeit), während die Organisationen, die sich für die Entkriminalisierung der Sexarbeit und für Arbeitsrechte in der Sexindustrie einsetzen, im Vergleich sehr wenig gefördert werden.

Sexarbeiter*innen werden aus der Bewegung für die Abschaffung der Prostitution ausgeschlossen, Ex-Sexarbeiter*innen jedoch, die dem Narrativ des eindeutigen Opfers entsprechen, sind in der Bewegung willkommen. Sie sollen für *alle* Frauen in der Sexindustrie stehen. Sexarbeiter*innen, dagegen, die sich für die Entkriminalisierung der Sexarbeit einsetzen, werden als Ausnahmen dargestellt, als ein privilegierter, nicht-repräsentativer Bruchteil der »Prostituierten«. Diese Doppelmoral erinnert an die Art und Weise, wie muslimische Frauen behandelt werden, die sich gegen ein Verbot des Kopftuchs einsetzen: als privilegierte Ausnahmen und Verräterinnen aller Frauen. Warum ist es so schwierig zu akzeptieren, dass Frauen über sich selbst entscheiden können – und dürfen (ein Kopftuch zu tragen, oder keins zu tragen, Sexarbeit auszuüben, oder sich dagegen zu entscheiden; auch wenn es im Feld der Sexarbeit strukturelle Zwänge und Ausbeutungsmechanismen gibt, auf die ich noch zu sprechen komme)?

Die Wahrheit ist, dass keine einzige Frau für *alle* Frauen sprechen kann. Weder die Frau, die kein Kopftuch tragen will, noch die Sexarbeiterin, die glücklich und selbstbestimmt ihre Arbeit ausübt. Eine universelle Erfahrung (das ist im Kapitel »Was ist Wissen?« ausgeführt) gibt es nicht. Es ist daher nicht möglich, »mit einer einheitlichen Stimme« zu sprechen, da die Sexindustrie äußerst vielfältig ist und so viele verschiedene Perspektiven, Hintergründe, Motivationen, Geschichten und Identitäten umfasst. Ich bin selber keine Sexarbeiterin und habe noch nie in der Sexindustrie gearbeitet, und fände es problematisch, mich vorrangig auf meine Meinung zu beziehen. Dieser Teil des Buchs basiert daher hauptsächlich auf Interviews, Texten, Videos, Podcasts und Büchern, die von Sexarbeiter*innen selbst geschrieben oder aufgenommen wurden.[11] Eine unglaublich reiche Quelle war der Podcast *La Politique des Putes* (»die Hurenpolitik«) des französischen Regisseurs und Journalisten Océan[12], in dem Sexarbeiter*innen in 10 Folgen von jeweils 30 Minuten zu Wort kommen. Zum ersten Mal konnte ich die Perspektiven von (Ex-)Sexarbeiter*innen mit den unterschiedlichsten Hintergründen hören: Trans, cis-, weiß, Schwarz und PoC, aus Frankreich, Kanada, Nigeria, China, Kolumbien, Argentinien, Brasilien, Thailand, aus reichen und armen Ländern und Schichten, Migrant*innen mit und ohne Papiere, HIV-positiv oder nicht, mit und ohne Behinderung, *queere* und hetero-Sexarbeiter*innen, solche, die gezwungen wurden, und manche Überlebende von Menschenhandel. Sie sprechen über ihre Erfahrung und ihre Realität, über die Effekte der Kriminalisierung der Sexarbeit, und generell über eine Tätigkeit, die viele Menschen zum Reden bringt, die aber nur sehr wenige wirklich kennen. Diese fünf Stunden waren für mich sehr erleuchtend, ich habe gelacht, geweint, wurde abwechselnd begeistert, frustriert, verbittert und hoffnungsvoll. Während des gesamten Podcasts habe ich eine sehr starke Verbindung zu den Menschen gespürt, die ihre Erfahrung und Meinung geteilt haben. Eine Verbindung, die vom Stigma, das die Sexarbeit seit Jahrhunderten umgibt, meist verhindert wird.

Stigma Sexarbeiterin

> »Trans-exklusionistischer und gegen Sexarbeit gerichteter Feminismus verstärkt den Willen der Mainstream-Bewegung zu Macht und Autorität und verfolgt ihn, indem er die Grenzen des Feminismus und der Weiblichkeit überwacht.«
> *Alison Phipps*[13]

Sexarbeit ist der Austausch von Sex gegen Geld. Das Cambridge Dictionary definiert das Verb »to prostitute« wie folgt: »Sich selbst oder seine Fähigkeiten oder Überzeugungen in einer Weise einzusetzen, die keinen Respekt verdient, insbesondere um Geld zu bekommen«. Eine umfassendere Definition liefert die Encyclopaedia Britannica, wo Prostitution als »die Praxis, relativ wahllose sexuelle Handlungen zu vollziehen, im Allgemeinen mit jemandem, der kein Ehepartner oder Freund ist, gegen sofortige Bezahlung in Geld oder anderen Wertgegenständen«,[14] definiert wird. »Wahllos« und »nicht mit Ehepartner oder Freund« signalisiert, dass Prostitution außerhalb jener Verhältnisse geschieht, in denen Sex üblicherweise erlaubt ist.[15] Im Duden steht die Definition: »die gewerbsmäßige Ausübung sexueller Handlungen«.

Diese Definitionen beinhalten das Stigma, von dem die Sexarbeit in unserer Gesellschaft seit Jahrhunderten umgeben wird. Als ich ein Kind war, wohnte ich nicht weit vom berühmten Bois de Boulogne, Brutstätte der Straßensexarbeit in Paris. Meine Eltern waren bereit, große Umwege zu fahren, um uns vor dem Anblick von Sexarbeiter*innen zu beschützen. Wenn es nicht anders ging und wir durch den Wald fahren »mussten«, klebte meine Nase am Fenster und riss ich meine Augen weit auf. Ich war von diesen Frauen fasziniert und hatte gleichzeitig Mitleid mit ihnen. Ich wusste nicht genau, warum ich sie bemitleiden musste, spürte aber durch das Unbehagen von meinen Eltern, dass irgendwas an diesen Frauen nicht akzeptabel war. Später wurde mir sehr schnell klar, dass Sexarbeiter*in zu sein das absolut Schlimmste in der Welt war. »Hure«, »Nutte«, »Schlampe« sind Schimpfwörter, mit denen alle Frauen mindestens schon einmal beleidigt wurden. Als Sexarbeiterin bezeichnet zu werden, wird für viele Frauen als die schlimmste Beleidigung empfunden. Die Stigmatisierung von Sexarbeiter*innen hält die Misogynie auf subtile, aber eindringliche Weise aufrecht. Sie ist eine ständige Mahnung an die Frauen, die Regeln des Patriarchats nicht zu übertreten. Ich erlebte die Pubertät als einen sehr rutschigen Abhang, auf dem ich ständig auf der Hut sein musste, dass mein Verhalten, mein Aussehen und meine Entscheidungen nicht dazu führten, dass ich als »Hure« bezeichnet werden könnte. Gleichzeitig war ich neugierig und wollte diese neue Welt der Sexualität, die sich für mich öffnete, frei erforschen und mich ausleben. Dieses Spannungsfeld kennen viele Frauen. Ich hatte als Teenager einen ausgeprägten Kleidungsstil, den meine Mutter versuchte, irgendwie braver zu machen. Einen Tag war ich mit Jogginghosen, Sneakers, Mütze und Bomberjacke unterwegs, und am nächsten trug ich hohe Absätze, viel Makeup und hautenge Hosen. Eine Freundin von meiner Mutter sagte ihr eines Tages, dass meine Art, mich zu kleiden, eine »Aufforderung zur Vergewaltigung« wäre. Solche Kommentare sind eine Form von sexualisierter Gewalt, die viele Frauen erleben: *slut-shaming*.[16] Ich wurde, wie auch Millionen andere Frauen und Mädchen, wegen meines Aussehens, meiner Kleidung und meines vermuteten sexuellen Aktivitätsniveaus als »Hure« abgestempelt. Damals gab es aber noch kein Wort für diese Art der sexuellen Belästigung und auch keine Bewegung für das Empowerment von jungen Frauen, die als »sluts« bezeichnet werden. Die einzige Perspektive, die es gab, war: »Huren sind schlecht, sei alles, bloß keine Hure.« Um dem entgegenzuwirken, entwickelte ich eine maskuline Haltung und wurde von der »slut« zum »bad girl«. Ich änderte meine Art und Weise zu sprechen, mich zu kleiden und mich zu verhalten – ich lächelte kaum noch, um so verschlossen und bedrohlich wie möglich zu erscheinen. Ich hoffte damals sehr stark, dass ich nie eine Tochter haben würde, damit ich diese Spannungen nicht noch einmal durch sie erleben musste. Hurenfeindlichkeit sollte zu einem gängigen Begriff im Antidiskriminierungsjargon werden, denn Feindlichkeit gegenüber Sexarbeiter*innen ist Hassrede, es ist eine Form von Diskriminierung, die sich negativ auf alle

Frauen auswirkt. Sexarbeiter*innenfeindlichkeit zieht eine klare Linie zwischen denen, die Sex aus den richtigen Gründen und innerhalb des vorgegebenen Rahmens haben (kostenloser Sex in monogamen Beziehungen), und denen, die den Rahmen verlassen und für eine Tätigkeit bezahlt werden, die kostenlos bleiben sollte.

Eine kapitalismuskritische Analyse von Sexarbeit kann behilflich sein, um die Stigmatisierung dieser Aktivität und der Menschen, die sie ausüben, besser zu verstehen. In der Sexindustrie, wie in fast allen anderen Industrien des kapitalistischen Systems, wird eine Ware oder Dienstleistung verkauft und gekauft. Es wird allgemein gesagt, dass ein*e Sexarbeiter*in ihren Körper verkauft. Dies ist aber falsch, weil der Kunde am Ende der Transaktion den Körper der*des Sexarbeiter*in nicht besitzt, sondern eine Dienstleistung gekauft hat. Diese Differenzierung ist kein bedeutungsloses Detail, sondern ein sehr wichtiges Element. Sie bedeutet, dass der*die Sexarbeiter*in selbst keine Ware ist, und dass er*sie sogar die Kontrolle über seinen*ihren Körper ausübt, was viele Frauen in der patriarchalen Gesellschaft nicht tun. Im Podcast *La Politique des Putes* erzählen mehrere Sexarbeiter*innen, dass sie sich durch diese Arbeit stark fühlen, und dankbar sind, dass sie dadurch selbstständig für ihren eigenen Unterhalt sorgen können. Sexarbeit kann sogar eine Art Empowerment darstellen, eine Möglichkeit, den eigenen Körper zurückzugewinnen. Virginie Despentes erzählt: »Die Prostitution war eine entscheidende Etappe, mich nach der Vergewaltigung wieder aufzubauen. Ein Unternehmen, mich Geldschein für Geldschein für das zu entschädigen, was man mir mit Gewalt gestohlen hatte. […] Dieses Geschlecht gehörte nur mir, verlor durch seine Nutzung nicht an Wert und konnte rentabel sein.«[17]

Diese Kontrolle über den eigenen Körper stellt nicht nur eine Gefahr für das Patriarchat, sondern auch für den Kapitalismus dar. Denn es geht gleichzeitig um die Kontrolle der eigenen Arbeits- und Produktionsmittel. Sexarbeit verbirgt viele gesellschaftliche Beziehungen, die von Macht, Privilegien und Zugang zu Ressourcen (inklusive Geld, Papieren, Wohnungen, gesundheitlicher Versorgung, etc.) geprägt sind. Sexarbeiter*innen sind von einem gemeinsamen Nenner gekennzeichnet: Sie üben Sex außerhalb der familiären Privatsphäre aus, wo Sex in Verbindung mit Reproduktion und Erhaltung des Haushalts und der monogamen Ehe steht.[18] Eine marxistische Analyse zeigt, dass Sexarbeit als Kehrseite der Medaille der Monogamie entstand. Erstens, weil Monogamie und Ehe zur Verteidigung des Privateigentums erfunden wurden. Zweitens, weil sexuelle Beziehungen in einer kapitalistischen Gesellschaft von wirtschaftlichen Beziehungen nicht getrennt werden können. Die traditionelle patriarchale Ehe könnte in dieser Hinsicht als eine Form der Prostitution betrachtet werden. Wie Engels es ausdrückte: »Monogamie und Prostitution sind zwar Gegensätze, aber untrennbare Gegensätze, Pole desselben Gesellschaftszustandes.«[19]

Ein wichtiges Argument für die Abschaffung von Sexarbeit betrifft die Frage des Begehrens. Sex ohne Begehren stelle eine Form der Ausbeutung und der Perversion dar. Diese Sicht ist nicht nur sehr naiv, sondern auch heuchlerisch. Sex ist keine Weihe der Liebe, sondern eine Lebenstätigkeit, die manchmal neutral sein kann. Bereitet uns das Essen immer Vergnügen? Essen wir nur, wenn wir hungrig sind? Und wichtiger noch: Seit wann ist die sexuelle Lust der Frauen ein Anliegen des Mainstream-Denkens? Dass 20 Prozent der Frauen selten oder nie einen Orgasmus während des heterosexuellen Sex haben,[20] scheint niemanden zu beschäftigen. Das Argument des Begehrens verbirgt zudem eine eklatante Inkohärenz: Diejenigen, die behaupten, wir sollten Sex nur zum Vergnügen haben, sind diejenigen, die sich vom weiblichen Begehren am meisten bedroht fühlen und dazu neigen, Frauen als Huren abzustempeln, wenn sie ihre Sexualität vollständig und außerhalb des patriarchalischen Rahmens leben. Zu viel Begehren ist also nicht gut, und zu wenig auch nicht. Ein anderes Problem mit der Betonung der Wichtigkeit des Begehrens ist, dass Zustimmung und Begehren in einen Topf geschmissen werden. Zustimmung kann in der Abwesenheit von Begehren gegeben werden, und eine Person kann sich trotz Begehrens gegen Sex entscheiden.

Die Kriminalisierung der Sexarbeit beruht zudem auf der Vorstellung, sämtliche sonstige Sexualität sei frei von jeglicher Gewalt. Sex kann aber gewalttätig sein, auch wenn dafür nicht bezahlt wird. Vergewaltigungen und andere Formen der sexualisierten Gewalt geschehen meistens außerhalb der Sexindustrie.[21] Innerhalb der Ehe geschieht täglich unsägliche Gewalt – aber von der Abschaffung der Ehe ist (noch) nicht die Rede. Eine Sexarbeiterin, die sowohl unbezahlt als auch bezahlt Sex hat, sagte im Podcast *La Politique des Putes*, dass es manchmal schwieriger sei, klare Grenzen zu setzen und manche Praktiken abzulehnen, wenn der Sex unbezahlt ist, weil der Affekt eine wichtige Rolle spielt. Beim bezahlten Sex falle es ihr leichter, Grenzen zu setzen, weil die Transaktion eine klare Rahmung der Dienstleistung voraussetzt.

Die Kontrolle der weiblichen Sexualität ist ein – wenn nicht das wichtigste – Element der Aufrechterhaltung von patriarchaler Macht. Das Hauptargument für die Kriminalisierung der Sexarbeit fokussiert sich auf die Gewalt, die Ausbeutung und den Missbrauch innerhalb der Sexindustrie. Doch wir haben im vorherigen Kapitel gesehen, wozu es führt, Aktivitäten, Verhalten oder Menschen zu kriminalisieren: dazu, dass sie von der Gesellschaft ausgeschlossen, von der Polizei verfolgt werden, und sich außerhalb des staatlichen Schutzrahmens befinden. Genau wie Anti-Bettel-Gesetze nicht auf die Bekämpfung der Armut abzielen, sondern das Verschwinden der Armen, zielt die Kriminalisierung der Sexarbeit nicht auf den Schutz der Sexarbeiter*innen, sondern darauf, sie zum Verschwinden zu bringen. Kriminalisierung verhindert die Rettung von Menschen, die in ausbeuterischen Netzwerken gefangen sind, und verschleiert *tatsächliche* Missbrauchsfälle: Wenn eine gesamte Branche als missbräuchlich und ausbeuterisch betrachtet wird, wie können dann tatsächliche Fälle von Missbrauch aufgedeckt werden?

Das abolitionistische Narrativ zieht zwischen zwei Arten Sexarbeiter*innen eine klare Linie: das naive, passive, traumatisierte und rettungsbedürftige Opfer einerseits, die gierigen, käuflichen, unkontrollierbaren Frauen andererseits, die sich an der Ausbeutung der Ersten mitschuldig machen. Während den ersten Frauen Hilfe angeboten wird – nur im Rahmen dessen, was von den Helfenden für richtig gehalten wird (oft an den tatsächlichen Bedürfnissen vorbei) –, wird den zweiten Unterstützung verweigert, auch wenn sie gebraucht wird. Um Hilfe in Anspruch nehmen zu dürfen, müssen Frauen dem gewünschten Narrativ entsprechen – sie müssen Sexarbeit als Aktivität explizit ablehnen, und etwa ein*e Zuhälter*in bei der Polizei anzeigen. Die Situation von vielen Frauen in der Sexindustrie, die Ausbeutung und Missbrauch erfahren, ist aber sehr ambivalent. Der*die Zuhälter*in bei der Polizei anzuzeigen ist in den allermeisten Fällen viel komplizierter, als viele Anti-Trafficking-Gesetze es behaupten. Viele Frauen wissen vor der Abreise, dass sie als Sexarbeiter*innen arbeiten werden, jedoch nicht, dass sie es unter missbräuchlichen und ausbeuterischen Bedingungen tun werden.[22] Eine Geschichte von einer Ex-Sexarbeiterin, Amina, die ich für meine Masterarbeit interviewte, bleibt mir bis heute in Erinnerung. Sie kam aus Nigeria und war mehrere Jahre in einem ausbeuterischen Netzwerk in Paris gefangen. Sie versuchte immer wieder, Hilfe zu erlangen, um aus dieser Situation zu kommen, und fand weder bei der Polizei noch bei den Anlaufstellen gegen Prostitution Gehör und Unterstützung – ganz im Gegenteil. Als sie zur Polizei ging und erzählte, dass sie von ihrer Zuhälterin ausgebeutet und misshandelt wurde, wurde sie selbst inhaftiert, weil sie keine gültigen Papiere vorzeigen konnte. Gegen ihre Ausbeutung wurde gar nichts getan. Als sie es tagsüber schaffte, zu einer Anlaufstelle gegen Prostitution zu gehen, fragte sie die Frau, die sie empfing, ob sie wüsste, dass sie als Sexarbeiterin arbeitete und ob sie bereit wäre, mit der Sexarbeit aufzuhören. Diese zwei Fragen nahm sie als Bedingungen für die Hilfe wahr. Sie fühlte sich verurteilt und schuldig, und nach diesem ersten Treffen hat sich die Anlaufstelle bei ihr nie wieder gemeldet. Es wird zu selten auf die eigentlichen Bedürfnisse der Menschen eingegangen, weil von den Menschen, die über die Ressourcen verfügen, behauptet wird, dass sie es besser wüssten als die Betroffenen.* Die Stigmatisierung von Sexarbeit, die durch die Bewegung für die Abschaffung der Prostitution verstärkt wird, macht die Rettung der hilfsbedürftigen Frauen schwieriger, und ihre Integration in die Gesellschaft umso mehr. Hilfe funktioniert nicht, wenn sie an Bedingungen geknüpft wird. Das Stigmatisieren und Beurteilen der Menschen, denen geholfen werden soll, hilft nicht, es nährt die Spirale von negativem Selbstbild, Ausgrenzung und Mangel an Optionen. Zudem ist der Übergang zu einem anderen Beruf nicht einfach, wenn die Tätigkeit, die zuvor ausgeübt wurde, in einem solchen Ausmaß verteufelt wird. Schließlich schafft die Stigmatisierung von Sexarbeit einen Diskurs, der Sexarbeiter*innen für alles, was ihnen passiert, verantwortlich macht. Wenn sie vergewaltigt, betrogen, ausgeraubt, missbraucht werden, liegt es daran, dass sie Sexarbeiter*innen sind.

Der Fall von Amina ist leider kein Einzelfall. Frauen in der Sexindustrie werden regelmäßig von der Polizei festgenommen

---

* Weitere Beispiele dafür sind die Hilfsprogramme für wohnungslose Menschen, die manchmal unrealisierbare Bedingungen voraussetzen, wie etwa, keinen Alkohol trinken oder keine Hunde mitbringen zu dürfen.

und für migrations- und asylbezogene Delikte inhaftiert, wenn sie die Polizei rufen, um von ihr beschützt zu werden. Wenn die Polizei überhaupt kommt, dann auf ihre Kosten. Die Kriminalisierung der Sexarbeit wird von der Polizei zudem regelmäßig für die Inhaftierung »illegaler« Migrant*innen – und allgemein Schwarzer und nicht-weißer Frauen – instrumentalisiert. In den 1970er Jahren stellte die American Civil Liberties Union fest, dass Schwarze Frauen mit siebenmal höherer Wahrscheinlichkeit für Prostitutionsdelikte verhaftet wurden als weiße Frauen. Diese Diskrepanz ist kein Relikt der Vergangenheit: Zwischen 2012 und 2015 waren 85 Prozent der Personen, die in New York City wegen »Herumlungerns zum Zwecke der Prostitution« angeklagt wurden, Schwarze oder Latina-Frauen.[23] Es ist stark davon auszugehen, dass die Zahlen in Europa vergleichbar sind, einfach aufgrund der Verschränkung von restriktiven Asyl- und Einwanderungsgesetzen mit der Sexarbeit.

Menschenhandel und Sextrafficking, die in erster Linie den restriktiven Einwanderungspolitiken geschuldet sind, werden gerne als grob vereinfachte Phänomene dargestellt. Mit bösen Zuhältern und Klienten und guten verletzlichen Frauen, die in die Klauen der Ersten gefallen sind. Eine solche Darstellung ist meist weit entfernt von der Realität. Der Hollywood-Film *Taken* von Luc Besson aus dem Jahr 2008 liefert eins von vielen sensationsgierigen Porträts des Menschenhandels: Ein reiches 17-jähriges blondes Mädchen wird von bösen albanischen und anderen ›ausländischen‹ Menschenhändlern – die mit krassem Akzent sprechen – brutal entführt. Das Mädchen, Kim, entspricht perfekt dem Bild des unschuldigen Opfers: Sie ist weiß, jung, hübsch, naiv, ignorant und passiv. Sie ist für ihre Rettung auf die Hilfe ihres Vaters angewiesen – ein weißer attraktiver heroischer Mann. Im Film sind die Zuhälter und die Klienten meist arabische, muslimische und schwarze Männer, was das Stereotyp der Schwarzen

Sexualstraftäter bedient (s. Kapitel »Auf der Straße«). Ihr Vater rettet sie gerade noch rechtzeitig, wenige Minuten, bevor sie durch eine brutale Vergewaltigung entjungfert worden wäre – Glück gehabt, die Ehre ihres Vaters ist gerettet. Alle möglichen sexistischen und rassistischen Klischees werden in diesem Film bedient. Die Realität sieht aber ganz anders als in Hollywood-Filmen aus (die meist von weißen Männern gemacht werden). Die Zuhälter können auch Frauen sein, Klienten sind nicht immer böse perverse Männer, und die Frauen sind keine naiven, ignoranten und schwachen Wesen – ganz im Gegenteil. Frauen in der Sexindustrie werden durch solche Diskurse geschwächt und infantilisiert – dies wird unter anderem dadurch deutlich, dass in Gesetzen, Politiken und Kampagnen von »Frauen und Mädchen« gesprochen wird.

Die Gewalt, die viele Sexarbeiter*innen erfahren, ist eine direkte Folge ihrer Stigmatisierung. Sie kommt nicht nur von Kunden und Zuhältern, sondern auch von der Polizei und von der Öffentlichkeit. Im Podcast *La Politique des Putes* erzählen mehrere Sexarbeiter*innen, dass sie auf der Straße von Menschen herabwürdigend behandelt wurden, bis hin zum physischen Angriff. Eine Sexarbeiterin berichtet, dass sie auf der Straße von der Polizei verprügelt wurde. Beim Wegfahren sagten sie noch: »Du bist eine Nutte, du verdienst es.«[24] Sexarbeiter*innen, insbesondere Trans-Frauen, werden regelmäßig ermordet. Eine HIV-positive Sexarbeiterin, die ich für meine Masterarbeit interviewte, erzählte mir, dass ihre antiretrovirale Therapie abgelehnt wurde, weil sie »sich das Virus absichtlich zugezogen habe«, so die Krankenschwester. Das gleiche passierte Giovanna, einer Trans-Sexarbeiterin, die im Podcast *La Politique des Putes* berichtet, wie sie sich den Zugang zur Behandlung erkämpfen musste. Eine weitere Sexarbeiterin erzählt im Podcast, dass ihr eine Frau einen Zwanzig-Euro-Schein gab und ihr sagte: »Hier, nehmen Sie das Geld und gehen Sie bitte nach Hause.« Es war sicherlich nett gemeint, aber sie fühlte sich dadurch herabgewürdigt und verurteilt für etwas, was ihr erlaubt, ihre Miete zu zahlen. Sexarbeiter*innen werden von den Medien als Parias und Geächtete behandelt und in der Popkultur fast immer negativ dargestellt. In vielen Ländern werden die Rechte von Sexarbeiter*innen eingeschränkt, wie etwa das Reiserecht oder das Sorgerecht für ihre Kinder. Wenn ihre Familie von ihrer Arbeit erfährt, werden sie häufig verstoßen und verlieren ihren sozialen Halt. Für Sexarbeiter*innen mit prekärem Aufenthaltsstatus, wenig sozialer Unterstützung und wenig Geld wirken solche Effekte verschärft.

Viele Länder, inklusive Deutschland, Frankreich und der EU, distanzieren sich von einer vollständigen Kriminalisierung der Sexarbeit und bevorzugen eine Teilkriminalisierung durch Gesetze, die Klienten bestrafen. Das sogenannte ›Schwedische Modell‹ fordert das Ende der Nachfrage von sexuellen Dienstleistungen und kriminalisiert den Kauf von sexuellen Dienstleistungen. Sexarbeiter*innen selbst begehen nach diesen Gesetzen keine Straftaten, aber deren Kunden und Dritte werden kriminalisiert. Das Hauptziel des Gesetzes ist die Abschaffung der Prostitution durch die Beseitigung der Nachfrage. Erfahrungen in Schweden deuten jedoch darauf hin, dass dieses Ziel mit dem Gesetz nicht erreicht werden konnte.[25] Befürworter*innen vom Schwedischen Modell argumentieren, dass dieser Ansatz Sexarbeiter*innen mehr essenzielle Dienstleistungen, einschließlich der HIV-Prävention, zugänglich macht. Mehrere wissenschaftliche Studien belegen jedoch, dass solche Gesetze genau das Gegenteil tun.[26] Die Forschungsergebnisse zeigen, dass die Kriminalisierung der Kunden den Zugang zu sozialen Dienstleistungen, Gesundheitsversorgung und Unterstützung für Sexarbeiter*innen erschwert, hauptsächlich für Migrant*innen und Geflüchtete. Alle Studien ergeben, dass solche Gesetze einen akuten Anstieg der sozioökonomischen Vulnerabilität von Sexarbeiter*innen verursacht haben, einschließlich einer Zunahme an erlebter Gewalt, erniedrigender Arbeitsbedingungen und negativer gesundheitlicher Folgen. Die Kriminalisierung der Klient*innen führt auch zum verringerten Kondomgebrauch und erhöhten Schwierigkeiten für Sexarbeiter*innen, sichere Sexualpraktiken auszuhandeln, sowie zu erschwertem Zugang zu Behandlungen für HIV-positive Sexarbeiter*innen.[27] Teilkriminalisierung ist ein Mythos. Es ist nicht möglich, eine Transaktion nur teilweise unter Strafe zu stellen. Wie kann ein Staat es Menschen erlauben, etwas zu verkaufen, das niemand kaufen darf? Die Kriminalisierung der Klienten führt automatisch zur Marginalisierung, erhöhten Gefährdung und Kriminalisierung der Sexarbeiter*innen. Sie werden gezwungen, in weniger sichtbare und entfernt liegende Gebiete umzuziehen, weil ihre Klienten nicht von der Polizei verhaftet werden wollen. Diejenigen, die von Zuhälter*innen ausgebeutet werden, werden in Wohnungen eingesperrt, und die Klienten werden zu ihnen gebracht. Dies macht sie weniger zugänglich für soziale Dienste und andere unterstützende Netzwerke und anfälliger für Missbrauch.

Das Schwedische Modell basiert auf dem Stereotyp vom perversen, gewalttätigen Kunden. Manche Männer sind gewalttätig, nicht nur die Klienten von Sexarbeiter*innen. Die Mehrheit der Kunden ist es nicht. Im Podcast *La Politique des Putes* nennen Sexarbeiter*innen nicht zufällig gewalttätige Kunden »falsche Kunden«. Ihre Dienstleistung verstehen sie als eine Form der Sexualität, die Einsame tröstet, das ewige Verlangen nach einer fleischlichen Begegnung befriedigt und das erotische Elend einiger Menschen ausgleicht: junge und alte Singles, Witwer, Ehepartner, die kein Sexualleben mehr haben, Menschen mit schwieriger Sexualität, behinderte Menschen, Überlebende von sexuellem Missbrauch. Als Bebel in den 1880ern über Frauen und Sozialismus schrieb, erklärte er: »Prostitution wird also zur notwendigen sozialen Institution der bürgerlichen Gesellschaft wie die Polizei, das stehende Heer, die Kirche und die Kapitalistenklasse«.[28] Eine Mitarbeiterin einer Anlaufstelle gegen sexuelle Ausbeutung berichtet im Podcast, dass Kunden oft Fälle bei ihr melden, und Sexarbeiter*innen helfen, ihrer Situation zu entkommen. Eine Sexarbeiterin erzählt im Podcast, dass viele Kunden Schwierigkeiten haben, den Anforderungen des Patriarchats Genüge zu leisten. Sie erfüllen die Kriterien nicht, schaffen es nicht, dem Rollenbild, das von Männern erwartet wird, gerecht zu werden. Ein Tinder-Serien-Dater, der Frauen, die klar kommunizieren, dass sie etwas Ernsteres wollen (was ja nicht bei allen Frauen der Fall sein muss), über seine wahren Intentionen hinwegtäuscht, sie nur für Sex trifft und danach verschwindet, schafft dies dagegen zum Beispiel schon. Die Gesellschaft fördert und belohnt solches Verhalten bei Männern. Wie kann solche Manipulation besser sein als ein Mann, der für Sex bezahlt?

Wissenschaftliche Studien sowie die Sexarbeit-Gewerkschaften und einige NGOs, inklusive Médecins du Monde und Amnesty International, befürworten die Entkriminalisierung von Sexarbeit, um Arbeitsbedingungen zu gewährleisten, die die Gesundheit und Sicherheit von Sexarbeiter*innen unterstützen – nicht nur in Europa, sondern weltweit.

Trotz der täglichen Verfolgung, Ausgrenzung und Stigmatisierung, die Sexarbeiter*innen erleben, haben sie es geschafft, sich zu organisieren und für ihre Rechte zu kämpfen. Sexarbeit steht im Kern des Kampfes gegen patriarchale Gewalt und Unterdrückung. Ein Feminismus, der Sexarbeiter*innen ausschließt, steht auf der Seite des Patriarchats und der Macht. Überall auf der Welt zeigen Sexarbeiter*innen ein Gesicht der Sexarbeit, das ungern gezeigt wird: starke, selbstbestimmte, und autonome Frauen. Das indische Sonagachi Project und das Durbar Mahila Samanwaya Committee (das in Bengali »unstoppable« und »unbezwingbar« bedeutet), die französische STRASS Gewerkschaft, der Verein Acceptess-T von und für Trans-Sexarbeiter*innen sind nur einige Beispiele der unglaublichen Resilienz und Stärke von Sexarbeiter*innen. Die bekannte Aktivistin aus Südafrika Duduzile Dlamini sagt: »Wir haben es satt, dass Leute mit ihren Moralvorstellungen ankommen ... um eine Politik zu entwickeln, die erklärt, Sexarbeiterinnen seien schlechte Menschen. Wir entscheiden uns für diese Arbeit – wir sind keine Opfer. Sexarbeiter*innen sind Mütter. Sexarbeiter*innen sind Schwestern. Politiker*innen, Gesetzgeber*innen – sie müssen uns anerkennen. Tatsache ist, dass wir Menschen sind.«[29]

Die Frage der freien Wahl

> »Prostitution ist nur ein besonderer Ausdruck der allgemeinen Prostitution des Arbeiters.« *Karl Marx*[30]

Im Film *Pretty Woman,* einer der beliebtesten romantischen Komödien aller Zeiten, ist die von Julia Roberts gespielte Vivian eine selbstbewusste, unabhängige Sexarbeiterin, die kein Blatt vor den Mund nimmt und sich von niemandem sagen lässt, was sie machen darf oder nicht: »Ich kann alles tun, was ich will«, sagt sie. Sie trifft »zufällig« den reichen, charmanten John (Richard Gere), der natürlich kein Kunde ist, sondern lediglich nach dem Weg fragt. Und sie verlieben sich. Ihr Leben ändert sich drastisch, er kauft ihr teure Halsketten, geht mit ihr in die Oper und in erstklassige Restaurants. Sie wird zu einer kultivierten, akzeptablen Frau, die sich entsprechend kleidet und verhält – diesen sozialen Aufstieg hat sie John zu verdanken, der sie heiraten und für sie sorgen wird (gegen Sex). Sie tauscht die Sexarbeit und ihre Autonomie gegen soziale Akzeptanz und materielle Sicherheit ein.

Werden Sexarbeiterinnen und Ehefrauen in patriarchalen Ehen vom patriarchalen Kapitalismus gleichermaßen ausgebeutet? Der Kunde eines*einer Sexarbeiter*in befindet sich zwar fast immer in einer privilegierten wirtschaftlichen Position, aber im Gegensatz zu Arbeitgeber*in oder Zuhälter*in beutet er den*die Sexarbeiter*in nicht aus – er ist Konsument. Es heißt aber nicht, dass sie von Kunden nicht unterdrückt wird. Das ist der Fall wie im Rest der Gesellschaft, in einem Staat, der ihnen oft grundlegende Menschenrechte verweigert. Diese Art der Unterdrückung ist allerdings auch in heterosexuellen Ehen verbreitet. Wenn Sexarbeiter*innen unter akzeptablen Bedingungen arbeiten würden, ohne die konstante Verfolgung und Stigmatisierung, die sie kennen, würde die Position der verheirateten Frau plötzlich weniger attraktiv werden, sagt Virginie Despentes mit einem Hauch von Ironie.[31] Viele moderne Ehen rutschen in patriarchale Muster, spätestens wenn Kinder zur Welt kommen. Das hat unter anderem damit zu tun, dass das traditionelle Hauptverdiener-Modell vom Staat gefördert wird – je egalitärer die Aufteilung der Lohnarbeit zwischen den Partner*innen, desto höher die Steuer, die das Paar zahlen muss. Deswegen werden sogar Paare, die eigentlich egalitär sein möchten, verführt, das patriarchale Modell anzunehmen, in dem der Mann Vollzeit arbeitet und die Frau Teilzeit oder gar nicht – dafür aber die überwiegende Mehrheit der Care-Arbeit übernimmt.

Die Frage der Wahl spielt in der abolitionistischen Debatte eine zentrale Rolle. Es wird behauptet, dass niemand *freiwillig* entscheiden kann, Sexarbeit auszuüben. Aber wer entscheidet *freiwillig* zu arbeiten? Ist es überhaupt möglich, in der kapitalistischen globalen Wirtschaft, *frei* zu entscheiden? Es gibt eine Kombination von Umständen, die Frauen zu Sexarbeit bringen, und der gemeinsame Nenner ist: Geld. Viele Frauen halten die Sexindustrie für eine bessere Option als andere niedrig bezahlte Arbeitsplätze, die ihnen zur Verfügung stehen. Aus diesem Grund schwanken viele Frauen zwischen Care-Arbeit und Sexarbeit. Indische Sexarbeiter*innen hinterfragen zum Beispiel, inwiefern sie die Wahl in anderen

Aspekten ihres Lebens haben: »Wann haben die meisten von uns Frauen Zugang zu Wahlmöglichkeiten innerhalb oder außerhalb der Familie? Werden wir bereitwillig zur Haushälterin? Haben wir die Wahl, wen wir heiraten wollen und wann? Die ›Wahl‹ ist für die meisten Frauen, insbesondere für arme Frauen, selten gegeben.«[32] Die Frage der Wahl ist eine »bourgeoise Fixierung«, so eine Sexarbeiterin im Podcast *La Politique des Putes*. Der Mangel an Wahlmöglichkeiten wird für alle anderen Berufe akzeptiert, nur nicht für Sexarbeit. Menschen, die »keine Wahl haben« und auf Baustellen, in Schlachthäusern, bei McDonalds arbeiten, haben trotzdem das Recht, vor Ausbeutung und Missbrauch geschützt zu werden. Ein*eine Sexarbeiter*in, der*die »keine Wahl hat« und dennoch in der Sexindustrie bleibt, nicht.

In allen globalen Industrien und in der Schattenwirtschaft reicher Länder herrschen Missbrauch und Ausbeutung. In der Baubranche, in der Landwirtschaft, in der Textilindustrie und in der Care-Branche sind ausbeuterische Arbeitsbedingungen leider gang und gäbe. Stellen wir deshalb die Existenz solcher Industrien infrage? Wird über ihre Abschaffung gesprochen? Plattenleger aus Rumänien in der Schweiz, indische und chinesische Bauarbeiter in Dubai, »illegale« Migranten in den USA, Frankreich, Deutschland und ganz Europa arbeiten täglich unter sklavenähnlichen Bedingungen, bis zur Erschöpfung, und werden bedroht, wenn sie zurückreisen wollen. Frauen aus der ganzen Welt sind in *Global Care Chains* gefangen und arbeiten wie Sklavinnen in Haushalten des Globalen Nordens. Geflüchtete Menschen und Migrant*innen pflücken Gemüse und Obst in Gewächshäusern in Spanien, Italien, Kalifornien und Österreich. Für Hungerlöhne unter unsäglichen Arbeitsbedingungen nähen Frauen, Männer und Kinder Klamotten, die in Paris, Berlin, New York und Melbourne billig verkauft werden. Doch gibt es keine Bewegungen, die für die Abschaffung dieser Industrien plädieren.

In allen diesen Bereichen wird die Idee der »Zwangsarbeit« akzeptiert, nicht jedoch in der Sexindustrie. Wenn Sexarbeit nicht als Arbeit betrachtet wird, können Frauen in der Sexindustrie also nicht als Arbeiterinnen ausgebeutet werden, sondern nur als Frauen. Wenn Sexarbeit als eine Form von Vergewaltigung betrachtet wird, kann es keine Vergewaltigung *innerhalb* der Sexindustrie geben, weil *alles,* was in der Sexindustrie geschieht, bereits als sexualisierte Gewalt betrachtet wird. Ein*eine Sexarbeiter*in kann dann im Rahmen seiner*ihrer Tätigkeit vergewaltigt werden, und aus diesem Grund keinen Schutz erfahren.

Eine Rhetorik, die sich auf die Wahl fokussiert, blendet die gesellschaftlichen Strukturen aus, die zu Armut und einem Mangel an Wahlmöglichkeiten führen. Die Arbeitsmarkt- und Einwanderungseinschränkungen der EU-Staaten lassen viele Menschen, Jobs annehmen, die sie nicht »frei« auswählen – inklusive der Sexarbeit.

Gesetzliche Beschränkungen der Sexarbeit haben die Expansion einer »legitimen« Industrie verhindert und sie im Schatten der Illegalität gehalten. Deswegen ist es besonders wichtig, Sexarbeit in die Kämpfe für globale Arbeitsrechte zu integrieren und nicht als Sonderfall zu behandeln. Viele Sexarbeiter*innen sind mit ihrer Arbeit unzufrieden und würden am liebsten den Beruf wechseln, wenn es realistische Alternativen gäbe. Sexarbeit ist eine von vielen Formen der entfremdeten Arbeit.

Ausbeutung gehört zum Kapitalismus. Missbrauch und Ausbeutung in der Sexarbeit tragen dazu bei, solche Probleme in der Arbeit allgemein zu entlarven. Sollten diejenigen, die das Ende der Sexarbeit anstreben, sich nicht lieber generell für das Ende der Arbeit einsetzen?

Das Ende der Arbeit – eine Utopie?

»Was machst du so?«
Jede*r, immer

Es ist eine gut erforschte Tatsache, dass Arbeitslosigkeit, neben dem Verlust des Einkommens, auch geistige und körperliche Beschwerden mit sich bringt, die mit einem Statusverlust, einem allgemeinen Unwohlsein und einer Demoralisierung verbunden sind. Untersuchungen haben gezeigt, dass es schwieriger ist, sich von einer langen Phase der Arbeitslosigkeit zu erholen, als einen geliebten Menschen zu verlieren oder eine lebensverändernde Verletzung zu erleiden. Die Wichtigkeit, die der Arbeit beigemessen wird, ist auch eng mit der sozialen Klasse verbunden. Von Manager*innen und Führungskräften aus der Mittel- und Oberschicht wird oft erwartet, dass sie sich grenzenlos ihrer Arbeit hingeben und ihren Job zum Mittelpunkt ihres Lebens machen. Kinder aus der Mittel- und Oberschicht hören diese Botschaft schon sehr früh. In Eliteschulen werden erfolgsabhängige Eigenschaften wie Ehrgeiz und eine starke Arbeitsethik als Signale sowohl moralischer als auch sozioökonomischer Reinheit gefördert.[33] Menschen, die die Arbeit nicht zum Mittelpunkt des Lebens machen, werden als wenig ehrgeizig, unmotiviert oder sogar faul angesehen. Die Arbeitswelt, ihre Normen (Sprachstil, Verhaltenskodex, Kleidung, Arbeitszeiten und -rhythmus) und die physische Infrastruktur, auf denen sie basiert, wirken ausschließend für viele Menschen: Neurodiverse und behinderte Menschen, Leute mit chronischen Krankheiten und psychischen Störungen passen oft nicht in den engen Rahmen der Arbeitswelt und erleiden dadurch erweiterte gesellschaftliche Ausschlüsse und Diskriminierung. Viele von uns, egal, aus welcher sozialen Klasse, sind nach wie vor auf Arbeit angewiesen, um uns würdig zu fühlen. Die erste Frage, die beim Kennenlernen gestellt wird, manchmal sogar vor der

Frage nach dem Namen, ist: »Was machst du?« Wenn die Antwort lautet: »Ich bin zurzeit arbeitslos«, verlieren die meisten Leute jegliches Interesse an dem Gespräch und wenden sich ab. Sie fliehen vor der Person, die ihre größte Angst verkörpert: ohne Arbeit zu sein – wertlos. Gleichzeitig sind nur die wenigsten von uns mit unseren Jobs zufrieden und beschweren sich ständig darüber. Das nennen die Psycholog*innen Mihaly Csikszentmihalyi und Judith LeFevre das »Paradox der Arbeit«. Sind Menschen ohne Arbeit unglücklich, weil die Arbeit an sich erfüllend ist, oder weil sie den starren gesellschaftlichen Erwartungen nicht gerecht werden können? Geld zu verdienen, ist für die überwiegende Mehrheit der Menschen die primäre Motivation, zu arbeiten – weil wir für unser Überleben in der kapitalistischen Gesellschaft Geld brauchen. Aber viele von uns arbeiten besonders hart und lang, weil unsere Kultur uns dazu konditioniert hat, uns schuldig und wertlos zu fühlen, wenn wir nicht produktiv sind. Unsere Gesellschaft hat uns seit der Kindheit eingetrichtert, dass Arbeit und Leistung unseren Selbstwert definieren. Wer hat sich nicht einmal schuldig oder wertlos gefühlt beim Netflix-Gucken? Würde dieses Schuldgefühl verblassen, wenn Arbeit nicht mehr die Norm wäre?

Ich gehöre zu den Menschen, die sich sogar beim Schlafen schuldig fühlen (es ist kaum übertrieben), und ich gehöre auch zu der Handvoll privilegierter Menschen, die ihre Arbeit mögen und erfüllend finden. Deswegen kann ich mir persönlich ein Leben ohne Arbeit schwer vorstellen. Gleichzeitig merkte ich in den besonderen Zeiten meines Lebens, wo ich gezwungen wurde, Lohnarbeit auszusetzen oder drastisch zu reduzieren, eine tiefe innere Ruhe, die mich dazu brachte, über die Rolle der Arbeit nachzudenken. Das erste Mal blieb ich ein Jahr zu Hause mit meinem ersten Baby, das zweite Mal war es nach dem Tod meines zweiten Babys, und das dritte Mal während des ersten Corona-Lockdowns. Beim ersten Mal hatte ich meine Dissertation eine Woche vor der Geburt meines Babys abgegeben und erlebte die Elternzeit als wohlverdiente Pause von der Arbeit – ohne Schuldgefühle. Ein Job wartete auf mich, und ich war deshalb von der Unsicherheit, die viele Frauen in Elternzeit erleben, nicht betroffen. Ich fühlte mich auch nicht wertlos, weil ich für das Leben meines Kindes sorgte – und ich hatte mehrere Jahre darauf gewartet, ein Baby zu haben. Deswegen war diese Zeit pures Glück. Ich konnte mich unbeschwert diesen besonderen Momenten widmen und lebte wirklich im Hier und Jetzt. Es war eines der besten Jahre meines Lebens. Das zweite Mal war in vielerlei Hinsicht anders: Mein Kind kam unerwartet zu früh zur Welt, und wir blieben nach seiner Geburt zusammen im Krankenhaus, wo es einen Monat später starb.

Genau zur gleichen Zeit wurde das von mir gegründete Center for Intersectional Justice offiziell eröffnet – ohne mich. Ich lebte gefühlt in einer anderen Dimension und konnte nicht begreifen, dass ich einst Arbeit wichtig fand. Nichts mehr war wichtig. Ich spürte den Druck, so bald wie möglich wieder zu arbeiten, aber es war schlichtweg unmöglich. Im Endeffekt fing ich nach drei Monaten schweren Herzens langsam wieder an, zu arbeiten. Die drei Monate ohne Arbeit waren eine unerlässliche – im Nachhinein viel zu kurze – Zeit, ohne die ich nicht wieder zu mir gefunden hätte. Die Corona-Quarantäne traf viele Menschen in ähnlicher Weise. Von heute auf morgen befanden wir uns zu Hause und mussten Kinder, Arbeit und Haushalt unter einen Hut bringen. Erst, als ich die geringere Produktivität akzeptieren konnte, fing ich an, die Quarantäne und die Langsamkeit, die sie mit sich brachte, wirklich zu genießen. In diesen drei Zeiträumen, in denen ich weniger oder gar nicht (Lohn-)gearbeitet habe, merkte ich eine innere Ruhe, die mir in »normalen« Zeiten nicht bekannt ist. Ich konnte einfach sein und nicht nur tun. Das heißt nicht, dass ich *nichts* getan habe, ganz im Gegenteil. Ich habe äußerst wichtige Dinge getan: geliebt, getrauert, geheilt und nachgedacht. Alles, was wir zum Überleben tun, ist Arbeit – nicht nur die Dinge, die Geld bringen. Deswegen geht es hier um das Ende der Lohnarbeit, nicht der Arbeit im weitesten Sinne. Doch unsere kapitalistische Gesellschaft definiert Arbeit in sehr begrenzter Weise. Sie lässt uns in dem Glauben, dass keine Lohnarbeit zu haben, bedeutet, auch nichts zu tun. Nicht zufällig wird regelmäßig Elternzeit mit Urlaub verglichen. Deswegen werden arbeitslose Menschen marginalisiert und stigmatisiert. Warum wird unbezahlter Arbeit kein Platz in unserer Gesellschaft gegeben?

Mit zweieinhalb Jahren hatte ich meinen ersten Kindergartentag. Wir saßen an winzigen Tischen, lernten die Wochentage, malen, singen, uns an klare Vorschriften zu halten – und unsere Kreativität und Einzigartigkeit tief in uns zu vergraben und immer beschäftigt zu bleiben. Wir leben in einer »Müdigkeitsgesellschaft«, so der Philosoph Byung-Chul Han. In seinem Buch *Burnout Society* beschreibt er, wie viele von uns das kapitalistische Leistungsprinzip so vollständig verinnerlicht haben, dass wir uns selbst ausbeuten, ohne es zu merken. »High Achievers« sind die Paradebeispiele einer »Burnout Society«: Bei der ständigen Suche nach externer Bestätigung sind sie bereit, Gesundheit, Freunde, Familie und letztlich das Leben der Arbeit zu opfern. Diese Kategorie von Menschen wird in unserer Gesellschaft zu Vorbildern und Symbolen des Erfolgs gemacht, es gibt unzählige Internet-Seiten, Artikel und Social-Media-Accounts, die Tipps geben, um die Charaktereigenschaften der High Achievers zu erlangen. Doch was seltener zugestanden wird, ist, dass sie unter diesem enormen Druck stark leiden – und nie »genug« tun werden. Sie rennen etwas nach, was sie nie erreichen werden. Ich versuche selbst, mich allmählich vom Druck zu lösen, der mir seit der Kindheit gemacht wurde. Als ich mich unter Druck fühlte, nach dem Verlust meines zweiten Kindes so schnell wie möglich wieder mit der Arbeit anzufangen, meinte die Krankenhauspsychologin zu mir: »Aber Emilia, nimm dir diese Zeit! Was brauchst du, um dich selbst davon zu überzeugen, dass es genug ist? Dass *du* genug bist!« Seitdem sind diese Sätze zu einem Mantra geworden.

Heutzutage wissen wir nicht mehr richtig, was der Unterschied zwischen Arbeit, Freizeit und Privatleben ist. Start-ups der neuen Tech-Branche, mit Google, Apple und Microsoft als Vorbild, überzeugen ihre Mitarbeiter*innen, dass Arbeit eigentlich keine Arbeit ist, sondern Spiel. Die Grenzen zwischen Arbeit und Freizeit verschwimmen durch Arbeitsplätze, die wie Wohnungen und Spielplätze eingerichtet sind – und durch Homeoffice. Arbeit dringt in unsere Intimsphäre ein durch die Ubiquität der digitalen Technologien. Es wird von uns erwartet, dass wir rund um die Uhr erreichbar sind. *Digital Detox* sollte eigentlich der normale Zustand sein, und kein Schild, das scheu und entschuldigend vor sich hergetragen wird, um im Grunde zu sagen: »Lasst mich bitte in Ruhe, ich habe Urlaub!«

Die Beweise für das Versagen der Arbeitsgesellschaft sind zahlreich, doch wir ignorieren sie. In einer Sache hat Arbeit nicht versagt: bei der Akkumulation von Kapital. Als Quelle einer menschenwürdigen Existenz jedoch ist Arbeit gescheitert (die überwiegende Mehrheit der Menschen, die sich unter der Armutsgrenze befinden, haben Jobs). Für viele Menschen, nicht nur für die sehr Wohlhabenden, ist Arbeit finanziell weniger wichtig geworden, als Geld zu erben oder ein Haus zu besitzen. Lebenswichtige Aktivitäten werden durch die Arbeit vernachlässigt, wie die Erziehung der Kinder und die Pflege von älteren Menschen. Eine wachsende »Post-Work«-Bewegung glaubt, dass eine Post-Arbeit-Gesellschaft nicht nur möglich, sondern bereits auf dem Weg ist. Aktuellen Schätzungen zufolge könnten zwischen einem Drittel und der Hälfte aller Arbeitsplätze in den nächsten zwei Jahrzehnten von künstlicher Intelligenz übernommen werden. Andere Prognostiker bezweifeln, dass die Arbeit in ihrer gegenwärtigen, toxischen Form auf einem sich erwärmenden Planeten aufrechterhalten werden kann.[34] Die Post-Work-Bewegung glaubt, dass in einer Welt ohne Arbeit Menschen mehr Zeit damit verbringen könnten, sich um ihre Familien und Nachbar*innen zu kümmern, und dass Stolz und Erfüllung eher aus unseren Beziehungen als aus unseren Karrieren erwachsen würden. Das Ende der Lohnarbeit könnte ein goldenes Zeitalter des Wohlbefindens ermöglichen, wo Bedeutung, Identität, Erfüllung, Kreativität, Autonomie zugänglicher für alle wären. Freizeit, Fürsorge und Dienst würden Arbeit ersetzen, Konsum würde durch Kreativität und Austausch ersetzt, und der Druck der Produktivität würde langsam verschwinden, was uns mehr Zeit für spirituelle Entwicklung und reines Dasein erlauben würde. Der Historiker Benjamin Hunnicutt glaubt, dass Schulen und Universitäten wieder als Kulturzentren und nicht als Einrichtungen zur Berufsvorbereitung entstehen könnten. Er weist darauf hin, dass das Wort Schule von *skholē*, dem griechischen Wort für »Freizeit«, stammt.[35] »Früher haben wir den Menschen beigebracht, frei zu sein«, sagte er – und nicht, zu arbeiten.

So naiv und utopisch diese Vision sein mag, ist sie durchaus denkbar. Solche optimistischen Szenarien sollten dennoch die gegenwärtigen sozialen Ungleichheiten berücksichtigen, die in einer Übergangsphase zu einer Post-Arbeit-Welt zum Ausdruck kommen würden. Das Ende der Arbeit setzt eine Aufwertung der schlecht- und unbezahlten Arbeit voraus, die heute vorrangig von Frauen und nicht-weißen Menschen geleistet wird. Diese Transformation müsste mit einer Neudefinition der Arbeit und des Werts, der ihr beigemessen wird, einhergehen. In der Schule würden wir nicht nur den Wert der Freiheit lernen, sondern auch Liebe, Fürsorge und Empathie – und etwas über das Zusammenspiel von Rassismus, Kapitalismus und Patriarchat erfahren. Eine

Post-Arbeit-Gesellschaft, die Unterdrückungssysteme nicht infrage stellt, wird die daraus resultierenden Ungleichheiten perpetuieren und wäre in diesem Sinne nicht transformativ. Aber sind wir überhaupt so weit? Wahrscheinlich nicht. Arbeit ist so zentral in unserem Glaubenssystem, dass die meisten von uns unfähig sind, sich eine Welt vorzustellen, die sich nicht um Lohnarbeit dreht. Unsere Gesellschaft scheint noch nicht in der Lage zu sein, sie aussterben zu lassen.

In seinem Buch *Bullshit Jobs* sagt der Anthropologe David Graeber, dass über die Hälfte der Lohnarbeit sinnlos ist. Er stellt fest, dass die Produktivitätsvorteile der Automatisierung nicht zu einer Freizeitgesellschaft geführt haben, in der nur ein paar Stunden am Tag gearbeitet wird, sondern zu »Bullshit Jobs«, die völlig sinnlos und unnötig sind; und dennoch tun alle so, als wären sie wichtig. Diese Arbeitsplätze befinden sich größtenteils im privaten Sektor, und viele sind auch sehr gut bezahlt. Dazu zählen Jobs, die dazu dienen, dass sich Vorgesetzte wichtig fühlen, z. B. Rezeptionist*innen, Verwaltungsassistent*innen, Türsteher*innen. Dann Lobbyist*innen, Unternehmensanwält*innen, Telefonverkäufer*innen, PR-Spezialist*innen; Arbeiter*innen, die vorübergehend Probleme beheben, die dauerhaft behoben werden könnten, Entwickler*innen, die schlampige Codes reparieren, Mitarbeiter*innen, die den Anschein erwecken, dass etwas Nützliches getan wird, wenn es nicht getan wird, z. B. Umfrageverwalter*innen, Compliance-Beauftragte von Unternehmen usw.[36] Anstatt die Produktivitätsfortschritte zu nutzen und kürzere Arbeitstage einzuführen, wurde sinnlose Arbeit erfunden, um die neu entstandene Leere aufzufüllen.

Die Post-Arbeit-Gesellschaft wurde schon häufiger prophezeit: Bereits 1845 von Karl Marx und 1884 vom Sozialisten William Morris. Ein halbes Jahrzehnt später vom Ökonomen John Maynard Keynes. 1980, als Roboter begannen, Fabrikarbeiter*innen zu ersetzen, erklärte der französische Wirtschaftstheoretiker André Gorz: »Die Abschaffung der Arbeit ist ein Prozess, der bereits im Gange ist. Die Art und Weise, wie [sie] verwaltet werden soll, stellt die zentrale politische Frage der kommenden Jahrzehnte dar.«[37] Und vor einigen Jahren schrieb der Historiker Robert Skidelsky: »Früher oder später werden uns die Arbeitsplätze ausgehen.«[38] Laut Einschätzungen von Ökonom*innen würden wir nicht direkt in die totale Arbeitslosigkeit eintreten, vielmehr könnte die Technologie einen langsamen, aber kontinuierlichen Abwärtsdruck auf den Wert und die Verfügbarkeit von Arbeit ausüben, so dass die Gesamtzahl der Arbeitsplätze stetig und dauerhaft abnehmen wird. Software-Ingenieur*innen arbeiten in diesem Moment daran, Arbeiter*innen abzuschaffen. Schließlich könnte dies allmählich eine neue Normalität schaffen, in der Arbeit nicht mehr das zentrale Merkmal des Erwachsenenlebens darstellt.[39] Die Relevanz und Realisierbarkeit des Grundeinkommens wurde seit dem Beginn der Corona-Pandemie plötzlich ernst diskutiert, weil die Anzeichen einer solchen gesellschaftlichen Veränderung, gekoppelt an Besorgnisse über die Sicherung des Lebensnotwendigen in Krisenzeiten, dazu geführt haben, es als pragmatische Lösung zu betrachten.

Das Ende der Arbeit könnte – und das ist der Hauptgrund, warum ich mich für ein Post-Arbeit-Szenario interessiere – eine Erosion der sozialen Hierarchien mit sich bringen, die den Arbeitsmarkt und die Wirtschaft bisher strukturiert haben. Das Ende der Arbeit würde nicht automatisch das Ende der Unterdrückung und der sozialen Ungleichheiten bedeuten. Das Ende der Arbeit ohne das Ende des Kapitalismus – und somit des Patriarchats und des Rassismus – würde die sozialen Ungleichheiten, die durch Lohnarbeit verursacht wurden, reproduzieren. Ein Ende der Lohnarbeit ohne veränderte Besitzverhältnisse und Machtstrukturen, bei dem nicht mehr die Arbeitskraft der Arbeiter*innen, sondern Maschinen Kapital akkumulieren würden, würde Ungleichheiten aufrechterhalten und verstärken. Die Transformation der globalen Wirtschaft in einem fairen, inklusiven, lebenzentrierten System kann nicht ohne die Sexarbeiter*innen, die Putzfrauen, die Hausfrauen, die behinderten Frauen, die Trans-Frauen, die armen Frauen, und die Migrant*innen stattfinden. Sexarbeit wurde in diesem Kapitel viel Platz eingeräumt, weil die Befreiung der Sexarbeiterinnen mit der Befreiung von allen Arbeiter*innen verbunden ist – von den peruanischen Landwirt*innen bis hin zu den kongolesischen Kindern, die in Kobaltminen täglich ihr Leben riskieren.

8. IM KRANKENHAUS

Das Gesundheitssystem ist der Ort, an dem der Wert der Menschen am grausamsten aufgezeigt wird. Diskriminierung im Gesundheitssektor hat tiefgreifende und materielle Auswirkungen auf den Menschen, bis hin zum Tod. Das Krankenhaus ist ein Ort, an dem wir auf unseren Körper reduziert sind. Unseren Körper, der nicht neutral ist, sondern dem ein Wert zugewiesen wird. Während einige Körper als wertvoll behandelt werden, die gerettet und mit Respekt behandelt werden sollen, werden andere als wertlos betrachtet.

Die Norm »Gesund«

Wissenschaftliche Theorien, die um den Körper der Frauen herum entwickelt wurden, haben deren Ausschluss aus Sphären der Macht gerechtfertigt. Zum Beispiel sagte die Theorie der »Energieerhaltung«, die von Ärzten im 19. Jahrhundert aufgestellt wurde, dass die Organe des menschlichen Körpers um die begrenzte Menge der in ihnen zirkulierenden Energie kämpfen mussten. Frauen, deren oberster Lebenszweck es war, Kinder zu gebären und aufzuziehen, mussten ihre Energie im Inneren, rund um den Mutterleib, behalten. Sie hatten jede intellektuelle Aktivität zu vermeiden, da ihre Gehirne Energie aus dem Mutterleib stehlen könnten.[1] Solche Theorien, die damals als objektiv und neutral galten, haben zu falschen Vorstellungen über den menschlichen Körper geführt; vor allem postulierten sie eine Beschränkung der Frauen auf den häuslichen Bereich aus rein medizinischen Gründen. In vergleichbarer Weise wurden Schwarze Menschen aus pseudowissenschaftlichen Gründen in Knechtschaft und Leibeigenschaft gehalten, weil ihnen eine niedrigere Form der Intelligenz zugeschrieben wurde.

Die medizinisch-gesellschaftliche Norm Gesund/Ungesund basiert nicht nur auf objektiven wissenschaftlichen Merkmalen und Kriterien, sondern auch auf einem Standard: dem der konstruierten überlegenen weißen, nicht-behinderten, binären, heterosexuellen und cis-geschlechtlichen Menschen. Die Norm »Gesund« erhält die soziale Hierarchie aufrecht, indem sie bestimmte Menschen von der Definition »normaler« Menschen ausschließt, was staatliche Kontrolle und Eingriffe in die intimste Sphäre der Menschen rechtfertigt, die als anormal gelten. Menschen, die von gesellschaftlichen und gesundheitlichen Normen abweichen, werden pathologisiert, um die starre soziale Ordnung aufrechtzuerhalten, in der bestimmte menschliche Verhaltensweisen als natürlich und angeboren konstruiert wurden, wie etwa Heterosexualität, Heirat und Kinderkriegen. Die Norm »Gesund« ist deshalb keine objektive, rein wissenschaftliche Norm, sondern ein historisches, soziales und politisches Konstrukt.

Die Norm »Gesund« wandelt sich und passt sich an die soziale Ordnung an. Die Konstruktion von Abnormalität führt zur Entmenschlichung von Menschen jenseits der Norm. Im Nationalsozialismus wurde die Norm »Gesund« durch die Nazi-Ideologie instrumentalisiert, angepasst und definiert – sie war ein zentrales Merkmal ihrer Propaganda. Rom*nja und Sinti*zze, Juden*Jüdinnen, Homosexuelle, Trans, und nichtbinäre Menschen wurden als »ungesund« betrachtet – im medizinischen Sinne. 1933 wurde das »Gesetz zur Verhütung erbkranken Nachwuchses« erlassen, als Grundlage für die Verfolgung, Ausgrenzung und spätere Ermordung von Menschen mit psychischen Krankheiten, um die »Reinhaltung des gesunden Volkskörpers« zu gewährleisten. Rasseforscher stützten sich später auf dieses Gesetz als Grundlage für die Sterilisationen von Rom*nja und Sinti*zze, die als »Asoziale« galten. Zwei Jahre später, 1935, entstand das »Gesetz zum Schutze des deutschen Blutes und der deutschen Ehre« zum Verbot der »Rassenmischung« zwischen Juden*Jüdinnen und arischen Deutschen.

Behinderte Menschen wurden im Dritten Reich, wie heute auch noch, als »ungesund« betrachtet. Behinderung scheint für viele eine objektive, rein deskriptive Norm zu sein, wobei die Person *objektiv* und *de facto* behindert ist, weil sie schlechter hören oder sehen kann, nicht laufen kann, oder nicht in der Lage ist, lesen, schreiben und zählen zu lernen. Die Behindertenrechte-Aktivistin Judith Heumann muss wie viele andere behinderte Menschen immer wieder daran erinnern, dass behinderte Menschen, nur, weil sie eine Behinderung aufweisen, nicht ungesund sind.[2] Wir haben die übermächtige Norm des »gesunden«, nicht-behinderten Körpers so tief verinnerlicht, dass es uns schwerfällt, sie infrage zu stellen. Ein »gesunder« und »fähiger« Körper ist ein produktiver Körper, der zur Akkumulation von Kapital physisch und geistig beitragen kann, und zur Reproduktion der Nation durch die Erzeugung von »gesunden« biologischen Kindern in heterosexuellen Familien beitragen kann. Viele behinderte Menschen erleben tatsächliche physische und psychische Einschränkungen, leiden an chronischen Schmerzen und haben besondere Bedürfnisse. Aber wichtig ist zu beachten, dass die Bezeichnung »Behinderung« mehr als nur eine physische oder psychische Konditionen beinhaltet. Die systemische Diskriminierung, der behinderte Menschen ausgesetzt sind, kann nur verstanden werden, wenn die Kategorie hinterfragt wird. Viele behinderte Menschen leiden mehr unter der mangelnden Zugänglichkeit vieler Orte sowie an der Art und Weise, wie die Gesellschaft sie darstellt und betrachtet, als unter der eigentlichen Kondition.

Eugenik, eine Bevölkerungs- und Gesundheitspolitik, die den Gen-Pool der Bevölkerung beeinflusst und kontrolliert mit dem Ziel, den Anteil positiv bewerteter Erbanlagen zu vergrößern und den negativ bewerteter Erbanlagen zu verringern, war im Kolonialismus und im Dritten Reich ein wichtiges Instrument.[3] Man mag es reflexhaft von sich weisen, doch auch heutzutage wird sie weiterhin bewusst und unbewusst gegen Menschen, die der konstruierten Norm »Gesund« nicht entsprechen, angewendet: Zum Beispiel werden Babys mit Downsyndrom systematisch abgetrieben. Etwa 92 Prozent der Schwangerschaften in Europa mit der Diagnose Downsyndrom werden abgebrochen. Infolgedessen gibt es in Island und Dänemark fast keine Menschen mit Downsyndrom mehr.[4] Es geht in solchen Fällen nicht nur um das Recht auf Abtreibung nach dem Pro-Choice-Prinzip, sondern um die systematische, institutionalisierte Diskriminierung von Menschen mit Downsyndrom. Um jegliche Missverständnisse auszuräumen: Das Problem ist nicht die Möglichkeit, Schwangerschaften überhaupt abzubrechen, sondern der geringe Wert, der einem Leben mit Behinderung beigemessen wird. Eltern von behinderten Kindern werden oft dafür angefeindet, ihre Babys überhaupt bekommen zu haben – und ein solcher Rechtfertigungsdruck wächst mit den technischen Möglichkeiten zu Früherkennungsuntersuchungen in der Schwangerschaft, die zunehmend als Routineuntersuchungen behandelt werden. Verstößt es nicht gegen die Konvention über die Rechte von behinderten Menschen, die den vollen und gleichberechtigten Genuss aller Menschenrechte, einschließlich des Rechts auf Leben schützt und gewährleistet? Eine solche Diskriminierung basiert auf der Anwendung der vermeintlich objektiven Norm »Gesund«.

Menschen, die außerhalb der binären, heterosexuellen Geschlechterordnung leben, sind ähnlichen systemischen Ausschlüssen ausgesetzt. Die Medizin erkennt heute mehr als nur zwei Geschlechter anhand von Hormonen, Chromosomen, Genitalien und Anatomie. Dass die Menschheit bisher ausschließlich anhand von Genitalien in der rigiden Dichotomie Mann/Frau eingeordnet wurde, ist genauso willkürlich wie die Entstehung der menschlichen Rassen. Viele Menschen werden gezwungen, sich einem der beiden Geschlechter anzupassen, weil die gesellschaftlichen Normen keine Variation dulden. So wurden tausende von Kindern und Erwachsenen in ihrer körperlichen Unversehrtheit verletzt, weil sie nicht klar und eindeutig einem der beiden Geschlechter zugeordnet werden konnten. Intersexuelle Menschen werden immer noch systematisch bei der Geburt »operiert«, ohne dass es aus gesundheitlicher Sicht erforderlich gewesen wäre. Es gibt in der Hinsicht wesentliche Fortschritte, wie das im Dezember 2018 in Kraft getretene deutsche Gesetz, mit dem sich intergeschlechtliche Menschen als divers eintragen lassen können, aber das Gesetz ändert nichts daran, dass einige Ärzt*innen Eltern nach der Geburt weiterhin zu einer sofortigen Operation raten, damit das Kind (angeblich) entweder ein Mädchen oder Junge wird. Und auch das ärztliche Gutachten, das für eine Eintragung als »divers« nötig ist, orientiert sich immer noch an biologistischen Ideen von Geschlecht. Die binäre Geschlechtsordnung ist ein eurozentristisches Konzept, das sich aber auf der ganzen Welt durch den Kolonialismus verbreitet hat. In vielen Teilen der Welt werden mehr als nur zwei Geschlechter als normal erachtet, in Indien und Pakistan werden Trans-Frauen *(Hijras* und *Khusras)* offiziell als drittes Geschlecht anerkannt. Die indigenen Völker Nordamerikas erkennen jenseits von weiblich und männlich auch *Two-Spirit (Berdache)* Menschen. Ein drittes Geschlecht wird ebenfalls in Südmexiko *(Muxe),* Thailand *(Ka-*

thoey), Albanien *(Burrnesha)*, den polynesischen Inseln Samoa *(Fa'afafine)* und Tonga *(Fakaleiti)*, den Philippinen *(Bakla)*, Hawaii und Französisch-Polynesien *(Māhū)* nicht nur erkannt, sondern gesellschaftlich akzeptiert. Im bolivianischen Ort Amarete und auf der indonesischen Insel Sulawesi bei der Volksgruppe der Bugis werden sogar zehn bzw. fünf soziale Geschlechter anerkannt. Die Weltgesundheitsorganisation (WHO) hingegen klassifizierte Transgeschlechtlichkeit bis 2019 und Homosexualität bis 1990 als psychische Krankheiten. Die institutionalisierte Pathologisierung von LGBTQI+-Menschen erlaubte ihre systemische Diskriminierung innerhalb ihrer Familien, in der Schule, in ihren religiösen Gemeinden, bei der Arbeit, auf der Straße, durch die Polizei, im Gerichtssaal und in den Medien. Doch gibt es ein Paradox: Obwohl LGBTQI+-Menschen als psychisch krank konstruiert wurden, wurden und werden sie in psychotherapeutischen Behandlungen oft nicht angemessen behandelt, weil die strukturellen Faktoren ihrer Probleme – wie Diskriminierung, Mikroaggression und gesellschaftliche Ausschlüsse – ausgeblendet bis negiert werden.

Körperliche Verstümmelung wurde historisch vorrangig bei Frauen und nichtbinären Menschen durchgeführt, wie zum Beispiel die Lobotomie, die überwiegend bei Frauen durchgeführt wurde, die mit »Hysterie« diagnostiziert wurden.[5] Ende des 19. Jahrhunderts wurden Hunderten von Frauen die Eierstöcke entfernt, um ihren als exzessiv empfundenen sexuelle Lust zu bändigen.[6] Weibliche Genitalverstümmelung – die Entfernung der Klitoris – ist vor allem als kulturelle Praxis auf dem afrikanischen Kontinent bekannt, obwohl sie in Europa und in den USA als medizinische Maßnahme zur vermeintlichen Heilung eines breiten Spektrums von Konditionen, einschließlich »Hysterie« und Geisteskrankheiten, einmal weit verbreitet war.[7] Sie wurde auch gegen »unweibliches« Verhalten verschrieben, das als Bedrohung der Ehe betrachtet wurde, wie etwa »Abneigung gegen den ehelichen Verkehr« und »eine große Abneigung gegen den Ehemann«. Es kann davon ausgegangen werden, dass viele lesbische und queere Frauen sowie asexuelle und Trans-Menschen damals eine Klitoridektomie erleiden mussten. Der englische Arzt Isaac Baker Brown fügte 1861 der Liste von Konditionen, die durch die Entfernung der Klitoris geheilt werden sollten, die »Hypertrophie und Irritation der Klitoris« hinzu – im Grunde die Masturbation –, weil er dachte, dass das weibliche Nervensystem dadurch beeinträchtigt würde. Der letzte bekannte Fall von Klitoridektomie im westlichen Kulturkreis wurde 1948 in den USA bei einem fünfjährigen Mädchen durchgeführt, um sie von der Masturbation zu »heilen« – und somit weibliche Lust im Keim zu ersticken.[8]

Menschen als »ungesund« zu konstruieren, erlaubt es, sie nicht ernst zu nehmen und ihre Wahrnehmung zu diskreditieren – sie zum Schweigen zu bringen. Hysterie, die von dem griechischen Wort »Uterus«, *Hystera,* abstammt, bezeichnete in der Psychiatrie eine neurotische Störung, die mit unkontrollierbaren emotionalen Exzessen und einem hohen Bedürfnis nach Geltung und Anerkennung einhergeht.[9] Sie ist eine Erfindung des Patriarchats, um Frauen zu kontrollieren. Zudem griff hier das oben erklärte Konzept des »Gaslighting«, das Menschen einredet, sie bildeten sich Dinge bloß ein. Schon lange vor der christlichen Zeitrechnung galt die Hysterie bei Frauen als eine diagnostizierbare körperliche Erkrankung und verlagerte sich im 16. Jahrhundert zu einer psychischen Erkrankung.[10] Viele einflussreiche Psychiater wie Sigmund Freud und Jean-Martin Charcot forschen im 19. Jahrhundert intensiv an Hysterie-Patientinnen.[11] Das Bild der minderwertigen und hysterischen Frau lässt sich auf den altgriechischen Glauben zurückführen, dass die Gebärmutter der »Ursprung aller Krankheiten« sei. Man glaubte, dass das »Ersticken der Gebärmutter« *(pnix hysterike)* bei Frauen ein sprunghaftes und unzuverlässiges Verhalten hervorruft. Ein Behandlungsvorschlag lautete unter anderem, die ganze Zeit schwanger zu sein und die Gebärmutter – und die Vorstellung von Weiblichkeit als Mutterschaft – sicher zu halten.[12] Hysterie wurde bis weit ins 20. Jahrhundert hinein bei Frauen diagnostiziert, die ein breites Spektrum von Symptomen aufzeigten, darunter Angstzustände, Nervosität, sexuelles Verlangen, Reizbarkeit, sexuelle Lust und eine »Tendenz, anderen Schwierigkeiten zu bereiten«.[13] Frauen, die den traditionellen Vorstellungen von Weiblichkeit nicht entsprachen, wurden weiterhin als psychisch krank dargestellt und behandelt: wie etwa Frauen, die nicht heiraten und keine Kinder haben wollten, und Frauen, die keine monogame und heterosexuelle Sexualität hatten. Die Stigmatisierung, die mit Hysterie verbunden ist, wirkt heute noch nach. In ihrem Buch *Speak Out! Die Kraft Weiblicher Wut* schreibt Soraya Chemaly: »Vielen Mädchen wird beigebracht, dass Wütend-Sein für andere eine Zumutung ist. Unsere Gesellschaften sind unendlich kreativ darin, weibliche Wut zu pathologisieren.«[14]

Die Abweichung von der Norm »Gesund« schließt nicht nur aus, sie kann zu Fehlbehandlung und Komplikationen führen. Eine Freundin von mir, Esma, litt unter starken Rückenschmerzen. Sie konnte nachts nicht schlafen, hatte Schwierigkeiten, zu laufen, und ihre allgemeine Lebensqualität wurde dadurch drastisch beeinträchtigt. Sie ging zu ihrer Hausärztin in der Hoffnung, dass sie ihr helfen könnte. Die Diagnose war eindeutig: Es liege an ihrem Übergewicht, und sie müsse mindestens 15 Kilogramm abnehmen. Als Esma meinte, dass sie immer dieses Körpergewicht, aber noch nie solche Rückenschmerzen hatte, erwiderte die Ärztin: »Sie können mir nicht sagen, dass Sie sich wohlfühlen, so, wie Sie sind.« Esma wurde nicht untersucht, es gab keine Blutabnahme oder sonstige Tests. Sie wurde lediglich von Kopf bis Fuß kritisch betrachtet – mit leichtem Ekel. Nach drei Monaten Diäten, die zusätzlich zu den sich verschlechternden Rückenschmerzen tiefe Unzufriedenheit und Selbsthass mit sich brachten, entschied sich Esma, zu einem anderen Arzt zu gehen. Dieses Mal wurde sie angemessen untersucht, und der Befund hatte nichts mit ihrem Gewicht zu tun: Es war Knochenkrebs.

»Gesunde« Körper sind ideal, sie sind normal. Der Körper *sollte* gesund sein. Er sollte krankheitsfrei, leistungsfähig und fit sein. Psychisch kranke, dicke und behinderte Menschen, auch Krebskranke und -überlebende und AIDS-HIV-Kranke werden durch ihre »Krankheit« definiert – sie verkörpern die Krankheit. Die HIV-AIDS-Pandemie wurde nicht zufällig von Regierungen viel zu lange ignoriert – und von manchen sogar als Strafe für einen unmoralischen Lifestyle betrachtet. Sie betraf vorrangig Homosexuelle, Sexarbeiter*innen, Strafgefangene und Menschen, die in unseren Gesellschaften entmenschlicht werden. Menschen mit chronischen Krankheiten, mit Behinderungen und anderen gesundheitlichen Einschränkungen und sogar dicke Menschen werden zudem systematisch von Banken und Versicherungsunternehmen diskriminiert, ihnen wird der Zugang zu Darlehen, Krediten und Versicherungspolicen verweigert. Die Herabwürdigung von kranken und behinderten Menschen wurde auch am Anfang der Covid-19-Pandemie sichtbar. Als klar wurde, dass zur Risikogruppe vorrangig alte, behinderte und kranke Menschen gehörten, war in immer mehr Kommentaren die Erleichterung zu spüren, dass »wichtige« Menschen immerhin einigermaßen geschützt seien. Wir merken nicht mal, dass wir täglich herabwürdigende Sprache benutzen, die die systematische Diskriminierung von kranken Menschen perpetuiert.

Dicke Menschen – insbesondere Frauen – werden als gescheitert, ungesund und unverantwortlich dargestellt. Die Begriffe »Fettleibigkeit« und »Übergewicht« sowie die Vorstellungen, wessen Körper »fett«, »ungesund« oder gefährdet sind, chronische

Krankheiten zu entwickeln, leiten sich aus dem Body-Mass-Index (BMI) ab. Körper werden anhand dieser Berechnung als normal/abnormal, gesund/ungesund, schön/hässlich und diszipliniert/undiszipliniert klassifiziert. Mehrere Studien haben gezeigt, dass der BMI ein grob vereinfachendes, ungenaues Maß ist. Der BMI ist eine Gesundheitsnorm, die ständig benutzt wird, um Menschen, die außerhalb dieser Norm liegen, auszuschließen und zu unterdrücken. Durch die Verwendung des BMI werden Menschen dazu gebracht, an ihrer eigenen Wahrnehmung zu zweifeln – auch »medizinisches Gaslighting« genannt. Dieses wird von dicken Menschen ständig erlebt, weil sie ungenaue Vorstellungen entwickeln, was gesund ist und was nicht, welche Verhaltensweisen oder Körper krank sind oder Gefahr laufen, krank zu werden. Weil sie den wissenschaftlichen »Fakten«, Ansichten und Ratschlägen vertrauen. Auch Esma traute ihrer eigenen Wahrnehmung nicht mehr. Zum Glück konnte sie von ihrem Krebs geheilt werden, trotz der Fehlbehandlung und Diskriminierung, der sie ausgesetzt war. Nicht nur die Ärztin ist schuld daran, sondern die gesellschaftlichen und gesundheitlichen Normen und Institutionen, die dicke Körper als minderwertig und verantwortungslos konstruieren. Leider ist Esma kein Einzelfall. In einer Studie, in der mehr als 2400 erwachsene Frauen über ihre Erfahrungen befragt wurden, berichteten 69 Prozent der Befragten, dass sie aufgrund ihres Gewichts durch Ärzt*innen diskriminiert wurden.[15]

Die neoliberale Logik hat das Feld der Gesundheit nicht ausgespart. Sie führt zur Individualisierung von strukturellen Problemen. Gesundheit wird als Feld von Eigenverantwortung behandelt: Wer ungesund ist, trifft nicht die richtigen Entscheidungen, hat einen schlechten Lebensstil – und ist selber schuld. Die soziale Klasse spielt in dieser Hinsicht eine wichtige Rolle, denn die kapitalistische Gesellschaft tendiert grundsätzlich dazu, arme Menschen für die Schwierigkeiten, denen sie ausgesetzt sind, verantwortlich zu machen. Wenn sie dick sind, werden sie diszipliniert und belehrt, sich richtig zu ernähren, vernünftige Entscheidungen zu treffen und Selbstkontrolle zu üben. Die strukturellen Ursachen der Armut und des Übergewichts werden ausgeblendet. Gesunde Ernährung ist kostspielig, und unsere kapitalistische Konsumgesellschaft und die mächtigen Lobbys der Lebensmittelindustrie nutzen die geringe Kaufkraft armer Menschen, um Lebensmittel geringer Qualität zu vermarkten. Solange das billigste Lebensmittel das gesundheitsschädlichste ist, wird eine Erzählung, die dicke und arme Menschen beschämt, weil sie nicht die richtigen Entscheidungen treffen, ein solches System legitimieren.

Wie Unterdrückung krank macht

>»Sie können sich beruhigen, hier werden Sie nicht erschossen.« *Psychotherapeut*

Eine Freundin von mir, Erzulie, lebt seit einigen Jahren in Berlin. Ihre Familie stammt aus Haiti, und sie ist in den USA geboren und aufgewachsen. Irgendwann entschloss sie sich, psychotherapeutische Hilfe in Anspruch zu nehmen, um den Tod ihres Bruders zu verarbeiten, der im vergangenen Jahr auf der Straße erschossen wurde – aber auch ihre allgemeinen Erfahrungen mit Rassismus und Diskriminierung. Im Vorgespräch meinte der Psychotherapeut, dass es sich dabei um ein politisches Problem handele, das keine psychotherapeutische Behandlung verlange. Zum Tod ihres Bruders sagte er einfach: »Sie können sich beruhigen, hier werden Sie nicht erschossen.« Nicht nur hat er dadurch den Tod ihres Bruders bagatellisiert, sondern er verleugnete die Tatsache, dass es in Deutschland rassistische Gewalt gibt. Statt auf ihre Perspektive einzugehen und ihren Gefühlen Platz zu geben, breitete er einen langen Monolog über die vorbildhafte Verarbeitung der deutschen Geschichte aus. Ihr ging es noch schlechter, als sie seine Praxis verließ.

Die psychischen und physischen Auswirkungen von Unterdrückung auf Menschen, die Rassismus, Sexismus, Homo-, Transund Behindertendiskriminierung täglich erleben, sei es in direkter oder indirekter Weise, dürfen nicht negiert werden. Diese Erfahrungen können die Art und Weise prägen, wie sich das Gehirn entwickelt und der Geist entsteht. Ein Trauma kann die regulatorischen Funktionen des Gehirns beeinflussen. Zahlreiche Studien haben gezeigt, dass Schwarze Menschen und People of Color im Vergleich zu Weißen höhere Raten von posttraumatischen Belastungsstörungen (PTBS) aufweisen. *Racial Trauma* ist real und kann die Folge größerer Rassismuserfahrungen sein, oder das Ergebnis einer Häufung vieler kleiner Vorkommnisse. Laut Mary Bassett, Direktorin des FXB-Zentrums für Gesundheit und Menschenrechte in Harvard, kann Hautfarbe auch das körperliche Wohlbefinden allmählich untergraben. Immer mehr Studien haben Zusammenhänge zwischen dem chronischen Stress durch Diskriminierung und gesundheitlichen Störungen gefunden. So entwickeln Menschen, die jahrelang Mikroaggressionen ertragen, beispielsweise schneller Herzkrankheiten. Eine Studie mit Schwarzen Frauen fand heraus, dass Stress durch häufige rassistische Begegnungen mit chronischen Entzündungen niedrigen Grades assoziiert war. Andere Untersuchungen legen nahe, dass schwangere Frauen, die über ein hohes Maß an Diskriminierung berichten, dazu neigen, Babys mit einem niedrigeren Geburtsgewicht zur Welt zu bringen. Einige Forscher haben den ständigen Stress, an den Rand gedrängt zu werden, auch mit einem Phänomen namens »Weathering« in Verbindung gebracht, das das Altern auf genetischer Ebene beschleunigt.[16] Kein Wunder also, dass Martin Luther Kings Autopsie ergab, dass sich sein Herz in dem Zustand eines 60-jährigen Mannes befand und nicht eines 39-Jährigen (sein Alter, als er starb).

Es gibt in Deutschland und Frankreich nicht genügend statistische Daten über Ethnizität und Rasse, um die gleichen Studien wie in den USA durchzuführen, aber die nachstehenden Ergebnisse können insofern auf Länder wie Deutschland oder Frankreich übertragen werden, als auch hier systemischer Rassismus und Diskriminierung vorherrschen. 2008 wurde eine Studie durchgeführt,[17] bei der anhand statistischer Analysen Korrelationen zwischen rassebedingten Widrigkeiten und körperlichen Erkrankungen festgestellt wurden. Die Studie kam zu dem Schluss, dass Afroamerikaner*innen aufgrund des anhaltenden rassismusbedingten Stresses im direkten Vergleich zu ihren weißen Kolleg*innen mit größerer Wahrscheinlichkeit in Armut leben, an Krankheiten wie Diabetes, Brust- und Prostatakrebs leiden, siebenmal häufiger an HIV/AIDS erkranken und achtmal häufiger ermordet werden.

Psychotherapeut*innen in Deutschland sind nicht in der Lage, Menschen mit Rassismus-bezogenen Traumata eine angemessene Behandlung zukommen zu lassen, weil sie sich der Auswirkungen von Diskriminierung meist nicht bewusst sind, Rassismuserfahrungen nicht als traumatisch erkennen und sich überhaupt nicht nach solchen Erfahrungen erkundigen. Zudem ist die Mehrheit der weißen Psychotherapeut*innen nicht geübt darin, über Rassismus zu sprechen. Das Thema ist vielen unangenehm und wird lieber vermieden. Weiße Menschen haben gelernt, zu demonstrieren, dass sie nichts mit Rassismus zu tun haben – indem sie so tun, als gäbe es keine unterschiedlichen Hautfarben. Dieser Ansatz lässt Fachleute jedoch schlecht gerüstet, um mit ihren nichtweißen Patient*innen Gespräche über Rassismus zu führen, geschweige denn über traumatische Erfahrungen mit Rassismus. Schwarze Menschen und People of Color, die, wie Erzulie, versuchen, mit weißen Therapeut*innen über ihre Rassismuserfahrungen offen zu sprechen, müssen oft mit weißer Fragilität umgehen – den Reaktionen von weißen Menschen auf den Vorwurf, sie seien Teil eines rassistischen Systems, insbesondere von den Weißen, die ihren Umgang mit People of Color als sensibel bezeichnen würden – und Widerstand, Skepsis und Verleugnung seitens der*des Therapeut*in riskieren. Es gibt natürlich Ausnahmen, aber es fehlt allgemein an einem bewussten Umgang mit Rassismus in der psychotherapeutischen Praxis. Häufig werden der*dem Patient*in eine Form von Paranoia unterstellt oder andere psychische Störungen diagnostiziert, die die strukturelle und gesellschaftliche Auswirkung von Rassismus verleugnen. Das Ego der dominanten Gruppe der Weißen fühlt sich von der Feststellung, es gebe Rassismus in ihrem Land, verletzt. Daraus entsteht dann häufig die Verleugnung der Realität, Gaslighting und eine Pathologisierung der anderen Person:[18] »Das haben Sie bestimmt falsch interpretiert«, »es war sicherlich nicht so gemeint«, »es hätte mir auch passieren können«, »nicht alle weiße Menschen …« sind Sätze, die sich Schwarze Menschen und People of Color ständig anhören müssen, wenn sie versuchen, über ihre Rassismuserfahrungen zu sprechen.

Unterdrückung führt zu Trauma, Depression und geistigen Gesundheitsproblemen, nicht nur bei Menschen, die von Rassismus betroffen sind, sondern auch bei denjenigen, die andere Formen von Unterdrückung erfahren. Nicht nur tagtägliche Mikroaggressionen, diese kleinen übergriffigen Äußerungen in der alltäglichen Kommunikation, sondern auch konstruierte Unterlegenheit, die seit der Kindheit verinnerlicht wurde. Sexuelle und geschlechtliche Minderheiten der LGBTQI+-Gemeinschaft haben bereits in jungen Jahren ein vier- bis sechsmal höheres Risiko als die Durchschnittsbevölkerung, einen Suizidversuch zu unternehmen. Am höchsten ist das Suizidrisiko bei Transpersonen, gefolgt von Bisexuellen, Lesben und Schwulen. Neben Suizidalität haben LGBTQI+-Menschen ein wesentlich höheres Risiko für psychische und emotionale Probleme, darunter schwere Depressionen und Angststörungen.[19]

Die Wissens- und Empathielücke, die unter weißen, heterosexuellen und nicht-behinderten Therapeut*innen zu beobachten ist, spiegelt sich in den Inhalten der Ausbildung, die nicht auf identitätsbezogene Unterschiede abhebt. Das fehlende Verständnis für unterdrückungsbezogenes Trauma, von der psychischen Belastung, die von Mikroaggressionen und dem Leben als Minderheit in einer von Rassismus geprägten heteronormativen Gesellschaft verursacht wird, verstärkt die Unterdrückung. Für viele Menschen, die der unsichtbaren universellen Norm nicht angehören, geht deshalb eine Psychotherapie mit Risiken einher. Vielen geht es nach dem Gang zum*r Therapeut*in schlechter als vorher, wie es für Erzulie der Fall war.

Am Anfang der Corona-Pandemie sagten viele: »Das Virus kennt keine Hautfarbe, keine Klasse, kein Geschlecht. Wir sind alle im gleichen Boot.« Nach einigen Wochen wurde klar, dass das nicht der Fall war. Nichts in unserer Gesellschaft kann den machtvollen sozialen Hierarchien und Unterdrückungssystemen, die sie produziert, entkommen – nicht mal ein winziges Virus wie Covid-19. Das Virus selbst mag zwar nicht unter Menschen differenzieren, aber unsere gesellschaftlichen Strukturen, inklusive unseres Gesundheitssystems und der gesamten Wirtschaft, verschärfen die Infektionsanfälligkeit und Sterblichkeit bestimmter gesellschaftlicher Gruppen. In den USA starben Schwarze Menschen bis zu dreimal so häufig an Covid-19 wie Weiße – in Kansas bis zu siebenmal.[20] In Großbritannien wurde in den ersten Monaten der Pandemie, bis Ende Juni 2020, das gleiche Phänomen beobachtet, mit 34 Prozent von mehr als 4800 kritisch kranken Patienten mit Covid-19, die als Schwarze, Asiaten oder Angehörige ethnischer Minderheiten identifiziert wurden.[21] In den meisten europäischen Ländern, inklusive Frankreich und Deutschland, sind solche Statistiken nicht vorhanden, weil sogenannte Gleichstellungsdaten nicht erhoben werden, aber es ist zu befürchten, dass eine ähnliche Tendenz beobachtet werden kann. Die höhere Sterblichkeit hat auch mit der gesundheitlichen Kondition von Menschen zu tun, aber noch mehr mit strukturellen und wirtschaftlichen Faktoren wie dem Zugang zu gesundheitlicher Versorgung und berufsbedingter Gefährdung. Krankenschwester, Pflegepersonal, Supermarktpersonal, Kassierer*innen und Menschen, die im öffentlichen Nahverkehr arbeiten, sind überwiegend Frauen, Schwarze Menschen, People of Color und Migrant*innen.

Unsere Gesundheit ist von unserer genetischen Veranlagung und unserem Lebensstil geprägt, aber auch von unserer persönlichen Geschichte und von dem Umfeld, in dem wir leben. Erkrankungen wie Herz-Kreislauf-Störungen, Lungenkrebs oder Diabetes Typ 2 treten unter armen und in prekären Verhältnissen arbeitenden Menschen häufiger auf.[22] Menschen mit geringem Einkommen und niedriger Bildung sind oft höheren Umweltbelastungen ausgesetzt als sozial besser gestellte Menschen. Gesundheitliche Belastungen als Folge von Umweltproblemen sind in Deutschland und weltweit ungleich verteilt. Sozial- und umweltepidemiologische Studien der vergangenen Jahre weisen darauf hin, dass der soziale Status in Deutschland mit darüber entscheidet, ob und in welchem Umfang Kinder, Jugendliche und Erwachsene durch Umweltschadstoffe belastet sind. Sozioökonomische Faktoren wie Bildung und Einkommen, aber auch andere Faktoren wie Migrationshintergrund und das soziale Umfeld beeinflussen die Wohnbedingungen, Lebensstile, die verfügbaren Ressourcen sowie die damit verbundenen Gesundheitsrisiken. In den meisten Studien zeigt sich bei Menschen mit niedrigem Sozialstatus eine Tendenz zur stärkeren Belastung durch negative Umwelteinflüsse. Sie sind vor allem häufiger von verkehrsbedingten Gesundheitsbelastungen wie Lärm und Luftschadstoffen betroffen und haben weniger Zugang zu städtischen Grünflächen, d. h. sie verfügen über geringere Bewegungs- und Erholungsmöglichkeiten.[23] Historisch gesehen können solche Ungleichheiten mit Bezug auf Umweltungerechtigkeit beobachtet werden. Arme Stadtviertel befinden sich in den meisten europäischen Städten östlich der Innenstadt. Denn in den mittleren Breiten, wo sich die meisten Städte der Welt befinden, wehen die vorherrschenden Winde nach Osten und nehmen den Rauch und die Gerüche mit, die von den Fabriken und dem Verkehr erzeugt werden.[24]

Ein reicher weißer Mann, der sich gesundes Essen leisten kann, in einem Stadtteil lebt, wo die Luftqualität höher ist, einen Beruf hat, der wenig oder gar keine körperliche Anstrengung verlangt, und der keinen täglichen Mikroaggressionen und sonstigen Ausschlüssen und abwertenden Behandlungen ausgesetzt ist, wird nicht immun gegen Krankheiten und gesundheitliche Probleme sein, doch er ist bestimmten Risiken, die mit Unterdrückung verbunden sind, nicht ausgesetzt. Es mag sein, dass er zu viel Wein trinkt, zu fettige Gerichte isst, raucht, nicht genug Sport macht, seine Arbeit ein hohes Stresslevel hat und er deshalb gesundheitlich nicht im besten Zustand ist, aber die strukturellen Faktoren spielen in seinem Fall keine erschwerende Rolle.

In vielen Teilen der Welt werden weiterhin lebensgefährliche Pestizide benutzt, die in reichen Ländern verboten sind. Zum Beispiel wurde in den französischen Kolonien Martinique und Guadeloupe ein bereits 1972 als lebensbedrohlich erkanntes Pestizid bis 1993 verwendet – sogar bis 2016, so sagen manche Arbeiter*innen der Bananenindustrie. Chloredecon hat dort die Böden, Flüsse, den Grundwasserspiegel und die gesamte Nahrungskette vergiftet und Spuren im Blut von 90 Prozent der Bevölkerung hinterlassen.

Dieses gefährliche Pestizid ist für eine unverhältnismäßig hohe Zahl von Prostatakrebs, Frühpubertät und schweren endokrinen Störungen verantwortlich. Die Vergiftung kann über Jahrhunderte bestehen bleiben und lässt als einzige Alternative den ausschließlichen Verzehr von importierten Nahrungsmitteln zu, was die lokale Landwirtschaft zum Tode verurteilt. Chloredecon wurde in den französischen Antillen erst so spät verboten, weil die Lobby der Bananenindustrie – noch fest in der Hand der Békés, der Nachkommen der Sklavenhalter und der weißen Franzosen – so mächtig ist. Die Männer, Frauen und Kinder, die an den Folgen von Chloredecon gestorben sind und weiterhin jeden Tag sterben, und die anderen, die gravierenden gesundheitlichen Problemen ausgesetzt sind, sind es größtenteils aufgrund ihrer Hautfarbe. Nicht nur auf Martinique und Guadeloupe, sondern auch in vielen Ländern des globalen Südens werden Pestizide und andere Gifte verwendet, die im globalen Norden nur unter strikten Bedingungen erlaubt sind, wie etwa Glyphosat von Bayer, das in Indien und Pakistan verkauft wird.[25] 2006 lud ein in Panama registriertes Schiff giftige Abfälle bei einem ivorischen Abfallentsorgungsunternehmen ab, das sie im Hafen von Abidjan entsorgte. Der örtliche Auftragnehmer entsorgte den Abfall an zwölf Standorten in und um die Stadt herum, was zum Tod von sieben Personen, zu 20 Krankenhausaufenthalten und über 26.000 Menschen mit Vergiftungserscheinungen führte. Der afrikanische Kontinent wird von der Pharmaindustrie auch regelmäßig als Testlabor genutzt. Fälle von unethischen Experimenten, klinischen Versuchen ohne ordnungsgemäß informierte Zustimmung und erzwungenen medizinischen Verfahren wurden angezeigt und strafrechtlich verfolgt. Von Sterilisationsexperimenten, die in Deutsch-Südwestafrika Ende des 19., Anfang des 20. Jahrhunderts, v. a. während des von Deutschland begangenen Völkermords an Nama und Herero durchgeführt wurden, über Zwangsverhütung in Rhodesien (das heutige Zimbabwe), HIV/

AIDS-Tests in Simbabwe durch die USA ohne informierte Zustimmung während der 1990er Jahre, bis zu Meningitis-Tests in Nigeria in 1996 durch den US-amerikanischen Pharmakonzern Pfizer. Bei der Suche nach einem Impfstoff gegen Covid-19 ist der Kontinent gegen eine neue Welle illegaler und missbräuchlicher Experimente, die die Gesundheit seiner Bevölkerung gefährden könnten, leider nicht immun.

Der Chloredecon-Skandal auf den französischen Antillen und die illegalen Pharmatests in afrikanischen Ländern sind aufgrund der Verachtung von Schwarzen Leben möglich gewesen. »Black Lives Matter« kann überall auf der Welt skandiert werden.

Die Folgen fehlender Empathie

> »Wenn es noch mal passiert, können Sie alles mit den Fingern wieder reinschieben.« *Frauenärztin*

Während meiner zweiten Schwangerschaft musste ich im dritten Monat mitten in der Nacht dringend ins Krankenhaus, weil ich eine Gebärmuttersenkung hatte – wenigstens sagte Google das, und es sah stark danach aus. In der Notaufnahme wurde ich von einer Ärztin untersucht, aber sie konnte keine Diagnose stellen, weil im Ultraschall nichts zu sehen war. Ich fragte vorsichtig, ob es eventuell eine Gebärmuttersenkung sein könnte. Sie sagte, dass sie es bezweifle. Sicherheitshalber behielt sie mich zwei Nächte unter Beobachtung. Als ich nach diesem kurzen Krankenhausaufenthalt zu meiner Frauenärztin ging, um alles noch mal untersuchen zu lassen, nahm sie mich nicht ernst und behandelte mich verächtlich. Als ich genau erzählte, was passiert war, hörte sie mir ungeduldig zu und sagte, »Während der Schwangerschaft müssen Sie schon mit Wehwehchen rechnen.« Als ich fragte, ob es eine Behandlung dagegen gäbe, antwortete sie lediglich: »Ich kann nicht viel machen. Wenn es noch mal passiert, können Sie alles mit den Fingern wieder reinschieben.« Sie schrieb mich nicht krank und verschrieb auch keine Bettruhe. Ich sollte ganz normal weiterleben. Vier Monate nach diesem Gespräch hatte ich einen frühzeitigen Blasensprung, der durch eine Infektion verursacht wurde.

Drei Monate nach dem Tod meines Kindes erfuhr ich im Nachgespräch mit der Chefärztin der Klinik, in der es zur Welt gekommen war, dass eine Routineoperation im dritten Monat prophylaktisch hätte durchgeführt werden können, um Infektionen vorzubeugen – und dass ich im Falle einer Folgeschwangerschaft diese OP auf jeden Fall würde machen müssen. Die Chefärztin wusste nichts von meiner Vorgeschichte. Als ich alles erzählte und fragte: »Hätte die Frühgeburt meines Kindes durch die OP vermieden werden können?«, antwortete sie vorsichtig: »Das kann ich nicht mit Sicherheit sagen, aber es kann gut sein, denn solche OPs sind dafür da.« Wäre ich angemessen behandelt worden, würde mein Kind heute vielleicht leben.

Bei der Geburt meines ersten Kindes hatte ich einen Dammriss. Als die Ärztin anfing, zu nähen, waren die Schmerzen so stark, dass mein Baby, frisch aus dem Bauch, vor dem Geschrei erschrak, das aus mir kam. Ich hatte die letzten zwanzig Stunden schon so sehr gelitten, dass ich resigniert durch den Schmerz ging, bis die Ärztin ihren Kopf aus meinen gespreizten Beinen zog, um mich in leicht genervtem Ton zu fragen: »Können Sie aufhören zu schreien?« Ich fühlte mich durch ihren Kommentar gedemütigt, denn ich befand mich bereits in einer verletzlichen Situation. Als ich meinte, dass ich vor lauter Schmerzen nicht anders könne, sagte sie: »Na gut, dann lass uns nachspritzen.« Sie spritzte das lokale Betäubungsmittel, und – oh, Wunder – ich war plötzlich still und sie konnte in Ruhe weiternähen.

Meine Mutter ging zum Arzt, nachdem sie von einem Hund angefallen wurde und auf den Boden gestürzt war. Der Arzt diagnostizierte bei ihr eine gebrochene Schulter und ließ sie ohne Schmerzmittel oder irgendetwas, das die Schmerzen lindert und Kollateralschäden verhindert – zum Beispiel einen Gips –, nach Hause gehen. Er sagte ihr, dass sie sich einer Operation unterziehen müsse, und gab ihr drei Wochen später einen Termin. Er schrieb sie für die Zwischenzeit nicht krank. Da die Schmerzen so stark waren, ging sie ein paar Tage später ins Krankenhaus. Die Ärztin musste feststellen, dass der Zustand der Schulter sich verschlechtert hatte. Sie war entsetzt, dass ihr keine Schmerzmittel verschrieben worden waren, dass sie nicht krankgeschrieben war und dass sie für einen OP-Termin so lange warten musste. Es sei, wie die Ärztin sagte, »fahrlässig«. Meine Mutter sei von ihrem Arzt nicht »angemessen« behandelt worden. Vier Monate später musste meine Mutter zusätzliche Komplikationen bewältigen, die durch eine angemessene Behandlung hätten vermieden werden können. Ein Jahr später war ihre Schulter noch immer nicht geheilt.

Meine schwarze Freundin Naima musste sich nach der Fehlgeburt ihres Babys im 5. Monat in einem Berliner Krankenhaus einer Ausschabung – der Entfernung des Fötus aus der Gebärmutter – unterziehen. In den ersten Schwangerschaftswochen ist eine solche OP relativ unkritisch, aber in ihrem Fall musste sie unter Vollnarkose operiert werden. Nach der OP lag sie noch benebelt im Bett, als die Krankenschwester ohne Vorwarnung ihre Decke wegzog und ihr sagte, dass sie jetzt bitte schnell aufstehen sollte, um den Platz freizumachen. Naima litt unter sehr starken Schmerzen und fragte, ob sie den Arzt sehen könne. Der Arzt kam und sagte ihr, dass die Schmerzen normal seien und sie nicht übertreiben solle. Als Naima fragte, ob sie krankgeschrieben werden könne, meinte er: »Von mir aus können Sie morgen zur Arbeit.« Naima stand auf, zog ihre Klamotten mühsam an, und schleppte sich – ohne Krankschreibung und ohne Schmerzmittel – nach Hause. Als Naimas Mann, der weiß und deutsch ist, ein Jahr später eine Vasektomie machte (das Verfahren dauerte knapp 15 Minuten unter lokaler Betäubung), wurde er eine Woche krankgeschrieben, und am nächsten Tag bekam er einen persönlichen Anruf vom Arzt, der wissen wollte, wie es ihm seit der OP ergangen war.

Im Kapitel »In den Medien« wurde die Empathielücke bereits diskutiert. Mehrere Studien belegen, dass Menschen, auch medizinisches Personal, davon ausgehen, dass Schwarze weniger Schmerzen empfinden als Weiße.[26] Diese Empathielücke hat sehr konkrete Konsequenzen für Schwarze Menschen und People of Color im Gesundheitssystem, wie die obigen Geschichten verdeutlichen. Diese sind nicht nur Anekdoten, sondern spiegeln ein breiteres systemisches Phänomen wider, das bisher im Schatten geblieben ist. Deutschland und Frankreich haben wie die USA eine lange Geschichte von systemischem Rassismus im Gesundheitssystem. In seinem Buch *Les Brutes en Blanc* zeigt der Autor Martin Winckler auf, wie die Berufskultur der Schulmedizin zu Misshandlungen führt, vor allem von Frauen. Eine Kultur, die »archaisch, gewalttätig und sexistisch« sei, »auf Machtmissbrauch beruhte« und Frauen als »Untermenschen« betrachtet und sie dementsprechend behandelt, bis hin zu Misshandlungen und medizinischer Gewalt. Frauen werden infantilisiert, ihre Zustimmung wird nicht angefragt, und ihre körperliche Autonomie wird ihnen routinegemäß entzogen.[27] »Bei gleichen Symptomen wird einer Patientin, die über Schmerzen in der Brust klagt, ein Anxiolytikum verschrieben, während ein Mann an einen Kardiologen überwiesen wird«[28], erklärt die Neurobiologin Catherine Vidal. Viele Frauen werden zudem jahrelang durch ihre Perioden gequält, bevor eine Endometriose diagnostiziert wird.[29]

Die wissenschaftliche Forschung ist nicht nur bei den Symptomen und Krankheiten, von denen hauptsächlich Frauen betroffen sind, unterentwickelt. Frauen werden ganz grundsätzlich vom medizinischen Personal oft nicht ernst genommen. Die Tatsache, dass sie heute noch ständig bevormundet werden, dass ihnen weisgemacht wird, sie übertrieben, ist unmittelbar mit dem Stereotyp der hysterischen Frau verbunden. Wenn sie sich beschweren, ist es bloß »in ihrem Kopf«: »psychosomatisch«. Psychosomatik heißt aber nicht, dass die Patientin sich einbildet, dass sie krank ist, wenn sie es in Wahrheit nicht ist, sondern, dass die Ursachen der Krankheit psychisch sein können, und dass sowohl die Symptome als auch die Ursachen behandelt werden sollten.

Die Verschränkung von Sexismus und Rassismus führt zu einer Verschärfung der Effekte für Schwarze Frauen – aber auch für all diejenigen, die als weniger wertvoll betrachtet werden, wie behinderte Menschen und Trans-Personen. Die Tennisspielerin Serena Williams erkannte nach der Geburt ihrer Tochter in 2017 die ersten Symptome einer Lungenembolie und alarmierte die Ärzt*innen darüber. Ihr wurde nicht geglaubt. Sie hätte sterben können, hätte sie nicht insistiert, dass sie behandelt werden muss.[30] Serena Williams ist kein Einzelfall, afroamerikanische Frauen sterben in den USA vier- bis fünfmal häufiger als weiße Frauen an schwangerschaftsbedingten Krankheiten.[31] Es half nicht, dass sie eine berühmte und reiche Frau ist, ihre Schmerzen und ihre Wahrnehmung über ihren Körper wurden nicht für voll genommen. Auch hier in Europa führt die Empathielücke gegenüber Schwarzen Menschen – Frauen, Männern und Kindern – zu tragischen Todesfällen. Im Dezember 2017 rief eine 22-jährige Schwarze Frau, Naomi Musenga, den notärztlichen Rettungsdienst in Straßburg und wurde am Telefon verspottet. Als sie rief: »Ich werde sterben«, antwortete die Person an der Leitung: »Sie werden mit Sicherheit irgendwann sterben, wie wir alle.« Nach einer fünfstündigen Wartezeit wurde Musenga vom Rettungsdienst ins Krankenhaus gebracht, wo sie einen Schlaganfall erlitt und an multiplem Organversagen starb.[32] Zehn Jahre früher starb das schwarze Mädchen Noélanie an den Folgen von Mobbing in der Schule, in der sie von den anderen Schulkindern fast täglich rassistisch beleidigt und geschlagen wurde. Ihre Mutter hatte sich bei der Schulleitung und bei der Polizei beklagt, aber die Situation verbesserte sich nicht. Eines Tages kam das Mädchen nach Hause, nachdem sie mal wieder geschlagen worden war, und fing an zu zucken. Die Mutter rief den Rettungsdienst an und bat sie inständig, sofort zu kommen. Als Antwort kam: »Sie sind keine Ärztin, und es steht Ihnen nicht zu, uns zu sagen, ob wir kommen sollen oder nicht.« Als sie schließlich kamen, nach anderthalb Stunden und erst nachdem der Chef der Feuerwehr sie darum gebeten hatte, meinte der Arzt: »Sie verstellt sich« (und ahmte sie nach). Drei Tage später starb sie an dem von den Ärzt*innen unbeachteten schweren Hirnödem, das durch die Strangulierung durch ihre Schulkamerad*innen entstanden war.[33] Ein weiterer Fall, diesmal der Tod eines Schwarzen Mannes, William Tonou-Mbobda, den das Personal eines hamburgischen Krankenhauses im April 2019 durch »Zwangsmaßnahmen« verschuldete,[34] zeigt erneut, dass rassistische Vorurteile tödlich sein können.

Seit über zwanzig Jahren haben Studien in den USA belegt, dass Schwarze Menschen und People of Color unzureichende Schmerzmedikation erhalten. Beispielsweise ergab eine frühe Untersuchung, dass Minderheiten mit rezidivierendem oder metastasierendem Krebs weniger wahrscheinlich eine adäquate Schmerzlinderung erhielten.[35] Rassenunterschiede in der Schmerzbehandlung wurden bei Migräne und Rückenschmerzen,[36] bei der Krebsbehandlung älterer Menschen[37] und bei Kindern mit orthopädischen Frakturen[38] festgestellt. Archivdaten aus den Verletzungsberichten der National Football League zeigen, dass im Vergleich zu verletzten weißen Spielern verletzte Schwarze Spieler mit höherer Wahrscheinlichkeit schnell wieder eingesetzt werden, möglicherweise weil man davon ausgeht, dass sie weniger Schmerzen empfinden.[39] Ein 2008 durchgeführter Überblick über 13 Jahre nationaler Umfragedaten zu Besuchen in der Notaufnahme ergab, dass bei einem schmerzbezogenen Besuch eine Opioid-Verschreibung bei weißen Patienten (31 Prozent) wahrscheinlicher war als bei Schwarzen Patienten (23 Prozent).[40] Laut einer Studie aus dem Jahr 2005 war die Wahrscheinlichkeit, dass Apotheken in Michigan in weißen Stadtteilen Opiate ausreichend vorrätig hatten, 52-mal höher als in nicht-weißen Stadtteilen.[41] Dies erklärt das Problem jedoch nicht vollständig. Wenn Schmerzmittel verfügbar sind, erhalten Schwarze und People of Color weniger davon. Dies bedeutet nicht, dass das gesamte medizinische Personal nicht-weiße Menschen leiden sehen möchte, sondern dass sie die Schmerzen seltener erkennen, weil ihnen seit der Kindheit unbewusst vermittelt wurde, dass Schwarze Menschen und People of Color weniger Schmerzen empfinden.

Die Empathielücke ist gleichzeitig eine Grundursache und ein verschärfender Faktor für gesundheitliche Ungleichheiten. Schwarze Patienten erhalten mit größerer Wahrscheinlichkeit eine qualitativ schlechtere Gesundheitsversorgung und sind weniger wünschenswerten Verfahren unterworfen. Zum Beispiel ist die Wahrscheinlichkeit, dass bei Schwarzen Patient*innen infolge von Diabetes Gliedmaßen amputiert werden, mehr als dreimal so hoch wie bei weißen Patient*innen. Für den Zustand, dass Schwarze Patient*innen wegen Schmerzen systematisch unterbehandelt werden[42], wurden zahlreiche Erklärungen vorgeschlagen, die von Annahmen über die Unfähigkeit Schwarzer Patient*innen, für die Gesundheitsversorgung zu zahlen, bis zu rassistischen Vorurteilen reichen.[43] Diese Erklärungen implizieren, dass die Schmerzen Schwarzer Patient*innen zwar erkannt, aber nicht behandelt werden. Eine andere Erklärung ist aber, dass die Schmerzen Schwarzer Patient*innen gar nicht erst erkannt werden. Die gesundheitlichen Probleme, die zum Tod meines Kindes führten, waren das Teilergebnis des Versagens des deutschen Gesundheitssystems, mich ernst zu nehmen und angemessen zu behandeln. Die Tatsache, dass meine Mutter an Komplikationen leidet, die mit einer adäquaten Behandlung hätte vermieden werden können, ist die direkte Konsequenz von fehlender Empathie. Unterdrückung setzt fehlende Empathie voraus. Menschen, Tiere und Natur müssen objektiviert werden, um das Ausmaß des Leidens, das ihnen aufgebürdet wird, zu tolerieren. Andernfalls wäre es unerträglich. Das ist es, was mir am Ende doch Hoffnung gibt: Wenn wir uns mit Schmerz und Gefühlen verbinden, können Leid und Unterdrückung zunehmend verhindert werden.

9. AUF DER STRASSE

»In den Vereinigten Staaten und in anderen kapitalistischen Ländern waren in der Regel die Gesetze gegen Vergewaltigung ursprünglich zum Schutz der Männer aus den Oberschichten, deren Töchter und Frauen angegriffen werden könnten, erlassen worden. Was mit den Frauen der Arbeiterklasse geschah, war gewöhnlich für die Gerichte von wenig Belang. Eine Folge davon ist, daß bemerkenswert wenig weiße Männer wegen sexueller Gewalt, die sie an diesen Frauen verübten, belangt wurden. Während diese Vergewaltiger selten vor Gericht gebracht wurden, richtete sich die Anklage wegen Vergewaltigung unterschiedslos gegen die Schwarzen – ob sie nun schuldig oder unschuldig waren.« *Angela Davis.*[1]

Fast täglich bewegen wir uns auf der Straße und in anderen öffentlichen Räumen wie Bahnhöfen, Parks, Einkaufszentren, Bussen, U-Bahnen, Museen, Bibliotheken. Dass solche Orte Schnittpunkte von Macht, Privileg und Unterdrückung sind, ist uns kaum je bewusst. Öffentliche Räume gehören uns allen und niemand hat mehr Anspruch darauf als andere – in der Theorie. Und dennoch genießen einige dort mehr Freiheit, Frieden und Leichtigkeit. Die mangelnde Zugänglichkeit vieler öffentlicher Räume – z. B. Klubs, Restaurants, Busse, Konferenzzentren und Konzerthallen – für Rollstuhlfahrer*innen und andere behinderte Menschen, erzeugt eine Form der Segregation dieser behinderten Menschen aus dem öffentlichen Leben. Die Tatsache, dass wohnungslose Menschen sich verstecken müssen und nicht frei auf der Straße leben können, ohne von der Polizei verdrängt zu werden, zeigt ebenfalls, dass die Straßen uns nicht *allen* gehören. Die Straße ist auch einer der Orte, wo männliche Dominanz auf sichtbare und rohe Art und Weise zum Ausdruck kommt. Patriarchale Gewalt wird sowohl von Männern als auch von der Polizei ausgeübt, denn sie ist ein Instrument zur Durchsetzung staatlicher und damit leider auch patriarchaler und rassistischer Gewalt. Die Erscheinungsformen von sexistischer Gewalt, die in diesem Kapitel erwähnt werden, sind Teil eines größeren Systems patriarchaler Dominanz und Kontrolle.

Immer auf der Hut!

Beim Inlineskating ist mir aufgefallen, dass ich oft in Beinahe-Unfälle gerate. Jedes Mal muss ich in letzter Sekunde von der engen geraden Bahn, an der Inline-Streber*innen fast religiös festhalten, schnell abweichen, um eine Kollision zu vermeiden. In den allermeisten Fällen waren die Inlineskater, die mir entgegenkamen, männlich. Und ich fragte mich, warum ich immer diejenige bin, die ihre Bahn verlassen muss. Also entschloss ich mich, nicht mehr auszuweichen – und die Reaktionen waren überraschend bissig. Ich wurde entweder mit tödlichen Blicken oder der entsprechenden Gestik gestraft oder schlichtweg beleidigt. Warum? Kannte ich einen wichtigen Inliner-Code nicht – oder handelt es sich um ein weit verbreitetes Phänomen im öffentlichen Raum? Um der Frage auf den Grund zu gehen, führte ich ein kleines Experiment durch: Ab jetzt würde ich auch auf der Straße nicht mehr ausweichen, wenn mir jemand entgegenkommt.* Das Ergebnis ist erwartbar: In 95 Prozent der Fälle, in denen mir ein Mann entgegenkam, wären wir knallhart kollidiert, hätte ich nicht im letzten Moment doch noch einen Schritt zur Seite gemacht. Ein paarmal ist das tatsächlich geschehen. Es waren alte, junge, dicke, dünne, reiche, arme, weiße und nicht-weiße Männer, alle ohne sichtbare Behinderung.**
Bei Frauen wäre es nur in den wenigsten Fällen fast zu einem Unfall gekommen – weil wir uns vorher wahrgenommen haben und

---

* Das Experiment wurde nur mit Menschen durchgeführt, die beim Laufen oder Fahren nicht aufs Handy geschaut haben.

** Eine Freundin von mir, die Rollstuhlfahrerin ist, berichtete über das gleiche Phänomen: Die Menschen, die ihr entgegenkommen, nehmen sie nicht wahr.

jede ein bisschen auswich. Dass ich den Männern Platz zu machen hatte, schien jedoch einfach festzustehen, ganz so, als hätten sie mehr Anspruch auf den Bürgersteig als ich. Das ist den meisten bestimmt nicht bewusst; die große Mehrheit der Männer, die Teil meines kleinen Experiments waren, bemerkt wahrscheinlich nicht einmal, dass sie auf der Straße nie ausweichen. Ich frage mich jetzt, wie mein Experiment abgelaufen wäre, wenn ich ein Mann gewesen wäre. Kollidieren Männer unter sich den ganzen Tag? Oder nehmen sie sich anders wahr und machen Platz füreinander?

Ich höre schon den Einwand: »Nicht alle Männer …«. Stimmt. Einige weichen tatsächlich aus. Es geht mir aber nicht darum, zu sagen, dass alle Männer unmöglich sind und sich schlecht benehmen. Ich möchte Verhaltensmuster aufzeigen, die weniger über die einzelne Person aussagen als über die gesellschaftlichen Normen, die ein solches Verhalten erzeugen und normalisieren. Ich bin mir sicher, dass die Mehrheit der Männer, mit denen ich fast kollidiert bin, tolle, liebevolle Menschen sind. Wenn Sie jetzt also feststellen, dass Sie Frauen auf der Straße bisher nicht ausgewichen sind, keine Panik! Sie sind kein schlechter Mensch. Aber jetzt haben Sie die Wahl, sich anders zu verhalten.

»Wer hat Angst vorm Schwarzen Mann?«

In den 2010er Jahren wurde *Street Harassment* – Belästigung auf der Straße[*] – durch eine Welle von Online-Kampagnen in vielen europäischen und nordamerikanischen Städten zu einem großen

---

[*] Mit der deutschen Übersetzung »Belästigung auf der Straße« bin ich nicht ganz zufrieden, denn die kulturelle Konnotation von »street« (urban) auf Englisch geht bei der Übertragung ins Deutsche verloren. Deswegen werde ich auf den nächsten Seiten den englischen Begriff benutzen.

Thema. Diese Initiativen wollten ein Bewusstsein schaffen für das problematische Verhalten vieler Männer auf der Straße, die Frauen hinterherpfeifen oder -rufen oder sie gar begrapschen. Solches Verhalten wurde bisher weithin geduldet und von vielen als durchaus normal wahrgenommen. So wird zum Beispiel auch die Tatsache, dass viele Männer die Straße und andere öffentliche Räume als Pissoir benutzen, nicht oft infrage gestellt, sondern akzeptiert. Mögen manche sagen, das habe rein pragmatische Gründe, Männer müssten nun mal öfter. Doch im Grunde ist es ein symbolischer Akt, mit dem patriarchische Macht in der Öffentlichkeit demonstriert wird. Viele Männer, die auf der Straße pinkeln, pinkeln einfach nur und fragen sich nicht, warum sie sich dabei frei und in ihrem Recht fühlen – oder ob es die Menschen um sie herum stört. (Ich persönlich habe zum Beispiel immer Angst, an einem windigen Tag ein paar Tropfen Urin beim Vorbeilaufen abzubekommen.)

Im Patriarchat läuft vieles unbewusst ab. Auch Frauen sind sich meist nicht einmal bewusst, dass sie auf der Straße immer auf der Hut sein müssen. Sie sind es einfach, es ist Teil ihres Lebens. Die Ubiquität der patriarchischen Macht – von *Manspreading* bis zur Vergewaltigung – wurde im Mainstream bis zu den *Street Harassment*-Kampagnen kaum wahrgenommen. Es war der Anfang eines Prozesses, der uns bis zu #MeToo gebracht und das *Empowerment* von Millionen von Frauen ermöglicht hat. Wir haben uns von der individuellen zur strukturellen Betrachtung bewegt, von »Es lag an mir« *(victim-blaming)* zu »Es ist ein gesellschaftliches Problem« *(system-blaming)*. Dieser Wahrnehmungswandel ändert grundlegend die Art und Weise, wie mit sexueller Belästigung umgegangen wird. Statt sich auf die zwei Menschen zu konzentrieren, die Teil der Konstellation waren, schauen wir auf das größere Bild, nämlich auf die patriarchalischen Strukturen, die ein solches Verhalten erlaubt haben, und versuchen, das System zu verändern und nicht nur den Täter zu bestrafen – wenn die Belästigung überhaupt als solche erkannt wurde.

In den 2010ern gab es eine Reihe von Videos, die auf das Problem des *Street Harassment* aufmerksam machen wollten. An sich eine gute Idee, aber das Problem mit diesen Videos war, dass sie rassistische Stereotype nutzten, um Sexismus aufzuzeigen. Zu den vielbeachteten Initiativen gehören der französische Web-Film *Unterdrückte Mehrheit*[2] von Eleonore Pouriat (2010) mit über 13 Millionen Views und die belgische Web-Doku *Die Frau der Straße*[3] von Sofie Peters (2012), die sogar in den nationalen Nachrichten erwähnt wurde. Einige Jahre später, 2016, ging das französische Video *Love Escalator Prank* viral: Es hatte 16 Millionen Views. In dem Film wurde mit versteckter Kamera aufgenommen, wie – hauptsächlich arabische – Männer reagieren, wenn sie von einem anderen Mann angemacht werden. In Deutschland wurde das von der US-amerikanischen Schauspielerin Shoshana Roberts gemachte Video *10 Hours of Walking in NYC as a Woman* besonders oft gesehen. Das Video zeigt, wie sie von Männern auf den Straßen New Yorks ständig angesprochen, wie ihr gefolgt und wie sie angefasst wird. Fast alle Männer waren Schwarz und Latino.

In *Unterdrückte Mehrheit* werden Frauen als Männer und Männer als Frauen dargestellt; Männer sind im Film also Sexismus vonseiten der Frauen ausgesetzt. Die umgekehrte Darstellung hilft uns, eine andere Perspektive auf scheinbar normales Verhalten einzunehmen und die ungleiche Behandlung von Frauen und Männern zu erkennen: Zum Beispiel fällt uns erst auf, dass Männer häufig halb nackt durch die Straßen joggen, wenn wir eine Frau sehen, die das tut. Dieser Film wollte Empathie erzeugen und Empörung hervorrufen (»Zum Glück muss ich so was nicht täglich erleben!« oder »Wie unfair, es war mir so nicht bewusst!«). Ein einziges Mal zeigt der Film physische sexualisierte Gewalt. Der Protagonist wird von Samia und ihren muslimischen und

Rom*nja-Freundinnen bedrängt. Eine Situation, die allzu bekannt ist: eine weiße Frau, die sexualisierter Gewalt von nichtweißen Männern ausgesetzt sind.

Das Video *Die Frau der Straße* wurde hauptsächlich auf dem Boulevard Maurice Lemonnier und dem Place Anneessens mit einer versteckten Kamera gedreht und zeigt, wie eine »normale« Frau, also weiß, schlank, gut aussehend, auf der Straße ständig von arabischen und Schwarzen Männern angesprochen und belästigt wird. Das Video ist schwer auszuhalten und hat mich wütend gemacht. Zum einen wegen all der Beleidigungen, die diese Frau fortwährend aushalten muss, und der Aggression, die ihr entgegenschlägt. Zum anderen, weil der Film suggeriert, dass diese Verhaltensweisen bestimmten Kulturen, Religionen und »Rassen« inhärent sind; die Filmemacherin erklärte, solche Belästigungen gingen zu 95 Prozent von Männern ausländischer Herkunft aus.

Das führt für mich in einen Zwiespalt: Einerseits will ich mich mit dieser Frau solidarisieren, andererseits habe ich das Gefühl, dass ich einen Teil von mir negiere, wenn ich das tue. Muss ich mich also entscheiden, was ich schlimmer finde? Den Sexismus, der im Video aufgezeigt wird – oder den Rassismus, der bei der Hervorhebung dieses Sexismus greift, wenn man so tut, als seien ausschließlich Schwarze und arabische Männer Sexisten?

Dass derartige Videos in Zeiten entstanden sind, in denen eine große Gentrifizierungswelle durch viele europäische und nordamerikanische Städte schwappte, ist kein Zufall. Denn damit prallten plötzlich zwei Welten aufeinander, die bisher wenig oder gar nichts miteinander zu tun hatten und gleichzeitig auf eine koloniale Beziehung verwiesen: die der weißen Mittelschichtsfrau, und die des Schwarzen, arabischen und/oder muslimischen Mannes. Diese Konstellation, die in den *Street Harassment*-Kampagnen vorkommt, greift auf altbekannte rassistische Stereotype und koloniale Muster zurück, die starke Emotionen auslösen. Das Bild der weißen Frau, die von »Wilden« entführt und sexuell bedroht wird, wurde in kolonialen Zeiten oft benutzt, um die Wahrnehmung der Männer als übermäßig triebhaft und aggressiv zu kultivieren und so Angst vor ihnen zu erzeugen, die ihre Unterdrückung und gewaltvolle Kontrolle rechtfertigen sollte. Im Fall der Central Park Five waren die Bilder, die auf den Fall projiziert wurden, so machtvoll, dass es im Grunde irrelevant war, ob sie *tatsächlich* schuldig waren. Dieser Fall spielte sich fast ausschließlich auf der symbolischen und emotionalen Ebene ab. Die Vergewaltigung wurde zu einem Symbol in einer Zeit, in der zwei Welten in Berührung kamen: die arme, marginalisierte, Schwarze Bevölkerung von Harlem und die boomende Wall Street, mit ihren weißen, reichen Finanzleuten.

Diese kolonialen Bilder sind keineswegs verjährt: Heute werden sie im Integrationsdiskurs mobilisiert und erhalten die Anschauung aufrecht, Europa und westliche Länder würden von rückständigen, brutalen und unzivilisierten Menschen überlaufen, deren Kulturen und Religion (der Islam) die westlichen aufgeklärten Nationen und ihre demokratischen, egalitären Werte und Normen bedrohen. Der Brüsseler Politiker Philippe Close kündigte als Antwort auf das Video von Sofie Peters die Einführung von Bußgeldern zur Bestrafung sexistischen Verhaltens auf der Straße an. Er bezeichnete diese Rechtsreform als »symbolische Geste«, welche »die Normen und Regeln des Zusammenlebens in Erinnerung rufen soll«. Sexuelle Belästigung auf der Straße lässt sich aber mit strafrechtlichen Maßnahmen leider nur bedingt bekämpfen. Denn solche Delikte sind schwer zu identifizieren und folglich zu bestrafen. Zugleich aber gibt es guten Grund zu der Annahme, dass solche Gesetze das Problem des *racial profiling*[*] enorm verstärken würden.

---

[*] Als *racial profiling* (auch »ethnisches Profiling«) bezeichnet man das Handeln von Polizei-, Sicherheits-, Einwanderungs- und Zollbeamten, wenn dieses auf Kriterien wie Hautfarbe, ethnischer Zugehörigkeit, Religion oder nationaler Herkunft einer Person basiert.

Ich will nicht suggerieren, dass die *Street Harassment*-Initiativen ausschließlich deshalb Aufmerksamkeit erregt haben, weil sie lang etablierten kolonialistischen und rassistischen Denkmustern folgen. Aber die Intensität der Resonanz ist bezeichnend. Die Reaktionen auf die Kölner Silvesternacht von 2016, in der Frauen massiv sexuell angegriffen wurden, haben ebenfalls entsprechende Bilder mobilisiert. So konnten auch anti-feministische, nationalistische Neonazi-Gruppen plötzlich den Kampf gegen Sexismus für sich reklamieren. Das taten sie mitnichten, weil ihnen die körperliche Selbstbestimmung von Frauen am Herzen liegt, ganz im Gegenteil: Sie beanspruchen deren Körper *für sich*. Nur ihnen und der Nation gehören die Körper der weißen Frauen, nicht den arabischen und Schwarzen Männern. In den kolonialen Darstellungen der »bedrohten weißen Frau« sind häufig weiße Männer im Hintergrund zu sehen, die der Frau schließlich bewaffnet zu Hilfe kommen. Dabei retten sie nicht nur die Frau, sondern die Nation, welche die weiße Frau symbolisiert.[4] Denn Frauen spielen im Nationalismus eine wichtige Rolle, bei der Aufrechterhaltung der »reinrassigen« Nation. Aus diesem Grund ist es im Nationalismus unerlässlich, die Körper der Frauen zu kontrollieren (s. »Im Körper der Frauen«).

Der von einem Bündnis diverser Feminist*innen gestartete Hashtag #Ausnahmslos bot eine der wenigen Alternativen zu solchen Perspektiven auf die schändliche Silvesternacht von Köln, in denen die Herkunft der Täter betont wurde. Das Hashtag erlaubte ein öffentliches Gespräch über die Geschehnisse, das sich nicht nur um die Tatsache drehte, dass die Täter vor allem arabisch und nordafrikanischer Herkunft waren, sondern um Sexismus und patriarchische Gewalt als gesamtgesellschaftliche Probleme.

Die Konstellation von weißer Mittelschichtsfrau und nichtweißem Mann, wie sie in den *Street Harassment*-Videos vorkommt, ist an sich interessant. Beide werden einerseits benachteiligt und sind andererseits privilegiert. Während der Mann patriarchale Macht ausübt, verfügt die Frau durch ihre Hautfarbe – und womöglich durch ihre soziale Herkunft – über größeren politischen Einfluss. Es ist deshalb kein Zufall, dass *Street Harassment* erst zu einem politischen Thema geworden ist, als weiße Frauen es ansprachen. Schwarze Frauen, muslimische Frauen, Rom*nja-Frauen und asiatische Frauen werden auf der Straße genauso belästigt, aber ihre Stimme wiegt im Mainstream weniger.

Wie im Kapitel »In den Medien« gesagt, wurde der Hashtag #MeToo von einer Schwarzen Frau erfunden. 2006 begann die Aktivistin Tarana Burke, den Slogan auf dem Facebook-Vorläufer MySpace zu verwenden, um Women of Color dazu zu ermutigen, ihre Erfahrungen von sexueller Gewalt und Missbrauch mitzuteilen. Die Empathie, die dadurch erzielt wurde, sollte ihnen dazu verhelfen, sich von der traumatisierenden Erfahrung zu befreien. Das geringe Echo dieser Initiative ist sicherlich auch dem damaligen Entwicklungsstand der sozialen Medien geschuldet – aber eben nicht nur. Im kollektiven Unterbewusstsein sind Schwarze Frauen immer noch kaum schützenswert.* Das liegt zum Teil daran, dass sie jahrhundertelang routinemäßig vergewaltigt und missbraucht wurden, sei es als indigene Frauen in den Kolonien, als Versklavte auf den Plantagen oder als Dienerinnen in den Metropolen. Schwarze Frauen und Women of Color befanden sich im Besitz von Kolonisator*innen und Sklavenhalter*innen und

---

* Schwarze Frauen und muslimische Frauen werden nur dann als schützenswert angesehen, wenn sie von den Männern ihrer eigenen Kultur und Religion beschützt werden müssen. Zum Beispiel werden Frauen mit Kopftuch gern als Opfer ihrer muslimischen Männer dargestellt, die eine Gefahr für die vermeintlich feministischen Normen und Werte der europäischen Gesellschaften darstellen. Ein solches Narrativ instrumentalisiert schlichtweg Frauenrechte und Feminismus für imperialistische Zwecke. Die Verteidigung von Frauenrechten wurde sogar als Rechtfertigung für den Krieg in Irak und Afghanistan herangezogen.

konnten über ihren eigenen Körper nicht selbst bestimmen. Daher liegt es nahe, dass eine Schwarze Frau noch heute meist wenig Empathie erfährt, wenn sie von einem weißen Mann sexuell belästigt oder missbraucht wird.

2011 kam es kurz vor dem französischen Präsidentschaftswahlkampf zu einem Skandal, der die perfekten Zutaten für eine explosive Story hatte: Sex, Geld und Politik. Die Hotel-Putzfrau Nafissatou Diallo beschuldigte den damaligen Kandidaten Dominique Strauss-Kahn (kurz DSK), sie vergewaltigt zu haben. Am Ende wurde ihre Klage abgewiesen, weil die Strafverfolgung ernsthafte Zweifel an ihrer Glaubwürdigkeit hatte. Von vielen Medien wurde sie als manipulativ, eigennützig und verlogen dargestellt. Stellen wir uns kurz die umgekehrte Konstellation vor: Ein Schwarzer Portier wird von einer reichen, mächtigen, weißen Frau der Vergewaltigung angeklagt. Hätten die Medien und die Strafverfolgung ihre Aussagen genauso stark angezweifelt? Ich glaube nicht. Warum? Weil das Bild des triebhaft-aggressiven Schwarzen, der eine weiße Frau misshandelt, bekannt ist und eine starke emotionale Wirkung hat. Gleichzeitig hatte der Skandal eine starke klassistische Prägung.

Die emotionale Wirkung erklärt größtenteils den enormen Erfolg der Kampagnen gegen *Street Harassment*. Anders gesagt: Hätten diese Videos keine rassistischen Stereotype und kolonialen Muster bedient, hätten sie nicht die gleiche Empörung hervorgerufen. Aber: Diese Kampagnen ebneten zugleich einer breiteren feministischen Bewegung den Weg, die sich nicht mehr auf rassistische und koloniale Klischees berufen muss, um effektiv zu sein.

Feminismus ohne Rassismus

Frauenfeindlichkeit wird also häufig als Problem bestimmter Kulturen, Religionen oder Ethnien dargestellt – und nicht als globales System, das überall auf der Welt wirkt. Dieses Narrativ des Femonationalismus wird vonseiten rechter Parteien gern benutzt, um Geschlechter- und Sexualpolitik zu vereinnahmen.

Die Fokussierung auf *Street Harassment* als zentrales Beispiel für patriarchale Gewalt, blendet andere Formen von sexistischer Unterdrückung aus, zum Beispiel Fälle, in denen Männer in Machtpositionen Frauen belästigen oder bedrängen – und damit Fälle, die weniger sichtbar sind als die Belästigung auf der Straße, die hauptsächlich von Männern begangen wird, die sonst relativ benachteiligt sind. Die Bezeichnung *Street Harassment* deutet implizit auf den sozialen Hintergrund der Belästiger hin, denn das Präfix »Street« ist stark konnotiert: Begriffe wie *Street Dance, Street Language, Street Wear* lassen an eine gewisse ethnische und Klassenzugehörigkeit denken. Um *alle* Gesichter sexistischer Gewalt aufzuzeigen, müssen wir die Definition von Sexismus erweitern und verhindern, dass das Phänomen kulturalisiert und rassifiziert wird. Die #MeToo-Bewegung war darin ziemlich erfolgreich und zeigte, dass Sexismus und patriarchale Macht keiner bestimmten Hautfarbe, Religion, Klasse oder Kultur angehören.[*] Der 2017 gestartete Hashtag #thatsharassment, der sich auf eine Reihe von kurzen Videos bezieht, die die Verschränkung von sexueller Belästigung und Machtdynamiken im Arbeitskontext thematisieren, ist ein gutes Beispiel dafür, wie sexuelle Belästigung angegangen werden kann, ohne das Phänomen ausschließlich mit

---

[*] Weitere Hashtags wie z. B. #mequeer sind als Kritik gegenüber der mangelnden Sichtbarkeit von LGBTQI+-Menschen und weiteren Gruppen in der #MeToo-Bewegung entstanden.

bestimmten Gruppen, Kulturen, Religionen und sozialen Schichten zu verbinden.

Es bleibt jedoch die Frage, wie rassismusfreie Initiativen gegen Belästigung auf der Straße aussehen könnten. Wie lässt sich in solchen Kampagnen auf die Stigmatisierung von bestimmten Gruppen verzichten – wie also können diese Kampagnen intersektional gestaltet werden? Als Erstes gilt es, den Begriff *Street Harassment* durch »Belästigung im öffentlichen Raum« zu ersetzen. So vermeiden wir gefährliche problematische Assoziationen und erweitern die Bedeutung von »Opfer« und »Täter«, so dass Menschen, die beim Gebrauch des Terminus *Street Harassment* nicht mitgedacht werden, inkludiert sind. Das sind zum einen all diejenigen, die im öffentlichen Raum besonders verletzlich und regelmäßig Opfer sexueller Gewalt sind, und zum anderen diejenigen, die mit dem Bild des Täters nicht übereinstimmen und traditionell nicht als gefährlich angesehen werden, z. B. Polizist*innen oder weiße Männer in Anzügen.

Zum Themenkomplex *Street Harassment* gehört auch ein weitverbreitetes Vergehen, das vorrangig durch ältere Männer verübt wird. Es passiert meist in überfüllten Zügen, in denen man sich kaum bewegen kann. Die Täter nutzen die Situation aus, um Frauen zu begrapschen. Diese Art von Belästigung geht im *Street Harassment*-Diskurs unter. Nicht nur Cis-Frauen, sondern auch wohnungslose Menschen, non-binary, trans und queere, Sexarbeiterinnen, Menschen, Rom*nja und Sinti*zze, kopftuchtragende muslimische Frauen und behinderte Menschen sind einem höheren Risiko ausgesetzt, auf der Straße angegriffen zu werden.* Die Belästigung und Gewalt geht in vielen Fällen von Polizist*innen aus. Wohnungslose Menschen werden von bestimmten Orten

---

* Behinderte Menschen werden regelmäßig von Unbekannten angefasst, ohne vorher gefragt worden zu sein – sei es bei blinden Menschen an der Ampel oder Rollstuhlfahrer*innen, die geschoben werden.

durch die Polizei verdrängt, Trans-Frauen können mit dem Schutz der Polizei nur selten rechnen und werden oft festgenommen, wenn sie um Hilfe bitten, Rom*nja- und Sinti*zze-Communitys werden von der Polizei überall in Europa routinemäßig schikaniert und verfolgt, muslimischen Frauen wird auf der Straße regelmäßig der Hijab vom Kopf gerissen.

Um gerecht und effektiv zu sein, muss der Kampf gegen Belästigung auf der Straße *alle* Täter und *alle* Opfer berücksichtigen. Das ist Intersektionalität.

10. IM KÖRPER DER FRAUEN

> »Being oppressed means the absence of choices.«
> *bell hooks*[1]

Ich habe zwei Kinder zur Welt gebracht und bin seit sechs Jahren Mutter. Eine latente Angst begleitet mich seit der ersten Schwangerschaft. Die Angst, von meinen Kindern getrennt zu werden. Diese Angst ist unterschwellig, meist unbewusst, dennoch schwächt sie meine Grundsicherheit als Mutter beständig. Viele Mütter haben Angst, dass ihre Kinder sterben, oder dass sie von ihnen getrennt werden. Es ist, glaube ich, eine universelle Angst, die aber manche Frauen mehr befällt als andere. Wir tragen alle die Traumata, Ängste und Schmerzen von unseren Vorfahren in uns. Als ich Bücher über die Sklaverei las und die Erzählungen meiner Großmutter über meine Ahnen hörte, die alle ihre Kinder verloren, weil sie an andere Plantagen verkauft wurden, verstand ich, dass meine Ängste nicht mir gehörten, sondern über Generationen hinweg übertragen wurden.

Die Grundsicherheit und das Recht, die eigenen Kinder großziehen zu dürfen, bis sie das Erwachsenenalter erreichen, oder überhaupt schwanger werden zu dürfen, sind für viele Frauen keine Selbstverständlichkeit. Zwischen Thérèse (geb. Aïssata), einer Sklavin in Martinique im Jahr 1823, deren sechs Kinder ihr nach und nach weggenommen wurden, Simona, einer Rom*nja-Frau im heutigen Ungarn, der nach dem vierten Kind zugeredet wird, lebenslange Verhütung zu nehmen, und Nejma, einer in Deutschland lebenden Trans-Frau, die einen erschwerten Zugang zur Adoption hat, gibt es viele Parallelen. Ihre Schicksale und Erfahrungen als

Frauen und Mütter sind eng verbunden mit denen von Maria, einer arischen Mutter von zehn Kindern im Dritten Reich, Amélie, derzeit schwanger mit einem Kind mit Downsyndrom, die vor der Entscheidung steht, die Schwangerschaft abzubrechen oder nicht, und Agnieszka, einer 18-jährigen Polin, die ungewollt schwanger ist und keinen Zugang zu legaler Abtreibung hat. Ihre Gemeinsamkeit? Die Kontrolle über ihren eigenen Körper liegt nicht in ihrer alleinigen Hand. Die Fragen von Wahl, Selbstbestimmung und freier Entscheidung über den eigenen Körper sind sehr komplex und von sozialen Hierarchien und der Frage geprägt: »Welche Leben haben den höchsten Wert?«. Nicht alle Körper werden gleich behandelt und nicht alle Leben genießen den gleichen Schutz. Es fängt bei der Schwangerschaft an.

Überall auf der Welt ist die Identität der Frau untrennbar von der Identität als Mutter. Der Wert einer Frau wird primär in ihrer Rolle als Mutter gesehen.* Frauen und Mütter werden ihr Leben lang der unversöhnlichen Beurteilung der Gesellschaft ausgesetzt – auch, bevor sie Mütter sind, und, sogar besonders, wenn sie willentlich keine Kinder haben. Auch wenn die Pro-Choice-Bewegung sich um die Frage der »Wahl« gebildet hat, ging es in erster Linie um die Entscheidung darüber, wann und wie viele Kinder eine Frau haben will – aber nicht darum, »ob« sie es will.[2] Für alle Erwachsenen in meiner Familie war klar, dass ich *irgendwann* Kinder haben werde. Es wurde mir nie die Option aufgezeigt, keine Kinder zu haben. Ich habe mir meine Zukunft deshalb immer mit Kindern vorgestellt. Zu klar war für mich seit dem jüngsten Alter, dass ich unbedingt Kinder haben wollte (war ich das, oder war das die Gesellschaft, die es mir eingetrichtert hatte?). Ich musste lange warten, bevor ich mein erstes Kind bekam, und die Qual des Wartens wurde durch den unterschwelligen Druck, als

---

* Diese Verschmelzung von Frau und Mutter wirkt ausschließend für viele nicht binäre und Trans-Menschen, die Kinder haben wollen.

Frau unbedingt Mutter zu werden, vergrößert. Dieser Druck hört auch nicht beim ersten Kind auf, nein! Eine Mutter ist erst ab dem zweiten Kind vollständig. Mit einem Kind wird sie von der Gesellschaft als Halbmutter betrachtet. Für viele Frauen verschmilzt der Wunsch nach einem zweiten Kind mit der verinnerlichten Anforderung, den wahren Status der Mutter zu erlangen. Dieser Druck ist sehr machtvoll und hat dazu geführt, dass Frauen, die keine Kinder haben wollen, mit viel Skepsis betrachtet werden. Reproduktive Gerechtigkeit soll deshalb die »Wahl« im breiteren Sinne verkörpern: die Wahl, auch gar keine Kinder zu haben. Die Entscheidung, keine Kinder zu haben, kann auch eine Form des Empowerments sein. Ich denke zum Beispiel an afroamerikanische Frauen, die Ende des 19. Jahrhunderts in ihrer Kinderlosigkeit eine Art Übernahme von Macht sahen, in einer Gesellschaft, die schwarze Communitys systematisch verfolgte, unterdrückte und marginalisierte. Viele Männer in der schwarzen Community setzten sich damals gegen Abtreibung ein, weil sie es für eine Form von Genozid hielten, die sich ermächtigenden Frauen entwickelten eine Gegenposition. Und die konnte man auch als altruistisch interpretieren, in dem Sinne, dass Kinder vor einem Leben voll harter Arbeit, Erniedrigung und körperlichem, sexuellem und geistigem Missbrauch bewahrt werden sollten. Manche sahen darin eine Form von Widerstand.[3] Toni Morrisons Roman *Menschenkind* erzählt die tragische Geschichte eines Infantizids, in der eine Mutter, Sethe, ihr eigenes Kind tötet, um es nicht an ihre Unterdrücker zu verlieren. Maryse Condé schneidet das Thema in ihrem Buch *Moi, Tituba sorcière* an, in dem die Titelfigur sich entscheidet, abzutreiben und als Begründung angibt: »Das Leben wäre nur dann ein Geschenk, wenn sich jeder von uns den Bauch aussuchen könnte, der ihn trägt. [...] zur Kohorte der Ausgebeuteten zu zählen, der Gedemütigten, derer, denen ein Name, eine Sprache, ein Glaube aufgezwungen wird, ah, was für eine Tortur!«[4] Auf den

Plantagen überall auf dem amerikanischen Kontinent wurden Tränke für Frauen entwickelt und über die Generationen hinweg übertragen, um Schwangerschaften zu vermeiden und, gegebenenfalls, abzubrechen. Männer versuchen seit jeher systematisch, Frauen und ihre Körper zu unterdrücken und zu kontrollieren. Die Institution der Ehe kontrolliert die Sexualität der Frauen durch Abhängigkeitsmechanismen, die auf Vermögen und wirtschaftlichen Ressourcen basieren. Ohne diese Abhängigkeit wären Frauen freier, darüber zu entscheiden, mit wem sie Sex haben, ob sie Kinder bekommen oder nicht, und mit wem sie die Kinder großziehen. Sollten Frauen frei über ihren Körpern entscheiden, hätte das Patriarchat keinen Hebel mehr. Auch wenn die Kontrolle über den Körper der Frauen historisch nicht einheitlich und überall auf der Welt in gleicher Weise und gleich intensiv ausgeübt wurde, ist sie im Patriarchat zentral.

Wessen Leben ist schützenswert?

Weiße deutsche Frauen, denen muslimische und Schwarze Männer zu nah kommen, werden von manchen weißen Männern nicht nur als Individuen geschützt – was bewahrt werden soll, ist auch die Nation, die sie symbolisieren. Das hört sich abstrakt an und ist zudem den Akteuren nicht bewusst, doch weiße Frauen sind historisch betrachtet Erzeugungs- und Reproduktionsinstrumente patriarchaler Gesellschaften. Von ihnen hängt die Fortführung der Nation ab. Deswegen verbirgt sich auch hinter der Debatte um das Abtreibungsverbot ein größeres Phänomen, das eng mit Rassismus und Nationalismus verbunden ist.

Die Körper der Frauen wurden seit mehreren Jahrhunderten für die Reproduktion der sozialen Hierarchien und der weißen

Vorherrschaft ausgenutzt. Während die Schwangerschaften der einen gefördert und sogar erzwungen wurden, wurden die Schwangerschaften der anderen verhindert, bis hin zur Zwangssterilisierung. Während die »guten« Gene vermehrt werden sollten, wurde versucht, »schlechte« Gene allmählich zu vernichten. Der britische Anthropologe Francis Galton prägte den Begriff der Eugenik bereits 1869 als »die Wissenschaft, die sich mit allen Einflüssen befasst, welche die angeborenen Eigenschaften einer Rasse verbessern«.[5] Darum geht es bei der Eugenik: die Verbesserung der menschlichen Spezies. Ihre Bedeutung im Dritten Reich wurde bereits erörtert. Noch mal: Sie diente zur Rechtfertigung der Morde an kranken und behinderten Menschen sowie an Rom*nja und Sinti*zze und zum gewissen Maß an Juden*Jüdinnen und Homosexuellen im Rahmen der »Vernichtung lebensunwerten Lebens«. Die Menschenversuche und Zwangssterilisierungen in Konzentrationslagern waren Teil dieser eugenischen Unternehmung. Der französische Denker Michel Foucault zeigte, dass die Evolutions- und Überlebenstheorien der Stärksten (Sozialdarwinismus), dieser Politik des Tötens zugrunde lagen.[6]

Die Kehrseite der Zwangssterilisation und etlicher Maßnahmen zur Kontrolle der Vermehrung von »unterlegenen Rassen« im Nationalsozialismus war eine verstärkte Geburtenpolitik für weiße arische Frauen, mit strengem Abtreibungsverbot. Deutsche Familien wurden ermutigt – ja sogar durch eine strenge Gesetzgebung gezwungen –, so viele Kinder wie möglich zu zeugen. In beiden Fällen werden die Körper der Frauen instrumentalisiert und kontrolliert: Zwangssterilisation und Abtreibungsverbot sind Verstöße gegen die körperliche Unversehrtheit und die freie Entscheidungsmacht der Frauen und anderen Menschen mit Gebärmutter.

Das Recht auf Abtreibung galt in den letzten Jahrzehnten in vielen europäischen Ländern als unumstößlich. Doch in den letzten Jahren wird es zunehmend infrage gestellt. Im Kern geht es bei der deutschen Debatte rund um den Paragraphen 219a um die Frage, ob die reproduktiven Rechte und die Autonomie der Frauen schwerer wiegen als ihre Rolle zur Aufrechterhaltung der Nation (auch wenn es selten so formuliert wird). Anders gesagt: Warum greift der Staat so stark ein in den Umgang von Frauen mit ihrem Körper? Paragraph 219a im Strafgesetzbuch verbietet »Werbung für den Abbruch der Schwangerschaft«. Ärzt*innen machen sich schon strafbar, wenn sie öffentlich Abbrüche anbieten. Seit seiner Einführung 1933 wurde der Paragraph 219a kaum verändert. Dass er direkt zu Beginn der Naziherrschaft eingeführt wurde, ist kein Zufall, und auch kein Wunder. Die nationalsozialistischen Gesetzgeber beanspruchte die Deutungshoheit über den Wert des Lebens. Es hinterlässt einen bitteren Nachgeschmack, dass sich auch der heutige Staat weiterhin diese Deutungshoheit sichert. Um diese Politik durchzusetzen, entwickelten Hitler und seine Regierung einen regelrechten Kult um die arische Mutter. Bereits 1933 erklärten sie den Muttertag zum öffentlichen Feiertag. Immer wieder erinnerte Hitler an die Wichtigkeit der Mutterschaft. Der Paragraph 219a stammt also aus einer Zeit, in der Ehrenkreuze »als sichtbares Zeichen des Dankes des Deutschen Volkes an kinderreiche Mütter« verliehen und gleichzeitig Millionen von Menschen zwangssterilisiert und ermordet wurden.

Die Argumente der europäischen sogenannten »Pro-Life«-Bewegung sind daher von Doppelmoral gekennzeichnet. Das Hauptmotto der Bewegung lautet: »Der Schutz des Lebens hat eine überragende Bedeutung«. Aber wessen Leben? Wo ist die breite Empörung, wenn tausende von Menschen auf ihrem Weg nach Europa aufgrund restriktiver europäischer Asyl- und Migrationspolitik und Frontex im Mittelmeer ertrinken? Wo ist die Empörung über massive Waffenexporte aus Deutschland, die sogar in Kriegsgebiete liefern, wo tausende von Menschen aller Altersklassen getötet werden? Wo ist die Empörung über die zunehmende Anzahl von »eugenischen« Abtreibungen (also etwa von Downsyndrom-Babys)? Ironischerweise setzten sich Abtreibungsgegner*innen gerne auch für die Todesstrafe und für das Recht, Waffen zu besitzen, ein, zumindest in den USA. Die US-amerikanische Pro-Choice Aktivistin Lindy West sagte in der *Daily Show*: »Anti-Choice-Leute versuchen nicht, Abtreibungen zu stoppen, sie versuchen, Gesetze darüber zu erlassen, wer abtreiben darf, weil konservative Politiker, ihre Frauen, Töchter und Geliebten immer irgendwo abtreiben können. Alles, was die Anti-Choice-Rhetorik bewirkt, ist, Menschen über Generationen hinweg in Armut gefangen zu halten. Das ist das Ziel, und wäre es das nicht, würden sie ihre Zeit und ihr Geld für umfassende Sexualerziehung, kostenlose Geburtenkontrolle und kostenlose Verhütung ausgeben.«[7]

Rechte und nationalistische Strömungen treiben ihre politischen Ziele in Anti-Choice-Bündnissen auch im Europäischen Parlament aktiv voran. Die Abtreibungsgegner*innen betreiben intensives Lobbying in Brüssel. Zu den Geldgeber*innen der breit angelegten Anti-Choice-Kampagne zählen einflussreiche ausländische Sponsor*innen, vor allem aus Russland und den USA. Im 2017 erschienen ARTE-Dokumentarfilm *Pro Life – Abtreibungsgegner auf dem Vormarsch* wird über die Methoden, Finanzierungsquellen und Strategien solcher Bündnisse berichtet. Der Zeitpunkt, zu dem das Recht auf Abtreibung zunehmend infrage gestellt wird – wie etwa in der Debatte um den Paragraphen 219a in Deutschland –, ist kein Zufall. Er fällt zusammen mit der Angst vor Überfremdung und dem Niedergang der weiß-europäischen Bevölkerung. In diesem Kontext rücken Frauen wieder in die Rolle der gebärenden Mütter, die für die Reproduktion und Aufrechterhaltung der Nation gelten. Die Entscheidungsfreiheit und Selbstbestimmung der Frauen stellt nicht nur in Bezug auf Schwangerschaft, sondern auch auf Ehe, Beziehungen und Sex, eine große – wenn nicht die größte – Gefahr für den Nationalismus dar.

Die Angst vor dem Aussterben

Die Rückkehr von Abtreibungsgegner*innen basiert auf der Angst des Aussterbens der weißen »Rasse«. Die Besorgnis über einen Überfluss an Zugewanderten aus anderen ethnischen Hintergründen ist ein immer wiederkehrendes Argument in der Einwanderungsdebatte. Ein bezeichnendes Beispiel ist ein Slogan, den der CDU-Politiker Jürgen Rüttgers während seiner Kampagne im Jahr 2000 häufig verwendete: »Kinder statt Inder«. Mit diesem Schlagwort sollte ursprünglich zum Ausdruck gebracht werden, dass die politische Partei die Förderung der Berufsausbildung von deutschen Jugendlichen der Rekrutierung indischer IT-Experten vorzieht. Dieser Slogan wurde jedoch weithin als ein Plädoyer für das Aufblühen einer neuen Generation von einheimischen Deutschen verstanden, anstatt sie durch Ausländer*innen – und deren Nachkommen – zu ersetzen. Er wurde später von der rechtsextremen politischen Partei »Die Republikaner« übernommen.

Ein Jahr später, in einem vom baden-württembergischen Innenministerium in Auftrag gegebenen Gutachten des Bevölkerungsexperten Herwig Birg, wurden zwei wesentliche Ansatzpunkte für den Bevölkerungsrückgang in Deutschland skizziert. Als erste Option nennt Birg eine kompensatorische Zuwanderungspolitik, die das Geburtendefizit bei zunehmender Zuwanderung ausgleichen soll. Die zweite Option, die er klar favorisiert, zielt auf die Rückkehr zu einer, wie er es nennt, »demographisch nachhaltigen gesellschaftlichen Entwicklung«, die durch eine effizientere Familienpolitik dazu beitragen würde, schrittweise die Geburtenrate von zwei Kindern pro Frau zu erreichen[8]. Birg beschreibt eine erfolgreiche Integrationspolitik als eine Politik, die die Stabilität der gesellschaftlichen Struktur und den Erhalt der kulturellen Grundlagen der Gesellschaft ermöglicht. Eine inakzeptable Folge einer verstärkten Zuwanderung wäre seiner Meinung nach, dass die deutsche Bevölkerung zu einer zahlenmäßigen Minderheit im eigenen Land würde[9]. Diese Prophezeiung ist eher das Ergebnis emotionaler Ängste als von verlässlichen Berechnungen, denn sehr viele Deutsche gehören heutzutage einer ethnischen Minderheit an. Jegliche Bevölkerungskontrollmaßnahme basiert auf der tief sitzenden Angst vor dem Aussterben der weißen Mehrheit, die zur Minderheit wird.

Ein halbes Jahrhundert nach dem Dritten Reich verteidigt Birg mit kolonialen und rassistischen Bildern explizit das Konzept der *Leitkultur* und fordert die Aufrechterhaltung der weißen Dominanz in Deutschland. Ab der Nachkriegszeit wurde *Rasse* allmählich durch *Kultur* ersetzt. Rassismus basiert in Deutschland und Europa nicht mehr auf der Kategorie »Rasse«, sondern auf einer Kultur, die *rassifiziert* wird und ethnische Minderheiten im Land bezeichnet. Wie Birg darlegte, ist dieses Schema an die soziale Konstruktion der Nation als rassische Einheit gebunden.

Wieder zwanzig Jahre später finden sich Birgs Ängste in der Mainstream-Debatte über Zuwanderung. Nicht nur Rechtsextreme, sondern auch konservative Stimmen spielen mit dem Topos, dass Deutschland sich abschafft, und Muslime in absehbarer Zeit die Mehrheit der Bevölkerung stellen werden. Diese Zukunftsszenarien färben nicht nur die deutsche öffentliche Debatte, sondern erweitern sich auf globale Themen, wie zum Beispiel die Klimakrise, für die immer mal wieder die »Überbevölkerung« des globalen Südens verantwortlich gemacht wird. Der sogenannte Ökofaschismus, den man sowohl bei der *Alt Right*-Bewegung, als auch bei Mainstream-Umweltschützer*innen wie Michael Moore mit seinem Film *Planet of the humans* verorten kann, will menschliches Leben durch autoritäre Maßnahmen und Gewalt kontrollieren, um die Umwelt zu retten. Diese Ideologie, auch wenn sie in Europa marginal bleibt, bezieht ihre Glaubwürdigkeit aus dem Malthusianismus, der die globale Überbevölkerung für unsere Klimakrise verantwortlich macht. Die Hinterlassenschaften von Kolonialismus und die Systeme von Rassismus, Patriarchat und Kapitalismus nähren diese Ideologie und erlauben es, die Schuld von Konzernen, die die Hauptverusacher der Klimakrise sind, marginalisierten Gemeinschaften auf der ganzen Welt in die Schuhe zu schieben.

Zusätzlich zur Hauptstrategie, fossile Brennstoffe durch erneuerbare Energien zu ersetzen, wird im Klimawandeldiskurs immer wieder verlangt, Staaten sollten sich der graduellen Reduzierung der Weltbevölkerung widmen.[10] Die Logik dahinter ist, dass die Überbevölkerung das Problem der steigenden CO_2-Gasemissionen darstellt und die knappen Ressourcen belastet. »Gemäßigte« Stimmen fordern auch heute noch eine Integration von Familienplanungs- und Umweltpolitiken, mit dem Argument, es sei so gut für Frauen wie für den Planeten.

Erinnern wir uns an Beispiele von Bevölkerungskontrolle: Kampagnen zur Zwangssterilisation von Schwarzen Frauen und Native American Women in den USA bis weit in die 1970er,[11] Massensterilisationskampagnen, die von der US-Philanthropie in Indien gefördert wurden, oder die differenzierte Politik der reproduktiven Rechte, die der französische Staat zur Förderung von Abtreibung und Empfängnisverhütung in seinen sogenannten Überseedepartements betrieb, während er deren Einsatz in der Metropole in den 70er Jahren kriminalisierte,[12] und jüngst die Zwangsverhütung von jüdischen Einwanderinnen aus Äthiopien durch israelische Gesundheitsbehörden. Alles Beispiele, die den eklatanten Rassismus von Bevölkerungskontrolle entlarven. Das Eintreten für Familienplanung (Geburtenkontrolle) im Namen der Rechte der Frau im globalen Süden trägt wenig dazu bei, die Bedenken zu zerstreuen, dass die Verknüpfung von Demographie und Umwelt zu desaströsen Ergebnissen kommen könnte – nicht zuletzt deshalb, weil fehlende Bevölkerungskontrolle einfach nicht die Ursache der Klimakrise ist. Die Klimakrise rührt von einem kapitalistischen System endlosen Wachstums und endloser Rentabilität auf Kosten der Menschen und der natürlichen Ökosysteme her. Dieses System ist eng mit der Geschichte des Kolonialismus und der ungleichen Verteilung knapper Ressourcen verflochten. Eine Erzählung, die etwas anderes suggeriert, und die die Rechte der Frauen als Königsweg zum Klimawandel instrumentalisiert, sollte in unseren Köpfen sofort rote Flaggen wehen lassen.

Von Rechten für einige zur Gerechtigkeit für alle

Schwarze Feminist*innen prägen 1994 den Begriff »reproduktive Gerechtigkeit«, um den Kampf für reproduktive Rechte in einem politischen Kontext der sich überschneidenden Unterdrückung von Rasse, Geschlecht und Klasse neu zu positionieren. In der Praxis bedeutet dies, die persönliche körperliche Autonomie zu wahren – und sich sowohl für das Recht, kein Kind zu bekommen, als auch für das Recht, ein Kind in einer gesunden, würdigen und sicheren Umgebung aufzuziehen, einzusetzen. Ein Recht, das Schwarzen Frauen, indigenen Frauen, Rom*nja-Frauen, Frauen of Color, queeren, Trans- und behinderten Menschen allzu oft verweigert wird. Darin liegt in der Tat der grundlegende Beitrag der reproduktiven Gerechtigkeit. Ermüdet und verärgert von einem Mainstream-Rahmen für reproduktive Wahlmöglichkeiten, der die Rechte von meist weißen, heterosexuellen Frauen aus der Mittelschicht fokussierte und überwältigend begünstigte, haben Schwarze Feminist*innen einen Rahmen geschaffen, der den Aktivismus von einem engen Fokus auf den abstrakten Begriff der Wahlmöglichkeit zu einer breiteren Agenda für einen Systemwandel bewegt. Es stellt sich heraus, dass die reproduktive Gerechtigkeit eine mächtige Linse ist, durch die wir der Umweltgerechtigkeit einen Sinn geben können: Wir müssen uns mit den systemischen Wurzeln der Klimakrise auseinandersetzen und in die Fußstapfen von Basisaktivist*innen treten, die in ihren Communitys bereits die Arbeit leisten. Wir sollten unermüdlich daran arbeiten, dass sich die gegenwärtige Covid-19-Krise als Katalysator für die Klimagerechtigkeit erweist, die wir dringend brauchen.

11. DAS ENDE DER UNTERDRÜCKUNG

> »Another world is not only possible, she's on her way. Maybe many of us won't be here to greet her, but on a quiet day, if I listen very carefully, I can hear her breathing.«
> *Arundhati Roy*[1]

In den letzten Kapiteln habe ich versucht, die sozialen Hierarchien aufzudecken, die in sämtlichen Gesellschaftsteilen über Jahrhunderte hinweg Menschen als unterlegen und überlegen, als wertvoll und wertlos konstruiert haben. Können diese Hierarchien aufgebrochen werden? Kann die resultierende Unterdrückung überwunden werden? Ist eine tiefgehende, holistische und nachhaltige Veränderung möglich? Dieses Kapitel ist kein Ratgeber und erhebt nicht den Anspruch darauf, Leser*innen eine magische Formel für die Überwindung der Unterdrückung bereitzustellen, samt konkreten Handlungsempfehlungen. Vielmehr nimmt das Buch am Ende eine aus meiner Sicht unerlässliche spirituelle Wendung. Wir können uns der Unterdrückung und den Hierarchien, auf denen sie basiert, nur mit einem tiefen kollektiven Bewusstseinswandel entziehen. Spiritualität hat in diesem Zusammenhang wenig mit Religion zu tun (ich bin selber nicht religiös); es geht vielmehr um die Suche nach und Kultivierung einer Verbindung zwischen allen Lebewesen. Die Veränderung geht mit einer spirituellen Öffnung einher.

Eine Veränderung ist nicht nur möglich, sie ist in den Worten der Schriftstellerin Arundhati Roy unterwegs. Dieser letzte Teil des Buchs widmet sich also diesem Veränderungsprozess und dem Paradigmenwechsel, der damit verbunden ist. Wie sieht eine tiefgehende systemische Veränderung aus? Wie können wir individuell und kollektiv zu dieser Metamorphose beitragen? Wie können wir sicherstellen, dass wir die Fehler und Muster der Vergangenheit nicht wiederholen? Die Metamorphose gebiert den Schmetterling. Viele Kulturen assoziieren ihn mit unserer Seele, sehen in ihm ein Symbol der Auferstehung. Auf der ganzen Welt sehen die Menschen den Schmetterling als Symbol für Ausdauer, Veränderung, Hoffnung und Leben. Niemand weiß, ob am Ende der Metamorphose eine *bessere*, gerechtere Welt entstehen wird. Die Metamorphose ist kein Selbstzweck und kein Endziel, sondern ein Prozess, eine Reise, auf die wir seit einigen Jahrzehnten kollektiv gehen. Diese Reise bestimmt, wie die Veränderung aussehen wird, und welche Rolle wir dabei spielen werden. Die Veränderung geht mit einem kollektiven Erwachungsprozess einher, der sich sowohl auf der politischen als auch auf der spirituellen Ebene ergibt. Der gegenwärtige Veränderungsprozess verlangt deshalb die Erkenntnis, dass unser Gedanken- und Wertesystem, in dem das Individuum im Mittelpunkt steht, überwunden werden muss. Die Metamorphose betrifft die Menschheit als Ganzes. Die Macht der Veränderung liegt in der kollektiven Energie, die sie generiert. Nur als Kollektiv können wir uns vom engen Kokon befreien und fortfliegen.

In seinem Buch *The End of Protest* beschreibt der Autor Micah White vier Theorien sozialer Veränderung. Die erste verbreitete Theorie versteht soziale Veränderung als einen menschlichen Prozess: Die Aktionen von Menschen bringen Veränderungen mit sich. Laut der zweiten Auffassung geschieht Veränderung unabhängig von menschlicher Aktion. Stattdessen wird soziale Veränderung als Folge eines organischen Prozesses verstanden. Zum Beispiel treffen der Arabische Frühling und Occupy Wall Street zeitlich zusammen mit hohen Nahrungsmittelpreisen, die wiederum vom Klimawandel verursacht wurden. Laut dieser Theorie geschieht Revolution ohne den Eingriff von Menschen. Die dritte Theorie versteht Veränderung als einen menschlichen Prozess, der den materiellen Bereich nicht einbezieht. Stattdessen ist Revolution ein Sinneswandel. Laut dieser Auffassung ändert sich die Realität durch die Geisteshaltung: Wer die Realität ändern will, muss die Art und Weise ändern, wie man die Realität sieht. Sozialer Wandel könnte also durch Meditation, spirituelle Praxis und Mindset-Veränderung befördert werden. Die vierte Theorie versteht sozialen Wandel als überirdischen Prozess, der durch das Eingreifen sozusagen göttlicher Kräfte geschieht.[2] Diese Auffassungen schließen sich gegenseitig nicht aus, sondern wirken verschränkt und komplementär. Die Kräfte, der kollektive Wille und die Handlungen, die hinter der sozialen Veränderung stecken, zerbröckeln in ihrer Gesamtheit das Fundament der Unterdrückungssysteme. Die haben sich bisher sozialem Wandel angepasst, ohne die Macht neu zu definieren: Die Umwälzung der Monarchie während der Französischen Revolution, die Abschaffung der Sklaverei, die Beendung der Kolonialherrschaft, die Niederlage des Nationalsozialismus, die Erlangung des Frauenwahlrechts, die Beendung des Kalten Krieges, die Abschaffung von Apartheid in Südafrika und der Segregation in den USA, all das waren wichtige Ereignisse und Meilensteine im Kampf für soziale Gerechtigkeit. Doch haben diese Erscheinungen zwar tiefgehende Veränderungen mit sich gebracht – wie mehr Rechte für Menschen, die bisher der brutalen, in Gesetzen und Recht verankerten Unterdrückung durch Staaten und institutionelle Mächten ausgeliefert waren –, die Hierarchien, die einer solchen Unterdrückung zugrunde lagen, blieben jedoch bis heute intakt, wenn auch in veränderter Form. Weder die weiße Vorherrschaft, noch die männliche Dominanz, noch die Übermacht des Kapitals wurden dadurch abgeschafft. Die Überlegenheit der Weißen und ihre Herrschaft über Schwarze Menschen und die Kolonisierten waren zwar nicht mehr im Gesetz verankert, sie wirkten aber lange nach der Abschaffung solcher Gesetze nach. Frauen, Trans- und *nonbinary*-Menschen leiden nach wie vor unter dem Patriarchat, trotz Wahlrecht, Recht auf Scheidung, gleichgeschlechtlicher Ehe und dem Eintragen des Dritten Geschlechts im Personenstand. Diese Ereignisse haben Unterdrückung und Ungleichheiten weniger greifbar gemacht, ohne sie zu beseitigen. Sie wirken schleichend und fast unmerklich. Die öffentliche Debatte drehte sich bis vor Kurzem fast ausschließlich um die Frage: Gibt es überhaupt Ungerechtigkeit? Existiert Sexismus heute noch? Gibt es Rassismus wirklich noch?

In den letzten Jahren geschieht jedoch eine langsame, aber stetige kollektive Epiphanie, die an den Wellen der Bewusstwerdung der 1960er und 1970er anknüpft: Globale soziale Mobilisierungen, sowohl online als auch offline, Proteste, wie etwa #MeToo, Black Lives Matter oder Fridays for Future, enthüllen die Logik der Unterdrückung allmählich und schrittweise, wirkmächtig und gewaltig. Niemand kann sagen, ob diese Bewegungen zu einer Neudefinition von Macht und einer Beseitigung von sozialen Hierarchien und Unterdrückung führen werden. Inwiefern unterscheiden sich diese Bewegungen von ihren Vorgängern? Bringen sie uns dieses Mal wirklich weiter? Ich glaube ja. Zwar nicht morgen, nächstes Jahr oder in zehn Jahren – sondern wahrscheinlich über unsere Lebzeiten hinaus. Veränderung verlangt nicht nur Loslassen, Vertrauen und Hoffnung, sondern auch Zeit und Geduld. Die gegenwärtige Welle von sozialen Bewegungen zielt auf die gesamte gesellschaftliche Struktur ab. Sie stellt die Verteilung der Macht infrage. Eine solche Veränderung ist deshalb nicht nur weniger greifbar als in der Vergangenheit, sondern auch viel tiefgreifender und radikaler. Sie ist nicht so klar definierbar, artikulierbar und örtlich und zeitlich nicht begrenzt. Sie ist organischer und flexibler, und nicht kontrollierbar. Sowohl für diejenigen, die versuchen, auf der Veränderungswelle zu surfen, als auch für die anderen, die sich mit aller Kraft gegen diesen Wandel wehren, bereitet diese besondere Zeit Schwierigkeiten.

Die Metamorphose von einer Raupe zu einem Schmetterling erfolgt im Puppenstadium. Während dieses Stadiums stirbt der alte Körper der Raupe ab, und ein neuer Körper bildet sich innerhalb einer schützenden Hülle, die als Puppe bezeichnet wird. Tod ist ein unvermeidlicher Teil des Veränderungsprozesses. Das multidimensionale Chaos, das unsere Welt seit ein paar Jahrzehnten in Form von politischen, wirtschaftlichen, kulturellen, ökologischen und spirituellen Krisen erschüttert, die sich in allen Teilen des Planeten zwar unterschiedlich materialisieren, dennoch untrennbar miteinander verbunden sind, ist ein Ausdruck dieser Umwandlung. All das Chaos, die Angst und die Trennung, die wir derzeit in der Welt sehen, kann so interpretiert werden, dass etwas zu Ende geht und ein neues Paradigma des Friedens, der Ganzheit, des fair geteilten Wohlstands, der Freiheit und der Liebe beginnt. Es ist zumindest eine hoffnungsvolle, inspirierte Art, die gegenwärtigen Verwerfungen zu interpretieren. Die Metamorphose ist unvermeidbar – und verlangt ein Loslassen. Wir stehen deshalb vor einer wichtigen Entscheidung: entweder Hoffnung, Vertrauen und Durchhaltevermögen (wichtige Kräfte, die die Veränderung begleiten können) – oder Angst, Verweigerung und Abwehr gegen die Entstehung einer neuen, unterdrückungsfreien Weltordnung.

Loslassen und Vertrauen werden häufig fälschlicherweise für Passivität und Resignation gehalten, auch wenn sie das Gegenteil sind und Mut, Kraft und Entschlossenheit verlangen. Angst und Abwehr dagegen sind erwartbare Reaktionen auf Ungewissheit und Veränderung. Wir halten fest an dem, was wir kennen und uns vertraut ist. Dank der Neurowissenschaften wissen wir, dass das Gehirn Unsicherheit, Unbeständigkeit, Mehrdeutigkeit und Unvorhersehbarkeit genauso wahrnimmt, wie es die Bedrohung durch einen Löwen in der Savanne registriert. Es aktiviert den gleichen Teil des Gehirns und löst die gleiche Reaktion aus: eine akute Stressreaktion (auch bekannt als Kampf- oder Fluchtreaktion), als hätten wir es mit einer tatsächlich lebensbedrohlichen Attacke zu tun. Unser Gehirn hat diese Funktion entwickelt, um uns vor Gefahren zu schützen, doch in der modernen Welt nutzt sie nicht viel. Die Angst vor dem Unbekannten ist so machtvoll, dass sie vielen von uns die Illusion gibt, dass, der Veränderung zu widerstehen und sie abzulehnen, Sicherheit bringt. Loslassen, Vertrauen und Hoffnung dagegen verlangen von uns, dass wir eine aktive Rolle übernehmen und die Angst bewusst und liebevoll annehmen. Es handelt sich nicht um einen Kampf gegen die Angst oder ihre Vermeidung, sondern um eine mutige Haltung gegenüber der Angst: die radikale Akzeptanz.

Die Fixierung auf die Vergangenheit macht es schwierig, sich eine von ihr losgelöste Zukunft vorzustellen, die für sich selbst steht, voller Möglichkeiten. Neue Lösungen können nicht auf alte Weise geschaffen werden. Um diesen Gedanken weiter zu schärfen, möchte ich Audre Lorde zitieren, die vor den Fallstricken warnte, das Problem zu reproduzieren, das wir eigentlich lösen wollten: »Denn die Werkzeuge des Sklavenhalters werden sein Haus niemals zum Einsturz bringen. Sie erlauben uns vielleicht kurzzeitig, ihn in seinem eigenen Spiel zu schlagen, aber sie werden uns nie in die Lage versetzen, wirklichen Wandel herbeizuführen.«[3]

Wie Hierarchien aufgebrochen werden

>»You have to act as if it were possible to radically transform the world. And you have to do it all the time.«
>
> *Angela Davis*[4]

Auf unserem Planeten vollzieht sich also derzeit ein groß angelegter Bewusstseinswandel. Immer mehr Menschen interessieren sich für dekoloniale Perspektiven, für das Verlernen von alten Mustern, für unterschiedliche Arten des Wissens und Seins, für die Infragestellung unserer Annahmen, und für die Erfahrung möglicher Verstrickungen mit Dimensionen, die über die materielle, physische Welt hinausgehen. Dafür müssen wir auf einen kollektiven Weg der Heilung, der Anerkennung, der Vereinheitlichung und der radikalen Selbstliebe gehen. Wir können von unserem gegenwärtigen System abweichen, das durch die Trennung zwischen Menschen und zwischen Mensch und Natur, durch Kapitalismus, Patriarchat und weiße Vorherrschaft sowie durch vielfältige Formen sozialer und ökologischer Gewalt gekennzeichnet ist. Das alles basiert auf Hierarchien, die wir durch unsere täglichen Handlungen und Gedanken aufrechterhalten. Diese Hierarchien sind machtvoll. In ihrer Schwäche liegt dennoch die größte Hoffnung ihrer Überwindung: Denn sie beruhen lediglich auf dem kollektiven Glauben daran, dass sie existieren. Sollten wir *alle* morgen aufhören, uns selbst in diese Hierarchien einzuordnen – sei es durch den systematischen Vergleich mit anderen Menschen, durch die ewige Suche nach Perfektion, durch den Wettlauf nach oben, oder durch die Versenkung in Selbsthass –, würden die Hierarchien ihre Macht verlieren. Dafür brauchen wir einen neuen Rahmen für das Denken, Handeln und Fühlen. Wir brauchen dafür, wie es die US-Aktivistin Sonya Renee Taylor fordert, radikale Selbstliebe; denn nur wenn wir die Liebe für uns selbst und für die anderen nicht mehr von der Position in der Hierarchie – die sie »die Leiter« nennt – abhängig machen, kann die Hierarchie aufgebrochen werden.[5] Die kollektive Energie, die wir täglich darauf verwenden, die Hierarchie aufrechtzuerhalten, wäre dadurch befreit und könnte eine neue Welt der Möglichkeiten eröffnen.

Mit ihrem das letzte Kapitel beschließenden Zitat stieß Audre Lorde einen tiefgehenden Denkprozess in aktivistischen Kreisen an. Unterdrückungsmuster durchdringen alle Lebensbereiche, inklusive der Bewegungen, die sich ihrer Abschaffung verschrieben haben. Wie können wir der Reproduktion der von den Unterdrückern ererbten Muster entgehen? Friedrich Nietzsche warnte vor dem Teufelskreis der Macht: »Wer mit Ungeheuern kämpft, mag zusehn, dass er nicht dabei zum Ungeheuer wird. Und wenn du lange in einen Abgrund blickst, blickt der Abgrund auch in dich hinein.«[6] Wie geht es also? Kann die Falle der Wiederholung vermieden werden?

Audre Lordes Zitat hat mich oft darüber nachdenken lassen, ob wir ein Problem abschaffen können durch den Einsatz der gleichen Instrumente, die es überhaupt erst geschaffen haben. Es lässt denjenigen, die eine Transformation wollen, nur sehr wenige Alternativen. Was hat Audre Lorde gemeint? Wenn wir in das Haus des Sklavenhalters einziehen und ihn stürzen, und weiterhin die gleichen Kontrollinstrumente einsetzen, die er einsetzte – wie physische Gewalt, Strategien des Trennens und Herrschens sowie Entmenschlichung –, wird das vergangene System lediglich durch ein anderes Unterdrückungssystem ersetzt, auch wenn die Absicht darin bestand, der Ungerechtigkeit ein Ende zu setzen. Es wurde nichts anderes getan, als genau das zu werden, was abgebaut werden sollte. Dies geschieht, weil wir in den Systemen gefangen bleiben, die wir kennen. Audre Lordes Zitat deckt sich mit dem, was Gandhi und Nietzsche sagten: Seid die Veränderung und hütet euch vor den Ungeheuern. Alle drei warnen uns vor der Versuchung, die Macht an uns zu reißen mit der Absicht, die Macht selbst zu stürzen. Die Aktivistin Kimberly Jones sagte in einer sehr schlagkräftigen Rede über die 400 Jahre lange rassistische Ungerechtigkeit in den USA, dass »Weiße Glück haben, dass Schwarze nach Gleichberechtigung und nicht nach Rache streben.«[7] Die Möglichkeit von Rache ist das, was den Mächtigen Angst macht. Wenn die Unterdrückten Gleichheit verlangen, wird es oft als Rache interpretiert. Doch geht es bei Befreiungsbewegungen nicht darum, die Macht umzukehren und die Unterdrücker zu dominieren. Es geht darum, die Vision einer gerechteren, unterdrückungs- und hierarchiefreien Welt zu verwirklichen.

Vergiss alles, was du weißt

>»Um wirklich visionär zu sein, müssen wir unsere Vorstellungskraft in unserer konkreten Realität verwurzeln und uns gleichzeitig Möglichkeiten jenseits dieser Realität vorstellen.« *bell hooks*[8]

Noch mal also: Wie geht das? Um das Beste aus der gegenwärtigen Transformation zu machen, müssen wir lernen, uns von der Welt, wie wir sie kennen, loszulösen. Es heißt natürlich nicht, dass wir vergangene Ereignisse *vergessen* sollten. Vielmehr sollten wir die alten Strukturen, die bis heute wirken, verstehen und sichtbar machen. Nur so ist es möglich, eine ewige Wiederholung zu vermeiden. Wir müssen uns sämtlicher Botschaften bewusst werden, die wir täglich aufnehmen und die die sozialen Hierarchien bekräftigen. Statt sie einfach auf uns einwirken zu lassen, müssen wir sie erkennen und entscheiden, inwiefern wir sie auf uns wirken lassen wollen. Erst, wenn wir die Bilder, Repräsentationen, Narrative, die die Überlegenheit der einen und die Unterlegenheit der anderen bestätigen, erkennen, können wir die globalen sozialen Hierarchien abbauen und Platz für etwas Neues schaffen.

Neue Strukturen zu schaffen, setzt deshalb einen Prozess des Verlernens voraus. Was genau müssen wir verlernen? Alles, was in der Kolonialzeit entstanden ist?

Wenn wir der Versuchung erliegen, an den Mythos der perfekten vorkolonialen Gesellschaften zu glauben und alles, was entweder aus der Kolonialisierung hervorgegangen ist, oder Dinge, die kolonisiert, instrumentalisiert, *whitewashed* und entpolitisiert wurden, zu verwerfen und zurückzuweisen, bleibt uns nur sehr wenig übrig. Es würde sich eine manichäische Sicht der Welt ergeben, die weder zutreffend noch hilfreich ist. Stattdessen müssen wir diejenigen kolonialen Denkmuster entlarven und konfrontieren, die die Systeme der Unterdrückung aufrechterhalten. Die Notwendigkeit der Dekolonisierung von Wissen setzt das Zugeständnis voraus, dass es irgendwann kolonisiert wurde. Das wiederum bedeutet, zuzugeben, dass das, was wir bisher als objektiv und neutral angepriesen haben, in Wirklichkeit meist subjektiv und voreingenommen war. Das steht dem Mythos der Objektivität entgegen, den ich im Kapitel über das westliche Wissen behandelte. Er postuliert eine Realität, die nicht infrage gestellt werden kann und die jede andere Perspektive ausschließt. Wenn dann doch etwas geschieht, was diese dominante Perspektive infrage stellt, neigen wir dazu, diese zu verteidigen und zu rationalisieren. Das ist eine normale Reaktion des Verstandes.

Wissenschaftler*innen, die an akademische Objektivität glauben, haben kein Problem zu behaupten, dass Wissen Macht ist. Was sie beunruhigt, ist das Eingeständnis, dass Macht Wissen ist. Michel Foucault dachte, dass Macht und Wahrheit eng miteinander verbunden oder sogar dasselbe sind. Karl Marx sagte berühmterweise: »Die herrschenden Ideen einer Zeit waren stets nur die Ideen der herrschenden Klasse.«[9] Die ständige Bewertung der Ideen von Menschen innerhalb der Wissenschaft ist an und für sich eine Ausübung von Macht. Aber ist es von Natur aus schlecht, Ideen zu bewerten, zu beurteilen und wie an der Universität zu diskutieren? Nein; bedrückend sind die Kriterien, nach denen Ideen als objektives Wissen definiert werden. »Vergiss alles, was du weißt«, die Überschrift dieses Kapitels, bedeutet, zu akzeptieren, dass wir uns (manchmal) geirrt haben könnten. Es geht darum, die Möglichkeit zuzulassen, dass das, was wir für ewig geltende Erkenntnisse halten, in Wirklichkeit nicht mehr als interessante subjektive Gedanken unter anderen und nicht die absolute Wahrheit sind. Der Prozess der Dekolonisierung von Wissen ist daher eine schwierige Übung, die ein hohes Maß an Offenheit erfordert. Manche wissenschaftlichen Fakten haben sich als falsch erwiesen, wie der wissenschaftliche Rassismus oder die Konstruktion der Frauen als unterlegen. Damit, dies einzugestehen, hat niemand ein Problem. Doch wir haben es versäumt, die Institution des Wissens selbst in Frage zu stellen, die es überhaupt erst ermöglichte, sie als absolute Wahrheiten zu behandeln.

In erster Linie gilt es, Dinge, die wir für objektiv, neutral, rational und universell halten, infrage zu stellen und sie als nur einen Teil der Realität zu betrachten – nicht als die *einzige* Realität (so wie eine redliche Wissenschaft ihre Erkenntnisse immer nur als vorübergehend begreift). Wir müssen über die künstlichen Grenzen hinausgehen, die uns bisher daran gehindert haben, die Welt in ihrer Gesamtheit zu betrachten und die Vielzahl an Möglichkeiten jenseits von Herrschaft, Unterdrückung, Kontrolle und Ungleichheit wahrzunehmen.

Sollten wir versuchen, den Rat von Audre Lorde umzusetzen, müssten wir jede Form der Bewertung oder Beurteilung von Ideen ablehnen und davon ausgehen, dass alles *relativ* ist? Dass keine*r von uns recht hat und wir alle unrecht haben? Nein. Denn diese Art von Relativismus ist eine weitere Form der Neutralität, die Gerechtigkeit verhindern kann, weil sicherlich nicht alle Meinungen richtig und nicht alle Perspektiven gültig sind. Der ghanaisch-britische Autor Kwame Anthony Appiah bringt das Trennende des Relativismus' auf den Punkt: »Denn wenn der ethische und moralische Relativismus gerechtfertigt wäre, müssten wir am Ende vieler Diskussionen zu dem Eingeständnis gelangen: ›Aus meiner Perspektive habe ich recht. Aus Ihrer Perspektive haben Sie recht.‹ Und dann gäbe es weiter nichts zu sagen. Aufgrund der unterschiedlichen Perspektiven lebten wir dann tatsächlich in verschiedenen Welten. Und worüber sollte man diskutieren, wenn es keine gemeinsame Welt gibt?«[10] Der Relativismus führt nicht zu mehr Toleranz gegenüber verschiedenen Perspektiven, sondern setzt das fort, was die unterdrückende Vorstellung des Universalismus getan hat: Anstatt die neuen Perspektiven in das Gespräch einzubeziehen, schafft er Gleichgültigkeit gegenüber diesen. Die Leser*innen, die die Logik des Systems verinnerlicht haben, werden dieses Buch und die darin dargelegten Ideen und Perspektiven sehr wahrscheinlich ablehnen oder sie wenigstens mit Skepsis betrachten. Manche werden das Buch schon bei den ersten Kapiteln genervt durch den Raum werfen. In unserem gegenwärtigen Wissenssystem wird dieses Buch sicherlich nicht als Wissen betrachtet werden. Im besten Fall wird es als ein Buch über meine ganz persönliche Erfahrung und Perspektive wahrgenommen, das nicht verallgemeinert werden kann (anders übrigens, als wenn ein alter weißer Mann es geschrieben hätte), im schlimmsten Fall wird es als ein höchst voreingenommenes Pamphlet für eine Revolution auf der Grundlage ungenauer Fakten betrachtet. Die Tatsache, dass dieses Buch in persönlicher und kollektiver Erfahrung verwurzelt ist, wird wahrscheinlich den stärksten Widerstand hervorrufen, es als eine Form des Wissens anzuerkennen.

Als Teil des Dekolonisierungsprozesses müssen wir aber auch lernen, Wissen als kollektive Produktion zu verstehen, statt bloß als individualistisches Schaffen (wie es, wieder, redliche Wissenschaft ebenfalls zu unternehmen versucht). Dieses Buch ist nicht »mein« Buch. Es basiert auf kollektivem Wissen, auf kollektiven Erfahrungen und sollte nicht als eine individuelle Produktion betrachtet werden. Der Mord an George Floyd durch einen weißen Polizisten erschütterte die USA in beispielloser Weise. Es gab zum ersten Mal eine breite Anerkennung, dass Schwarze Menschen und People of Color nicht nur in den USA, sondern auch in Frankreich, Deutschland, Portugal, Spanien und auf der ganzen Welt tatsächlich Rassismus erfahren. Die Mobilisierung fing in Schwarzen Communitys an, aber weiße Menschen haben sich schnell angeschlossen. Die Buchhandlungen hatten in ihren Vitrinen und Regalen alle vorhandenen Bücher über Rassismus stehen, die sozialen Medien waren wochenlang mit dem Thema beschäftigt, Unternehmen wollten plötzlich Anti-Rassismus-Trainings machen. Rassismus war und ist in aller Munde. Zum ersten Mal wurde über das Privileg der Weißen in den Mainstream-Medien gesprochen. Ein öffentliches Gespräch über institutionellen Rassismus wurde endlich angestoßen. Das Problem war längst nicht gelöst, aber wenigstens wurde es benannt. Was ist passiert? Warum ist es nicht früher passiert? Es gab schon viele Morde an Schwarzen Menschen durch die Polizei. Es sieht meiner Meinung nach stark nach einer kollektiven Epiphanie, einem Quantensprung des Bewusstseins aus. Es war, als ob die Menschheit überall auf dem Globus von einem unsichtbaren Faden geführt würde. Veränderung ist chaotisch, nicht linear, und kann nie auf klar identifizierbare Individuen zurückgeführt werden. Es ist ein kollektiver Prozess, der auf kollektivem Wissen und Erfahrung basiert, die auch alternative Formen des Wissens beinhaltet, die bisher als irrational, falsch und abergläubisch diskreditiert wurden.

Veränderung erlauben – Tod akzeptieren

»Death is the dropping of the flower, that the fruit may swell.« *Henry Ward Beecher*[11]

Jede Veränderung bedeutet gleichzeitig ein Ende, aber es fiel uns bisher schwer, an Alternativen zu den gegenwärtigen Systemen zu denken. Zum Beispiel hat die Kritik am Kapitalismus nicht zu einer ernsten öffentlichen Debatte geführt, weil realistische Vorstellungen von einer post-kapitalistischen Welt fehlen. Viele von uns sind sich einig, dass der heutige Kapitalismus nicht überlebensfähig ist, dennoch halten wir daran fest. Am Anfang der Corona-Pandemie gab es viele Stimmen, die sich ein mögliches Ende des Kapitalismus ausgemalt haben, mit einer Rückkehr von lokalen Wirtschaftsmodellen, der graduellen Erosion von Lohnarbeit, und der Entstehung eines auf Unentgeltlichkeit basierten Systems. Die Pandemie löste in vielen Menschen eine Art Loslassen aus: Wir waren endlich dazu gezwungen, innezuhalten, was uns über unsere Welt nachdenken ließ. Arundhati Roy sprach von der Corona-Krise als einem »Portal« für Veränderung. Vieles, was uns vor der Krise utopisch und kaum realisierbar erschien, wurde in wenigen Tagen umgesetzt: Am Himmel waren keine Flugzeugsspuren zu sehen, Offline-Konsum wurde erst mal ausgesetzt, Familien blieben zu Hause, ohne Plan. Die Privilegiertesten von allen, deren materielle Existenz nicht bedroht war, schlugen einen neuen Sozialpakt vor: den Übergang vom Genuss des Habens zum Glück des Seins. Forderungen, die seit Jahrzehnten von Krankenschwestern, Pflege- und Lehrpersonal an Regierungen unverdrossen vorgebracht und bisher immer wieder unter den Teppich gekehrt wurden, waren plötzlich in aller Munde. Doch diese Phase, die eine radikale Transformation durchblicken ließ, wurde relativ schnell von einer Rückkehr zur Normalität begraben. Der Drang, das wiederzuerlangen, was uns vertraut ist, war stärker als die Notwendigkeit, eine neue Welt zu entwerfen. Dass Firmen und Regierungen die Wirtschaft schnell wiederbeleben wollten, nachdem sie drei Monate künstlich am Leben erhalten wurde, ist verständlich. Aber warum ließen sich diejenigen, die in diesen drei Monaten von einer besseren Zukunft geträumt haben, auf diesen Weg umleiten? Zum einen, weil der finanzielle Druck für viele zu hoch war. Zum anderen, weil eine solche Veränderung vom kollektiven Rückhalt abhängig ist – und der war nicht stark genug. Während die einen die aktuellen Ereignisse als das Ende der Welt betrachten, sehen es die anderen als Anbeginn eines Goldenen Zeitalters. Es ist aber kein entweder/oder, sondern beides gleichzeitig: Tod und Geburt.

Das Ende der Polizei und der Gefängnisse, das Ende der Arbeit, das Ende des Nationalstaats und der Grenzen, das Ende des Geldes, das Ende der Ehe. Was würde danach kommen? Eine Gesellschaft ohne Polizei, ohne Arbeit, ohne Geld und ohne Ehe ist kaum vorstellbar. Eine Gesellschaft ohne Polizei und Gefängnisse wäre gefährlich, würde Kriminalität in die Höhe treiben, und niemand würde sich sicher fühlen. Eine Gesellschaft ohne Arbeit würde Armut, Alkoholismus, Gewalt, Missbrauch, Kriminalität, Depression und Orientierungslosigkeit mit sich bringen. Eine Gesellschaft ohne Nationalstaat und ohne Grenzen würde zu einer Überflutung der reichen Gebiete mit Menschen führen, die alle Strukturen überfordern würde, inklusive des Sozialversicherungssystems, des Arbeitsmarkts, der Justiz und der nationalen Identität. Und eine Gesellschaft ohne Ehe würde zu Verderbtheit, Chaos, Identitätskrisen und dem Zerbröckeln des gesellschaftlichen Zusammenhalts führen.

Stimmt das? All diese Institutionen wurden von Menschen geschaffen und sind keineswegs lebensnotwendig, auch wenn wir es bisher geglaubt haben, und meinen, davon abhängig zu sein. Die Frage ist: Brauchen wir diese Institutionen wirklich? Welche Funktion erfüllen sie, neben ihrer offensichtlichen? Sind sie ersetzbar? Was würde danach kommen? Der graduelle Wegfall von solchen Institutionen, die bisher für unser politisches, soziales, wirtschaftliches und kulturelles System zentral gewesen sind, würde mit einer Übergangsphase einhergehen, die höchstwahrscheinlich erst einmal Chaos verursachen würde. Wir würden durch eine Art kollektiven Trauerprozess gehen müssen, um Platz für das neue System zu schaffen.

Niemand kann vorhersagen, ob die Abschaffung der Polizei, der Gefängnisse, der Grenzen, der Arbeit, des Geldes und der Ehe zu etwas Besserem führen würde. Die Ungewissheit ist Teil der Metamorphose, und wir müssen lernen, sie auszuhalten. Im Moment geht eine Menge Angst, Sorge und Chaos um, die die Sicht vieler Menschen trüben. Diese Gefühle halten sie davon ab, die bemerkenswerten neuen Segnungen und Veränderungen zu sehen, die sich am Horizont abzeichnen. Die Raupe weißt nicht, was sie außerhalb des Kokons erwartet, aber sie bleibt nicht in der Puppe gefangen. Sie lässt sich überraschen und hat Vertrauen im Leben – und im Tod.

Ist eine Einheit der Menschen möglich?

»Ungerechtigkeit an einem Ort ist eine Bedrohung für die Gerechtigkeit überall. Wir sind gefangen in einem unentrinnbaren Netz der Gegenseitigkeit, gefesselt in einem einzigen Gewand des Schicksals. Was immer einen direkt betrifft, betrifft indirekt alle.« *Martin Luther King*[12]

Gab es schon mal eine Zeit, in der die Bindung zwischen den Menschen und zwischen Menschen, Tieren, Natur und dem gesamten Universum unbeschädigt war? Waren wir schon mal in einem perfekten Gleichgewicht? Gewalt, Domination, Teilung und Hierarchien scheinen ahistorische Phänomene zu sein, die die Beziehungen schon immer gekennzeichnet haben. Kann eine solche Bindung hergestellt werden? Martin Luther King nannte es poetisch unser »unentrinnbares Netzwerk der Gegenseitigkeit«. Denn: »Was einen direkt betrifft, betrifft alle indirekt.« Das ist es, was Albert Einstein 1950 in einem Trostbrief an Robert S. Marcus schrieb, den politischen Direktor des Jüdischen Weltkongresses, dessen Sohn gerade an Polio gestorben war: »Ein Mensch ist ein räumlich und zeitlich beschränktes Stück des Ganzen, was wir ›Universum‹ nennen. Er erlebt sich und sein Fühlen als abgetrennt gegenüber dem Rest, eine optische Täuschung seines Bewusstseins. Das Streben nach Befreiung von dieser Fesselung ist der einzige Gegenstand wirklicher Religion. Nicht das Nähren der Illusion, sondern nur ihre Überwindung gibt uns das erreichbare Maß inneren Friedens.«[13] James Baldwin drückte dieses Gefühl der universellen Existenz in anderen Worten aus: »Du denkst, dein Schmerz und dein Kummer seien beispiellos in der Weltgeschichte, aber dann liest du. Es waren Bücher, die mich lehrten, dass das, was mich am meisten quälte, genau das war, was mich mit all den Menschen verband, die am Leben waren, die jemals gelebt hatten.«[14]

Die »Weisheit der Nicht-Diskriminierung«, geprägt vom buddhistischen Friedensaktivisten Thich Nhat Hanh, kann uns helfen, die Vorstellung von Unter- und Überlegenheit zu dekonstruieren, die die ganze Menschheit an soziale Hierarchien bindet. Wenn wir lernen, die Weisheit der Nicht-Diskriminierung – der nicht wertenden Unterscheidung – zu erlangen, können wir die Hierarchien aufbrechen, die zu Unterdrückung führen. Thich Nhat Hanh nutzt eine hilfreiche Analogie, um die Weisheit der Nicht-Diskriminierung zu beschreiben: Beide Hände haben unterschiedliche Agilität, fühlen sich dennoch nicht überlegen oder unterlegen gegenüber der anderen. Sie sind unterschiedlich – weder überlegen/unterlegen noch gleich –, und mit diesen Unterschieden geht keine Bewertung einher. Es gibt keine Trennung von rechter Hand und linker Hand, sie bilden eine Entität – sie werden nicht »diskriminiert« (von lateinisch *discriminare* »trennen«, »absondern«, »unterscheiden«). In einer Hand kann man beide sehen. Er nennt das »Intersein« *(interbeing)*.[15] Deepak Chopra nutzt für die Beschreibung der Einheit des Universums ebenfalls eine eindrucksvolle Allegorie. Er vergleicht die Menschheit und alle Partikel des Universums mit dem Ozean, in dem jede Welle einzigartig und dennoch untrennbar vom Meer ist. Es sei unmöglich, einzelne Wellen in separaten Gläsern zu behalten, denn durch die Trennung vom Meer verlören sie ihre Essenz. Das Gleiche gelte für uns Menschen. Das Leitmotiv der Einheit der Menschheit ist in allen spirituellen Strömungen und Religionen zentral. Trennungsbewusstsein ist der Glaube, dass wir voneinander, von unserer Umwelt und von Gott – oder dem Universum – getrennt sind. Die Trennbarkeit der Menschlichkeit ist eine Illusion, die uns daran hindert, Zugang zu einer universellen Existenz zu finden. Im Hindu Klassiker *Bhagavad Gita* wird die universelle Existenz wie folgt beschrieben: »He who experiences the unity of life sees his own Self in all beings, and all beings in his own Self.«[16] *Ahimsa*, eines der wichtigsten Prinzipien im Hinduismus, Jainismus und Buddhismus, ist von der Prämisse inspiriert, dass alle Lebewesen den Funken der göttlichen spirituellen Energie besitzen. Ein anderes Wesen zu verletzen, bedeutet daher, sich selbst zu verletzen. Spirituell gesehen ist das Ego der Schleier der individuellen Persönlichkeit, der uns daran hindert, eine universelle Existenz zu führen, und uns mit der Menschheit und allen Lebewesen verbunden zu fühlen. Unser Ego zu dezentrieren bedeutet, unser konstruiertes Selbst- und Identitätsgefühl loszulassen. Es bedeutet, unsere Überzeugungen, Ideen, Wünsche, Bindungen und sogar unsere Gedanken, wie wir sie kennen, loszulassen. Es liegt an unserem Ego, dass wir die Wahrnehmung aufrechterhalten, von anderen Wesen getrennt zu sein. Diese Trennung durch das Ego ist die Grundursache für alles Leiden in der Welt und für die sozialen Hierarchien, die auf der Klassifizierung der Menschen als voneinander getrennt beruhen. Es heißt aber nicht, Alterität abzulehnen, ganz im Gegenteil. Einheit wird oft fälschlicherweise als Synonym für Homogenität verstanden, wenn es eigentlich die

Akzeptanz, die Würdigung und die Wertschätzung unser aller Differenzen voraussetzt.

Von der Befreiung der einen hängt die Befreiung aller ab. Ungerechtigkeit fügt uns allen materiellen, physischen und spirituellen Schmerz zu. Denjenigen, die Ungerechtigkeit perpetuieren, und denjenigen, die sie erleiden. Wir alle sind Gefangene und Opfer von Unterdrückungssystemen – auf unterschiedliche Art und Weise und in unterschiedlichem Ausmaß –, aber keiner von uns kann frei sein, solange wir nicht *alle* frei sind. Der Satz »No Justice, No Peace« kann auch in diese Richtung interpretiert werden. Niemand wird inneren Frieden empfinden können, solange es Ungerechtigkeit gibt. Das Patriarchat, der Rassismus und der Kapitalismus mögen Männern, Weißen und der globalen Mittelschicht materielle Vorteile geben – Macht, Wohlstand und Privilegien –, aber sie fügen ihnen auch Schaden zu. Aimé Césaire, Audre Lorde, bell hooks, Nelson Mandela, James Baldwin, Toni Morrison und Maya Angelou haben alle in unterschiedlicher Art und Weise gesagt, dass wir uns selbst entmenschlichen, wenn wir die Menschlichkeit anderer verleugnen. Indem wir anderen Lebewesen Schmerzen zufügen, verletzen wir uns selbst (Ahimsa). Wenn wir Menschen im Mittelmeer ertrinken lassen, über den gegenwärtigen Genozid an den Yanomami in Brasilien schweigen, Elefanten für ihr Elfenbein töten, Küken wie Altpapier schreddern, weil sie für die Eierindustrie nichts wert sind, den Regenwald für die Herstellung von Konsumgütern abholzen, den Amazonas und alle Lebewesen, die darin wohnen, vernichten, fügen wir der gesamten Menschheit Schmerz zu. Soziale Hierarchien töten Menschen, Tiere und Natur, aber sie töten auch Teile von uns allen, denn – wie am Beispiel der Hände – wenn eine*r von uns verletzt ist, sind wir alle, als Einheit, verletzt – auch wenn wir den Zugang zu dieser Art von Schmerz allmählich verloren haben. Früher habe ich über das Schweigen gesprochen, über die Tatsache, dass Schweigen Gewalt ist. Diese Gewalt wirkt unmittelbar gegen die

Menschen, die Ungerechtigkeit erleben, aber auch gegenüber denjenigen, die schweigen. Blake Auden, ein weißer Mann, schrieb dieses Gedicht, das ich in diese Richtung interpretiere:

> I have lost
> So many pieces
> Of my heart
> To silence.
>
> To those precious seconds
> When I should have
> Said something,
> But didn't.
>
> – *Blake Auden*[17]

Die menschliche Einheit zu kultivieren, ist ein tiefgehender, langwieriger, aber lohnender Prozess, der die oben genannten Schritte voraussetzt: die Schäden anzuerkennen, die durch die Trennung angerichtet wurden, und die Bereitschaft, sie zu reparieren.

Einige Leute sind schnell dabei, antirassistische Bewegungen wie die Black-Lives-Matter-Bewegung mit den Worten »Wir sind alle Menschen«, »All Lives Matter« zu relativieren. Andere wollen das Wort »Feminismus« durch »Humanismus« ersetzen. Solche Reaktionen sind nicht nur kontraproduktiv, sondern auch unterdrückend, weil sie das Ergebnis von Trennung und Spaltung negieren. Die Stimmen im Kampf für soziale Gerechtigkeit werden durch solche Ansagen zum Schweigen gebracht und delegitimiert. Das Ziel von Befreiungsbewegungen ist nicht, zu spalten, sondern die Schäden zu reparieren, die durch Trennung, Spaltung und Klassifizierung angerichtet wurden. Bewegungen wie Black Lives Matter, #MeToo, Trans Lives Matter und Rainbow Justice haben sich um Identitäten herum gebildet, die als Grundlage für ihre Diskriminierung, Unterdrückung und Entmenschlichung dienen. Sie schotten sich dadurch nicht ab, sondern bekämpfen Unterdrückung. Um die Einheit der Menschheit herzustellen, müssen wir zunächst anerkennen, dass sie durch Jahrhunderte des rassistischen kapitalistischen Patriarchats beschädigt worden ist. Aber wie schaffen wir das? Wie können wir die Einheit der Menschheit herstellen, ohne die Hinterlassenschaft der Vergangenheit zu verleugnen?

Erstens müssen wir denjenigen von uns Raum und Zeit geben, die die Wunden von Jahrhunderten der Unterdrückung, Unsichtbarkeit und Entmenschlichung tragen. Zweitens muss die Unterdrückung sichtbar gemacht und von den Menschen anerkannt werden, die bisher von diesen Systemen profitiert haben – auch wenn sie sich dessen nicht bewusst waren. Heilung ist ein kollektiver Prozess, der auch Menschen betrifft, die dominanten Gruppen angehören und Unterdrückung perpetuiert haben, wie etwa Männer und weiße Menschen. Im kapitalistischen Patriarchat hat sich die Macht zum Nachteil von Schwarzen Menschen, People of Color, Frauen und behinderten Menschen gefestigt. Es kann schwierig sein, zu erkennen, dass diejenigen, die den größten Schaden angerichtet haben, selbst verwundet sind. Die Deutschen, die die Last der mörderischen Taten und des Schweigens ihrer Vorfahren tragen, sind auch einem transgenerationellen Trauma ausgesetzt, das geheilt werden muss, um zu vermeiden, dass die Wunden über Generationen hinweg überliefert werden. Ich trage ebenfalls die Traumata der Unterdrücker*innen in mir, etwa durch die Geschichte meiner Pied-Noir-Familie, die in Algerien in der Kolonisatoren-Rolle war.

In ähnlicher Weise liegen verwundete »männliche Energien« vielen Funktionsstörungen der Gesellschaft zugrunde – die zu Wettbewerb, Kontrolle, Missbrauch, Gier führen. Macht verbirgt und betäubt das verletzte männliche Ego. Es ist eine soziale Falle, die es Menschen, die als Männer sozialisiert wurden, erlaubt, die emotionale Leere zu vermeiden, die sie häufig seit Kindestagen erfüllt, weil sie so erzogen wurden – und dazu gesellschaftlich gezwungen wurden. Wenn sie Macht ansammeln, glauben sie, keine Schmerzen mehr zu empfinden. Doch die emotionalen Wunden, die eine solche Leere hinterlässt, müssen heilen, um der nächsten Generation von Kindern und Erwachsenen emotionale Tiefe und Freiheit zu ermöglichen, die nicht auf Machtmissbrauch und Unterdrückung basieren. Es obliegt auch der Politik, eine doppelte Arbeit der Heilung und Wiedergutmachung zu leisten. Neben der Heilung der verwundeten Egos – von allen Menschen, unabhängig vom Geschlecht – muss sie die Wunden und Traumata anerkennen, die von Patriarchat, Rassismus und Kapitalismus verursacht wurden.

Erst wenn Heilung und Anerkennung stattgefunden haben, kann die beschädigte Bindung repariert werden. Nur dann – und nicht vorher – werden wir sagen können: »Wir sind alle Menschen«, »es gibt nur eine menschliche Rasse« und »Humanismus statt Feminismus«. Unsere Bindung kann nur wiederhergestellt werden, wenn wir alle zunächst verstehen, dass die vitale Kraft der weißen Vorherrschaft, des Rassismus, des Sexismus und der Unterdrückung in unserem kollektiven Nervensystem liegt.

Mit Schuld umgehen lernen

>»Your silence is compliance.
>Your silence is violence.«
>*Black-Lives-Matter-Slogan*

Dieses Kapitel ist all denen gewidmet, die eine oder mehrere Formen der Unterdrückung nicht *persönlich* erleben; denen, die sich mit Sexismus, Rassismus, Homofeindlichkeit, Transfeindlichkeit,

Behindertenfeindlichkeit beschäftigen können, aber nicht *müssen*, weil sie selbst nicht betroffen sind; denen, die der unsichtbaren Norm angehören.

Viele von uns erleben die Lasten der Unterdrückung, aber werden woanders vom System privilegiert. Unterdrückung auf einer Achse entbindet uns nicht davon, über unsere Privilegien und die Art und Weise nachzudenken, wie wir von der Unterdrückung anderer profitieren könnten. Wir alle erleben Privilegien in irgendeiner Weise, und sollten uns damit auseinandersetzen, auch wenn es manchmal unbequem, anstrengend und schmerzhaft ist. Ich bin von Rassismus, Sexismus, Queer- und Lesbenfeindlichkeit und ein wenig auch von Antisemitismus betroffen, und gleichzeitig bin ich aufgrund meiner sozioökonomischen Situation, meines französischen Passes, meiner Nicht-Behinderung, meiner helleren Hautfarbe innerhalb der Schwarzen Community, meiner Dünnheit, aber auch der Tatsache, dass ich eine Cis-Frau bin, privilegiert. Aus meiner gelebten Erfahrung und Identität ergibt sich eine Vermischung von Benachteiligung und Unterdrückung. Manche von uns erleben Unterdrückung auf einer einzigen Achse, wie etwa weiße heterosexuelle Frauen, weiße schwule Männer und Schwarze heterosexuelle Männer aus der Mittelschicht. Andere erleben gar keine Unterdrückung, wie weiße heterosexuelle Männer ohne Behinderung aus der Oberschicht. Und andere noch Privilegien nur auf einer einzigen Achse, wie im Fall einer weißen Trans-Frau im Rollstuhl aus der Arbeiterklasse.

Unterdrückungssysteme lassen sich nur dann aufbrechen, wenn sie nicht asymmetrisch angegangen werden. Wenn nur über eine einzige Seite gesprochen und die andere außen vor gelassen wird, kommen wir nicht weiter, weil wir das Zusammenspiel von Privilegien und Benachteiligung ausblenden. Männer werden bevorzugt, weil Frauen einen geringeren Zugang zu Macht und Ressourcen haben. Für jede Schwarze Person, die beim Jobinterview aus rassistischen Gründen abgelehnt wird, bekommt eine weiße

Person den Job. Und für jede Person im Rollstuhl, die zum Jobinterview nicht mal erscheinen kann, weil die Räume nicht zugänglich sind, bekommt eine Person ohne Gehbehinderung den Posten. Der Mythos vom bedrohlichen Schwarzen Mann rechtfertigt nicht nur Polizei- und staatliche Gewalt, sondern schafft ein falsches Gefühl von Sicherheit für Weiße, das direkt mit der Unterdrückung von Schwarzen Menschen verbunden ist. Soziale Ungleichheiten sind – wie der Name schon sagt – das Ergebnis eines Ungleichgewichts zwischen zwei oder mehreren Gruppen. Privilegien entstehen innerhalb einer ungleichen Beziehung zwischen einer Person oder Personengruppe im Verhältnis zu einer anderen.

Warum konzentrieren wir uns vorranging auf die Seite, die benachteiligt wird, statt beide Seiten zu betrachten? Zu der Frage »Wurden Sie schon aufgrund Ihrer Identität anders behandelt?«, die ich den Teilnehmenden meiner Antidiskriminierungstrainings stelle, werden fast ausschließlich negative Erfahrungen geteilt, in denen die Person *schlechter* behandelt wurde, obwohl viele von uns täglich besser behandelt werden als diejenigen, die nicht die gleichen Privilegien haben. Diese Seite der Unterdrückung müssen wir jetzt sichtbar machen, wenn wir das Problem in seiner Gesamtheit angehen – und lösen – wollen.

Warum haben wir das bisher so wenig getan? Menschen, die dominanten gesellschaftlichen Gruppen angehören, haben meist völlig unbewusst verinnerlicht, dass sie überlegen sind. Weiße Menschen, Männer, heterosexuelle und Cis-Menschen sowie Menschen ohne Behinderung, haben verinnerlicht, dass sie *besser* sind als nicht-weiße Menschen, Frauen, LGBTQI+-Menschen und behinderte Menschen. Diese Position in der Hierarchie bringt Macht mit sich und daher einen impliziten Anspruch auf Achtung und Respekt. Diejenigen von uns, die dominanten Gruppen angehören, halten es für selbstverständlich, dass unterlegene Menschen sich ihrer (verdienten) Macht unterwerfen. Diese Haltung ist in den meisten Fällen komplett unbewusst, hat sich aber in unserem kollektiven Unterbewusstsein über die Jahrhunderte hinweg festgesetzt. Wenn Frauen oder Schwarze Menschen mehr Macht verlangen und Männer und Weiße kritisieren, fühlt es sich für viele wie ein Affront an. Sie sind verärgert über die Bedrohung ihres Platzes in der Welt. Die Wut der Männer und Weißen wird ausgelöst, wenn sie aufgefordert werden, ihre Privilegien mit allen anderen zu teilen, wozu auch gehört, dass sie für ihre Handlungen zur Rechenschaft gezogen werden. Diese Haltung ist nicht nur bei Konservativen zu beobachten, die an Althergebrachtem und an ihren Privilegien mit klarem Verstand festhalten wollen, sondern allgemein in dominanten Gruppen – auch in linken und progressiven Kreisen. Zudem kommt mit der Superiorität auch ein gewisser (unbewusster) Druck, der Perfektion zu genügen, die einem zugeschrieben wird. Das alles trägt zu einem fragilen Ego bei. Das Ego bezeichnet das Selbstwertgefühl einer Person oder die Wahrnehmung der eigenen Wichtigkeit. Das Wort »Privileg« löst bei vielen Menschen Abwehr und Widerstand aus.* Das Ego verschließt sich, um das Selbstbild zu schützen. Privilegien werden von vielen Menschen als Beweis dafür missverstanden, dass sie im Leben keine Schwierigkeiten erleben mussten und dass ihnen alles auf einem Silbertablett serviert wurde, ohne dass sie sich anstrengen mussten. Niemand will über sein Leben so denken. Aber Privilegien beschreiben lediglich die Schwierigkeiten, die eine Person *nicht* hatte.

Paul Gilroy beschrieb die fünf verschiedenen Ego-Verteidigungs-Mechanismen, die weiße Menschen durchlaufen, um sich darüber bewusst zu werden, dass sie Teil der rassistischen Unterdrückung sind: Verleugnung (»Es gibt keinen Rassismus« oder »Rassismus gegen Weiße ist das eigentliche Problem«), Schuld (»Ich habe es nicht so gemeint, es war nicht meine Absicht«), Scham

---

* Wir haben im ersten Teil des Buches gesehen, welche Rolle Privilegien spielen. Hier wollen wir schauen, wie wir damit umgehen sollten.

(»Alle Schwarze Menschen hassen mich«), Anerkennung (»Ich bin Teil des Problems, was kann ich tun?«) und Wiedergutmachung (»Ich kann nicht mehr schweigen. Ich muss jetzt agieren«).[18] Dieser Prozess kann bei manchen Menschen sehr lange dauern, bei anderen ist er intuitiver und passiert schneller. Andere bleiben in den ersten zwei Phasen ein Leben lang stecken. Warum fällt es manchen so schwer, die letzten drei Schritte zu gehen, und sich dem Kampf gegen Rassismus anzuschließen? Zum einen, weil Privilegien abzugeben Mut und Entschlossenheit verlangt. Viele Menschen, denen ihre Privilegien entzogen werden – wie etwa weiße Menschen oder Männer, die durch positive Maßnahmen von der bisher impliziten Präferenz bei Einstellungen oder der Aufnahme in Unis nicht mehr profitieren –, fühlen sich fälschlicherweise selbst diskriminiert. Dieses Gefühl der Ungerechtigkeit ist lediglich das Unbehagen darüber, einen Teil seiner Privilegien zu verlieren. Der Satz »Wenn man an Privilegien gewöhnt ist, fühlt sich Gleichheit wie Unterdrückung an«, drückt dieses Gefühl perfekt aus. Zum anderen sind privilegierte Menschen daran gewöhnt, dass ihren Gefühlen und Perspektiven viel Raum gegeben wird. Sie genießen die bedingungslose Empathie ihrer Umgebung, und müssen diese Empathie gegenüber den Unterdrückten nicht erwidern.[19]

2011 schrieb die weiße Anti-Rassismus-Trainerin Robin DiAngelo ein Buch mit dem Titel *White Fragility* (»Weiße Zerbrechlichkeit«), um die krasse Abwehrhaltung zu beschreiben, die Weiße an den Tag legen, wenn ihre Vorstellung von sich selbst als dem Gegenteil von Rassisten infrage gestellt wird. DiAngelo argumentiert, dass unsere Gesellschaft darauf ausgerichtet ist, Weiße vor Unannehmlichkeiten zu schützen, die mit Rassismus verbunden sind, so dass sie beim ersten Aufkommen von Stress dichtmachen. Die weiße Vorherrschaft hat weißen Menschen implizit vermittelt, dass sie ein Recht auf Frieden und Achtung haben. Weiße Menschen sind an eine gewisse Bequemlichkeit gewöhnt, weil ihre

Körper als überlegener Standard konstruiert wurden. Es fehlt ihnen deshalb das Durchhaltevermögen, schwierige Gespräche zu führen. Dies führt dazu, dass sie auf »racial trigger« – etwa das Wort »Rasse« im deutschen Kontext, oder einfach die Bezeichnung »weiß« – mit Emotionen wie Wut, Angst und Schuld und Verhaltensweisen wie Schweigen und Rückzug aus der stressverursachenden Situation reagieren.[20] Die Bequemlichkeit der Weißen erhält die weiße Dominanz innerhalb der Rassenhierarchie aufrecht. Wie oft habe ich mich davon abgehalten, über Rassismus mit weißen Menschen zu sprechen, weil ich einfach zu müde war, um mich mit ihrer Zerbrechlichkeit und ihrem Widerstand auseinanderzusetzen – angefangen mit meiner eigenen Familie und meinem Ex-Mann. Weiße Fragilität kann aber zu Jobverlust, zu Polizeigewalt, zu schlechten Noten und zu vielen anderen Formen von Machtmissbrauch führen. Wenn die Egos von weißen Menschen verletzt sind, kann es dramatische Konsequenzen für Schwarze Menschen und People of Color haben. 2017 erschien das Buch *Why I'm no longer talking to white people about race?* von Reni Eddo-Lodge und in Deutschland das Buch *Exit Racism* von Tupoka Ogette sowie drei Jahre später *Was weiße Menschen nicht über Rassismus hören wollen (aber wissen sollten)* von Alice Hasters. Diese Bücher thematisieren weiße Zerbrechlichkeit im europäischen Kontext.

Weiße Zerbrechlichkeit hält den Rassismus aufrecht. Wie ein mutierendes Virus verändert der Rassismus seine Gestalt, um am Leben zu bleiben. Wenn sein expliziter Ausdruck tabuisiert wird, versteckt er sich in verschlüsselter Sprache. Die Streichung des Wortes »Rasse« im deutschen Grundgesetz wird nicht Rassismus bekämpfen, sondern dem Unbehagen bezüglich des Begriffs Rechnung tragen. Rassismus hat bisher überlebt, weil wir nach wie vor glauben, dass es sich um eine bewusste Voreingenommenheit von gemeinen Menschen handelt. Diese Dichotomie, die eine Welt böser Rassist*innen und mitfühlender Nicht-Rassist*innen postuliert, ist selbst ein rassistisches Konstrukt, das die systemische Ungerechtigkeit überlagert und ausblendet und dem Rassismus eine so erschütternde moralische Bedeutung verleiht, dass weiße Menschen, insbesondere die Progressiven, nichts damit zu tun haben wollen. Die Fragilität kann überwunden werden, wenn das Ego dezentriert wird, und weiße Menschen sich erlauben, Vulnerabilität zu zeigen – anders gesagt, ihre Fehler und Imperfektion akzeptieren. Weiße Menschen wurden als fehlerfrei und perfekt konstruiert; alles, was darauf hindeutet, dass sie es nicht sind, wirkt beunruhigend. Männer wurden ebenfalls als stark und unbesiegbar konstruiert und müssen mit diesem verhängten Selbstbild kämpfen, wenn sie den gesellschaftlichen Erwartungen, die damit verbunden sind, nicht nachkommen. Das ist die Kehrseite der aufgezwungenen Überlegenheit. Fragilität sollte deshalb durch Vulnerabilität ersetzt werden. Wie sieht eine solche Haltung aus? Vulnerabilität – auch Verwundbarkeit oder Verletzbarkeit – bezeichnet die Qualität, den Zustand oder die Haltung, in der eine Person der Möglichkeit ausgesetzt ist, körperlich oder emotional angegriffen oder geschädigt zu werden. Vulnerabilität verlangt deswegen nicht nur Mut und Belastbarkeit, sondern auch eine Bewältigung des Egos. Ein fragiles Ego kann Menschen dazu bringen, alles zu tun, um das Selbstbild von Überlegenheit und Perfektion aufrechtzuerhalten.

Eines Tages saß ich auf einem Podium, und nach einem langen Monolog über Gerechtigkeit, Macht, Ungleichheit und Privilegien machte mich eine Person im Publikum darauf aufmerksam, dass ich etwas gesagt hatte, das behindertenfeindlich war, nämlich: »Sind wir blind?«. Ich bin vor Scham im Boden versunken und nuschelte als Reaktion etwas, was halb als Entschuldigung, halb als Rechtfertigung dienen sollte. Ich ging durch die gesamte Reihe an Ego-Verteidigungsmechanismen. Meine erste Reaktion war Verleugnung (im eigenen Kopf): »Quatsch, so was ist nicht behindertenfeindlich!«, gefolgt von Schuld und Verteidigung: »Ich habe es ohne böse

Absicht gesagt«, und Scham: »wie peinlich! Ausgerechnet ich, wie konnte ich so was sagen? Ich sollte es besser wissen!«. Auf dem Heimweg wandelten sich diese Gefühle in Anerkennung: »Das stimmt! Blind zu sein, heißt nicht, ignorant zu sein. Mein Kommentar war in der Tat herabwürdigend gegenüber blinden Menschen, weil er suggeriert, dass sie nicht in der Lage sind, sich einer Sache wirklich bewusst zu werden.« Seitdem verfolge ich aktiver den Vorsatz, die Macht und die Privilegien, die ich durch meine Nichtbehinderung genieße, sichtbar zu machen und zu nutzen, um der Diskriminierung von behinderten Menschen entgegenzuwirken. Ich musste dafür erst mal mein Ego bewältigen und akzeptieren, dass Fehler menschlich sind. Dieser Kommentar machte aus mir keinen bösen Menschen. Wäre ich aber bei Verleugnung, Schuld und Scham verblieben, hätte ich durch meine Fragilität zur Aufrechterhaltung des behindertenfeindlichen Systems beigetragen.

Im deutschen Kontext ist der Umgang mit Schuld ein sehr besonderer. Die Kollektivschuld der Deutschen bezieht sich ausschließlich auf die NS-Vergangenheit und beschreibt die Verantwortung – und nicht nur die Schuld –, die den Nachkommen der Nazis obliegt. Die Enkel und Urenkelkinder der Nazis waren zwar nicht selbst an den Taten beteiligt, aber sie profitieren heute noch von den *Vorteilen,* die dadurch entstanden sind. Zu diesen zählen wirtschaftliche Profite, die in der NS-Zeit durch Zwangsarbeit und Enteignungen (Arisierung) gemacht wurden. Europa ist heute in einer solchen erfolgreichen wirtschaftlichen Lage im Vergleich zu Asien, Afrika und Lateinamerika zum größten Teil – und gerade wenn es um wirtschaftliche Errungenschaften geht, wird das äußerst ungerne gehört – wegen der enormen Profite, die auf dem Rücken der Sklav*innen und Kolonisierten während und nach der Sklaverei und der Kolonisation gemacht wurden, fortgeführt durch neokoloniale Institutionen wie den Internationalen Währungsfonds (IWF) und die Weltbank. Viele Erbschaften in weißen US-amerikanischen, französischen, belgischen und britischen Familien können direkt auf die Sklaverei zurückgeführt werden. In Martinique zum Beispiel verfügen die Béké-Familien, die Nachkommen der Sklavenhalter*innen, nach wie vor über mehr als 80 Prozent des Besitzes der Insel. Das Vermögen der reichsten Frau Deutschlands Susanne Klatten (geborene Quandt) von 22 Milliarden Euro ist ohne den Genozid des Dritten Reichs und die Zwangsarbeit, die damit verbunden war, nicht zu denken.[21] Unterdrückung, auch wenn sie in der Vergangenheit geschah, wirkt noch lange nach. In einer gerechten Welt würde es Reparationszahlungen, Vergeltung und andere Korrekturmaßnahmen geben, um diese Schieflage zu korrigieren. Aber so weit sind wir noch nicht. Das Mindeste, was wir tun müssten, wäre, diese wirtschaftliche Schieflage und ihre historischen Quellen anzuerkennen. So kann Verantwortung übernommen werden.

Die überwiegende Mehrheit der Menschen lehnt Unterdrückung, Ungleichheit und Diskriminierung ab. Tiefe, langfristige und nachhaltige soziale Veränderung verlangt aber, dass diejenigen von uns, die bisher vom Status quo profitiert haben, aus ihrer Komfortzone kommen. Unbequemlichkeit auszuhalten ist deshalb ein unerlässlicher Bestandteil des Veränderungsprozesses. Vielen Männern, Weißen, Heteros und nichtbehinderten Menschen fällt es einfacher, zu schweigen, als aktiv gegen die Systeme vorzugehen, die sie bisher als überlegen konstruiert haben. Privilegien machen uns deswegen passiv, weil uns die Empathie fehlt, um ein Problem wahrnehmen zu können, auch wenn es uns nicht unmittelbar betrifft. Menschen, die Teil von dominanten Gruppen sind, müssen aushalten können, dass Menschen aus minorisierten Gruppen ihnen Vorwürfe machen. Sie müssen die negativen Emotionen, die aus solchen Gruppen kommen, wie Wut, Frust, und Schmerz, aushalten und annehmen können. Ich habe irgendwo mal gelesen, dass Vorwürfe nichts weniger sind, als versteckte Bemühungen um Liebe und Anerkennung. Seitdem sehe ich Vorwürfe – die ich selber formuliere oder empfange – ganz anders, und versuche, auf die Bedürfnisse einzugehen, die dahinterstecken. Kritik zu äußern erlaubt auch, gesehen und gehört zu werden. Menschen, die in unserer Gesellschaft Privilegien genießen, müssen lernen, mit Schuld umzugehen und sie nicht übermäßig persönlich zu nehmen. Es geht in erster Linie nicht um die Person, sondern um die Privilegien, die ihr aufgrund ihrer Identität zugestanden werden. Es geht um das System, von dem sie bisher profitiert hat. Wir reagieren meist defensiv auf Schuldzuweisung, weil solche Vorwürfe in uns Scham auslösen. Während Schuld sich auf die Tat bezieht (»ich habe etwas Schlechtes getan«), wird Scham direkt in Verbindung mit der Person gebracht (»ich bin schlecht«).[22] Aus Schuldgefühlen können Scham, und dann Leugnung, Wut und Schmerz entstehen. Deswegen ist es so wichtig, negativen Gefühlen, die mit der Verarbeitung von sozialen Ungleichheiten, Privilegien und Macht einhergehen, Platz einzuräumen und sie nicht unter den Teppich zu kehren.

Solange die gesamte Menschheit nicht frei von Unterdrückung ist, wird niemand frei sein. Die Frage ist deshalb: Wie können wir uns befreien, ohne die Unterdrückung auf andere Menschen zu übertragen, die weiter unten in der sozialen Hierarchie stehen? Kann Befreiung stattfinden, ohne dass sie zulasten von marginalisierten Menschen geht?

Die Anerkennung der eigenen Privilegien ermöglicht radikale Solidarität, auch von Menschen, die in einer Hinsicht privilegiert sind, und in einer anderen benachteiligt. Viele weiße Frauen und Schwarze Männer haben zum Beispiel ein Problem damit, ihre Privilegierung anzuerkennen, weil sie sich ausschließlich auf die Unterdrückung konzentrieren, die sie erleben. Dabei ist es wichtig, die verschiedenen Arten von Unterdrückung und Ungerechtigkeit nicht zu hierarchisieren, denn die Unterdrückung der einen ist untrennbar mit der Unterdrückung der anderen verbunden. Während der Sit-in-Proteste, die im April 1977 in den USA von der Disability-Rights-Bewegung durchgeführt wurden, haben die Black Panthers eine mobile Küche in die besetzten Regierungsgebäude transportiert und Essen an die Demonstrant*innen verteilt. Dieser Akt der radikalen Solidarität war durch die Erkenntnis motiviert, dass die Ungerechtigkeit, die behinderte Menschen erfahren, indirekt auch Schwarze Menschen betrifft.

Gerechtigkeit muss für alle – ohne Ausnahme – erreicht werden. Menschen aus dominanten Gruppen würden von der Beseitigung von Unterdrückung profitieren. Die Frage ist nicht, ob sie gute oder schlechte Menschen sind, ob sie hart gearbeitet haben, um dorthin zu gelangen, wo sie sind, oder ob sie rassistisch/sexistisch/behindertenfeindlich/homofeindlich sind oder nicht. Die Frage ist: Bist du bereit, die Welt aus einer Perspektive zu sehen, die nicht deine ist? Bist du bereit, wirkliche Empathie für Menschen zu empfinden, die als minderwertiger als du konstruiert wurden? Wenn die Antwort »Ja« lautet, dann wirst du in der Lage sein, dich von der Last der falschen Überlegenheit zu befreien. Du wirst eine tiefere Verbindung zu allen Menschen – und Lebewesen – kultivieren können.

Der Weg der Heilung

> »Was ist Gerechtigkeit ohne Heilung? Wir müssen bei der revolutionären Arbeit unser ganzes Selbst mit einbeziehen. Es gibt keine Arbeit von außen, ohne dass sie nach innen wirkt, und keine Arbeit von innen, ohne dass sie nach außen strahlt.«
> *Chani Nicholas*[23]

Dieses Kapitel ist all denen gewidmet, deren Menschlichkeit ständig angezweifelt wird, denen, die die Last der Stereotype tragen, die die Welt auf sie projiziert, denen, die ihren Wert konstant be-

weisen müssen, und denen, die aufgrund der täglichen Unterdrückung schwer atmen können.
I can't breathe. Dieser Satz ist zu einem der prominenten Slogans der Black-Lives-Matter-Bewegung geworden. Er wurde 2014 von dem in den Würgegriff genommenen Schwarzen Mann Eric Garner ausgesprochen, kurz bevor er starb. Es waren die Worte von mehreren Schwarzen Männern, kurz bevor sie bei ihren Verhaftungen infolge übermäßiger Gewaltanwendung durch Polizisten an Stellungserstickung starben: Anton Black, Javier Ambler, Adama Traoré, Derrick Scott, Manuel Ellis und George Floyd. Der Ausdruck wird heute im weltweiten Protest gegen rassistische Polizeigewalt und gegen die mangelnde Rechenschaftspflicht der Polizei verwendet. Frantz Fanon sagte bereits 1966 »Wir rebellieren, schlicht und einfach, weil wir aus vielen Gründen nicht mehr atmen können.«[24]

I can't breathe ist der physische Ausdruck der Unterdrückung und der globalen Auswirkungen des rassistischen, patriarchalen Kapitalismus und seiner erstickenden Wirkung auf unser Leben.

>»unsere rücken
>erzählen geschichten
>für die wäre
>kein buchrücken
>kräftig genug«
>*rupi kaur, women of colour*[25]

Wir tragen die Last der Unterdrückung auf unseren Körpern. Ta-Nehisi Coates schreibt, dass »Rassismus eine zutiefst körperliche Erfahrung ist, dass er das Hirn erschüttert, die Atemwege blockiert, Muskeln zerreißt, Organe entfernt, Knochen bricht, Zähne zerschlägt. Davor darfst du nie die Augen verschließen. Du musst dir immer bewusst machen, dass die Soziologie, die Geschichte, die Wirtschaft, die Tabellen und Statistiken, die Regressionen allesamt mit Wucht auf deinem Körper landen.«[26] Wenn wir die Unterdrückung enthüllen, können wir endlich sehen, wie sie unseren Körper schädigt und uns Schmerzen zufügt. Für diejenigen von uns, die sich am Schnittpunkt vielfältiger Unterdrückung befinden, lässt sich der Schaden, den der Rassismus anrichtet, nicht durch den Schaden des Patriarchats trennen, der wiederum nicht von dem durch Homo-, Trans- und Behindertendiskriminierung verursachten Schaden getrennt werden kann. Frauen unterdrücken ihre Wünsche und ihr Begehren, versuchen ständig, sich klein zu machen und nicht aufzufallen, weil sie die Wunden ihrer Vorfahrinnen tragen. Das Patriarchat hat mir bis in die Knochen geschadet. Als ich in meiner heterosexuellen Ehe war, fühlte ich mich bedrückt, als hätte ich einen Blutegel am Bein, der mich aussaugt und so erschöpft zurückließ, dass ich nicht mehr denken oder kämpfen konnte. Ich verdrängte meine Intuition und Gefühle so sehr, dass sie somatisch zum Ausdruck kamen.

Wir müssen erkennen, dass diese Traumata existieren, und sie heilen. Wir sollten die Schäden, die uns zugefügt wurden – und weiterhin zugefügt werden –, nicht bagatellisieren. Weil wir so wenig kollektive Empathie erfahren haben, neigen wir dazu, unseren Schmerz wegzuwischen und ihn nicht ernst zu nehmen. Mir ist kürzlich klar geworden, wie sich dies in meinem Alltag auswirkt. Ich wartete an der Ampel auf meinem Fahrrad, als ein Mann mit Glatze in schwarzen Klamotten vorbeikam und mich anspuckte. Es ist ein gewalttätiger, entmenschlichender und erniedrigender Akt, aber meine erste Reaktion war, es wegzuputzen und mir zu sagen: »So schlimm ist es nicht, das ist o. k., es hätte viel schlimmer sein können.« Die Emotionen blieben in mir gefesselt. Ich war unfähig, sie auszudrücken, und schenkte ihnen weder Raum noch Aufmerksamkeit. Ich verdrängte den Schmerz und die negativen Gefühle, die es auslöste. Ich bin nicht die Einzige, die so mit Erniedrigung und Unterdrückung umgeht. Es ist eine Reaktion, die strukturell bedingt ist. Ich habe gelernt, Unterdrückung zu minimieren – oder gar auszublenden –, weil unsere Gesellschaft genau dies tut. Das Trauma, das durch Rassismus ausgelöst wird, ähnelt dem Trauma, das durch narzisstischen Missbrauch erzeugt wird: In beiden Fällen werden wir dazu gebracht, an der eigenen Wahrnehmung zu zweifeln. »Bilde ich mir das alles ein?«, ist eine Frage, die sich in unseren Köpfen wiederholt. Wir werden sowohl von Narzisst*innen als auch von der rassistischen Gesellschaft »gaslighted« – unsere Realität wird verleugnet (und unsere Gefühle auch). Für die Psychologin Ramani Durvasula ist Narzissmus, mit den zentralen Pfeilern Mangel an Empathie, Anspruchsberechtigung, Grandiosität, Oberflächlichkeit, Wut, Zorn, Arroganz und oberflächlichen Emotionen, eine Manifestation pathologischer Unsicherheit – einer Unsicherheit, die sowohl auf individueller als auch auf gesellschaftlicher Ebene erlebt wird.[27] Ob gesellschaftlich oder individuell, die toxische Welle des Narzissmus schadet uns allen. Unterdrückung basiert auch auf der Verleugnung der Realität durch die dominanten Gruppen: Männer verleugnen die Realität von Frauen, Weiße verleugnen die Realität von Schwarzen und People of Color, und nicht behinderte Menschen verleugnen die Realität von behinderten Menschen. James Baldwin bringt die kombinierten Effekte von Gaslighting und Verfolgung und die Resilienz, die dadurch entsteht, sehr gut zum Ausdruck: »Ich empfinde es manchmal als absolutes Wunder, dass die gesamte Schwarze Bevölkerung der Vereinigten Staaten von Amerika nicht schon vor langer Zeit einer rasenden Paranoia erlegen ist.«[28]

Wie können wir einem solchen kollektiven, meist komplett unbewussten, narzisstischen Missbrauch entgegenwirken? Erstens sollten alle Menschen aufhören, den Schmerz, den die Unterdrückung verursacht, zu ignorieren. Aber vor allem sollten *wir* dies tun, wir, die dieser Unterdrückung ausgesetzt sind und in einer

Gesellschaft leben, die unsere Perspektiven, unsere Gefühle und unsere Existenz negiert. *Wir* – sind Schwarze, People of Color, Frauen, nichtbinäre, Trans- und behinderte Menschen, Lesben, Schwule, Queers, Intersex, arme Menschen, Migrant*innen und Geflüchtete – wir alle, die als unterlegen konstruiert wurden. Wir sollten uns erlauben, zu fühlen und zu existieren. Das ist Heilung. Wir geben uns selbst den Raum, der uns verweigert wurde.

Wissen wir überhaupt, was Heilung bedeutet? Wir tragen unser Trauma überall mit uns herum. Wir nehmen es mit uns, auch wenn wir auf Veränderung drängen. Aktivistische Räume und Bewegungen für soziale Gerechtigkeit sind auch Räume, in denen Traumata reproduziert werden, oft unbewusst und unbeabsichtigt. Das geschieht meist, weil wir nicht wissen, wie wir heilen können. Mit dem Wort Heilung sind ein gewisses Stigma und eine Scham verbunden, weil es mit einer Opferrolle und mit Schwächen in Verbindung gebracht wird. Wir wollen ungern akzeptieren, dass einige von uns und die Generationen vor uns verwundet worden sind. Aber mit dem Trauma kommen Resilienz und Kraft. Wir sind keine Opfer, sondern Überlebende. Im Dokumentarfilm über die Disability-Justice-Bewegung in den USA *Crip Camp* sagt eine Protagonistin: »Die Welt will uns immerzu tot sehen, sie will uns nicht haben. Wenn ich überlebe, werde ich darum kämpfen, hier zu sein? Manche nennen es Wut, aber ich nenne es Antrieb. Man muss bereit sein, zu überleben, sonst wird man es nicht schaffen.« In ihrer *Litany for Survival* erinnert uns Audre Lorde: »Wir waren nie dazu bestimmt, zu überleben«[29] – und doch sind *wir* hier. Das an sich ist ein Zeichen der unglaublichen Resilienz der Unterdrückten – und ihrer Vorfahren. Wir tragen die Traumata der früheren Generationen, aber auch ihre Kraft. Wenn wir es bisher geschafft haben, die Sklaverei, mehrere Vernichtungsversuche und tägliche Unterdrückung überlebt zu haben, dann sind wir unbesiegbar.

»We are the blood
of the witches
you thought were dead.

We carry witchcraft in our bones
whilst magic still sings
inside out heads.

When the witch hunters
imprisoned out ancestors
when they tried to burn the magic away.

Someone should have
warned them
that magic cannot be tamed.

Because you cannot burn away
what has always
been aflame.«
Nikita Gill[30]

Das größte Missverständnis über Heilung ist, dass sie von außen kommen sollte. Dass diejenigen, die uns unrecht getan haben – und weiterhin tun –, diejenigen sein sollten, die unsere Wunden heilen. Das Problem mit dieser Vorstellung ist ein zweifaches. Erstens erhält sie die Abhängigkeit von den Unterdrücker*innen aufrecht. Wir brauchen sie, um heilen zu können, und unsere Befreiung hängt daher von ihnen ab. Zweitens versetzt sie uns in die Lage, unsere Menschlichkeit und die Tatsache, dass wir es verdienen, zu heilen, ständig unter Beweis stellen müssen. Wir verdienen es, gesehen zu werden und dass unser Schmerz anerkannt wird. Aber unsere Heilung setzt nicht voraus, dass die Unterdrücker*innen endlich sehen, dass wir menschlich – wertvoll – sind. Wir müssen die Unterdrücker*innen nicht um Erlaubnis bitten. Wir müssen uns selbst sehen und lieben, unabhängig davon, was die Unterdrücker*innen denken oder auf uns projizieren. Sollten wir unsere Heilung davon abhängig machen, geben wir denjenigen, die bereits Macht haben, noch mehr Macht, anstatt unsere eigene Macht von innen heraus zu entfesseln und den Heilungsprozess unabhängig davon zu beginnen. Wenn wir aufhören, uns darum zu kümmern, ob wir von außen als würdig angesehen werden oder nicht, können wir wirklich heilen. Es ging mir in diesem Buch nicht darum, die Mehrheitsgesellschaft davon zu überzeugen, dass wir genauso wertvoll sind wie sie. »Why we matter« ist eine Selbstbehauptung. Die Energie, die wir darauf verwenden, uns konstant zu rechtfertigen und zu beweisen, könnte besser verwendet werden. Wie Audre Lorde richtig sagt, wird es von den unterdrückten Menschen erwartet, dass sie die Unterdrücker von ihrer Menschlichkeit überzeugen. Durch diesen Rechtfertigungsdruck bewahren die dominanten Gruppen ihre überlegene Position: »Es gibt einen ständigen Energieabfluss, der besser genutzt werden könnte, um uns neu zu definieren und realistische Szenarien für die Veränderung der Gegenwart und den Aufbau der Zukunft zu entwerfen.«[31]

Heilung liegt in unserer Hand und kann uns ermächtigen, die toxischen Abhängigkeitsmuster, die Unterdrückung geschaffen hat, zu zerstören. Heilung kann den Weg für die Befreiung ganzer Gemeinschaften ebnen, und letztlich der gesamten Menschheit. Uns selbst zu heilen, bedeutet, die Generationen davor und danach zu heilen. Die Sioux glauben, dass unsere Handlungen sich auf bis zu 14 Generationen vor und nach uns auswirken. Die Energie, die unsere Vorfahren verkörperten, wurde weitergegeben. Wenn sich jede*r von uns verwandelt, verwandelt sich die Energie der gesamten Abstammungslinie, die uns vorausgegangen ist. Jede*r von uns kann alte Wunden heilen, vergeben, Konditionierungen und Überzeugungen verändern, Schmerz befreien, der Generationen über Jahrhunderte gefangen hielt. Als sie diese Erde verließen, hinterließen unsere Vorfahren die Überreste ihres ungelösten Traumas und Schmerzes, aber auch Stärke und Widerstandsfähigkeit, die über die Jahrhunderte weitergegeben und implizit fortgeführt wurden.

Ich wohnte schon seit ungefähr fünf Jahren in Berlin, als ich anfing, täglich über das Überleben nachzudenken. Ich hatte eine ständige, unterschwellige Angst, dass ich einer grausamen Situation ausgeliefert werde, in der ich um mein Überleben kämpfen muss. Bilder von eisiger Kälte, Hunger und Krankheit hatten sich einen Platz in meinem Unterbewusstsein verschafft. Es passierte in alltäglichen Situationen, meistens auf der Straße. Zum Beispiel beim Fahrradfahren, als mir Ratten entgegenkamen, wie es in Berlin häufiger passiert, hatte ich den überwältigenden Drang, sie zu fangen, damit ich das in Zukunft kann, für den Fall, dass es irgendwann dazu kommt, dass ich mich von ihnen ernähren muss. Wenn ich Holzstücke auf dem Boden sah, dachte ich kurz, ob ich sie mitnehmen und im Keller aufbewahren sollte, falls ich irgendwann ohne Strom durch den eiskalten Berliner Winter kommen musste. Ich suchte auch ständig nach möglichen Verstecken, wo ich mich aufhalten könnte, für den Fall, dass. Damals hielt ich diese hypothetische Gefahr wirklich für realistisch und dachte, dass ich mich auf etwas vorbereitete, was unvermeidbar war. Ungefähr zur gleichen Zeit fing ich an, über jüdische Familienmitglieder zu recherchieren, die in der Shoah verstorben sind. Meine Oma gab mir eine Mappe mit allen Unterlagen, die sie zur Verfügung hatte. Meine Großtante Lena, die im Genozid umkam, fesselte meine Aufmerksamkeit besonders. Sie war jüdische Polin und starb in Auschwitz, so die von meiner Oma erzählte Geschichte. In der Mappe gab es zwei Fotos von ihr. Auf einem davon stand sie mit einem weichen, schüchternen Lächeln neben einer Schultüte, fast so groß wie sie. Sie trug eine kleine Umhängetasche, einen Schulranzen, ein mit Stickereien und kleinen Perlen verziertes Kleid und schicke Sonntagsschuhe mit bis zum Knie hochgezogenen Socken. Ihre kantige Frisur rahmte ihr reif aussehendes Gesicht. Unter dem Bild stand als Datum »14. Mai 1928«. Dieses Bild hatte ich schon mal gesehen, aber zum ersten Mal erkannte ich die Schultüte. Ich drehte das Foto um und sah folgende Worte auf Deutsch, in einer Kinderhandschrift: »Liebe Brüder, sende auch mein Bild. Mit Gruß. Eure Schwester Lena Brechner.« Ich war schockiert zu sehen, dass sie auf Deutsch schrieb und sprach, und rief sofort meine Oma an, um sie zu fragen, ob meine Großtante deutsch gewesen war, und nicht Polnisch, wie wir immer gedacht hatten. Sie meinte nur, dass ihr Opa (Lenas Papa) nur Deutsch und Jiddisch sprach, und nicht polnisch. Diese Entdeckung warf einen neuen Blick auf Lena und darauf, wie ihr Leben war und hätte sein können. Ich fühlte mich mit ihr neu verbunden, weil ich selbst in Deutschland lebte und Deutsch sprach. Ich erzählte meiner Mutter diese Geschichte, und sie sagte: »Wie schön! Du bist in Deutschland gelandet, um ihre Seele zu heilen, um das Leben zu leben, das ihr genommen wurde und das sie in ihrem Land nicht leben durfte: studieren, Mutter sein, arbeiten, Freunde haben, und ganz einfach leben.« Ab diesem Moment sind meine Überlebensängste verschwunden. Diese Ängste gehörten mir nicht, sondern Lena – und vielleicht auch anderen Vorfahren, die in der Shoah verstorben sind und deren Geschichten mir nicht bekannt sind. Sie erfuhr im Vernichtungslager eisige Kälte, Hunger, und bestimmt auch Krankheit. Sie hat um ihr Überleben gekämpft. Ich konnte nicht herausfinden, wo und wann genau sie starb, nur dass sie ungefähr 20 war, als sie ermordet wurde. Heute wäre sie 98 Jahre alt. Lena hat ihren Platz in meinem Leben und begleitet mich. Ihre beiden Fotos hängen in meiner Wohnung.

Transgenerationelles oder intergenerationelles Trauma ist ein psychologischer Begriff, der besagt, dass ein Trauma zwischen den Generationen übertragen werden kann. Nachdem eine erste Generation von Überlebenden ein Trauma erlebt hat, ist sie in der Lage, ihr Trauma über komplexe Mechanismen der posttraumatischen Belastungsstörung auf ihre Kinder und weitere Generationen von Nachkommen zu übertragen. Dieses Forschungsgebiet ist relativ jung, hat sich aber in den letzten Jahren erweitert. Das intergenerationelle Trauma wurde erstmals bei Kindern von Genozid-Überlebenden erkannt. 1966 begannen Psycholog*innen, eine große Zahl dieser Kinder zu beobachten, die in Kliniken in Kanada psychische Hilfe suchten. Die Enkelkinder von Holocaust-Überlebenden waren bei den Überweisungen an eine psychiatrische Klinik im Vergleich zu vergleichbaren Gruppen der Allgemeinbevölkerung um 300 Prozent überrepräsentiert. Seither wurden transgenerationelle Traumata bei Nachkommen von Sklav*innen, Ureinwohner*innen, Kriegsüberlebenden, geflüchteten Menschen, Überlebenden von Missbrauch und vielen anderen Gruppen dokumentiert. Viele Nachkommen, die ein transgenerationelles Trauma erleiden, beschreiben, dass eine schwere Stimmung des Schweigens über der Familie liegt, die sie nicht zuordnen können. Gleichzeitig haben viele ein diffuses Schuldgefühl entwickelt, dessen Ursprung für sie nicht greifbar ist. Viele fühlen sich von Ängsten geplagt, von tiefer Verunsicherung, einer Verlorenheit in der Welt oder von einer unterdrückten Wut. Manche haben wiederkehrende, belastende Träume, die sie zeitlich mit der Eltern- oder Großelterngeneration in Verbindung bringen. Viele ahnen, dass es nichts mit ihrem eigenen Tun oder Erleben zu tun hat. In Martinique sind die Spuren der Sklaverei und der unsäglichen Gewalt, der Sklav*innen ausgesetzt waren, noch spürbar. Auf der Insel kommen psychische Erkrankungen und Depression überproportional vor, und kollektive Ängste hängen über allen Menschen, wie ein dichter Nebel, der schwer zu lüften ist. Meine Mutter schrieb mir auf WhatsApp, nachdem sie einen Podcast über die Sklaverei in den Französisch-Antillen und das Leiden der Sklav*innen gesehen hatte: »Die große Angst, dass mir meine Kinder entzogen werden, das bewundernde Interesse für weiße Kinder – die Kinder des Sklavenhalters, die einzigen, die man als Sklavin aufwachsen sehen durfte –, die unkontrollierbare Angst vor Hunden, die Zwangsvorstellung der Vergewaltigung, das Gefühl der Unsicherheit, die Angst vor körperlichen Strafen, ganz einfach: die andauernde Angst, sind alles Gefühle, Traumata und Ängste, die ich von meinen Ahnen geerbt habe«.

Ich konnte die Ängste und Gedanken ums Überleben in Verbindung mit dem Leben von Lena bringen, aber es war eine zufällige Realisierung, die auch nicht hätte stattfinden können. Viele von uns fühlen Ängste, Trauer, Schmerzen und Leid, die uns nicht gehören. Wenn es uns nicht gelingt, die Wunden zu heilen, werden die Wunden weiterhin an künftige Generationen weitergegeben. In diesem Sinne ist Heilung nicht nur ein individueller, sondern auch ein kollektiver Prozess. Trauma ist strukturell und politisch. Es gibt unzählige Wege, die zur Heilung führen können, und an sich ist Heilung ein Prozess mit Höhen und Tiefen, der wahrscheinlich nie aufhört. Stattdessen merken wir Tag für Tag, wie die Kraft, die Liebe und die Bestätigung, die wir so lange gesucht haben, in uns selbst zu finden sind. Heilung findet in uns und auch in Gemeinschaft statt. Die Kraft, die aus Orten geschöpft wird, wo Menschen, die ähnliche Erfahrungen machen, sich gemeinsam auf den Weg der Befreiung begeben, ist unbeschreiblich. Es sind zwar keine perfekten, unterdrückungsfreien Räume, denn die gibt es (noch) nicht, aber Orte, an denen wir unsere Menschlichkeit und die Wahrheit unserer Perspektiven nicht ständig beweisen müssen. Das an sich ist auch heilend.

Die Self-Care-Bewegung, die seit einigen Jahren exponentiell wächst, greift ein berühmtes Zitat von Audre Lorde aus ihrem 1988 erschienen Essay *A Burst of Light* auf. Audre Lorde stellt sich ihrer Zerbrechlichkeit und Sterblichkeit nach der Diagnose Leberkrebs – die Auswirkungen einer »Überdehnung ihres Selbst« (»*overextending myself*«). Ihr Körper registrierte seine eigenen Grenzen. Sie sagt: »Um mich selbst besorgt sein, ist nicht Selbstverwöhnung, es ist Selbsterhaltung, und das ist ein Akt politischer Kriegsführung.«[32] Viele von uns leben heute in Strukturen, »in denen wir nie dazu bestimmt waren, zu überleben«. In einer Gesellschaft, die uns ständig sagt, dass wir nicht »genug« sind, ist uns selbst zu lieben revolutionär. Jede*r Einzelne* von uns wurde genauso geboren, wie sie*er sollte. Wir sind alle perfekt, genug und liebenswert, wie wir sind. Wenn wir verstehen, dass unser Wert nicht von außen definiert werden kann, sind wir auf dem Weg der Heilung. Uns selbst zu definieren in einer Welt, die darauf besteht, uns in vorgefasste Rollen zu pressen, ist an sich subversiv. Selbstliebe braucht Zeit, Hingabe und Arbeit, und sie ist unsere größte Stärke und Waffe gegen Unterdrückung, denn wenn wir erkennen, was in uns liebenswert ist, erkennen wir die Liebe in der Menschheit als Ganzes und können unsere Verbindung mit anderen und der Welt vertiefen.

Audre Lorde rief eine Notwendigkeit zur Selbstfürsorge aus, die viele von uns, Aktivist*innen in queeren, feministischen, anti-rassistischen und Disability-Justice-Kreisen, die selbst von den Problemen betroffen sind, die sie bekämpfen, heute nur zu gut kennen. Wir versuchen, die Welt zu verändern, um sie zu einem besseren Ort zu machen für die, die bisher ausgeschlossen, ausgebeutet und entmenschlicht wurden. Wir müssen deshalb unser Gefühlsleben und die Tatsache anerkennen, dass wir von dem Kampf selbst betroffen sind, und dass Aktivismus Selbstvernachlässigung Vorschub leisten kann. Selbstfürsorge wurde zu einer Möglichkeit, sich in einer Welt zu erhalten, die der eigenen Identität, der Gemeinschaft und Lebensweise feindlich gesinnt war. Es geht darum, »Nein« sagen zu lernen, zu erkennen, wann es genug ist, darum, sich Zeit für sich selbst zu nehmen, um uns um unsere Seele, unseren Körper und unseren Geist zu kümmern. Der Begriff »Self-Care« wird inflationär benutzt. Der 24. Juli ist jetzt sogar offizieller »Self-Care Day«, und der Hashtag #selfcare wurde allein auf Instagram mehr als 29 Millionen Mal verwendet – nicht nur von den Menschen, die ursprünglich von Audre Lorde angesprochen wurden, sondern auch von solchen, die sich nicht gegen ein System wehren, das sie entmenschlicht, wie etwa weiße Manager*innen, Profi-Sportler*innen und Hollywood-Schauspieler*innen. Self-Care droht, in die neoliberale Falle zu tappen. Eine Rhetorik der Selbstfürsorge, die von der kapitalistischen Konzernwelt korrumpiert wurde, nimmt diese aus der Verantwortung, das Wohlergehen ihrer Arbeiter*innen zu ermöglichen, und gibt diesen stattdessen die Schuld dafür, dass sie sich nicht wohl fühlen – sie sollten Self-Care betreiben, etwas Yoga machen und täglich meditieren, dann wird der Burnout abgewendet. Immer wieder müssen wir uns den Kontext anschauen und fragen: Wessen Verantwortung ist es, Self-Care zu ermöglichen? Wie bei der Body-Positivity-Bewegung haben sich Unternehmen das Konzept der Selbstfürsorge angeeignet, um ihre Produkte zu verkaufen und sich an ein breites Publikum zu wenden, das Selbstfürsorge nicht als einen Akt politischen Widerstands betreibt.

Self-Care ist aber nicht für den Konsum gedacht, sondern eine Überlebenspraxis, die von Schwarzen Feminist*innen entwickelt wurde, um Selbstliebe zu ermöglichen in einer Welt, die sie systematisch daran gehindert hat, sich selbst zu lieben und zu akzeptieren. In diesem Sinne ist Self-Care ein kollektiver Prozess. Keine*r von uns muss stark genug sein, diesen Kampf alleine durchzustehen. Mehr denn je müssen wir uns aufeinander stützen können. Die Worte von bell hooks ermutigen uns, aus der Isolation zu fliehen und Gemeinschaft und Unterstützung zu suchen: »Wenn du aufwachst und irgendwo lebst, wo es niemanden gibt, den du liebst und dem du vertraust, keine Gemeinschaft, dann ist es Zeit, die Stadt zu verlassen – deine Sachen zu packen und aufzubrechen (und sei es heute Nacht noch). Und wohin du gehen musst, ist jedweder Ort, an dem es Arme gibt, die dich halten können und die dich nicht mehr loslassen.«[33] Nur die kollektive, einfühlsame Zugehörigkeit kann uns retten und die Grenzen unseres Wesens erweitern.

Self-Care ist für mich eine tägliche, kontraintuitive Anstrengung. Meine toxische Ehe zu verlassen und von meiner Familie und meinen Freunden gehalten zu werden, als ich aus Angst vor dem Unbekannten erstarrt war; zu ehren, wer ich wirklich bin, und meine Queerness voll und ganz auszuleben; dieses Buch zu schreiben und meine Wahrheit zu sagen; diejenigen in meinen Communitys zu unterstützen, wenn sie es brauchen; meine Unvollkommenheiten und Fehler zu akzeptieren – und zu lieben. Self-Care ist ein notwendiges Element im Heilungsprozess. Um dies zu erreichen, müssen wir die Selbstfürsorge aus der neoliberalen Ecke herausholen, indem wir versuchen, nicht mehr funktional, selbstgenügsam und perfekt zu sein. Genauso, wie Menschen sich nicht von #Bodypositivity einschüchtern lassen und nach wie vor über negative Körpergefühle reden können sollten, sollte Self-Care uns nicht dabei im Wege stehen, um Hilfe zu bitten und verletzlich zu sein.

Wie lässt sich Aktivismus mit Self-Care vereinbaren?

Es besteht eine Spannung zwischen der Notwendigkeit, sich einerseits auf den spirituellen Heilungsprozess zu konzentrieren, und sich andererseits für politische Veränderung einzusetzen. Unsere individuelle Heilung kann zum gesellschaftlichen Wandel beitragen: Da wir alle miteinander verbunden sind, trägt jede*r von uns positiv zur Welt bei, wenn wir die Bedürfnisse des Selbst und des Anderen, »weibliche« und »männliche« Prinzipien, Körper und Geist, Geist und Erde in Einklang bringen können. Spirituelles Wachstum und Heilung sind Teil des Wandels: »Ich bin die Veränderung, die ich in der Welt sehen möchte«[34], in Gandhis Worten. In diesem Fall muss ich mich selbst verändern, um die Welt zu verändern. Aber eine andere Perspektive des Aktivismus setzt die aktive Teilnahme am Kampf für Gerechtigkeit voraus. In diesem Sinne hat die Zusammenarbeit zur Veränderung der ungerechten Politik und Praxis Priorität. Dies erfordert, dass wir uns nicht *nur* auf die persönliche spirituelle Heilung konzentrieren, sondern Maßnahmen ergreifen, um die Systeme zu verändern, die sich negativ auf uns und unsere Gemeinschaften auswirken. Wie gehen wir mit dieser Spannung zwischen persönlichem Wachstum und Heilung (nach innen) und politischem Handeln (nach außen) um?

Ich denke, es erfordert beides. Spirituelle Arbeit und Heilung helfen uns, ausdauernder zu sein und beim aktivistischen Streit für mehr soziale Gerechtigkeit auch mehr Liebe zu uns selbst zu entwickeln. Während egozentrische spirituelle Arbeit im Allgemeinen nicht zur Teilnahme an kollektiven Aktionen inspiriert oder ermutigt, kann die Arbeit als Teil einer kollektiven und aktivistischen Gruppe Kraft geben und inspirieren. Beides zu verfolgen, hilft uns nicht nur, den Kopf über Wasser zu halten, sondern es ermöglicht uns auch, uns auszudehnen und gemeinsam authentische Macht zu schaffen. Die Bürgerrechtsbewegung und die Anti-Apartheid-Bewegung sind gute Beispiele für eine solche Vermengung von Spiritualität und politischem Handeln. Martin Luther King sagte: »Nur durch eine innere spirituelle Transformation gewinnen wir die Kraft, die Übel der Welt in einer demütigen und liebevollen Weise energisch zu bekämpfen.«[35] Unser politisches Leben muss von etwas Größerem als der Politik bestimmt werden, weil der tiefe gesellschaftliche Wandel, den wir gerade erleben, nicht nur von Menschen betrieben wird. Aber das Problem ist, dass Spiritualität vom Neoliberalismus vereinnahmt wurde, zum Beispiel mit Yoga und Meditation, die häufig nur noch als Instrumente der individuellen Selbstoptimierung fungieren. Spiritualität und Aktivismus scheinen heute komplett getrennt zu sein. In spirituellen Kreisen wird Aktivismus häufig entmutigt und manchmal sogar als Aktivität verworfen, die sich auf das Ego und den Geist konzentriert, jegliche Art von Identitätspolitik wird verteufelt, weil sie durch Trennung und Angst motiviert sei. Zudem ist die Aufforderung, sich auf positives Denken zu konzentrieren und Negativität zu vermeiden, für diese Spannung zentral. Widerstand gegen die Auseinandersetzung mit »negativen Energien« ist verständlich, aber er hindert uns daran, dorthin zu gehen, wo gesellschaftlicher Wandel nötig ist – wo die Energien, gelinde gesagt, negativ sind.

Wir müssen also individuell heilen, um uns im Prozess der kollektiven Transformation aktiv einbringen zu können. Um dies zu tun, müssen wir aus unseren Komfortzonen heraus. Bewegungen für soziale Veränderungen werden von Menschen aufgebaut. Wir alle können potenziell Bewegungen verstärken. Wir müssen unseren Bewegungen mehr Liebe und Fürsorge entgegenbringen, wenn wir wollen, dass sie Widerstand leisten und alternative Formen der Macht schaffen. All unsere Körper, unsere Seelen und unsere Stimmen können aktiv einbezogen werden. Alle Beiträge sind nicht nur willkommen, sondern notwendig, um die kollektiven Kräfte zu schaffen und zu nähren, die eine andere Welt gestalten können. Und dies wird nur geschehen, wenn wir erkennen können, welche Werkzeuge wir dabei wegwerfen müssen.

Befreit

> »I'll tell you what freedom is to me – no fear.«
> *Nina Simone*

> »Love is profoundly political. Our deepest revolution will come when we understand this truth.«
> *bell hooks*[36]

Angst und Liebe sind Seiten derselben Medaille. Angst, nicht Hass oder Gleichgültigkeit, ist das Gegenteil von Liebe. Wir müssen uns der Angst stellen, die bisher die Welt regiert hat, sie festhalten und in Liebe verwandeln. Die Wurzel aller Unterdrückung und allen Hasses ist der Terror, die Angst, die in unseren Köpfen lebt – die Angst vor der – und der Neid auf die – Macht anderer. In den Worten von bell hooks: »Manchmal versuchen Menschen, dich zu zerstören, gerade weil sie deine Macht erkennen – nicht, weil sie sie nicht sehen, sondern gerade, weil sie sie sehen und nicht wollen, dass sie existiert.«[37] Die Nazis hatten Angst vor den Juden*Jüdinnen, vor der Macht, von der sie selbst phantasierten. Die Weißen haben Angst vor den Schwarzen wegen der unglaublichen inneren und äußeren Kraft, die sie auf sie projizieren. Männer haben Angst vor Frauen wegen der unerklärlichen Macht, die sie ausstrahlen.* Heterosexuelle Menschen haben Angst vor queeren Menschen, weil sie Angst vor ihrem eigenen nicht-heterosexuellen Begehren haben. Nicht behinderte Menschen haben Angst vor behinderten Menschen, weil sie sich vor ihrer eigenen Einzigartigkeit fürchten.

Solche Ängste treiben Unterdrückung an, sie spielen bei der Erzeugung von Macht und Machtmissbrauch eine Rolle. Die Unterdrückten haben aber auch Angst vor ihrer eigenen Macht, weil sie den Unterdrücker*innen nicht verunsichern und einschüchtern wollen. Sie haben Angst vor den Konsequenzen einer Eman-

---

* Und die mit der Macht der Reproduktion zu tun hat (auch »womb envy« genannt).

zipation: Viele Frauen sind bereit, sich »ein bisschen« zu emanzipieren, aber behalten dabei immer ein Auge auf die Männer und schauen nach ihrer Reaktion: »Geht es noch? Habe ich die Grenze des Unerträglichen erreicht?« So wirkt die grenzenlose Empathie, die die Unterdrückten für die Unterdrücker*innen empfinden. Eine Art Stockholm-Syndrom, das beschreibt, wie Opfer von Geiselnahmen ein positives Verhältnis zu ihren Entführern aufbauen, mit ihnen kooperieren, und sie sogar vor der Polizei und vor Gericht verteidigen. Die Befreiung macht Angst, weil sie hohe Kosten und den Verzicht auf eine gewisse Bequemlichkeit mit sich bringt, die mit dem Verbleiben in den Rollen einhergeht, die wir seit der Kindheit ausfüllen.

Eines der Werkzeuge, die wir derzeit beim Versuch einsetzen, das Haus des Sklavenhalters abzubauen, ist Macht. Macht, wie wir sie kennen und wie sie benutzt wurde, um zu herrschen, zu dominieren und zu unterwerfen, basiert auf Angst. Angst vor dem Verlieren, Angst vor dem Mangel und Angst vor dem Tod. Wir müssen die Macht, wie wir sie kennen, transzendieren und alternative Formen der Macht schaffen, die nicht auf Angst, sondern auf Liebe basieren. Macht muss nicht unbedingt auf Gier, Herrschaft und Unterdrückung beruhen. Wir sehen Macht derzeit als eine Ware, die man ergreifen, tauschen und gewinnen kann. Es ist eine sehr reduktive Art, Macht zu sehen – und nach Macht zu streben. Macht ist, ebenso wie Liebe, keine Währung. Sie muss nicht abgezogen werden, um gewonnen zu werden. Im Gegenteil, sie kann sich vervielfachen.

Unsere Gesellschaften leiden an einem tiefen Ungleichgewicht zwischen sich ergänzenden femininen *(yin)* und maskulinen *(yang)* Energien. Das eine ist ohne das andere nicht denkbar. Befinden sich beide Prinzipien im Gleichgewicht, können die Energien ungehemmt fließen. In der spirituellen Welt sind »feminine« und »maskuline« Energien nicht mit den sozialen Geschlechtern verbunden, sondern befinden sich in allen Menschen – egal welchen Geschlechts. *Yang*-Eigenschaften, die in unserer von Heteronormativität geprägten Gesellschaft mit Männern in Verbindung gesetzt werden, genießen einen höheren Status als *Yin*-Eigenschaften, die mit Frauen assoziiert werden. Dies hat bisher unter anderem zu einer Ausbeutung der natürlichen Ressourcen unseres Planeten, zu einer Überbewertung von Geld, Schnelligkeit, und einer Unterbewertung von Langsamkeit, Fürsorge, der immateriellen Welt – und Liebe – geführt. Die Heilung der verwundeten *Yang*-Energien trägt zu mehr Empathie, Liebe und Verbundenheit bei.

Liebe ist wie der rote Faden, zu dem wir als Menschheit immer wieder zurückkehren. Sie ist gleichzeitig die Antwort auf die große Frage, wie Unterdrückung überwunden werden kann, und eine Haltung, die wir auf dem Weg adoptieren sollten. Der Kampf für Gerechtigkeit sollte ein Kampf sein, der mit (Selbst-)Liebe, (Selbst-)Mitgefühl und (Selbst-)Fürsorge geführt wird. bell hooks, die Liebe in ihren Werken einen zentralen Platz einräumt, sagt: »In dem Moment, in dem wir uns entscheiden, zu lieben, beginnen wir, uns gegen Herrschaft, gegen Unterdrückung zu wenden. In dem Augenblick, in dem wir uns für das Lieben entscheiden, beginnen wir, uns in Richtung Freiheit zu bewegen, in einer Weise zu handeln, die uns und andere befreit.«[38]

Conjuring
There is conjuring
within us all
a whisper in the air
a call to arms
like an incantation
or the beginning
of the kind of storm
that brings about

change,
transformation.

Some call it
sisterhood,
some call it
Feminism
But another word
for this paradigm shift
is simply called
revolution.
Nikita Gill[39]

Bei der Revolution, von der Nikita Gill in diesem Gedicht spricht, denken wir zuerst an Gewalt, Schreie und Wunden. Doch sie ist Transformation, und Transformation ist Befreiung. Die Befreiung derjenigen, die nicht frei sind, wird die Befreiung von uns allen sein.

EPILOG

Was habe ich davon gehabt, die Fliege Nina als lebenswertes Wesen zu sehen, anstatt sie zu töten? Es hat mein Herz geweitet und meine Wahrnehmung gedehnt, aber nicht nur. Es hat mich ein wenig von der Hierarchie befreit, über die es in diesem Buch geht: das Fundament der Unterdrückung. Wenn ich mich über diese Fliege stelle, stelle ich mich auch unter andere, denn das heißt, dass ich die Hierarchie des Lebens verinnerlicht habe.

Menschen als Untermenschen, als seelenlose Tiere zu betrachten, erlaubt Gewalt, Missachtung, Mord und Genozid. Die Nazis bezeichneten die Juden*Jüdinnen, Rom*nja und Sinti*zze als Ratten und Läuse. Schwarze Menschen wurden während der Sklaverei und lange danach als Tiere betrachtet. Die Tutsi wurden während des ruandischen Genozids Kakerlaken genannt. Behinderte Menschen wurden als nichtmenschliche Ungeheuer betrachtet. Die Herabsetzung nichtmenschlicher Lebewesen ist die Grundlage der Hierarchie, die wir abbauen müssen. Was wäre, wenn es diese Hierarchie zwischen Menschen und Tieren nicht gäbe und wir nichtmenschlichem Leben die gleiche Würde zusprechen würden wie menschlichem? Wir würden dadurch die Hierarchie an der Quelle aufbrechen. Wenn wir uns der unterdrückenden Hierarchie entziehen wollen, müssen wir das voll und ganz tun, und nicht exklusiv für Menschen oder für Teile der Menschheit – wie das bisher versucht wurde.

Die Welt braucht die Fliege Nina ebenso wie *alle* Menschen,

Fische im Ozean und Bäume in Wäldern. Wenn wir das verinnerlicht haben, können wir von der Idee befreit werden, dass wir über oder unter andere gestellt werden müssen, um einen Wert zu haben und schließlich unsere Existenz zu rechtfertigen. Nichts ist »natürlich« an der Hierarchie des Lebens, die unsere Welt viel zu lange beherrscht. Sie wurde von denjenigen geschaffen, durchgesetzt und aufrechterhalten, die ihre Überlegenheit selbst proklamiert und sich an die Spitze gestellt haben – aus Angst vor ihrem Erlöschen. Einer Angst, die niemandem dient. Denn das Erlöschen der menschlichen Spezies würde niemanden aussparen. Die Menschen an der Spitze der Pyramide unterliegen einer Illusion, wenn sie denken, dass sie abgeschirmt sind. Es ist eine Illusion, die der Menschheit viel zu viel Schaden zugefügt hat. Wir sind alle einzigartig, wertvoll und genug, so, wie wir sind. So machtvoll und unveränderbar diese Hierarchie uns erscheint, es liegt an uns, sie aufzubrechen. Wir brauchen sie nicht mehr.

Unsere Aufgabe ist es jetzt, neue Wege des Seins in dieser Welt zu erfinden.

VOM GANZEN HERZEN, VIELEN DANK AN:

Die Leser*innen. Vielen Dank, dass Sie/Du dieses Buch bis zum Ende gelesen haben/hast.

All diejenigen, die den Weg für dieses Buch geebnet haben. Ich kann sie nicht alle namentlich erwähnen, deshalb hier diejenigen, die mich am meisten geprägt haben: Vielen Dank an bell hooks, Audre Lorde, Kimberlé Crenshaw, Sojourner Truth, Maryse Condé, Sarah P. Johnson, Winnie Mandela, Assata Shakur, Angela Davis, May Ayim, Toni Morrison, Maya Angelou, Gayatri Chakravorty Spivak, Judith Heumann, James Baldwin, Frantz Fanon, Aimé Césaire, Clarissa Pinkola-Estes, Kimberly Jones, Miriam Makeba, Virginie Despentes, Casey und Sonya Renée Taylor.

Die Menschen, die mir ihre Geschichten, die in diesem Buch erzählt werden, anvertraut haben. Vielen Dank, dass ich sie verwenden durfte.

Die weltweite Community der Unterdrückten und besonders die Berliner BIPOC-Community, die mich inspiriert, die mir Halt gibt und ein Gefühl von Zugehörigkeit schenkt, in Momenten, in denen ich mich einsam fühle. You are precious.

Das wundervolle Team des *Center for Intersectional Justice*. Für eure tolle Unterstützung.

Tupoka Ogette, Kübra Gümüşay, Teresa Bücker und Sibylle Berg. Vom ganzen Herzen, vielen Dank für das Lesen und für eure Großzügigkeit.

Meinem Lektor Christian Koth. Für deine Begeisterung für dieses Buch, als es noch kein Buch war, und für dein Vertrauen. Vielen herzlichen Dank für die angenehme und wertschätzende Zusammenarbeit.

Nora Boutaoui. Ohne dich würde es dieses Buch nicht geben. Vielen Dank, dass du mich dazu gebracht hast, meine Gedanken zu Papier zu bringen und dass du den Titel des Buches gefunden hast!

Meine Agentin Lisa Volp. Dank dir hat sich eine neue Welt für mich geöffnet, in der ich mich zuhause fühle. Danke, dass du mir die Möglichkeit gegeben hast, diese Leidenschaft zum Ausdruck zu bringen.

Jele Mensen vom Aufbau Verlag. Vielen Dank für dein genaues Auge, deine Anregungen und deine Geduld bei der Übersetzung der vielen Zitate. Auch ganz vielen Dank an Anna von Rath für die wertvollen Kommentare und Verbesserungsvorschläge.

Anwar Ouguerram. Für deinen Rat und kritisches Auge bei der Gestaltung des Buchcovers. Für unsere unschätzbaren Gesprächen über Spiritualität, Astrologie, Queerness, Transidentität, Memes, *X-Factor* und *Killing Eve*. Und für diese wunderschöne Freundschaft, die trotz der räumlichen Entfernung mein Herz wärmt.

Laurence Naima Pagni. Für deine stetige Ermutigung und für das Lesen. Du bist zu einer Schwester für mich geworden, ich bin unglaublich dankbar, dich in meinem Leben zu haben – und für unsere gemeinsame spirituelle Reise und dein überaktives Herzchakra.

Alice Grindhammer. Vielen Dank für das Lesen und das Coaching rund um das Buch. Unsere wundervolle Freundschaft bedeutet mir sehr viel. Unendliche Empathie, Großzügigkeit, Lachen, Check-ins, Rum und jüdische Leckereien gehören alle dazu.

Susi. Für deine Liebe, und dass du mich erdest und täglich daran erinnerst, dass Glück nur im hier und jetzt greifbar ist. Ich liebe dich.

Anaïs und Clémence. Danke, dass ihr immer für mich da seid. Ich habe euch lieb.

Maman. Für alles. Danke für deine Offenheit, deine Spiritualität, deinen Mut, und dafür, dass ich mit dir groß werden durfte. Für deine Generosität, die mich jeden Tag inspiriert.

Papa. Vielen Dank für deine Bereitschaft, meine Realität zu sehen und für deine Verletzlichkeit. Meine Liebe für dich geht weit über die Grenzen hinaus, die in diesem Buch dargelegt wurden.

Tidiane. Du bist ein wundervolles Geschenk; danke, dass du die Grenzen meiner Persönlichkeit verschiebst, Perspektiven öffnest und mir bedingungslose Liebe beibringst. Danke für deine Geduld, ich versuche jeden Tag mein Bestes. Ich liebe dich.

Ayélé. Ich bin dir unendlich dankbar, dass du mich ausgesucht hast. Ich liebe dich.

Berlin, 7. Dezember 2020
Emilia Roig

NACHWEISE UND ANMERKUNGEN

1 Do Not Lose Heart, We Were Made for These Times © 2001, 2016, by Clarissa Pinkola Estés, Ph. D.

2. Unterdrückung sichtbar machen

1 Chimamanda Ngozi Adichie: Arthur Miller Freedom to Write lecture, PEN World Voices Festival 2015. Zitiert nach: https://www.theguardian.com/books/2015/may/11/chimamanda-ngozi-adichie-fear-causing-offence-a-fetish
2 Nicole Newnham; James Lebrecht; Michelle Obama; Barack Obama (Produktion); Nicole Newnham; James Lebrecht (Regie): *Crip Camp. A Disability Revolution.* USA: Netflix 2020. Eigene Übersetzung.
3 Kübra Gümüsay: *Sprache und Sein.* Berlin 2020, S. 31.

3. Zu Hause

1 James Baldwin: *Giovannis Zimmer.* Aus dem Amerikanischen von Axel Kaun und Hans-Heinrich Wellmann. Reinbek bei Hamburg 1967, S. 97.
2 Colette Guillaumin: *Sexe, race et pratique du pouvoir : L'idée de nature*, Paris, iXe, 2016, S. 211.
3 Frantz Fanon: *Black skin, white masks.* New York 2008, S. 41.
4 Im Jahr 2018 wurden 331 Trans* und geschlechtsdiverse Personen ermordet, weltweit. Siehe https://transrespect.org/en/tmm-update-trans-day-of-remembrance-2019/.
5 bell hooks: *The Will to Change: Men, Masculinity, and Love.* New York 2004, S. 15. Eigene Übersetzung.
6 Statistisches Bundesamt, 2018, https://www.destatis.de/DE/Themen/Gesellschaft-Umwelt/Gesundheit/Todesursachen/Tabellen/suizide.html.
7 Siehe Anmerkung 5, S. 24. Eigene Übersetzung.
8 Dem Bericht zur Partnerschaftsgewalt aus dem Jahr 2017 zufolge wurden im Vorjahr 138.893 Menschen in Deutschland Opfer der sogenannten Part-

nerschaftsgewalt (82,1 Prozent davon Frauen). Die Polizei geht davon aus, dass die Dunkelziffer größer ist, weil die Straftaten nicht immer angezeigt werden.
9 Virginie Despentes: *King Kong Theorie*. Aus dem Französischen neu übersetzt von Claudia Steinitz und Barbara Heber-Schärer. Köln 2018, S. 28 f.
10 Nayyirah Waheed: *Salt*. CreateSpace Independent Publishing Platform; 8/25/13 edition (24. September 2013), S. 158.

4. In der Schule und an der Universität

1 https://www.bamf.de/SharedDocs/Anlagen/DE/Forschung/WorkingPapers/wp13-schulische-bildung.pdf?__blob=publicationFile&v=11, S. 12.
2 Vgl. Thilo Sarrazin: *Deutschland schafft sich ab. Wie wir unser Land aufs Spiel setzen*. München 2010.
3 J. H. Speke: *Journal of the Discovery of the Source of the Nile*. New York 1864.
4 Aladin El-Maafalani: *Mythos Bildung*. Köln 2020, S. 22.
5 https://www.bamf.de/DE/Themen/Integration/ZugewanderteTeilnehmende/Integrationskurse/InhaltAblauf/inhaltablauf-node.html
6 Joan Wylie (Hg.): *Conversations with Audre Lorde*. Jackson, Mississippi, 2004, S. 91.
7 James Baldwin: »Black English: A Dishonest Argument«, 1980, zitiert nach dem Dokumentarfilm *I Am Not Your Negro* (2016) von Raoul Peck.
8 B. L. Hall; R. Tandon: »Decolonization of knowledge, epistemicide, participatory research and higher education«. Research for All, 2017, 1 (1), S. 8.
9 Ramón Grosfoguel: »The structure of knowledge in Westernized universities: Epistemic racism/sexism and the four genocides/epistemicides of the long 16th century«. Human Architecture: Journal of the Sociology of Self-Knowledge, 2013, 11 (1), S. 73–90.
10 Die Hexenverfolgung hat nicht, wie häufig behauptet, nur in Mittelalter und Früher Neuzeit stattgefunden, sondern bis zum Ende des 18. Jahrhunderts, wie zum Beispiel mit der Hinrichtung von Anna Göldi in der Schweiz in 1782.
11 M. J. Gage: »Women, Church and State: The Original Exposé of Male Collaboration Against the Female Sex« (1893). Zitiert in: Venia Soumpenioti: *A Modern Witch Hunting: The HIV Positive Prostitute Case and The Demonization of the Female Body*, Research Gate, 2018.
12 Mona Chollet: *Sorcières*, Paris 2018, S. 194.
13 Susan Bordo: »The Flight to Objectivity: Essays on Cartesianism and Culture« (1987). Zitiert in: Mona Chollet: *Sorcières*, Paris 2018, S. 194.
14 Francis Bacon: »The Masculine Birth of Time« (1603). Zitiert in: Mona Chollet: *Sorcières*, Paris 2018, S. 194.
15 Guy Bechtel: *La Sorcière et l'Occident*. Paris 1997. Eigene Übersetzung. Zitiert in: Mona Chollet: *Sorcières*, Paris 2018, S. 194.

16 Zitiert in: Mona Chollet: *Sorcières*, a. a. O., S. 21.
17 Auf dem Höhepunkt des Al-Andalus-Reiches in Europa verfügte die Stadt Cordoba über 500 000 Bücher. Dies war zu einer Zeit, als andere intellektuelle Zentren in Europa Bibliotheken mit 5000 bis 10 000 Büchern besaßen. Die Codices sind gefaltete Bilderhandschriften auf Amatl-Papier, Bilderhandschriften, in denen Informationen über das Leben der Maya, der Inka und der Azteken, aber auch über Religion, Mystik, Astronomie und Mathematik, aufgezeichnet wurden. Die Maya hatten ein hoch entwickeltes Schriftsystem aus Bildern, Schrift- und Zahlenzeichen.
18 Georg Wilhelm Friedrich Hegel: »Lectures«, 218 Zitiert in E. Dussel: »Eurocentrism and modernity«. Boundary 2: An International Journal of Literature and Culture, 1993, 20 (3), S. 70.
19 Das Gesetz Nr. 2005–158 vom 23. Februar 2005 über die Anerkennung der Nation und den nationalen Beitrag zugunsten der repatriierten französischen Staatsbürger ist ein französisches Gesetz, dessen Artikel 4 wegen seiner Einmischung in die Kolonialgeschichte weithin kritisiert wurde. Insbesondere wegen Absatz 2, der besagt: »Die Lehrpläne der Schulen erkennen insbesondere die positive Rolle der französischen Präsenz in Übersee, insbesondere in Nordafrika, an und räumen der Geschichte und den Opfern der französischen Armeeangehörigen aus diesen Gebieten den ihnen zustehenden herausragenden Platz ein.« Dieser Absatz wurde per Dekret vom 15. Februar 2006 aufgehoben.
20 *Marx-Engels-Gesamtausgabe.* Abteilung I. Band 25. Berlin 1985, S. 292.
21 Immanuel Kant: *Physische Geographie.* AA IX. Verfügbar unter: https://korpora.zim.uni-duisburg-essen.de/kant/aa09/316.html
22 Tagebuchbericht von Johann Friedrich Abegg, zitiert nach Rudolf Malter (Hrsg.): *Immanuel Kant in Rede und Gespräch.* Felix Meiner, Hamburg 1990, S. 457
23 Frantz Fanon: *Black Skin, White Masks.* New York 2008 [1967], S. 33.
24 Hannah Arendt: *Elemente und Ursprünge totaler Herrschaft.* Frankfurt a. M. 1958, S. 193.
25 Aimé Césaire: *Discours sur le Colonialisme.* Paris 2011 [1955], S. 14. Eigene Übersetzung.
26 https://zentralrat.sintiundroma.de/arbeitsbereiche/entschaedigung-und-ns-verfahren/
27 Grada Kilomba: *Plantation Memories.* Münster 2010, S. 28.
28 Friedrich Nietzsche: *Nachgelassene Fragmente. Ende 1886 – Frühjahr 1887.* Stuttgart 1995.
29 Kübra Gümüsay: *Sprache und Sein*, a. a. O., S. 42.
30 bell hooks: *Teaching Critical Thinking: Practical Wisdom.* New York/Abingdon 2010. Eigene Übersetzung.
31 John Keats: Letter to George and Georgiana Keats (February 14-May 3, 1819). Verfügbar unter: http://john-keats.com/briefe/140219.htm. Eigene Übersetzung: »Nichts wird jemals real, bis es erlebt wird«.

32 Donna Haraway: »Situated Knowledges: The Science Question in Feminism and the Privilege of Partial Perspective«. Feminist Studies, 1988, 14 (3): S. 595 f.
33 Max Weber: »L'objectivité de la connaissance dans les sciences et la politique sociales« [1904]. In: Julien Freund (Hg.) : *Essais sur la théorie de la science*. Paris 1965, S. 117–213.
34 Frauen bekommen nur 31 Prozent der in Großbritannien vergebenen Krebsforschungsstipendien und 22 Prozent der gesamten Mittel zur Krebsforschung. C. D. Zhou; M. G. Head; D. C. Marshall; et al.: »A systematic analysis of UK cancer research funding by gender of primary investigator«. BMJ Open 2018; 8:e018625.
35 In Großbritannien waren im Jahr 2018 on 4735 Professor*innen über 4000 weiß. Unter ihnen sind nur 25 Schwarze Frauen, 0,1 Prozent. In Deutschland kann aufgrund fehlender Daten nur geschätzt warden, dass 13 Schwarze Professorinnen von insgesamt 45000 Professor*innen, unter ihnen 11442 Frauen, forschen und lehren.
36 Grada Kilomba: *Plantation Memories. Episodes of everyday racism*. Münster 2008, S. 27. Hervorhebung im Original. Eigene Übersetzung.
37 https://www.youtube.com/watch?v=uAMTSPGZRiI
38 Shiv Visvanathan: »The search for cognitive justice« (2009). http://bit.ly/3ZwMD2.

5. In den Medien

1 Audre Lorde: *Sister Outsider*. New York 2007 [1984], S. 137. Eigene Übersetzung.
2 Süddeutsche Zeitung, 14. Januar 2019: »Bloß nicht wie ein Mädchen sein«. Von Meredith Haaf.
3 Süddeutsche Zeitung, 11. Januar 2019: »Blaue Bücher, rosa Bücher«. Von Katharina Brunner, Sabrina Ebitsch, Kathleen Hildebrand und Martina Schories.
4 David Elliott: *Voices: The Final Hours of Joan of Arc*. Boston 2019. Eigene Übersetzung.
5 M. Forgiarini; M. Gallucci; A. Maravita: »Racism and the empathy for pain on our skin«. Front Psychol. 2011, 2:108 (23. Mai 2011).
6 S. Trawalter; K. M. Hoffman; A. Waytz: »Racial Bias in Perceptions of Others' Pain«. PLoS ONE 2012, 7(11): e48546.
7 Immanuel Kant: *Beobachtungen über das Gefühl des Schönen und Erhabenen*. Riga 1771, S. 253. Verfügbar unter: https://korpora.zim.uni-duisburg-essen.de/kant/aa02/253.html
8 IndieWire.com, 17. Januar 2014: »Why White People Don't Like Black Movies«. Von Andre Seewood.

9 Die willentliche Aussetzung der Ungläubigkeit bezieht sich auf die Bereitschaft der*des Zuschauer*in, die Vorgaben eines Spielfilms vorübergehend zu akzeptieren, sogar wenn diese fantastisch oder unmöglich sind. Der*die Zuschauer*in willigt ein, sich auf eine Illusion einzulassen, um dafür gut unterhalten zu werden.
10 Anna Everett: »The Other Pleasures: The Narrative Function of Race in the Cinema«. In: Nicole Rafter (Hg.): *Shots in the Mirror: Crime Films and Society*. Oxford 2006 (2. Aufl.), S. 122.
11 George Breitman (Hg.): *Malcolm X speaks*. New York 1990, S. 93. Eigene Übersetzung.
12 Im Jahr 2018 waren in den USA. 77,4 Prozent der Journalist*innen weiß und zu 59 Prozent männlich. Die letzten Zahlen aus Großbritannien von 2016 ergaben 94 Prozent weiße Journalist*innen, davon 55 Prozent männlich. Asma Abidi et al.: »Unbias the News – Warum Journalismus Vielfalt braucht«. Hostwriter 2019, S. 8.
13 Um nur ein Beispiel zu nennen: »Tod eines Schwarzen in Minneapolis: Proteste quer durch die USA. In den USA reißen die Proteste nicht ab. Demonstranten forderten in zahlreichen Städten Gerechtigkeit für George Floyd, der nach einem brutalen Polizeieinsatz in Minneapolis gestorben war. Dabei kam es auch zu Krawallen.« https://www.tagesschau.de/ausland/minneapolis-ausschreitungen-105.html.
14 Der Spiegel, 2. Juni 2020: »Ein Bild der Verwüstung«. Von Ralf Neukirch und Janita Hämäläinen (Video).
15 https://twitter.com/m_d_mccoy/status/1267503074018578438?s=20.
16 Frankfurter Allgemeine Zeitung, 2. Juni 2020: »Im Schatten des Kampfes gegen Polizeigewalt zerstören Kriminelle in Amerika Geschäfte und rauben Einkaufszentren aus – während die Beamten anderweitig im Einsatz sind«. Von Winand von Petersdorff.
17 Siehe Anmerkung 14.
18 Tagesschau, 30. Mai 2020: »Hier geht es um Chaos«. Mit Informationen von Julia Kastein, ARD-Studio Washington.
19 Ebd.
20 Spiegel, 2. Juni 2020: »Auch manche Polizisten solidarisieren sich«. Von Janita Hämäläinen.
21 Ebd., 1:26 Min.
22 https://twitter.com/mshannabrooks/status/1266811023379456000?lang=en Eigene Übersetzung.
23 Aus der Rede »The Other America« von Martin Luther King, 1968, verfügbar unter: https://the-other-america.com/speech.
24 Stern, 31. August 2018: »Warum es ein Fehler war, die ›besorgten Bürger‹ ernst zu nehmen«. Von Tim Sohr.
25 Frankfurter Allgemeine Zeitung, 5. März 2020: »Hass auf Wiedervorlage«. Von Justus Bender.

26 Resmaa Menakem: »Notice the Rage; Notice the Silence«. In: Krista Tippet: *On Being* [Podcast]. Verfügbar unter: https://onbeing.org/programs/resmaa-menakem-notice-the-rage-notice-the-silence/
27 Essence.com, 7. November 2018: »Tarana Burke Explains Why Black Women Don't Think #MeToo Is For Them«. Von Danielle Young.
28 The Root, 10. Mai 2017: »The Privilege of White Individuality«. Von Michael Harriot.
29 Kübra Gümüsay: *Sprache und Sein*, a. a. O., S. 65.
30 »U. S.: mass shootings by race 1982–2019«. *Statista*. Verfügbar unter: https://www.statista.com/statistics/476456/mass-shootings-in-the-us-by-shooter-s-race/.
31 Süddeutsche Zeitung, 30. April 2020: »Wir waren Ihnen kein Wort wert«. Von Annette Ramelsberger.
32 Zeit Online, 27. März 2020: »Mehr als 1600 Straftaten gegen Flüchtlinge und ihre Unterkünfte«. Von Katharina Heflik.
33 Helen Wood; Berverly Skeggs (Hg.): *Reality Television and Class*. London 2011.
34 David M. Crowe: *Oskar Schindler: The Untold Account of His Life, Wartime Activities, and the True Story Behind The List*. New York 2004.
35 The Independent, 27. Januar 2019: »Holocaust Memorial Day 2019: Three unsung heroes who helped Europe's Jews escape the Nazis«. Von Joe Sommerlad.
36 rupi kaur: *Die Blüten der Sonne*, Frankfurt a. M. 2018, S. 239.
37 Vgl. Senate Bill No. 188, CHAPTER 58. Verfügbar unter: https://leginfo.legislature.ca.gov/faces/billTextClient.xhtml?bill_id=201920200SB188.
38 Glamour, 7. Juli 2019: »Michelle Obama Wore Her Natural Curls, and People Are Living for It«. Von Krystin Arneson.
39 NPR, 27. Dezember 2018: »Adults Come Under Scrutiny After HS Wrestler Told To Cut His Dreadlocks Or Forfeit«. Von Laurel Wamsley.
40 Le Monde, 13. April 2013: »Le soutien-gorge serait-il inutile ?« Von Le Monde mit AFP.
41 Über Sexarbeit wird im Kapitel »Bei der Arbeit« ausführlicher diskutiert.
42 Wear Your Voice Mag, 8. Februar 2019: »Ugly: how beauty was built upon white supremacy«. Von Vanessa Rochelle Lewis.
43 Ebd.

6. Im Gerichtssaal

1 Vortrag von Jose Antonio Vargas, University of Massachusetts, 11. April 2017. Eigene Übersetzung.
2 Das Gesetz, das Vergewaltigungen in der Ehe zur Straftat machte, trat erst am 1. Juli 1997 in Kraft. Im Bundestag angenommen mit 470 zu 138 Stimmen bei 35 Enthaltungen. So kurz ist das erst her. Vgl. https://www.sued-

deutsche.de/leben/sexuelle-selbstbestimmung-als-vergewaltigung-in-der-ehe-noch-straffrei-war-1.3572377.
3 https://www.bka.de/DE/AktuelleInformationen/StatistikenLagebilder/Lagebilder/lagebilder_node.html.
4 https://www.bka.de/DE/AktuelleInformationen/StatistikenLagebilder/Lagebilder/Wirtschaftskriminalitaet/wirtschaftskriminalitaet_node.html.
5 M. J. Gage: *Women, Church and State: The Original Exposé of Male Collaboration Against the Female Sex.* Watertown, Massachussetts 1893.
6 Vagrancy Act of 1866.
7 Strafgesetzbuch von 1871, § 361. Siehe auch: Wolfgang Ayaß: *Das Arbeitshaus Breitenau. Bettler, Landstreicher, Prostituierte, Zuhälter und Fürsorgeempfänger in der Korrektions- und Landarmenanstalt Breitenau (1874–1949).* Kassel 1992.
8 Dazu gehörten auch lesbische Frauen, die als asozial und als große Bedrohung für die Reinheit der deutschen Gesellschaft galten, Trans*-Menschen und behinderte Menschen. Vgl. http://auschwitz.org/en/history/prisoner-classi-fication/system-of-triangles. Siehe auch Hannah Arendt: *Elemente und Ursprünge totaler Herrschaft,* a. a. O., S. 853. Zum Gesetzentwurf siehe auch: Detlev Peukert: »Arbeitslager und Jugend-KZ: die ›Behandlung Gemeinschaftsfremder‹ im Dritten Reich.« In: ders. (gemeinsam mit Jürgen Reulecke und unter Mitarbeit von Adelheid Gräfin zu Castell Rüdenhausen) (Hg.): *Die Reihen fast geschlossen.* Wuppertal 1981, S. 413–434.
9 Zeit Online, 25. Juni 2015: »Berlin plant Bettelverbot für Kinder«. Von Fatina Keilani und Timo Kather.
10 Le Point, 13. September 2010: »Expulsions des Roms: que dit le droit ?«. Von Laurence Neuer.
11 Rundbrief vom 26. August 2012 bezüglich der Antizipation und Begleitung von Evakuierungsaktionen illegaler Lager.
12 Ligue des Droits de l'Homme, 6. Februar 2018. »Recensement des évacuations forcées de lieux de vie occupés par des Roms (ou des personnes désignées comme telles) en France en 2017«.
13 https://www.nice.fr/fr/securite/les-principaux-arretes.
14 Artikel 312–12–1 des Französischen Strafgesetzbuches.
15 https://www.abc.net.au/news/2019-07-26/a-full-page-advertisement-taken-out-by-donald-trump-during-the/11348504?nw=0.
16 Vgl. »Law, Justice, and the Holocaust«. Holocaust Encyclopedia, United States Holocaust Memorial Museum, Washington, DC. https://encyclopedia.ushmm. org/content/en/article/law-justice-and-the-holocaust.
17 Immanuel Kant: *Grundlegung zur Metaphysik der Sitten.* Frankfurt a. M. 1968, BA 52.
18 The Guardian, 17. Februar 2017: »Adama Traoré's death in police custody casts long shadow over French society«. Von Iman Amrani and Angelique Chrisafis.

19 James Baldwin: *The Price of the Ticket: Collected Nonfiction, 1948–1985.* New York 1985, S. 449. Eigene Übersetzung.
20 Die TAZ, 27. Juli 2020: »Polizei soll ihre Arbeit machen«. Interview mit Çetin Gültkin, von Christian Jakob.
21 Focus.de, 3. April 2016: »Warum wir für kriminelle Migranten mit verantwortlich sind«. Von Peter Seiffert.
22 J. D. Johnson; C. H. Simmons; A. Jordan; L. MacLean; J. Taddei; D. Thomas; J. F. Dovidio; W. Reed: »Rodney King and O. J. revisited: The impact of race and defendant empathy induction on judicial decisions«. Journal of Applied Social Psychology, 2002, 32(6), S. 1208–1223.
23 Abkürzung für »All cops are bastards«.
24 Slate.com, 27. Juni 2013: »I Don't Feel Your Pain. A failure of empathy perpetuates racial disparities«. Von Jason Silverstein.
25 A. Rattan; C. S. Levine; C. S. Dweck; J. L. Eberhardt: »Race and the Fragility of the Legal Distinction between Juveniles and Adults«. PLoS ONE, 2012, 7(5): e36680.
26 ABCNews, 23. Mai 2019: »›I so wish the case hadn't been settled‹: 1989 Central Park jogger believes more than 1 person attacked her«. Von Susan Welsh, Keren Schiffman, und Enjoli Francis.
27 Joy Buolamwini, Joy: »Gender shades: Intersectional accuracy disparities in commercial gender classification«. Conference on fairness, accountability and transparency, 2018, 81, S. 77–91.
28 Wired.com, 1. November 2018: »When It Comes to Gorillas, Google Photos Remains Blind«. Von Tom Simonite.
29 The New York Times, 24. Juni 2020: »Wrongfully Accused by an Algorithm«. Von Kashmir Hill.
30 Miranda Fricker: *Epistemic Injustice: Power and the Ethics of knowing.* Oxford 2007, S. 1.
31 Die Netflix-Miniserie *Unbelievable* gibt in der Hinsicht eine interessante Perspektive.
32 WDR, 24. Mai 2020: »Zellenbrand in Kleve – Polizei wusste offenbar von Verwechslung«. Von Martina Koch und Boris Baumholt.
33 Angela Davis: Moe Lectureship in Women's Studies, 12. April 2006, Gustavus Adolphus College, Minnesota. Eigene Übersetzung.
34 Angela Y. Davis: »Reflections on the Prison Industrial Complex«. Colorlines, 1998, verfügbar unter: https://www.colorlines.com/articles/masked-racism-reflections-prison-industrial-complex. Eigene Übersetzung.
35 Angela Davis: *Are Prisons Obsolete?* New York 2003.
36 National Bureau of Economic Research. https://www.nber.org/digest/jan03/w9061.html.
37 Press conference of New York City mayor Rudolph W. Guiliani on February 24, 1998. »The Next Phase of Quality of Life: Creating a More Civil City.« http://www.nyc.gov/html/records/rwg/html/98a/quality.html.

38 Angela Davis: *Eine Gesellschaft ohne Gefängnisse? Der gefängnisindustrielle Komplex der USA*. Aus dem Amerikanischen von Michael Schiffmann. Berlin 2004, S. 20.
39 Michael Welch: »A Social History of Punishment and Corrections«. In: ders.: *Corrections: A Critical Approach*. Boston 2004.
40 Patricia Turning: »Competition for the Prisoner's Body: Wardens and Jailers in Fourteenth-Century Southern France«. In Albrecht Classen; Connie Scarborough (Hg.): *Crime and Punishment in the Middle Ages and Early Modern Age: Mental-Historical Investigations of Basic Human Problems and Social Responses*. Berlin/Boston 2012, S. 285.
41 Michel Foucault: *Discipline & Punish: The Birth of the Prison*. New York 1995.
42 Angela Y. Davis: *Abolition Democracy: Beyond Empire, Prisons, and Torture*. New York 2011.
43 »Unmenschlich: Nackte Unterbringung in Gefängniszelle«. In: *linksnet.de*, 17. September 2012.
44 Bruce A. Arrigo; Jennifer Leslie Bullock: »The Psychological Effects of Solitary Confinement on Prisoners in Supermax Units«. International Journal of Offender Therapy & Comparative Criminology, 2008, 52 (6), S. 622–640.
45 Atul Gawande: »Is long-term solitary confinement torture?«. The New Yorker, 7. Januar 2009.
46 Craig Haney: »Restricting the Use of Solitary Confinement«. Annual Review of Criminology, 3. November 2017, 1, S. 285–310.
47 Kai Schlieter: »Isolationshaft in Deutschland – Lebendig begraben«. die tageszeitung (taz), 24. Februar 2011.
48 Zeit Online, 13. Mai 2020: »Schafft die Gefängnisse ab!« Von Thomas Galli (Gastbeitrag).
49 DeutschlandFunk Kultur, 11. Mai 2020: »Schafft den Knast ab!« Thomas Galli im Gespräch mit Liane von Billerbeck.
50 Gefangene und Verwahrte in Justizvollzugsanstalten nach Bundesländern 2020. Veröffentlicht von J. Rudnicka, 6. Juli 2020. https://de.statista.com/statistik/daten/studie/72216/umfrage/gefangene-und-verwahrte-in-justizvollzugsanstalten-nach-bundeslaendern/.
51 Bundeskriminalamt, 2019.
52 Vgl. ADBs für NRW/Antidiskriminierungsbüro Köln: »Menschen wie DU neigen zu Straftaten. (Rassistische) Diskriminierung bei der Polizei: Ursachen, Folgen und Möglichkeiten der Intervention« (2017). // Biplab Basu: »Die Lüge von der Neutralität. Überlegungen zu Rassismus in Polizei, Justiz und Politik«. In: Kampagne für Opfer rassistischer Polizeigewalt (Hg.): Alltäglicher Ausnahmezustand. Institutioneller Rassismus in deutschen Strafverfolgungsbehörden, Münster 2016, S. 85–101. // Bundesregierung der Bundesrepublik Deutschland: »Schlussfolgerungen aus der neuen Rechtsprechung zu verdachtsunabhängigen Personenkontrollen durch die Bundespolizei. Antwort der Bundesregierung auf die Kleine Anfrage der Abgeordneten Ulla

Jelpke, Dr. André Hahn, Gökay Akbulut, weiterer Abgeordneter und der Fraktion DIE LINKE«. Drucksache 19/1941. Deutscher Bundestag, 19. Wahlperiode. Berlin 2018 (Drucksache 19/2151) // Hendrik Cremer: »Racial Profiling‹ – Menschenrechtswidrige Personenkontrollen nach § 22 Abs. 1a Bundespolizeigesetz. Empfehlungen an den Gesetzgeber, Gerichte und Polizei«. Deutsches Institut für Menschenrechte 2013. // Serena Dankwa et al.: »Profiling und Rassismus im Kontext von Sexarbeit«. In: M. Wa Baile et al. (Hg.): Racial Profiling. Struktureller Rassismus und antirassistischer Widerstand. Münster 2019, S. 155–171. // Fatima El-Tayeb; Vanessa E. Thompson (2019): »Racial Profiling als Verbindung zwischen alltäglichem Rassismus, staatlicher Gewalt und kolonialrassistischen Traditionen. Ein Gespräch über Racial Profiling und intersektionale Befreiungsprojekte in Europa«. In: ebd, S. 311–329. // Joanna James; Vanessa E. Thompson: »Racial Profiling, Institutioneller Rassismus und Widerstände«. In: Handbuch des Informations- und Dokumentationszentrums für Antirassismusarbeit e.V. (IDA) zu Flucht und Asyl. Düsseldorf 2016, S. 55–59. // Amnesty International: Positionspapier zu Racial/Ethnic Profiling in Deutschland, 2014.

53 Anlasslose Personenkontrollen allein aufgrund eines phänotypischen Erscheinungsbildes verstoßen gegen das Grundgesetz (Art. 3 Abs. 3 GG), das Allgemeine Gleichbehandlungsgesetz (AGG) sowie gegen das in der Europäischen Menschenrechtskonvention und das in der internationalen Anti-Rassismus-Konvention angelegte Verbot der rassistischen Diskriminierung.

54 Ein plakatives Beispiel dafür ist Thilo Sarrazin mit seinem größten Bestseller *Deutschland schafft sich ab.*

55 Der Netflix-Dokumentarfilm *13th* von Ava DuVernay (2016) zeigt sehr treffend die Art und Weise, in der Gefängnisse Teil des globalen rassistischen kapitalistischen Systems sind.

56 The New York Times Magazine, 17. April 2019: »Is Prison Necessary?« Ruth Wilson Gilmore Might Change Your Mind. Von Rachel Kushner.

57 Angela Davis und Ruth Wilson Gilmore haben gemeinsam die Critical Resistance gegründet, eine Organisation, die daran arbeitet, eine internationale Bewegung zur Beendigung des industriellen Gefängniskomplexes aufzubauen, indem sie den Glauben infrage stellt, dass das Einsperren und Kontrollieren von Menschen uns sicher macht. Andere ähnlich motivierte Gruppen wie das Prison Activist Resource Center (PARC), eine Gruppe, die sich verpflichtet hat, alle Formen von institutionalisiertem Rassismus, Sexismus, Behindertenfeindlichkeit, Heterosexismus und Klassenkampf, insbesondere innerhalb des *Prison Industrial Complex,* aufzudecken und zu bekämpfen, und Black & Pink, eine Organisation zur Abschaffung der Haftstrafe, die sich auf die Rechte der LGBTQI+ konzentriert, setzen sich im Großen und Ganzen für die Abschaffung der Haftanstalt ein. Darüber hinaus können die Human Rights Coalition, eine Gruppe aus dem Jahr 2001, die sich für die Abschaffung der Gefängnisse einsetzt, und die California

Coalition for Women Prisoners, eine Basisorganisation, die sich für die Abschaffung des PIC einsetzt, zu der langen Liste von Organisationen hinzugefügt werden, die eine andere Form des Justizsystems wünschen.
58 Robin F. Shaw: »Angela Y. Davis and the Prison Abolition Movement, Part II«. Contemporary Justice Review, 2009,12, S. 101–104.
59 Unites Nations Office of Drugs and Crime: *Handbook of basic principles and promising practices on Alternatives to Imprisonment*. Criminal Justice Handbook Series, Wien 2007. http://www.unodc.org/pdf/criminal-justice/Handbook-of_Basic-Principles-and-Promising-Practices-on-Alternatives-to-Imprisonment.pdf.
60 The New York Times, 5. April 2019: »If Prisons Don't Work, What Will?« Von Emily Bazelon.
61 Rehzi Malzahn (Hg.): *Strafe und Gefängnis: Theorie, Kritik, Alternativen. Eine Einführung*. Stuttgart 2018.
62 Thomas Galli: *Weggesperrt: Warum Gefängnisse niemandem nützen*. Frankfurt 2020.
63 Vanessa E. Thompson: »›There is no justice, there is just us!‹ Ansätze zu einer postkolonial-feministischen Kritik der Polizei am Beispiel von Racial Profiling«. In: Daniel Loick (Hg.): *Kritik der Polizei*. Frankfurt 2018.
64 https://www.transformativejustice.eu/de/.
65 https://abolitionistfutures.com/. Wenn Sie alles über Abolition wissen wollen: https://abolitionistfutures.com/full-reading-list.
66 Allegra M. McLeod: »Prison Abolition and Grounded Justice«. UCLA Law Review, 2015, 62 (5), S. 1156–1239.
67 Ebd., S. 1162.
68 Reuters.com, 11. Oktober 2019: »California bans private prisons and immigration detention centers«. Von Steve Gorman.
69 Ebd.
70 Ebd.
71 https://www.prisonstudies.org/highest-to-lowest/prison-population-total?field-region-taxonomy-tid=All.
72 http://www.kriminalomsorgen.no/index.php?cat=265199.
73 Lawrence W Sherman; Heather Strang: *Restorative Justice: The Evidence*. Philadelphia 2007.
74 Siehe Anmerkung 48.
75 https://gefaengnisseelsorge.net/manifest.

7. Bei der Arbeit

1 Wie es Colette Guillaumin sinngemäß sagte, siehe Endnote 2 des Kapitels »Zu Hause«.
2 Lorenz Diefenbach: *Arbeit macht frei: Erzählung von Lorenz Diefenbach*. Bremen 1873. Vorabdruck in der Wiener Zeitung *Die Presse* 225–263, 17. August bis 24. September 1872.

3 Jonah Goldberg: »Arbeit Macht Frei«. National Review, 22. Juni 2010.
4 J. Finch; D. Groves: *Labour of Love: Women, Work and Caring*. London 1983.
5 Stephanie Jones-Rogers: *They Were Her Property: White Women as Slave Owners in the American South*. New Haven 2019.
6 https://www.bls.gov/cps/cpsaat39.htm.
7 Gail Pheterson: *The Whore Stigma: Female Dishonor and Male Unworthiness*. Social Text, No. 37, A Special Section Edited by Anne McClintock Explores the Sex Trade. Durham 1993, S. 39. Eigene Übersetzung.
8 Silvia Federici: *Revolution at Point Zero. Housework, Reproduction, and Feminist Struggle*. Oakland 2012.
9 Gayatri Chakravorty Spivak: »Can the Subaltern Speak?«. In: Cary Nelson/ Lawrence Grossberg (Hg.): *Marxism and the Interpretation of Culture*, Urbana/Chicago 1988, S. 271–313.
10 R. S. Rajan: »The prostitution question(s). (Female) Agency, sexuality and work«. In: Trafficking, sex work, prostitution, Reproduction 2, 1999. Zitiert in: Helen Ward: *Marxismus versus Moralismus*. Journal »Permanent Revolution«, Nr. 3 (2007) http://www.trend.infopartisan.net/trd7807/15-21%20 Prostitution.pdf.
11 U. a. Pieke Biermann: »*Wir sind Frauen wie andere auch!*«. *Prostituierte und ihre Kämpfe*. Reinbek 1979. Frédérique Delacoste; Priscilla Alexander (Hg.): *Sex Work. Writings by Women in the Sex Industry*. Pittsburgh 1987.
12 Leider nur auf Französisch: http://www.nouvellescoutes.fr/podcasts/intime-politique/.
13 Alison Phipps: *Me, Not You: The Trouble with Mainstream Feminism*. Manchester 2020.
14 John Philip Jenkins: »Prostitution«. In: *Encyclopædia Britannica*, https:// www. britannica.com/topic/prostitution. Eigene Übersetzung.
15 Helen Ward: *Marxismus versus Moralismus*, a. a. O.
16 Ein Drittel der Schülerinnen zwischen 12 und 19 erleben Formen von *slut-shaming*. American Association of University Women: *Crossing the Line: Sexual Harassment at School*. Washington, DC 2011.
17 Virginie Despentes: *King Kong Theorie*, a. a. O., S. 72.
18 Helen Ward: *Marxismus versus Moralismus*, a. a. O.
19 Friedrich Engels, *Der Ursprung der Familie, des Privateigentums und des Staates*, Kapitel II, Die Familie. Zitiert in: ebd.
20 Elisabeth A. Lloyd: *The Case of the Female Orgasm, Bias in the Science of Evolution*. Cambridge 2006.
21 Mithu Sanyal: *Vergewaltigung*. Hamburg 2020.
22 Verschiedene Fallstudien zu den Migrationsgründen von Sexarbeiter*innen legen nahe, dass viele von ihnen als selbstverantwortliche soziale Akteur*innen ernst zu nehmen sind, die größtenteils wussten, in welchem Sektor sie im Zielland arbeiten würden. Vgl. Susanne Thorbek; Bandana Pattanaik (Hg.): *Transnational Prostitution. Changing Patterns in a Global*

Context. London 2002. Agnieszka Zimowska: »Ge-handelt. Zu Machtverhältnissen in der ost-westeuropäischen sexuellen Ökonomie im Kontext feminisierter Migration«. In: Michaela Fenske; Tatjana Eggeling (Hg.): *Geschlecht und Ökonomie. Beträge der 10. Arbeitstagung der Kommission für Frauen- und Geschlechterforschung der Deutschen Gesellschaft für Volkskunde Göttingen 2004* (Beiträge zur Volkskunde in Niedersachsen, Bd. 21). Göttingen 2005, S. 155–171. Nick Mai: *Migrant Workers in the UK Sex Industry. First Findings*. London 2009.

23 Molly Smith; Juno Mac: *Revolting Prostitutes: The Fight for Sex Workers' Rights*. London 2018.
24 Interview in Cabiria, Lyon, 2011.
25 S. Dewey; P. Kelly; M. Goodyear; R. Weitzer: »International trends in the control of sexual services«. In: S. Dewey; P. Kelly (Hg.): *Policing pleasure: sex work, policy and the state in global perspective*. New York 2011, S. 16–30.
26 A. Krüsi; K. Pacey; L. Bird et al.: »Criminalisation of clients: reproducing vulnerabilities for violence and poor health among street-based sex workers in Canada-a qualitative study«. BMJ Open 2014; 4:e005191. E. Argento; S. Goldenberg; M. Braschel; S. Machat; S. A. Strathdee; K. Shannon: »The impact of end-demand legislation on sex workers' access to health and sex worker-led services: A community-based prospective cohort study in Canada«. PLoS ONE 2020, 15(4): e0225783.
27 H. Lebail et al.: »›Ending demand‹ in France: The impact of the criminalisation of sexworkers' clients on sexworkers' health, security and exposure to HIV«. IAC 2018, Abstract THAD0105. https://www.medecinsdumonde.org/fr/actualites/france/2018/04/12/travail-du-sexe-la-loi-qui-met-en-danger.
28 A. Bebel, *Woman under socialism*, 1971. Zitiert in: Helen Ward: *Marxismus versus Moralismus*, a. a. O.
29 https://www.medpagetoday.com/meetingcoverage/iac/74257. Eigene Übersetzung.
30 Karl Marx, *Ökonomische und philosophische Manuskripte*, 1844.
31 Virginie Despentes, im Podcast »Les Couilles sur la table«, https://www.binge.audio/podcast/les-couilles-sur-la-table/virginie-despentes-meuf-kingkong.
32 Sonagachi Project: *Sex workers' manifesto*. Calcutta 1997, www.bays-wan.org/manifest.html.
33 Michèle Lamont: *The Dignity of Working Men: Morality and the Boundaries of Race, Class, and Immigration*. Cambridge 2002.
34 The Guardian, 19. Januar 2018: »Post-work: the radical idea of a world without jobs«. Von Andy Beckett.
35 Zitiert in: The Atlantic, Juli/August 2015 Ausgabe: »A World Without Work«. Von Derek Thompson.
36 Emma Duncan: »Review: Bullshit Jobs: A Theory by David Graeber quit now, your job is pointless«. The Times, 5. Mai 2018.

37 Siehe Anmerkung 34.
38 Project Syndicate, 19. Februar 2013: »The Rise of the Robots«. Von Robert Skidelsky.
39 The Atlantic, Juli/August 2015 Ausgabe: »A World Without Work«. Von Derek Thompson.

8. Im Krankenhaus

1 Barbara Ehrenreich; Deidre English: *Witches, Midwives, and Nurses: A History of Women Healers.* New York 2010. Zitiert in: Mona Chollet: *Sorcières*, a. a. O., S. 73.
2 *Crip Camp.* Netflix Documentary 2020.
3 Der britische Anthropologe Francis Galton prägte den Begriff bereits 1869 für »die Verbesserung der menschlichen Rasse«. Eugenik beruhte bis zum Zweiten Weltkrieg auf wissenschaftlichem Rassismus. Im Grunde geht es darum, die genetische Qualität der *weißen*, europäischen Rassen durch die Entfernung von Menschen, die als minderwertig gelten, zu verbessern. Im Kapitel »Im Körper der Frauen« werde ich ausführlich auf das Thema eingehen.
4 Ruth Graham: »How Down Syndrome Is Redefining the Abortion Debate«. Slate Magazine, 31. Mai 2018. C. Mansfield; S. Hopfer; T. M. Marteau: »Termination rates after prenatal diagnosis of Down syndrome, spina bifida, anencephaly, and Turner and Klinefelter syndromes: a systematic literature review. European Concerted Action: DADA (Decision-making After the Diagnosis of a fetal Abnormality)«. Prenatal Diagnosis, Sept. 1999, 19 (9): S. 808–812.
5 Mona Chollet: *Sorcières*, a. a. O., S. 201.
6 Barbara Ehrenreich; Deidre English: *Complaints and Disorders: The Sexual Politics of Sickness.* New York 2011.
7 Isaac Baker Brown: *On the Curability of Certain Forms of Insanity, Epilepsy, Catalepsy and Hysteria in Females.* London 1866.
8 Isaac Baker Brown: *On Surgical Diseases of Women.* ORT 1861. Zitiert in: https://theconversation.com/the-rise-and-fall-of-fgm-in-victorian-london-38327.
9 WHO: *ICD-10*, Kapitel V, klinisch-diagnostische Leitlinien, Genf 1992.
10 Michael Beattie; Penny Lenihan: *Counselling Skills for Working with Gender Diversity and Identity.* London 2018, S. 83.
11 Carol S. North: »The Classification of Hysteria and Related Disorders: Historical and Phenomenological Considerations«. Behavioral Sciences, 6. November 2015, 5 (4), S. 496–517.
12 Helen King: »Once upon a text: Hysteria from Hippocrates«. In: Sander L. Gilman; Helen King; Roy Porter; G. S. Rousseau; Elaine Showalter (Hg.): *Hysteria Beyond Freud.* Berkeley 1993.

13 Rachel P. Maines: *The Technology of Orgasm: »Hysteria«, the Vibrator, and Women's Sexual Satisfaction.* Baltimore 1999, S. 23.
14 Soraya Chemaly: *Speak out. Die Kraft weiblicher Wut.* Berlin 2020, S. 14–16.
15 R. Puhl; K. D. Brownell: »Confronting and coping with weight stigma: An investigation of overweight and individuals with obesity«. Obesity, 2006, 14, S. 1802–1815.
16 The Guardian, 12. Juni 2020: »Long overdue: lawmakers declare racism a public health emergency«. Von Maanvi Singh.
17 Shawn O. Utsey; Pia M. Stanard; Norman Giesbrecht: »Cultural, sociofamilial, and psychological resources that inhibit psychological distress in African Americans exposed to stressful life events and race-related stress«. Journal of Counceling Psychology, 2008, No. 55, S. 49–62.
18 Siehe Video: *The roles of gaslighting and narcissism in racism*, Ramani Durvasula. https://www.youtube.com/watch?v=4aZKNck6LDE.
19 E. di Giacomo; M. Krausz; F. Colmegna; F. Aspesi; M. Clerici: »Estimating the Risk of Attempted Suicide Among Sexual Minority Youths: A Systematic Review and Meta-analysis«. JAMA Pediatr. 2018, 172(12), S. 1145–1152.
20 APM Research Lab, 24. Juni 2020, https://www.apmresearchlab.org/covid/deaths-by-race.
21 The Intensive Care National Audit and Research Centre, 2020, https://www.icnarc.org/Our-Audit/Audits/Cmp/Reports.
22 Robert-Koch-Institut: »Armut und Gesundheit«. GBE kompakt 5/2010.
23 Umweltbundesamt, Deutschland, 2020, https://www.umweltbundesamt.de/themen/gesundheit/umwelteinfluesse-auf-den-menschen/umweltgerechtigkeit-umwelt-gesundheit-soziale-lage#umweltgerechtigkeit-umwelt-gesundheit-und-soziale-lage.
24 Studie von Stephan Heblich, Alex Trew und Yanos Zylberberg für das Spatial Economics Research Centre, 2016, http://www.spatialeconomics.ac.uk/textonly/SERC/publications/download/sercdp0208.pdf.
25 European Center for Constitutional and Human Rights. Case Information: Demand for state oversight of pesticide exports. 18. Oktober 2016. Verfügbar unter: https://www.ecchr.eu/fileadmin/Fallbeschreibungen/CaseReport_Bayer_Nativo_India_Germany_20161019.pdf.
26 S. Trawalter; K. M. Hoffman; A. Waytz: »Racial Bias in Perceptions of Others' Pain«, a. a. O. M. Forgiarini; M. Gallucci; A. Maravita: »Racism and the empathy for pain on our skin«, a. a. O.
27 Martin Winckler: *Les Brutes en Blanc: La maltraitance médicale en France.* Paris 2016.
28 Anhörung von Catherine Vidal bei der Französischen Assemblée Nationale am 12. Juli 2016: http://www.assemblee-nationale.fr/14/cr-delf/15-16/c1516033.asp.
29 Mona Chollet : *Sorcières*, a. a. O., S. 203.

30 The New York Times, 11. Januar 2018: »For Serena Williams, Childbirth Was a Harrowing Ordeal. She's Not Alone«. Von Maya Salam.
31 Center for Disease Control and Prevention, Pressemitteilung vom 5. September 2019: Racial and Ethnic Disparities Continue in Pregnancy-Related Deaths. Verfügbar unter: https://www.cdc.gov/media/releases/2019/p0905-racial-ethnic-disparities-pregnancy-deaths.html .
32 France Info TV, 7. Juni 2018: »Racisme, homophobie, grossophobie ... Après la mort de Naomi Musenga, des associations lancent un questionnaire sur les discriminations dans le monde médical«. Von Lison Verriez.
33 Marie Claire, »Le calvaire de la petite Noélanie mal prise en charge par le samu«. Verfügbar unter: https://www.marieclaire.fr/samu-mort-sante,1264055.asp .
34 Spiegel Online, 26. April 2020: »Der ungeklärte Tod des William Tonou-Mbobda«. Von Jean-Pierre Ziegler.
35 C. S. Cleeland; R. Gonin; A. K. Hatfield; J. H. Edmonson; R. H. Blum; J. A. Stewart; K. J. Pandya: »Pain and its treatment in outpatients with metastatic cancer«. New England Journal of Medicine, 1994, 330(9), S. 592–596.
36 J. H. Tamayo-Sarver; S. W. Hinze; R. K. Cydulka; D. W. Baker: »Racial and ethnic disparities in emergency department analgesic prescription«. Am J Public Health, 2003, 93(12), S. 2067–2073.
37 R. Bernabei; G. Gambassi; K. Lapane et al.: »Management of pain in elderly patients with cancer. SAGE Study Group. Systematic Assessment of Geriatric Drug Use via Epidemiology« JAMA, 1998, 279(23), S. 1877–1882 [published correction appears in JAMA 1999 Jan 13; 281(2):136].
38 M. A. Hostetler; P. Auinger; P. G. Szilagyi: »Parenteral analgesic and sedative use among ED patients in the United States: combined results from the National Hospital Ambulatory Medical Care Survey (NHAMCS) 1992–1997« Am J Emerg Med, 2002, 20(2), S. 83–87 [published correction appears in Am J Emerg Med 2002 Sep; 20(5): 496].
39 S. Trawalter; K. M. Hoffman; A. Waytz: »Correction: Racial Bias in Perceptions of Others' Pain«. PLOS ONE 2016, 11(3): e0152334.
40 M. J. Pletcher; S. G. Kertesz; M. A. Kohn; R. Gonzales: »Trends in Opioid Prescribing by Race/Ethnicity for Patients Seeking Care in US Emergency Departments«. JAMA, 2008, 299(1), S. 70–78.
41 C. R. Green; S. K. Ndao-Brumblay; B. West; T. Washington: »Differences in prescription opioid analgesic availability: comparing minority and white pharmacies across Michigan«. The Journal of Pain: Official Journal of the American Pain Society, 2005, 6(10), S. 689–699.
42 S. Trawalter; K. M. Hoffman; A. Waytz: »Correction: Racial Bias in Perceptions of Others' Pain«, a. a. O.
43 C. R. Green; K. O. Anderson; T. A. Baker; L. C. Campbell; S. Decker et al.: »The unequal burden of pain: Confronting racial and ethnic disparities in

pain«. Pain Med, 2003, 4, S. 277–294. V. L. Shavers; A. Bakos; V. B. Sheppard: »Race, ethnicity, and pain among the U. S. adult population«. J Health Care Poor Underserved, 2010, 21, S. 177–220.

9. Auf der Straße

1 Angela Davis: *Rassismus und Sexismus. Schwarze Frauen und Klassenkampf in den USA*. Aus dem Amerikanischen von Erika Stöppler. Berlin (West) 1982, S. 165.
2 Original Französisch: *Majorité Opprimée.*
3 Original Französisch: *Femme de la Rue.*
4 Elsa Dorlin, La Matrice de la Race, Paris 2009.

10. Im Körper der Frauen

1 bell hooks: *Feminist theory: from margin to center*. Boston 1984, S. 5. Eigene Übersetzung: »Unterdrückt zu sein, bedeutet die Abwesenheit von Wahlmöglichkeiten.«
2 Laurie Lisle: *Without Child*. New York 1996.
3 J. M. Allain: »Infanticide as Slave Resistance: Evidence from Barbados, Jamaica, and Saint-Domingue«. Inquiries Journal/Student Pulse, 2014, 6 (04).
4 Maryse Condé : *Moi, Tituba sorcière*. Paris 1986. Eigene Übersetzung.
5 Hans-Peter Körner: »Eugenik«. In: Werner E. Gerabek; Bernhard D. Haage; Gundolf Keil: Wolfgang Wegner (Hg.): *Enzyklopädie Medizingeschichte*. Berlin/New York 2005, S. 380 f., Zitat S. 380. Siehe auch Francis Galton: »Eugenics, its Definition, Scope, and Aim«. In: ders.: *Sociological Papers*, Band 1, London 1905, S. 45–50.
6 Michel Foucault: *Society Must Be Defended*. London 2004, S. 256.
7 https://www.youtube.com/watch?v=GP79UoP4WY8. Eigene Übersetzung.
8 Herwig Birg: *Auswirkung und Kosten der Zuwanderung nach Deutschland. Gutachten im Auftrag des Bayerischen Staatsministeriums des Innern*. Bielefeld 2001, S. 14.
9 Ebd., S. 15.
10 Bloomberg, 5. November 2019: »Earth Needs Fewer People to Beat the Climate Crisis, Scientists Say. More than 11,000 experts sign an emergency declaration warning that energy, food and reproduction must change immediately«. Von Eric Roston.
11 Simone M. Caron: »Birth Control and the Black Community in the 1960 s: Genocide or Power Politics?«. Journal of Social History, 1998. 31 (3), S. 545–569.
12 Françoise Vergès: *Le ventre des femmes. Capitalisme, racialisation, féminisme, Albin Michel*. Paris 2017.

11. Das Ende der Unterdrückung

1 Arundhati Roy: »Not Again«. The Guardian, 30. September 2002. Eigene Übersetzung: »Eine andere Welt ist nicht nur möglich, sie ist auf dem Weg. Vielleicht werden viele von uns nicht hier sein, um sie zu begrüßen, aber an einem ruhigen Tag, wenn ich ganz genau hinhöre, kann ich sie atmen hören.«
2 Micah White: *The End of Protest*. Toronto 2016.
3 Audre Lorde: »The Master's Tools«. In: dies.: *Sister Outsider. Essays and Speeches*. Berkeley 1981. Eigene Übersetzung.
4 Vortrag an der Southern Illinois University, Carbondale, 13. Februar 2014. Eigene Übersetzung: »Wir müssen so tun, als wäre es möglich, die Welt radikal zu verändern. Und wir müssen es die ganze Zeit tun.«
5 Sonya Renee Taylor: *The Body Is Not An Apology: The Power of Radical Self-Love*. San Francisco 2018.
6 Friedrich Nietzsche: *Jenseits von Gut und Böse*. Leipzig 1886.
7 Kimberly Jones, 9. Juni 2020, David Jones Media. https://www.youtube.com/watch?v = llci8MVh8J4. Eigene Übersetzung.
8 bell hooks: *Feminism is for everybody* London 2000, S. 110. Eigene Übersetzung.
9 Karl Marx; Friedrich Engels: *Manifest der Kommunistischen Partei*, 1848, IV (MEW 4), S. 480, http://www.mlwerke.de/me/me04/me04_459.htm
10 Kwame Anthony Appiah: *Der Kosmopolit. Philosophie des Weltbürgertums*. Aus dem Englischen übersetzt von Michael Bischoff. München 2007, S. 54.
11 Henry Ward Beecher: *Life Thoughts: Gathered From the Extemporaneous Discourses of Henry Ward Beecher*. New York 1858, S. 92. Eigene Übersetzung: »Der Tod ist das Fallenlassen der Blüte, damit die Frucht anschwillt.«
12 Martin Luther King: »Letter from a Birmingham Jail«, 16. April 1963. Zugriff unter: https://www.csuchico.edu/iege/_assets/documents/susi-letter-from-birmingham-jail.pdf.
13 https://www.thymindoman.com/einsteins-misquote-on-the-illusion-of-feeling-separate-from-the-whole/. Eigene Übersetzung.
14 Dieses Zitat stammt aus einem ausführlichen Porträt der Journalistin Jane Howard über James Baldwin, in dem sich unter dem veralteten Titel »Telling Talk from a Negro Writer« Baldwins zeitlose Weisheiten über Leben und Kunst entfalten. https://www.brain-pickings.org/2017/05/24/james-baldwin-life-magazine-1963/. Eigene Übersetzung.
15 Thich Nhat Hanh: *Reconciliation: Healing the Inner Child*. Berkeley 2010, S. 59.
16 *Bhagavad Gita*, Übersetzung von Shri Purohit Swami (1882–1941), in Kapitel 6: »Self-Control«. London 2001.
17 Verfügbar unter: https://www.blakeauden.com/poetry. Eigene Übersetzung: »Ich habe so viele Teile meines Herzens an die Stille verloren. An diese

kostbaren Sekunden, in denen ich etwas hätte sagen müssen, es aber nicht tat.«

18 Zitiert in: Grada Kilomba: *Plantation Memories: Episodes of Everyday Racism*. München 2. Aufl. 2010. S. 22. Die Sätze wurden inspiriert von Grada Kilomba.
19 Siehe Kapitel »In den Medien«.
20 Robin DiAngelo: *White Fragility*. Boston 2018.
21 ARD-Dokumentation *The Silence of the Quandts*, https://www.youtube.com/watch?v=FpQpgd_EeWY.
22 Brené Brown: *Dearing Greatly, How the Courage to be Vulnerable Transforms the Way We Live, Love, Parent, and Lead*. New York 2015, S. 71.
23 Raquel Willis: : »Where Astrology and Social Justice Meet«: Q&A mit Chani Nicholas, 8. November 2018. Rewire News Group. Eigene Übersetzung.
24 Frantz Fanon: *Black Skin, White Masks*. London 1952. S. 226. Eigene Übersetzung.
25 rupi kaur: *milk and honey/milch und honig*. München 2017.
26 Coates, Ta-Nehisi: *Zwischen mir und der Welt*. Aus dem Englischen von Miriam Mandelkow. Berlin 2016, S. 17.
27 Ramani Durvasula: *»Don't You Know Who I Am?«: How to Stay Sane in an Era of Narcissism, Entitlement, and Incivility*. New York/Nashville 2019.
28 James Baldwin: »I am not your Negro«. https://www.tvo.org/transcript/131095X/i-am-not-your-negro. Eigene Übersetzung.
29 Audre Lorde: »A Litany for Survival« (1978). In: dies.: *The Collected Poems of Audre Lorde*. New York 2000. Eigene Übersetzung.
30 Nikita Gill: *Wild Embers: Poems of rebellion, fire and beauty*. London 2017, S. 25.
31 Audre Lorde: *Sister Outsider: Essays and Speeches*. Berkeley 1981. Eigene Übersetzung, S. 115.
32 Audre Lorde: »Lichtblick«, in: dies.: *Auf Leben und Tod. Krebstagebuch*. Aus dem Amerikanischen von Renate Stendhal und Margarete Längsfeld. Berlin 1994, S. 153.
33 bell hooks: *Sisters of the Yam: Black Women and Self-Recovery*. New York 2015, S. 114. Eigene Übersetzung.
34 In dieser Übersetzung ist das Gandhi-Zitat bekannt, das im Original leicht anders lautet: »If we could change ourselves, the tendencies in the world would also change. As a man changes his own nature, so does the attitude of the world change towards him.« 1964, The Collected Works of Mahatma Gandhi, Volume XII, April 1913 to December 1914, Chapter: General Knowledge About Health XXXII: Accidents Snake-Bite, (From Gujarati, Indian Opinion, 9–8–1913), Start Page 156, Quote Page 158, The Publications Division, Ministry of Information and Broadcasting, Government of India. (Collected Works of Mahatma Gandhi at gandhiheritageportal.org

35 Martin Luther King: *The Strength to Love*, New York 1963, S. 13. Eigene Übersetzung.
36 bell hooks: *Salvation: Black People and Love*. New York 2001.
37 Ebd. Eigene Übersetzung
38 bell hooks: *Outlaw Culture*. New York 1994. Eigene Übersetzung.
39 Nikita Gill: *Wild Embers*, a. a. O., S. 37.

Emilia Zenzile Roig ist Politikwissenschaftlerin, Aktivistin und Gründerin des Center for Intersectional Justice (CIJ) in Berlin. Sie promovierte an der Humboldt-Universität zu Berlin und an der Science Po Lyon und lehrt in Deutschland, Frankreich und den USA Intersektionalität, Critical Race Theory und Postkoloniale Studien sowie Völkerrecht und Europarecht. Sie hält europaweit Keynotes und Vorträge zu den Themen Intersektionalität, Feminismus, Rassismus, Diskriminierung, Vielfalt und Inklusion und ist Autorin zahlreicher Publikationen auf Deutsch, Englisch und Französisch. Sie ist Interviewpartnerin in Sibylle Bergs Bestseller *Nerds retten die Welt* und war Mitglied der Jury des Deutschen Sachbuchpreises 2020.

Naika Foroutan
Jana Hensel
Die Gesellschaft der Anderen
356 Seiten. Gebunden mit Schutzumschlag
ISBN 978-3-351-03811-3
Auch als E-Book erhältlich

Den Kampf gegen die Ungleichheit kann man nicht allein führen.

Im Zentrum der wichtigsten Debatten in Deutschland stehen zwei Gruppen: Migranten und Ostdeutsche. Menschen mit Einwanderungsgeschichte wehren sich schon lange, auch vor dem Terror von Hanau, gegen Rassismus, fehlende Teilhabe und mangelnde Sichtbarkeit. Ostdeutsche wiederum sehen sich mit einem gewaltigen Rechtsruck in Teilen ihrer Gesellschaft konfrontiert und müssen sich mit westdeutschen Vorurteilen und Stigmata auseinandersetzen. Beide Gruppen werden noch immer weniger aus sich selbst heraus als viel mehr mit den Augen der Mehrheitsgesellschaft beschrieben und beurteilt. Zusammen bilden sie die Gesellschaft der Anderen. Naika Foroutan und Jana Hensel beschreiben die Mehrheitsgesellschaft und stellen dabei ihre eigene Geschichte in den Mittelpunkt. Ihr lebendiges, kontroverses Gespräch ist der Entwurf einer gegenwärtigen Deutschlandanalyse aus migrantischer, ostdeutscher und weiblicher Sicht. Die zentrale Frage dabei lautet: Was ist in unserem Land in den vergangenen Jahrzehnten schief gelaufen und was muss sich ändern?

Regelmäßige Informationen erhalten Sie über unseren Newsletter. Jetzt anmelden unter: www.aufbau-verlag.de/newsletter

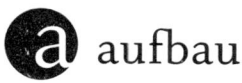